英国
「隔離に反対する身体障害者連盟〈UPIAS〉」の軌跡

〈障害〉の社会モデルをめぐる「起源の物語」

田中耕一郎

現代書館

はじめに

　1960年代後半から70年代にかけて、反管理・反差別を掲げる社会運動の世界的潮流を背景に、世界各国でラディカルな障害者運動が組織された。これらの障害者運動は、それぞれの国の政治的・文化的文脈の中で多様な展開を見せるが、そこに共通して見られたのは障害者問題を社会的・政治的問題として捉えようとする志向と実践である。

　このような障害者問題の社会化・政治化をめぐる認識は、自分たちの苦境・不遇を個人の欠陥を示す証拠として認知させられてきた多くの障害者たちに認知解放（McAdam, 1982:48-51）をもたらし、「帰属の転換」の契機、すなわち、自らの苦境・不遇の原因の帰属先を自己の心身状態からより広い社会システムの欠陥に見出す契機をもたらすこととなった。

　この障害者運動における認知解放が開示した変革の可能性は、例えば〈内＝自己〉と〈外＝社会〉へ向かう二つのベクトルにおいて捉えることができるだろう。すなわち、〈内〉へ向かう変革可能性とは、従来の不幸、無用性、病、悲劇、欠落、無知などといった伝統的で支配的な障害（者）観と、それを内面化することによって形成されてきた自らの否定的アイデンティティを拒絶し、それを再構成することの可能性である。またそれは、障害者が自らを医療や福祉、慈善の無力な客体から、市民権を求めて闘う主体へと転換させる契機をもたらす可能性でもある。

　〈外〉へ向かう変革可能性とは、この認知解放が「障害者が世界に適応するのではなく、世界が障害者に適応することを求めることの正当性」（田中 2005a:100）を開示し、ディスアビリティ[1]を再生産し続ける社会的抑圧に対する障害者たちの闘争の正当性をもたらす可能性である。

　このような認知解放によって開示された〈内〉と〈外〉へ向かう変革可能性は、実際に、1970年代以降の障害者運動におけるさまざまな問題——例えば、施設問題、住居、交通アクセス、選挙権、介助、教育、雇用、情報、セクシュ

I

アリティ、余暇・レジャー、固有の文化と言語、アイデンティティ、芸術と表現など──へのとり組みにおいて開花し、多くの成果を生み出し、さらにその多様な変革の過程において、障害者運動は人と社会との関係をその根底から問い直しつつ、そこに豊かな思想を生み出し続けてきた。

このように、障害者運動は認知解放によって、自らの政治的要求を正当化してきたわけだが、その根拠を明確に提示したのが障害者問題を捉える新たな認知枠組である。それは後に社会モデルと命名されることになるアイデアに収斂され、日本のみならず、国際的な障害者運動や障害者支援の礎となった。

社会モデルについては、その発祥の地である英国はもとより、日本の障害学においても、障害者問題のリアリティ分析に係る認識モデルとしての精度や、ディスアビリティの解決機能に係る汎用可能性などに関する研究が進められてきた（例えば Brechin et al, 1981; Oliver, 1990; Campbell & Oliver, 1996; Barnes and Mercer.(eds.), 1997, 2003; Shakespeare and Watson, 1997; Thomas, 1999, 2007; Shakespeare, 2000, 2001, 2006b; 中野、2002; 星加、2007, 2013; 杉野、2007; 田中、2007, 2013b; 川越、2013; 川島、2013; 佐藤、2013 など）。

この現代のディスアビリティ・フィールドにおける思考の核とも言える社会モデルの起源に、英国の小さな障害者組織、「隔離に反対する身体障害者連盟（Union of the Physically Impaired Against Segregation: UPIAS）」があったことは周知の事実だが、社会モデル研究の進展に比して、この社会モデルの源流にあったとされる UPIAS については、これまで障害学において僅かに言及されるだけで（例えば日本における研究に限って言えば、小川、1998; 石川・長瀬編、1999; 杉野、2007; 田中、2000, 2001, 2003, 2005a, 2005b など）、この組織の結成から解散に至る過程を詳細に捉えた研究は、日本においてはもとより英国においても皆無であり、社会モデルの「起源の物語（origin stories）」が UPIAS の歴史とともに未だ発掘されていない状況にある。その主たる要因は、UPIAS 内部の議論を詳細に記録した一次資料の収集が極めて困難であったという点にあるだろう。UPIAS がその組織外部に公表した資料は僅か 4 本しかない。すなわち、組織目的と方針を表した *Union of the Physically Impaired Against Segregation : Policy Statement*（UPIAS, 1974h）、初めて社会モデルの構想を公にした *Fundamental*

Principles of Disability（UPIAS & Disability Alliance, 1997）、組織外部へ公表したオープン・ニュースレターである *Disability Challenge, No.1 & No.2*（UPIAS, 1981c, 1983d）のみである。これらの資料からは UPIAS の結晶化された思想を垣間見ることができても、その生成過程における議論の詳細を辿ることはできない。

　このような資料的制約とともに、UPIAS の元メンバーたちを対象とした聴き取り調査などもこれまで実施されてこなかったため、UPIAS 内部においてどのような議論を通して社会モデルのアイデアが生成されてきたのかを探るためのデータが決定的に不足していたのである。筆者もこれまで、日英の障害者運動史における思想比較研究を通して、UPIAS における議論を取りあげてきたが（田中、2005a）、上述したような資料的制約によって UPIAS の設立から解散に至る詳細な経緯を辿ることは適わなかった。

　2011 年度、筆者はリーズ大学社会学・社会政策学部および障害学センター（Centre for Disability Studies, School of Sociology and Social Policy, University of Leeds）にて研修の機会を得たが、この研修期間中に、UPIAS 内部における回覧資料 *UPIAS Internal Circular*〔*(IC*, 1986 年より *New Circular(NC)*〕[2] と関連資料の複写百数十点の収集、および UPIAS の創設者ポール・ハントの元配偶者であり、UPIAS の賛助会員でもあったジュディ・ハントさん、および UPIAS の元コアメンバーの一人であったマギー・デイビスさんへの聴き取り調査を実施することができた（Hunt Judy, 7/7/2011, 27/9/2011、および Davis Maggie, 21/10/2011）。これらの資料および調査データによって、これまで不明のままに置かれていた UPIAS の結成から解散に至る活動経過と組織内部の議論の詳細を辿ることができると考えている。

＊　＊　＊

　21 世紀に入り、日本では、障害者運動の展開においてはもとより、障害者の権利条約批准に向かう障害者関連法制の整備過程において、さらには、さまざまな障害者支援の現場においても社会モデルの意義がますます強調されるようになってきている。加えて、上述のように、日本の障害学においても、ディスアビリティ現象の認識モデルとしての有効性と汎用可能性についての社会モ

デル研究が深められつつある。

　このようなマクロからミクロに至る社会モデルに基づく実践と、社会モデル研究の隆盛を迎えつつある日本の現在において、社会モデルがその起源において含有した意味を、その生成の文脈とともに捉えることは、社会モデルの理解と活用において不可欠な作業であると言えるだろう。

　また、日本の障害学や障害者福祉研究において、近年、「青い芝の会」の思想と活動の再評価に見られるような、日本固有の「障害をめぐる思想」の発掘作業が進められているが（荒井、2009, 2011, 2012a, 2012b, 2013; 臼井、2013; 鈴木、2003, 2012; 是澤、2012; 二階堂、2011; 山崎、2010; 廣野、2007, 2009a, 2009b; 松井、2007; 野崎、2006; 森岡、2006; 小出、2005; 野嶋、2002; 横田他、2016 など）、英国障害者運動において *Year Zero*（紀元元年）と評される UPIAS の軌跡を辿る本書もまた、英国固有の「障害をめぐる思想」の発掘作業であると言える。その意味において、本書は今後、両国の「障害をめぐる思想」の類似性と差異の妙を探求する〈障害〉の思想比較史研究に新たなエビデンスを提示することにもなり得るのではないかと考える。

英国「隔離に反対する身体障害者連盟(UPIAS)」の軌跡

＊

目　次

はじめに ……………………………………………………………… 1

序　章　本書の枠組 ……………………………………………… 10
1　本書の目的と意義　10
2　本書の構成、および視点と方法　11
3　一次資料としての *Internal Circular* について　17

第Ⅰ部　〈障害〉をめぐる政治状況と
　　　　UPIAS コアメンバーのライフヒストリー ────── 25

第1章　第二次世界大戦後から1970年代に係る
　　　　〈障害〉をめぐる政治状況 ……………………………… 28
1　障害者政策の萌芽と展開　28
2　社会運動の時代　33

第2章　ポール・ハントのライフヒストリーと
　　　　そのディスアビリティ経験 ……………………………… 37
1　誕生から慢性疾患病院への入院まで　37
2　レ・コート入所の決意　41
3　レオナルド・チェシャーとレ・コート　42
4　レ・コートの暮らし　45
5　*Stigma* の編集・刊行と DIG メンバーとしての活動　50
6　ディスアビリティの認識　54
7　ジュディとの出会い、結婚と退所　57
8　UPIAS 結成の呼びかけ　61
9　小括　63

第3章　デイビス夫妻のディスアビリティ経験と
　　　　インテグレーションを求める活動……………………64

　　1　マギーが障害を負うまで　64
　　2　施設入所の拒絶　67
　　3　ケンとの出会い　69
　　4　ピアス・ハウスにおける自治会活動　71
　　5　UPIASへの参加　76
　　6　ダービー州における活動　78
　　7　DIALの設立　81
　　8　ダービー州における障害者連合組織の結成　83
　　9　英国型自立生活センターの創設　86
　　10　小括　89

第Ⅱ部　UPIASの生成、展開、終結──────────91

　第4章　組織形態の構造化……………………………………94
　　1　運動組織の形態的構造化を捉える視点　94
　　2　ポールの焦燥と新しい組織結成の呼びかけ　97
　　3　正会員資格をめぐって　102
　　4　組織運営における底辺民主主義の徹底　111
　　5　チャリティ団体からの距離化と差異化　120
　　6　小活　122

　第5章　結成初期フレーミングの検証………………………125
　　1　フレーミング機能とは　126
　　2　結成初期フレーミングの概要　133
　　3　専門家覇権への抵抗　135

    4 「障害の理論」と「抑圧」の認識　139
    5 施設問題をめぐって　145
    6 その他のイシュー　167
    7 組織名称をめぐる議論　171
    8 ロンドン会議における討議　176
    9 成文化された『UPIAS の方針』　186
    10 共鳴と反発　203
    11 小活　210

第6章　『障害の基本原理』の検証：
　　　　社会モデル生成の議論へ……………………………… 217

    1 DA の概要と合同会議開催に至る経緯　218
    2 *FPD* の構成と三つのテーマ　223
    3 基本原理への同意と「DA の矛盾」について　225
    4 貧困問題に関する認識をめぐって　230
    5 「障害者の包摂」をめぐって　237
    6 両組織による合同会議の評価　246
    7 小括　249

第7章　危機と再生 ……………………………………………… 252

    1 「UPIAS の危機」の諸相　253
    2 組織の再生に向けて　267
    3 危機と再生の検証　280
    4 小括　283

第8章　UPIASの解散：
　　　　'UPIAS is DEAD' の意味をめぐって ………………… 285
　　1　1980年代のUPIAS内外における障害者運動　286
　　2　UPIASの総括と方向性の確認　294
　　3　UPIASの解散　306
　　4　小括　317

終　章　UPIASとその思想 ………………………………………… 318
　　1　〈障害〉の定義　318
　　2　抵抗と反発：内在する二つの志向性　322
　　3　UPIASにおける当事者性原則をめぐる論点　326

注 ………………………………………………………………………… 339

文献・資料 ……………………………………………………………… 346

おわりに ………………………………………………………………… 362

序章　本書の枠組

1　本書の目的と意義

　本書の目的は、UPIASの結成から終結に至る組織内外のさまざまなコミュニケーションを辿りながら、後に社会モデルと称されることになるディスアビリティをめぐるアイデアの生成とその「起源の物語」を検証し、同時に、この物語を紡ぎ出したUPIASという組織そのものの変容過程を捉えることにある。

　具体的には、UPIASの結成・展開の背景にあった第二次大戦後から1970年代に係る〈障害〉をめぐる政治状況、UPIASコアメンバーたちのディスアビリティ経験、UPIAS結成初期における組織形態の構造化、結成後から18カ月間にわたる徹底的な民主的討議を通したフレーミング、このフレームに対する組織内外の共鳴と反発、UPIASのフレームと「社会運動の時代」と呼ばれた当時のマスターフレームとの共振、そして、組織活動の停滞から「UPIASの解散」に至る経緯などを検証していく。

　本書は単にUPIASにおいて形成されたディスアビリティをめぐる認知的なフレームワークにのみ焦点を当てるものではない。英国はもとより国際的な障害者運動のフィールドにおいて、UPIASがディスアビリティという概念によって把捉した障害者問題は後に〈障害〉の社会モデルとして練成されてゆくことになるのだが、この社会モデル生成の起源にあったUPIASにおける議論は、単に認知レベルの、いわば乾いた論理の交換に終始したものではなく、そこには組織メンバーたちのより深い感情的次元における共振や、身体性に根ざした共感があった。このような感情的・身体的次元におけるコミュニケーションがあったからこそ、UPIASは一つの〈社会〉、一つの〈文化〉を形成し得たのである。

　そこで、本書ではUPIASにおけるフレーミングの分析とともに、コアメン

バーらのライフヒストリーにおけるディスアビリティ経験の検証と、UPIAS においてより深い感情的・身体的次元のコミュニケーションを通して形成されていく「運動文化」[1]の特性についても記述と解釈を加えてゆきたい。

このような作業を通して、社会モデルに収斂されるディスアビリティをめぐる障害理論の思想的契機とその文脈を明らかにすることによって、社会モデルが含有した固有の政治的意味を捉え直すことができるだろう。また、それは今後の社会モデル研究に新たなエビデンスを提供するとともに、社会モデルの提唱によって国際的な障害者運動・障害者政策・障害学に多大な影響を与えた UPIAS を、障害者運動史、および〈障害〉をめぐる政治思想史に明確に位置づけることにもなりうるものと考える。

2 本書の構成、および視点と方法

本書は第1章から第8章までのⅡ部構成に、序章と終章を加えた全10章から成っている。以下、各部各章の概要を簡単に紹介しておこう。

まず序章である本章では、本書の目的と意義、および本書全体の構成と各章における視点と方法について解説したうえで、本書において主要な一次資料となる UPIAS の内部回覧文書（*IC*）について紹介しよう。但し、各章の視点と方法についての詳細な検討は、該当章の冒頭で行うため、ここではその概要の紹介にとどめたい。

第Ⅰ部第1章では、UPIAS 誕生の時代的背景を概観したい。そこではまず、第二次大戦後から1970年代に係る障害者政策と〈障害〉をめぐる政治状況を概観する。これは第2章以下で取りあげる UPIAS コアメンバーのライフヒストリー、および第Ⅱ部における UPIAS のフレーミングとその活動経過の文脈を確認する作業となるだろう。

続いて第2章では、UPIAS の創設を呼びかけ、その活動と思想的練成に大きな影響を与えたポール・ハント（Paul Hunt, 1937-1979）のライフヒストリーを辿り、彼のディスアビリティ経験とそれを土壌とした思想形成の過程を辿る。具体的には、彼の幼少時からのディスアビリティ経験、被抑圧的状況に対する

抵抗行動、研究・著述活動、さまざまな個人・団体との交流活動などを辿りながら、障害者自身が統制する障害者組織の必要性の認識に至る思考過程や、障害者問題をディスアビリティとして把捉する社会モデルのアイデアに結晶化される思想的深化の過程を検証する。ここで用いるデータは主として故ポール・ハントの元配偶者ジュディさんへのインタビュー・データ（2011 年 7 月 11 日及び、9 月 27 日にノースロンドン・ブッシュヒルパークのジュディさんの自宅で実施）と、ポール・ハントがチェシャー・ホーム（身体障害者長期入所型施設）への入所期間中（18 〜 32 歳）に施設入所者向けの *Cheshire Smile* という機関誌に執筆したエッセイや書評などである。

　第 3 章では、UPIAS の結成当初よりそのコアメンバーとして、ポール・ハントやヴィック・フィンケルシュタイン（Vic Finkelstein, 1938-2011）[2] らとともにこの組織を牽引したデイビス夫妻（Ken Davis, 1934-2008; Maggie Davis, 1942-)のライフヒストリーを取りあげる。彼らは UPIAS の理論的・実践的リーダーとしてだけではなく、ダービー州という地域における草の根運動を通して、障害者ケア付き住宅（Grove Road Housing Scheme）を実現させ、また、英国で初めての自立生活センター（Derbyshire Centre for Integrated Living）を設立し、さらには 1981 年に設立された障害者団体の連合組織である障害者団体協議会（British Council of Organisations of Disabled People: BCODP）[3] の結成など、全国的な障害者運動の展開においても、常にその中心的役割を担い、80 年代以降に活性化する英国障害者運動を主導してきた。

　このケンとマギーのディスアビリティ経験や、彼らのコミュニティであるダービー州におけるディスアビリティに対する抵抗行動と、障害者のコミュニティへの統合化（integration）の実現に向けたさまざまな活動を辿りながら、彼らのディスアビリティをめぐる思想形成の過程を検証したい。そこで用いられるデータは、*IC* やオープン・ニュースレターにおいてケンとマギーが執筆した記事、その他の各種エッセイや報告、そして、マギーさんへのインタビュー調査（2011 年 10 月 21 日にチェスターフィールド・クレイクロスのマギーさんの自宅で実施）で得られたデータなどである。

第Ⅱ部ではUPIAS結成から解散に至る全過程を辿りながら、時系列に沿って、次の五つの主題を検証する。すなわち、1）組織形態の構造化（第4章）、2）結成初期18ヵ月間のフレーミング（第5章）、3）『障害の基本原理（*Fundamental Principles of Disability : FPD*）』におけるUPIASとDisability Alliance（DA）の議論（第6章）、4）「UPIASの危機と再生」をめぐる議論（第7章）、5）組織活動の停滞から「UPIASの解散」へ至る経緯（第8章）、である。

　まず第4章では、既存の障害者組織における健常者の専門家たちや一部エリート障害者たちによる組織活動の占有・植民地化に焦燥感を募らせていたポールが、どのような意図と方法でUPIASの結成を呼びかけ、この組織の誕生をもたらしたのか、また、このポールの呼びかけに応じた20数名の障害者たちによって船出したUPIASが、その組織形態をどのような議論を通して構造化していったのか、という点を検証したい。

　社会運動組織における形態的構造化は、単なる組織の〈形〉の整備過程を意味するものではなく、その組織の依って立つ価値やその存在理由に係る問いを繰り返しつつ具現化されていくものである。その意味において、UPIASの形態的構造化のプロセスを捉えることは、彼らの思想形成やフレーミングを捉える上で、重要な足掛かりとなるだろう。

　このUPIASの形態的構造化の検証では、組織の発生的分析から始まり、メンバーシップの構成過程、メンバーたちによるコミュニケーションの手法と特徴、活動予算の確保の仕方、組織規模の変動過程と運動の持続的展開のための組織機構の形成、そして、組織運営の手法や内部規律の形成過程、リーダーシップとフォロアーシップの関係形成、さらにコアメンバーや組織内分派あるいはブランチ（地方支部）の設立過程、などが検討されるべき要素として挙げられる。

　第5章では、結成初期18ヵ月間に及ぶフレーミングを検証したい。そこで取りあげるのは、『UPIASの方針（*Policy Statement: PS*）』に結実することになる、抑圧の意味や障害理論の必要性をめぐる議論、彼らが隔離の象徴として捉えた施設をめぐる議論、その他イシューとして同定されたものの特徴とそのイシュー化の意味、組織名称をめぐる議論、などである。おそらくわれわれは、この初期フレーミングにおいて、後年、社会モデルと称されることになる

UPIASのプリミティブな思想的萌芽を見ることになるだろう。

　さらにここでは、先行の社会運動論におけるフレーム分析の知見とその分析枠組を援用しながら、UPIASが個々のメンバーおよび潜在的メンバーと自らの組織のディスアビリティに関する思考／志向をどのように架橋していったのか、ということに焦点を当てたい。このような架橋の作業は、社会運動研究におけるフレーム分析で言うところの〈フレーム調節〉（西城戸、2008:44-48）、すなわち、個人の関心や価値と社会運動組織の活動・目標・イデオロギーを一致させてゆく作業に他ならないが、UPIASはこのフレーム調節を、特に結成初期18カ月間において遂行することを通して、メンバーたちの価値志向を明確な論理で束ねつつ、組織の凝集性を高め、さらに、潜在的なメンバーを動員してゆくという作業を行った。したがって、この結成初期18カ月間に及ぶ徹底的な民主的討議を通したフレーム調節は、UPIASの思想形成とその後の活動展開における基盤構築の期間であったと位置づけることができる。であるならば、英国社会モデルの思想的起源を、ここに求めることにも妥当性があると言えるだろう。

　このUPIASの初期フレーミングにおいて、特に注意すべきは、ポール・ハントやヴィック・フィンケルシュタイン、ケン・デイビスらUPIASのコアメンバーたちのフレームと、他のメンバーやUPIAS外部の潜在的メンバー、他組織のフレームとの共鳴や反発である。なぜなら、結成初期の徹底的な民主的討議は、ディスアビリティに関するゼロからの思考／志向の構築作業ではなく、それは、コアメンバーらによって提起されたディスアビリティをめぐるフレームと、他のメンバーや組織外部の潜在的メンバー・他組織との応答という形をとりながら進められる集合的なフレーミングであったからだ。

　フレーム分析ではこのような共鳴性を「参加者を増員するために人々――動員ターゲット――に向かってなされる運動のフレーミング効力が、その人々の中で共感を呼び起こすこと」（曽良中、2004:243）と捉え、これを実現するための作業をフレーム調節と呼んだのである。

　ここで留意しなければならない点は、社会運動におけるフレーミングが単に動員を目的とした意図的な認知操作に終始するものではないという点である。

社会運動における解釈図式としてのフレームは、単なる認知的枠組としてだけではなく、「深く保持され身体化している性向」（Crossley, 2002=2009:243）に根ざしつつ、前意識的レベルや感情的なレベルにおいても働くものである。ゆえに、フレーム分析では、運動組織メンバーの生活者としての生活様式やライフヒストリー、感情表出などの次元から、運動組織における集合的アイデンティティや運動文化などの観念的次元までをもその視野に入れておく必要があるだろう。

　続く第6章では、1975年11月22日に開催されたUPIASとDAとの合同会議録と両組織から付されたコメントによって構成されたUPIASの最初の公開ドキュメントであり、社会モデルのアイデアが初めて公にされたドキュメントでもある*FPD*を検証する。そこでは、公表された*FPD*と、*FPD*の元となった会議逐語録を素材として、*FPD*における言説がどのような意図により、どのような意味を形成し、誰にそれを伝達しようとしたのか、また、*FPD*において、どのような下位単位での命題がマクロ命題（テーマ）に結束しているのか、さらには*FPD*に表現されたテクストや*IC*を通した「トーク」を生み出した言説空間（松繁、2010:47）とはいかなるものだったのか、などの点について検証していきたい。

　第7章では、1970年代後半における組織存続の危機とポールの死、そして、UPIASが再生に向かう集中的議論を検証していく。具体的には、UPIASにおける思想と活動との乖離や、ポール・ハントをはじめとする数人の理論的リーダーと他のメンバーたちとの距離化などに起因した亀裂や葛藤、そして、ポール・ハント亡き後のメンバーたちの喪失感など、UPIASの組織的危機とそこからの再生の経緯について明らかにしたい。

　1970年代半ばから後半にかけてUPIASは、*FPD*の公刊によって、英国内外の障害者関係団体・個人から注目を集めるようになる。しかし、軽度障害者への職業リハビリテーションの推進や、重度障害者の終生保護を目的とした施設施策の重点化などに象徴される、いわゆる個人モデル的認識が席巻する当時の英国の障害者政策において、彼らのキャンペーンは具体的な成果をもたらすには至らなかった。この思想的先駆性と組織行動の停滞というギャップにお

いて、UPIAS内部ではさまざまな視角からの問題提起がなされることになる。例えばそこには、障害者の生活現実に対するPSの適合性・有効性に関する疑問や、ポールらが回避しようとした「少数エリートによる支配」へ陥ってしまった組織運営への批判などに始まり、この組織存続そのものへの疑義からの解散を求める主張や、組織行動の停滞状況を打破するために、組織外部の関係者との協働による新しいジャーナルの発刊を提案する声などがあった。このような組織活動の路線をめぐる内部論争が激化していく中、ポールは42歳の若さで突然この世を去ることになるのだが、この組織の羅針盤とも言えるリーダーの喪失を契機として、混迷の中にあったUPIASは再生への道を歩み始めることになる。

これまで、このような1970年代後半のUPIAS内部における議論は、先述の通り、その資料的制約によって、日英の障害学においても検証の俎上に載せられることがなかったため、この時期のUPIASの「危機と再生」そのものの存在さえも確認されてこなかった。第7章の作業は、1980年代におけるUPIASの思想とその活動の方向性を把捉するうえで、また、1980年代に後発するBCODPや自立生活センター（CIL）へ継承されたUPIAS思想の土壌とその成熟過程を確認するうえで、その地歩を固めるための作業となるだろう。

第8章では、1980年代後半以降の組織活動の停滞からUPIAS解散に至る経緯を検証する。既述のように、UPIASが内外の障害者運動や障害学領域に大きなインパクトを与えたのは、その初期に公刊された2本のドキュメントと、1980年代初頭にオープン・ニュースレターとして位置づけられた2冊の機関誌によってである。1983年にその最後の機関誌である *Disability Challenge, No.2* を発刊して以降、UPIASとしてのドキュメントは公刊されていない。そのため、これまでUPIASに言及した先行研究においても、1980年代半ばから1990年の解散に至る後期UPIASの活動経緯に言及したものは皆無である。しかし、この1980年代は英国障害者運動が「本当の離陸」（田中、2005a:66）を迎えた時期であり、先述の英国内におけるBCODPやCILの結成はもとより、国際的にも「国際障害者年の開催」（1981年）や障害者インターナショナル（Disabled People's International: DPI）の設立（1981年）など、障害者運動の世界的な黎明

期とも言いうる時代であった。この時期、UPIAS も BCODP 設立とその初期的展開において主導的役割を担い、また、1980 年代半ば以降、英国各地に簇生していく CIL への支援などに組織的に取り組むことになる。しかし、1980 年代後期には、ポールの死去に伴う求心力の喪失とともに、組織外部で活性化する BCODP や CIL の活動の影に「UPIAS は既にその役割を終えつつある」という認識がメンバーの間で広がっていくようにもなり、1990 年 11 月、UPIAS はおよそ 20 年間にわたるその活動に終止符を打つことになる。

第 8 章においては、*IC* や関係者へのインタビュー・データをもとに、これまで明らかにされることはなかった UPIAS 後期における組織内部の議論と、国内外のラディカルな障害者組織との関係性などを辿りながら、UPIAS がその活動に終止符を打つまでの経緯について検証したい。

社会運動とそのアクターである運動組織は、それが「休みなきプロセス」（塩原、1976:29）としてあり続けることによってのみ、その存続が可能である。この「休みなきプロセス」は常に、運動組織における二つの要請、すなわち、メンバーたちの要求満足と組織目標の達成という要請を同時に極大化せよという要請に沿って展開されていくものであると言えよう（前掲書:30）。ある運動組織の終結は、このプロセスにおける疲弊や幻滅による衰退の帰結かもしれないし、官僚化によって自らが運動組織であることを辞めることの決断であるかもしれない。或いはまた、（それは稀有の例であろうが）二つの要請の達成を見たことによるものかもしれない。果たして UPIAS のメンバーたちは自らの組織の解散をどのように意味づけたのであろうか。

最後に、終章において、UPIAS が提起したディスアビリティをめぐる思想と、彼らが組織結成から解散に至るまで堅持した「当事者性」という原則の意味と意義を再度確認しつつ、彼らが後発の障害者運動や障害学に継承した論点について若干の考察を加えたい。

3　一次資料としての *Internal Circular* について

本研究で用いる主な一次資料は UPIAS の内部回覧文書である *IC* と、筆者

が2011年に実施した元UPIASメンバーへのインタビュー・データであるが、ここでは*IC*について若干の解説をしておきたい。

　筆者はこの*IC*に初めて出会ったとき、二つの疑問をもった。一つは、なぜUPIASにおいてこのような回覧文書が必要だったのかという疑問であり、もう一つは、なぜこの*IC*が厳格な部外秘というルールによって外部に秘匿されたのかという疑問である。前者の疑問については、ポール自身がC2[4]においてその解答を与えてくれている。

　　われわれ身体障害者は現状として、移動手段の欠如によってきわめて孤独な状態に置かれている。現在の唯一の（メンバー間の交流手段として—筆者注）採り得る方法は郵便によるものだ（UPIAS, 1973b:4）。

　このように、UPIASにおいて*IC*が必要であった明白な理由は、障害者たちを取り巻く当時の物理的環境にあった。後述するポールのガーディアン紙への投稿に見るように、入所型施設を障害者に対する隔離の象徴として捉えたポールの新しい組織結成の呼びかけは、主に英国内の施設入所者に向けられたものであり、実際、この呼びかけに応じ、結成初期のUPIASに加わった障害者たちの多くは施設入所者だった。そして、組織結成後も、UPIASは施設入所者たちの闘いを支援することをその組織目的の一つに置いていたのである。

　当時の英国における施設の閉鎖性や、街の構造・交通機関における障害者の移動に係る無配慮ゆえの障壁は、UPIASメンバーである施設入所者たちが、例えばロンドンなどの都市に集い、定期的な会合をもつことを殆ど不可能な状態にしていた。*IC*はこのような当時の障害者を取り巻く物理的環境の条件下において、UPIASメンバーがコミュニケーションをとるための必要不可欠なツールだったのである。

　このような事情が、他の多くの社会運動組織では、幸運にもメンバーの微かな記憶として残されたものを除けば、その多くが消失していく運命にある組織内部のコミュニケーションの詳細を文書記録として残したのである。社会運動組織をメンバー間のコミュニケーションの総体として捉えるとするなら、その

物理的環境の制約的な条件下において孤立的状況に置かれていた身体障害者たちの組織であるUPIASにとって、*IC*はまさに組織の存続・発展を支える殆ど唯一の手段であったと言えるだろう。

ポールはこの*IC*を通したコミュニケーションの目的について、次のように述べている。

> *Circular*において、それぞれのメンバーは他者の経験を分かち合い、互いに意見を交わし合うことを通して、そこに共通の経験を基盤とした"つながり"を見出してゆくだろう。そして、それはおそらく、社会的現象としてのディスアビリティという固有の経験を集団として分かち合うことになるだろう（UPIAS, 1975a:16）。

このように、ポールはまず、メンバー間のディスアビリティ経験の共有と、その共通経験の確認を通した組織的紐帯の強化を、*IC*を通したコミュニケーションの目的の一つに挙げている。そして、さらにそこからメンバーたちが日々直面しているディスアビリティに関して相互に学び合い、そのディスアビリティを乗り越えるための理論を発展・深化させていくことを彼は期待している。

> より多くのメンバーがこの共通経験に関する議論に参加し、ディスアビリティを乗り越えるための正しく普遍的な理論を発展させるために必要な議論と研究の推進に関わることが極めて重要である（UPIAS, 1975a:16）。

このような、ディスアビリティに関する障害者自身による学びの重要性と、その教育ツールとしてのニュースレターなど、組織内ドキュメントや*IC*の意義については、UPIAS結成の十数年前、チェシャー・ホームにおいてその施設内機関誌である*Cheshire Smile*の編集に関わっていた頃から、ポールは繰り返し述べている。

例えば彼は*Cheshire Smile*において、「*Cheshire Smile*はディスアビリティに関して、入所者を教育するパワフルなツールとなるべきだ」（Hunt Paul,

1964:38）と述べ、そのためにも、風通しの悪い議論ではなく、「読者からの生の反応を広く取りあげることが必要である」ことを指摘し、また、「記事の書き方が分からない多くの入所者たちも、手紙の形式であれば参加できるだろう」（前掲資料：39）と、公教育からの排除によって、ロジカルな記事を書くことに困難を覚える多くの障害者たちが、ニュースレターに気軽に参加できる方法についてもアイデアを提供している。

　さて、もう一つの疑問に移ろう。なぜ、*IC* は部外秘だったのだろうか。*IC* は厳格な部外秘のルールによって、メンバー以外への開示が強く戒められており、殆ど毎号の *IC* の表紙には *Confidential*、或いは *Strictly Confidential* と記載されている。

　このような部外秘のルールは、まず、メンバー間において、施設入所者であるメンバーの安全性という意味において理解されていたようだ。例えばある施設入所者のメンバーは「ニュースレター（=*IC*―筆者注）は、われわれの安全のためにもメンバー間のみのコンフィデンシャルなものにすべきだ」（UPIAS, 1973d:4）と述べ、また、別のメンバーは「私は本当のことを書けない、書けば彼ら（職員）は気づくだろうし、そうすれば、私はカーペットの上に寝かされることになるだろう」（UPIAS,1973b:1）と、*IC* に自らの意見を書いたことが露見した際の施設職員からの報復に対する恐れを吐露している。

　筆者のインタビューに応じてくれたジュディもこの施設入所者である UPIAS メンバーの恐れについて、「施設に住む人たちは、施設のスタッフやマネージャーたちにこの組織（=UPIAS―筆者注）に属していることがばれることをとても怖がっていました」と述べ、実際に、UPIAS 結成から２、３年後、ある施設入所者である女性メンバーが、施設スタッフに *IC* が見つかり、その施設を退所させられた事実があることを話してくれた。UPIAS がこの女性メンバーを支援しようとしたが、最終的には彼女自身が退所を選択したので、UPIAS はそれを尊重したという（Hunt Judy, 7/7/2011）。

　特に、初期の *IC* に掲載された記事には無署名のものが多いが、これはジュディによると、ポールの方針だったようだ。

最初、ポールは（記事の）投稿者の名前を載せない方針でした。署名入り記事を載せるようになったのは、しばらく経ってからです（同上）。

　しかし、ポールはこのようなメンバーの安全性という観点を含みながらも、もう一つ別の意図において、*IC* を外部に公開すべきではないと考えていた。ポールはあるメンバーから寄せられた部外秘ルールに関する疑問に答える形で、C13 でその意図を次のように述べている。

　Circular の部外秘としてのルールは、あるイシューについて、われわれが十分な議論と多角的視点からの検討を加えたうえで、正しい結論であると確信する前に、われわれの議論を公開すると、その議論の過程におけるわれわれの戸惑いや混乱を、われわれを抑圧しようとする人々やわれわれを良く思わない人々に対して曝け出すことになり、それは組織の弱点を彼らに開示することになってしまうからだ（UPIAS, 1974g:11）。

　このポールの見解は、その後の *IC* においても、メンバーから部外秘への疑義が持ちだされる度に何度も引用されることになり、部外秘ルールに関する UPIAS の公式見解の一つとして扱われることになる。しかし、このように *IC* において何度も確認された部外秘のルールは、機械的で不合理な厳格さを求めるものではなかった。ポール自身も「メンバーと親密な関係にある者に適用するものではない（中略）理解のある親族や近しい友人、われわれのために書いたり読んだりしてくれるヘルパーたち、また、われわれの内密の情報が外部に広がる恐れがないと、十分に信頼できる人々」については、部外秘ルールを適用する必要はない、と述べている（前掲資料）。

　また、*IC* における議論を通して共有された公式見解は「われわれの見解」として、オープン・ニュースレターによって外部に開示される必要性も確認されている（UPIAS, 1973c:14）。特に、結成当初から 18 カ月にわたって議論されることになる UPIAS の存在意義そのものに関わる組織名称、目的、方針、綱領などについては、UPIAS が何のために結成されたどのような組織であるか

を広く社会に知らしめるためにも、適切な形で開示することの必要性が提起され、そのためにUPIAS内に暫定委員会を立ち上げ、*IC*で議論されたどのような議論を、オープン・ニュースレターで取りあげるのかを検討していくことが提案されている（UPIAS, 1973d:2）。

このオープン・ニュースレターは後に *Disability Challenge* という名称で、1981年5月と1983年12月に発行されることになるが（UPIAS, 1981c, 1983d）、それはUPIAS結成当初より次のような構想をもって計画されていたものである。

> オープン・ニュースレターは *Internal Circular* と完全に分離すべきだ。それは異なった編集者と編集委員会によって編集され、*Internal Circular* とは異なった機能をもつ。すべてのメンバーとユニオン（UPIASのメンバーたちはUPIASを『ユニオン』と呼んでいた―筆者注）支持者や支持団体、それ以外の一般の人々にも配布される。そして、それはおそらく、当初は年に6号の発行が期待される。（中略）オープン・ニュースレターはユニオンのポリシーである、統合のための、つまり、隔離に反対するための障害者たちの闘いのリポートや、統合化された住宅設備（integrated facilities）の好例などのリポートが掲載されるだろう。オープン・ニュースレターを通して、われわれはディスアビリティ・フィールドで何が起こっているのかを広く社会に伝えるべきだ（UPIAS, 1974g:10）。

付言すれば、ポールらはこのオープン・ニュースレターにおいても、仮名或いは匿名の投稿記事を許可すべきだと考えていた。それらが一般公開を前提としたドキュメントであり、障害者たちに対して「生殺与奪の権限をもつ権威者たち」も読む可能性が高いゆえに、より一層、投稿によるリスクを懸念し、メンバーたちの安全を考慮したのだろう。

さて、この組織内、或いは組織外へ向けたUPIASのドキュメントには、もう一つの隠されたドキュメントがあったらしい。「あったらしい」と書かざるを得ないのは、筆者がまだその存在を確認できていないからなのだが、UPIAS

結成当初から解散に至るまで、そのコアメンバーの一人だったマギーが筆者のインタビューに応えてくれた際に、そのドキュメントについて話してくれた。マギーはこの「もう一つの *Circular*」について、「実は *Circular* とは別に、数名のメンバーにしか回覧されていないシークレット・ニュースレターがありました」と話し、コアメンバーがディスアビリティについて議論し、UPIAS の思想を結晶化してゆくために、この限られたメンバー内で回覧されたシークレット・ニュースレターが重要なツールであったことを打ち明けてくれた(Davis Maggie, 21/10/2011)。

UPIAS 結成後、*IC* の編集方針をめぐっては、さまざまな議論が交わされている。例えば、夫のフィンケルシュタインとともに UPIAS 結成当初からメンバーに加わっていたリズ・フィンケルシュタイン（Elizabeth Finkelstein）は、*IC* の編集・発行に携わることは、「ユニオンそのものを直接体験することだ」と述べ、その作業は特定のメンバーに独占されるべきではなく、多くのメンバーが関わるべきだと主張し、編集長の半年毎の交代を提案している(UPIAS, 1973c:6)。(実際にその後、*IC* の編集を多くのメンバーが交代制で担うことになる)[5]。

また、あるメンバーは、*IC* に投稿される記事を一定の長さに制限し、過度に難解な言葉を用いないこと、というルールを提案している。長く難解な文章は「退屈」と「過剰な知性偏重主義」に陥り、そのような文章に慣れていないメンバーを疎外し、書くことを躊躇わせる結果になるから、というのがその理由である(UPIAS, 1973d:4)。このような提案を受けてポールも、C15 において「たとえ公教育のバックグラウンドが欠けていようとも、すべてのメンバーは、さまざまな議論に参加できるようにすべきだ」(UPIAS, 1975b:16) と述べている。

このように、UPIAS において *IC* は、結成初期のディスアビリティをめぐるフレーミングに係る重要なツールとしての機能を担い、その後の組織運営においてもメンバー間の枢要なコミュニケーション・ツールとしての機能を果たしつつ、彼らの活動を「一つの運動」として可能ならしめていたのである[6]。

第Ⅰ部

〈障害〉をめぐる政治状況と
UPIAS コアメンバーのライフヒストリー

「障害者」という属性を負う個人も、また、その個人が所属する社会運動組織も、ともにその時代・社会・文化との関係によって、その存在の基軸が複合的に規定されるものである。したがって、UPIASメンバーが置かれていた〈障害〉をめぐる政治的状況、彼らが属する障害者集団の社会的地位、障害者たちへの社会的処遇の有り様などを把握することは、彼らのさまざまな生活場面での社会関係と、彼ら自身の生活様式や生活理念の多様な変容過程を捉えるうえで不可欠な作業である。

　また、運動組織としてのフレーミングやその集合行為の検証においても、われわれはまず、そのフレーミングや集合行為がどのような社会的・文化的環境の下に発動したのかを確認しておく必要があるだろう。

　したがって、第Ⅰ部第1章では、UPIASメンバーらのディスアビリティ経験を生み出した第二次世界大戦後から1970年代に係る英国障害者政策と〈障害〉をめぐる政治状況を素描し、さらに、そのディスアビリティへの抵抗としてUPIASがそのフレーミングと集合行為を展開したとき、そこに影響を与えた当時の「新しい闘争」の形式を、「新しい社会運動論」の先行知見を参照にしながら捉えていきたい。

　社会運動組織の研究では、運動組織を形式化あるいは制度化された実体としてではなく、その動態を捉えること、すなわち、その発生から構造化・再構造化の動的過程を捉えることが求められる。また、そこでは、那須が指摘したように、組織と「弁証法的な関係に立っている存在としての人間」がまずもって想定される必要がある（那須、1991:173）。「弁証法的な関係にある人間」とは、「組織と個人が融合してはおらず、かといって二律背反的に対立してもいないという関係にあること」（同上）であり、そのような関係において、組織とそれに参加する個人は、コミュニケーションを通して形成・変化し続ける。

　したがって、社会運動組織の研究では、社会運動組織の発生からその展開過程において、個々のメンバーの経験、そしてその経験の言語化と共有化の過程、共有化された経験の表象が社会変革への意図に転換・彫琢されてゆく過程などが、メンバー間および組織外部の団体・個人とのコミュニケーション過程を通して詳細に検証される必要がある。その意味においてUPIASという社会運動

組織の研究では、まず、UPIASの牽引者となったコアメンバーたちのライフヒストリーとそこでのディスアビリティ経験、そして、その経験に対する彼らの感情レベルの反応を辿ることが不可欠であると考えるのである。

　このような問題意識の下、第2章・第3章では、UPIASのコアメンバーであったポール・ハントとデイビス夫妻のライフヒストリーに焦点を当て、彼らのディスアビリティ経験とそれへの感情レベルの反応や意味づけ、被抑圧的状況に対する具体的な抵抗行動などとともに、そのディスアビリティをめぐる思想形成の過程を検証していきたい。

第 1 章　第二次世界大戦後から 1970 年代に係る〈障害〉をめぐる政治状況

　ここではまず、UPIAS の結成とその初期的展開の時代的文脈を確認するために、第二次世界大戦後から 1970 年代に係る英国の障害者政策を含む社会福祉政策の動向、及び障害者運動やその他の社会運動の特徴などを中心に、〈障害〉をめぐる政治状況を素描しておきたい。

1　障害者政策の萌芽と展開

　17 世紀初頭、エリザベス救貧法（1601 年）が初めて障害者を国家的救済の対象として位置づけて後、18 世紀から 19 世紀の産業革命を経て 20 世紀半ばに至るまで、英国における重度障害者への社会的処遇は、一貫して施設収容を基軸に展開されてきた。殊に 19 世紀から 20 世紀半ばにかかり、障害者をその生涯において、一般社会から隔離して処遇するシステムとしての長期入所型施設は大きな発展を見せた。例えば新川はこの発展の背景要因として、1）西ヨーロッパにおける資本主義体制の発達、2）国民の社会生活に係る領域への国家的介入の拡大と専門職の台頭、3）人口の質をめぐる優生思想の影響の拡大、などを指摘している（新川、2007:8）。

　英国において障害者政策が救貧対策から分離され、初めて独立した政策として制度化されたのは、1944 年の障害者（雇用）法〔Disabled Persons（employment）Act〕によってである。障害者を一つの政策対象群として特化したこの障害者（雇用）法を嚆矢として、第二次大戦後、各種の障害者施策が矢継ぎ早に制度化されてゆくことになる。しかし、それらの施策はいずれも障害者問題の原因の解消を求めるものとは言えず、むしろ事後的対策であり、そこに明確な理念や統一性の欠落を指摘する声も少なくない（Abbott & Mcconkey, 2006:1）。

1944年に、すべての児童に対して「年齢と能力に応じた教育」の保障を謳った教育法（Education Act）が、また、1948年には地方自治体に対して障害者への在宅医療サービスの実施を求めた国民保健サービス法（National Health Service Act）が成立し、さらに、同年には国民扶助法（National Assistance Act）によって、地方自治体に障害者への経済的援助と福祉サービスの供給が義務付けられた。また、同年の障害者（雇用）法の改定は、雇用主に対して、障害者雇用への姿勢をより強く求めるものとなった（Barnes, 1991:21）。
　このような障害者施策の拡大とともに、障害と障害者に関わる専門領域も大きな発展を見せる。例えばバーンズは、福祉施策における「専門家支配（Professional domination）」の扉を開いた鍵として、1946年の教育法施行規則におけるニード概念の導入を挙げ（Barnes, 2010:3）、また、モリスは障害者（雇用）法に基づく当時の各種施策を失政と断じ、その原因を「自治体の（障害者施策）に関する無気力」ではなく、障害者を一人の市民として捉え、その地位を擁護しようとする認識を挫くような支配的な障害者観、すなわち、障害者をして「ケアの必要な（弱き）存在」（Morris, 1993:5）として捉える障害者観の浸透に見ている。また、このような障害者観を基に展開された一連の戦後障害者政策の嚆矢となる施策群が、依存創出的アプローチ（dependency-creating approaches）とも言うべき、専門家による保護主義的な介入の基礎を形づくったことを指摘する声もある（Oliver & Barnes, 1997:6-7）。
　ベヴァリッジ報告の理念を掲げ出発した大戦直後の労働党政権による福祉国家政策は、1947年の経済危機と1951年の朝鮮動乱による過重な軍事費負担、さらには米国のドル援助と交換された国防3カ国計画（1951～1954年に47億ポンドの軍事拡充）による国際収支の悪化などによって、その後退を余儀なくされることになった。そして、いわゆる「バターか大砲か」の議論の末、1952年に労働党政権は終わりを告げ、その後、独占資本の利潤追求と国際競争に焦点を当てる保守党政権下で、さらに障害者や高齢者などの困窮状況に拍車がかかることになる。
　このような財政悪化と国民生活の困窮化を背景に、1950年代以降に活性化するコミュニティケアの理念と政策は、1948年の児童法（Children Act）にお

ける里親委託制度が端緒となったとされるが、このコミュニティケアという用語が障害者領域において、「『閉鎖型施設』から障害者を解放する」という文脈で正式に用いられたのは、1957 年の「精神病および知的障害者に関する王立委員会（Royal Commission on Mental Illness and Mental Deficiency）」における王立委員会報告の中である。この報告を受けて 1959 年に精神保健法（Mental Health Act）が制定され、さらに 1962 年の政府の病院計画（Hospital Plan）において、精神科病院のベッド数の半減が打ち出されるとともに、翌 63 年の青書『保健と福祉；コミュニティケアの展開（*Health and Welfare ; Development of Community Care*)』において、コミュニティケアの方向性が明示されることになった（Barnes, 1991:22; Swain, et al, 2005:10）。そこではコミュニティケアに係る政策のアウトラインとして、ホームヘルプ、地域看護、訪問保健、シェルター・ハウス計画、シェルター・ワークショップなど、コミュニティを基盤としたサービスが提起され、さらに、これらのサービスの供給対象として母子、高齢者、知的障害者、身体障害者という四つのグループが区分された（Barnes, 1991:22）。

　しかし、この時点においては、コミュニティケアにおけるサービスのあり方に関する検証は殆どされることもなく、加えて保守党政権下で後退する社会保障制度を背景に、社会資源の整備も不十分であったため（例えば当時の精神保健法には地方自治体に対するコミュニティケア整備の法的義務が規定されていなかった）、障害者の地域生活において「事実上、行政からの最低限の支援と近隣の無関心の中で、障害者の家族が過重なケアを担っているという状況」（Morris, 1993:2）が続くことになる。

　障害者福祉の領域におけるコミュニティケア政策展開の動因の一つには、確かにこの時期に活性化したバートン（Barton, 1959）やゴッフマン（Goffman, 1961）、ミラーとグイン（Miller & Gwynne, 1972）などに代表されるような閉鎖型施設の社会学的研究や、各種調査が暴露した施設内の非人道的処遇に関する問題提起があったが、それ以上に、高齢化に伴う福祉・保健コスト増大への危惧が大きな動因として横たわっていた。ゆえにこのコスト削減を動因としたコミュニティケア政策は、地域におけるサービス資源の創出と同時に、個人と家族のモラルの必要性を声高に喧伝してゆくことになったのである。

1968年に発表された『シーボーム報告（*Seebohm Report*）』は一般に、障害者に対するコミュニティケアの分水界であると評価されている（Barnes, 1991:23）。そこでは、地方自治体に対して、障害をめぐる問題に係るデータの集積を求め、障害者に対するコミュニティを基盤としたサービスの拡充を勧告している。この勧告に基づいて1970年に慢性疾患および障害者法（Chronically Sick and Disables Persons Act: CSDP）が成立し、障害者分野におけるコミュニティケアに法的根拠が与えられた。このCSDPの成立を受けて、地方自治体には管轄区域内に住む重度かつ永続的な身体障害者および精神障害者の人数の確定とニーズの発掘、そして利用可能なサービスに関する情報の公表が義務づけられることになる（Drake, 1999:10）。

　CSDPに対して、一方で、障害者が適切な支援を受けつつ地域で暮らす権利が法的に承認されたことや（Oliver & Sapey, 1999:12）、従来の個別法とは異なる包括的な視点（教育、住居、施設ケア、地域における支援、公共施設へのアクセス、リハビリテーション、政策策定への障害者参加など）において障害者政策の全面的な見直しを謳ったこと（Topliss, 1999:4）などを評価する声もあるが、他方でそれは、1948年の国民扶助法を若干拡大したものにすぎず、障害者に対して何ら新しい権利を認めたものではないという批判や（Oliver & Barnes, 1997:3）、本法に義務的に規定された地方自治体の福祉サービスの実効性を疑問視する声もあった（前掲書、Topliss, 1999:5）。さらに、このようなコミュニティケア政策の拡充を契機として、障害者に関わる専門職（ソーシャルワーカー、作業療法士、施設やデイセンターの職員など）が台頭し、障害者の生活のあらゆる側面に介入してくることになったことを指摘する声もある（Barnes, 1991:23）。例えば、UPIASのコアメンバーの1人であったヴィックは、ある障害者の地域生活において、23職種もの専門職が関与していたことを例示している（Finkelstein, 1981:23）。

　このように、確かに1950年代後半から70年代後半にかけて、CSDPの制定や、介助手当（Attendance Allowance）及び無拠出年金（Invalidity Pension）などの各種所得保障（補償）制度の導入、さらには地域保健サービスやコミュニティケア・サービスの発展において障害者政策の拡充が見られるのだが、しか

し、依然として、これらの諸施策やサービスの水準は極めて低いレベルにとどまっており、後述する 1960 年代以降の社会運動の台頭によって覚醒しつつあった若い障害者たちは徐々に、これら一連のコミュニティケア政策を含む障害者政策に厳しい批判の目を向け始めることになる（Oliver, 1990:4; Younghusband, 1980=1986:1; Oliver & Barnes, 1997:10）。

　例えばキャンベルらは「（60 年代の障害者にとっての―筆者注）現実とは、多くの障害者が地域におけるほんの僅かのサービスを選ぶか、または、老人病棟やチェシャー・ホームのような施設への入所を選ぶかのいずれかを選択しなければならなかった」（Campbell & Oliver, 1996:18）と述べ、当時の地方自治体の福祉部には、障害者の地域生活において不可欠な支援システムを整備すべきであるという議論さえも存在しなかったことを指摘している（前掲書:19）。

　このキャンベルらによると、当時のコミュニティケア政策を含む福祉のエトスは、（他者の手を借りずに）「自立的に生きること（Living Independently）」であり、後年、障害者運動によって提起された「自立生活（Independent Living）」ではなかったという（前掲書:20）。

　オリバーらもまた、コミュニティケアというレトリックが障害者にもたらした現実について、「施設に隔離されていた障害者たちは、地域において、餓え、凍え、孤独に死ぬこと以外の権利を付与されないままに放り出されたのだ」（Oliver & Barnes, 1997:3）と述べている。

　さらに 1998 年 1 月に日本のヒューマンケア協会の英国訪問研修に協力したヴィックも、コミュニティケアは健常者がつくった概念であり、その政策は「失敗している」と断じ、それは「より安価なサービスの提供を可能にするものとして進められてきたに過ぎない」と述べている（フィンケルシュタイン, 1998:50）。その上で、当時のコミュニティケアは施設で確立されたさまざまな技法が地域において転用されたものであり、専門家の権限の下に管理された、いわば「規制されたコミュニティケア」であったと批判している（前掲書:53）。

2　社会運動の時代

　英国において障害者の権利の獲得を目指して活動した障害者運動組織の歴史は古く、それは19世紀末に設立された英国ろう者協会（British Deaf Association: BDA, 1890年設立）や視覚障害者全国連盟（National League of the Blind and Disabled: NLBD, 1899年設立）にまで遡ることができる（Barnes, 1992:6; Davis Ken, 1997:6）。これらの障害者組織は労働組合組織として設立され、その活動は視覚障害者の賃上げや労働条件の改善に焦点を当てていた。また、20世紀の前半には、MENCAPやSpastics Societyなどのような、中産階級に属する障害児・者たちの親の会が組織され、次第に政治的な力を保有する組織に成長していくことになる（Campbell & Oliver, 1996:23）。

　第二次世界大戦後も、1960年代末頃までは、上記のBDAやNLBDのように、雇用や所得保障など、一つの争点を掲げて組織化された障害者運動が主流であった。例えば、戦後に設立されたこの種の組織として、Disabled Drivers Association（DDA: 1948年設立）、National Federation of the Blind（NFB: 1949年設立）、Disablement Income Group（DIG: 1965年設立）、Disabled Professionals Association（DPA: 1968年設立）などがある（Davis Ken, 1997:2）。

　しかし、1960年代半ばから70年代に入ると、このような単一の争点に取り組む障害種別毎の運動形態から脱し、障害者問題を再生産してゆく社会的抑圧そのものに焦点を当て、障害者問題に包括的に取り組む新しいタイプの障害者運動が族生してゆく。その背景には、欧米を中心に展開された反管理を基軸に置くさまざまな社会運動の台頭があった。それは例えば、ジェンダーや人種をめぐる社会運動、地域分権運動、学生運動、環境保護運動、そして、米国の公民権運動や反戦運動、などである。

　殊に1960年代以降、西独・仏・伊などで展開された女性解放運動や環境保護運動、地域分権運動などは、従来の階級闘争型の労働運動と対比させて「新しい社会運動」と呼ばれるが、この「新しい社会運動」とは、トゥレーヌが『声とまなざし』（=1983, 新泉社）において、脱産業社会において現れるであろう、社会運動の新しい特徴をもったアクターの理念型として提起したものであ

る。その新しい特徴とは、非官僚制的でゆるやかなネットワーク組織、直接民主主義的な活動原則、脱物質主義、などである（Touraine, 1978=1983）。

1970年代から活性化する新たな障害者運動を、トゥレーヌらの提唱するこの「新しい社会運動」の範疇において捉えようとする論考は英国の障害学においても少なくない（Oliver & Zarb, 1989; Shakespeare, 1993; Campbell & Oliver, 1996; Barton & Oliver, 1997; Barnes, Mercer & Shakespear, 1999; Priestley, 1999; Oliver, 1990; Davis Ken, 1997; Abberley, 1996）。

確かに、1970年代以降の新しいタイプの障害者運動における幾つかの特徴は、「新しい社会運動」の理念型において挙げられた特徴と重なる部分が多い。例えば、シェークスピアは新しいタイプの障害者運動がもつ「新しい社会運動」の特徴として、1）伝統的な政治システムからの周辺性、2）個人と政治との連結、3）社会に対する批判的評価、4）脱物質主義を挙げ（Shakespeare, 1993:7）、また、オリバーはシェークスピアのこの四つの特徴に「国境を超える争点」を加え、新しいタイプの障害者運動がその特徴を有していることを指摘している（Oliver, 1990:9）。同様にキャンベルらもまた「新しい社会運動」と他の社会運動とを分かつ一つの特徴として、それらがグローバルな空間的広がりをもつ争点を掲げ、国際的な展開を見せることを挙げながら、新しいタイプの障害者運動もまた障害者問題の普遍性に焦点を当てることにより、その活動は国境を超えうることを示唆している（Campbell & Oliver, 1996:81）。さらに、キャンベルらは「新しい社会運動」のキーファクターに「人と社会に関する認識の転換」を挙げながら、新しいタイプの障害者運動がまさにこの認識転換をもたらしたことを指摘している（前掲書:53）。

他にも、ケンやアバーレイは、既存の政党政治のシステムやマルクス主義を基盤に置いた1960年代までの社会運動は、せいぜい障害者問題への対症療法を求めたものに過ぎず、その根本的な解決を期待できないという失望から、「新しい社会運動」としての障害者運動が芽生えたのだと述べている（Davis Ken, 1997:1; Abberley, 1996:4）。

これらの指摘の通り、確かに1970年代以降の新しい障害者運動は「新しい社会運動」の特徴の幾つかを共有するが、しかし、そこには「新しい社会運動」

のパースペクティブに包摂され難い特徴も有しており（例えば「新しい社会運動」の特徴である脱物質主義を掲げるほどに、障害者たちは豊かではなかった）、その意味において、これらの障害者運動が「新しい社会運動」であると明言することを躊躇う見解もある（Campbell & Oliver, 1996:8; 田中、2005b:98）。

1970年代以降の新しいタイプの障害者運動が、「新しい社会運動」か否かをめぐる議論への拘泥はここでの本旨ではない。ここではUPIASが始動する1960年代半ばから1970年代における英国の障害者運動の特徴と傾向についてもう少し触れておこう。

1960年代半ば以降に簇生していく障害者運動の顕著な特徴の一つは、従来のチャリティ団体や、専門家や保護者たちの組織のような「障害者のための組織（organisation for disabled people）」ではなく「障害者自身による組織（organisation of disabled people）」によって担われたという点にある（Barnes & Oliver, 1995:1; Driedger, 1989:6; Oliver, 1990:19; Campbell & Oliver, 1996:25）。60年代半ば以降の「障害者自身による組織」の嚆矢として挙げられるのは、先に挙げたDIGやUPIAS、Liberation Network（LN）などである。

また、1970年代に入ると、障害者情報相談センター（Disablement Information and Advice Line: DIAL）や脊髄損傷者協会（Spinal Injuries Assosiation: SIA）、CILに代表されるように、各地において、障害者同士のピアサポートやセルフヘルプを掲げ、各種福祉サービスを提供する障害者組織が創設されてゆくことになる。これらの組織は、従来の専門家集団による障害者問題の専有状況を批判しつつ、障害者自身による障害者問題の定義づけとその解決を志向するものであった。

この時期の「障害者自身による」組織的活動の拡大を促した思想的背景には、60年代後半頃から欧米を中心に浸透していくことになる、フーコー（Michel Foucault）やサズ（Thomas Szasz）、イリイチ（Ivan Illich）、レイン（Ronald David Laing）、クーパー（David Cooper）、バザーリア（Franco Basaglia）などによる反精神医学や反専門家主義のアカデミズムおよび社会運動の台頭と、それに並行しつつ浸透してゆく学校・病院・監獄などの〈身体の統治〉を目的とした近代的施設に対する批判・告発の思潮があった（Hahn, 1988:39）。

また、このようなマクロな思想的背景を地に、殊に障害者問題のフィールドにおいて、障害者自身による発議への志向が一つの大きな潮流となり得たのは、そこに障害者問題に係る根本的な認識の転換があったからだと言える。例えば、社会運動の生成・展開・消滅において過程志向的な運動分析モデルを提示しているマッカダムは、社会運動における抗議・争議を方向づける認知的要因として「根本的な帰属の誤り」に関する認識を挙げている（MacAdam, 1982:50）。すなわち、マッカダムは社会運動において動員が起こるのは、「帰属の誤り」が行為主体に認識され、その帰属のパターンの変容を見たときである、と指摘する。つまり、行為主体は通常、自分自身の生活における悲しみ・不幸・不満を、自分自身やそれ以外の特定の個人に帰属させる傾向にあるが、この自らの悲しみ・不幸・不満を自己にではなく、社会的世界において変更可能な側面に帰属させていくとき、社会運動は生起すると言う（前掲書:51）。

　クロスリーはこのマッカダムの指摘を踏まえつつ、このような抑圧状況因の帰属に係る認識転換は、行為主体、すなわち抑圧された集団の間に瀰漫している宿命論や不可避性の感覚、無力感を廃棄することであり、社会を変革する集合的能力の感覚を取り戻すことであると述べている（Crossley, 2002=2009:197）。

　障害者運動における障害者問題に係る帰属認識の転換の萌芽をいつに求めるのかという問いに厳密に応えるためには、さまざまな障害者運動組織の歴史を遡り、その膨大な一次資料を精査する必要があり、容易な作業ではないが、例えば、新川はこの認識転換、すなわち、障害者問題を個人に帰属させる認識から、社会に帰属させる認識への転換の起源を19世紀頃の障害者運動に求め、それがさらに再認識され強調され始めたのは1960年代初期のことである、と述べている（新川、2007:3）。

　しかし、この障害者問題の新たな認識が障害者問題のフィールドにおけるマスター・フレームとなったのは、1970年代半ばにUPIASがその認識を言語化し、それに社会モデルという呼称が与えられてからのことであった。

第2章　ポール・ハントのライフヒストリーと
　　　　そのディスアビリティ経験

　本章では、UPIASの結成を呼びかけ、UPIAS結成から1979年に亡くなるまでの間、常にこの組織を牽引してさまざまなディスアビリティと対峙する組織活動と、社会モデルを核とした障害理論の練成を主導したポール・ハントのライフヒストリーを辿りながら、彼が社会モデルの認識を萌芽させるに至る経緯やUPIASの結成に至る内的な必然性などを明らかにする。具体的には、彼の幼少時からのディスアビリティ経験、被抑圧的状況に対する抵抗行動、研究・著述活動などを辿りながら、障害者問題をディスアビリティとして把捉する社会モデル的認識の萌芽や、「障害者自身による組織」の必要性の認識に至る思考過程などについて検討する。

1　誕生から慢性疾患病院への入院まで

　ポールは1937年3月9日に、南イングランドのサセックス州フェルファムで生まれた。7人きょうだいの4番目の唯1人の男児だった。両親はカトリック教徒で、もともとは資産家の家系だったが、戦時下の経済変動によって没落し、ポールが誕生した頃には貧しい暮らしをしていたという。
　幼い頃のポールの写真を何枚かジュディに見せてもらった。姉妹たちに囲まれて微笑むポールは、額が広く瞳の大きい利発そうな男の子に見える。
　ポールが5歳になったとき、その歩行がおぼつかないことを心配した両親は、同じく歩行がやや不安定だった2歳年上の姉とともにポールを病院に連れて行った。医師は両児に筋ジストロフィーという診断を下した。この時、両親は医師から、ポールが15、6歳くらいまでしか生きられないと告げられている。
　この診断結果がいつの時点で、また、誰によって、どのような言葉でポール

に伝えられたのかは定かではない。しかし、ポールは十代の初め頃には既に自分が長く生きられないことを知っていた。その当時、多くの筋ジストロフィーの子どもたちは 18 歳頃までに亡くなっており、ポール自身も 15 歳から入院生活をおくることになる成人慢性疾患病院において、同年齢の友人たちの死を何度も経験することになる。

　ポールはいつも「いま、何かをしなければいけない」という切迫感をもって生きていたように思います。彼は心理的に常にそのような状態でした (Hunt Judy, 7/7/2011)。

しかし後にジュディと結婚してから、ポールは遺伝カウンセリングによって（彼らは子どもをもつべきか否かを決めるために、このカウンセリングを受けたという）、5 歳のときの医師の診断が正しくなかったことを知る。この遺伝カウンセリングで彼のインペアメントは筋ジストロフィーではなく、脊髄性筋萎縮症（Spinal Muscular Atrophy）と診断された（もっともそれは確定的な診断ではなく、曖昧さの残るものだったらしい）。この診断の結果、ポールとジュディは自分たちの子どもがポールと同様のインペアメントをもつ可能性が低いと判断し、子どもを産むことにしたという。

　ポールは学齢期になると、サセックスにある修道院が運営していた女児学校に通い始めた。歩行困難な彼が自宅から通学できる小学校はそこしかなかったからだ。そして、11 歳になったとき、ポールは家族のもとを離れ、イングランド南東部サリー州のボックス・ヒルにあった全寮制の身体障害児学校に転校した。彼はここに 14 歳まで在籍する。当時、ポールは単独で歩くことができたが、それはとても不安定な歩行だったという。

　14 歳の頃、転倒して足を骨折したため、自宅に戻ることになった。彼の家には車いすがなく、それを購入するための経済的余裕もなかったため、父親が木製のいすに車輪をつけてくれた。ポールは家の中をそれに乗って移動することができたが、外出することはできなかった。また、ポールはこの父親が作ってくれた車いすに座って以降、生涯、自らの足で立つことはなかった。

ポールは自宅に戻って数週間後に、サリー州のカーシャルトンにあるクイーン・メアリー病院の小児病棟に入院し、この病院の院内学級で学ぶことになる。この小児病棟での暮らしは、彼の中にポジティブな記憶として残されていたという。そこには仲の良いクラスメートや優しく熱心な教師がいたからだ。彼は院内学級で一般教育履修証明試験（General Certification of Education）でいうところのOレベル（普通過程：ordinary level）の教育を受け、フランス語や哲学を熱心に学んだ。

　当時、彼が家族に宛てた手紙がある。そこには、あまり思わしくない身体症状、衰弱していくことへの恐怖、常時装着していた革と鉄でできたコルセットの不快感、理学療法士の失礼な態度など、不愉快な出来事とともに、時折、水泳を楽しんでいることや、クラフトワークの院内活動で作った作品のこと、そして、自分が自らのインペアメントを受け容れていること、などについて書かれている。

　15歳になって、ポールはクイーン・メアリー病院を退院するが、自宅に戻ることはできなかった。なぜなら、その頃、ロンドンに居を移していた家族が住む小さなフラットは、家への出入りはもちろん、室内構造においても、車いすユーザーとなったポールがアクセスできる環境ではなかったからだ。父と母はポールを自宅に引き取ることを断念した（ポールは生涯、このロンドンの自宅に足を踏み入れることはなかったという）。そこで彼は小児病棟を退院後、ロンドンにあった身体障害児施設に入居している。しかし、この施設にはわずか2週間滞在しただけで退所し（その理由をジュディも知らない）、彼はすぐに、ロンドン南部のバタシーにあった成人慢性疾患患者を対象とするセント・ジョーンズ病院の老人病棟へ転院することになった。

　この老人病棟での生活はポールにとって陰鬱なものだったという。ジュディと結婚した後、ポールはそこでの生活を振り返って「牢獄のようだった」と彼女に話している。この病棟の大半の患者は年老いた人々であり、中にはポールのような若い患者も何人かいたが、その殆どが筋ジストロフィーの若者だった。そして、彼らは成人になる前に次々と亡くなっていった。それは当時の老人病棟に入院していた若年患者たちにとって「よくある運命」だったという。また、

老人病棟には当然のことながら院内学級などはなく、ポールの公教育歴はこの病棟への入院とともに終わることになる。

病棟の15床の病室はポールにとって空虚な空間だった。白黒テレビが部屋の片隅に置かれていたが、たいていは壊れていて観ることができなかった。彼はこの入院生活に何の目的も見出せず、入院当初は、終日ベッドの上で過ごしていたという。後に、この当時のポールの様子について、何度か面会に訪れていた姉がジュディに対して、弟がとても抑鬱的な毎日を送っていたと話している。

この老人病棟の病室で撮影されたポールの写真をジュディが見せてくれた。その白黒の写真には、薄暗い室内に整然と並んだベッドの横に置かれた車いすの上で、黒縁の眼鏡をかけてやや神経質そうな目をカメラに向けて座っているポールが写っている。ジュディの話を聞いた後にこの写真を見ると、彼が自らの置かれた空虚な空間に半ば諦めを抱きながらもそれに懸命に耐えているように見える。

毎週土曜日には、ポールの父が面会に訪れていた。母親はまれにしか面会に来ることができなかった。当時、母親は家計のためにフルタイムの仕事に従事しており、また、家には彼女のケアを必要とする、ポールよりやや軽度ながらも同様のインペアメントをもつ姉と、まだ幼い3人の妹たちがいたからだ（2人の姉は既に家を出ていた）。姉のインペアメントの進行はポールのそれよりもずっと遅く、その当時の彼女は松葉杖を使って歩くことができた。また、成人後は改造した自動車の運転もしていたという。歩行ができたこと（車いすを利用しなくてもすんだこと）によって、彼女は成人になるまで施設に入ることはなく、家族との良好な関係の中で成長することができた。しかし、成人後、その姉はポールと同じ身体障害者長期入所施設（後述するレ・コート）に入所することになる。

この老人病棟への入院中にポールが家族に送った手紙も残っている。自信の喪失を象徴するかのように、小さくか細い字で書かれたその手紙の内容について、ジュディは次のように話してくれた。

以前、子ども病院から家族に宛てて書かれたウィットに富んだ手紙と比べて、この手紙はとても暗い内容で、ポールは楽しいことを求める意欲さえも失っているようでした。彼はその手紙の中で、クリスマスの夜、他に何もすることがなくて、朝の4時半まで病棟の友人とトランプをしていた、と書いていました（Hunt Judy, 7/7/2011）。

　その当時、ポールは友人に誘われて一度だけ身体障害青年のためのキャンプに行ったことがある。しかし、そのキャンプも彼にとっては重苦しい思い出を残しただけだった。キャンプで出会った自分と同年齢の若い身体障害者たちと唯一共有できたのは、間近に迫っている死に対する恐怖だけだったという。彼は自分たちの人生が不当に短縮されていることに憤りを覚えていたが、その不当性を訴える相手をどこにも見出すことはできなかった。

2　レ・コート入所の決意

　老人病棟での空虚で陰鬱な暮らしも3年を経過した頃、ポールはBBCの二つの番組を通してレ・コート・チェシャー・ホーム（Le Court Cheshire Home, 以下、レ・コートと記す）を知った。一つは1955年8月に放映された*Good Course of A Week*という英国内のチャリティ活動を紹介する5分間の番組であり、もう一つは同年9月に放映されたBBCの特別番組である[1]。この後者の番組では、チェシャー・ホームの中で最初に創設されたレ・コートが詳しく紹介されていた。

　この二つの番組を病室のテレビで観ていたポールは、レ・コートに住みたいと思った。それは彼にとって単なる漠然とした希望ではなかった。既に18歳に達し、自らの余命が僅かしか残っていないことを自覚していたポールにとって、それは悲壮な切実さを帯びた決意だったと推測できる。ポールから相談を受けた主治医も彼の決意の切実さを感受したに違いない。主治医は直ちにレ・コートへポールの紹介と入所の打診をしてくれた。日を置かずに届いたレ・コートからの返信は、同年の11月か12月頃には入所可能というものだった。

この吉報を主治医から聞かされたポールは、さっそくそのことを家族に手紙で知らせている。その手紙はこの3年間に老人病棟から投函された他の手紙とは異なり、喜びと興奮に満ちた内容だった。彼はその中で、できればこの年のクリスマスまでにレ・コートに移りたい、とその待ちきれない気持ちを書き綴っている。

　しかし、ポールにとっては思いもかけないことだったが、彼の父がレ・コートへの入所に強く反対した。レ・コートがロンドンの実家から遠く離れたハンプシャーにあり、ポールがそこに入所してしまうと、今までのように毎週土曜日に息子に会いに行くことができなくなってしまうからだ。ポールは、悪夢のような老人病棟から脱出する唯一の途に立ちはだかる父に幻滅を感じ、そして深く傷ついた。と同時に、彼の置かれた現実と運命を全く理解していない父に対してとても腹を立てたという。

　それからは毎週土曜日の父の面会の際にも、ポールは唇を固く結んでベッドから出ようとはせず、一緒に外出することを拒み、父に対して攻撃的な態度をとるようになった。父はこのようなポールの態度に困惑しつつも、あくまでも彼がレ・コートに入所しないよう説得を続けた。この出来事がきっかけとなって、ポールと父との関係は悪化の一途を辿り、その関係はポールが死を迎えるまで修復されなかったという（同上）。

　年が明けた1956年6月、ポールは父の反対を押し切って、レ・コートでの2週間のトライアルの短期入所を体験し、翌7月にはレ・コートへの入所を果たしている。その後、彼はジュディと結婚しロンドンに居を移す1970年までの14年間、この施設で暮らすことになる。

3　レオナルド・チェシャーとレ・コート

　ここで、少しまわり道をすることになるが、レ・コートの創設者であるレオナルド・チェシャー（Leonard Cheshire）とレ・コートの初期の歴史について触れておこう。なぜなら「レ・コートの初期の歴史を知ることは、なぜ、ポールたち入所者がレ・コートの中で闘いを始めたのかを知るうえで重要なこと」

（同上）だからだ。

　レ・コートの創設者であり、2002年のBBCにおける投票で「英国偉人百人」の中にも選ばれたレオナルド・チェシャーは、1917年、イングランドのチェスターで生まれた。法学者で弁護士でもあった父の影響もあり、チェシャーはオックスフォード大学で法学を学ぶ。

　第二次大戦中、チェシャーは英国空軍のパイロットとして軍役に就き、若き空軍大尉として100回以上のミッションに参加する。その103回目のミッションは長崎への原爆投下だった。チェシャーはこのミッションに英国軍側の公式観測者として参加したが、ナビゲーターのミスで原爆投下そのものを視認することはなかった。しかし、この原爆投下への関与という出来事は彼の人生観を大きく変えることになったという。後年、チェシャーは、戦争目的に鑑みると、既に実質的な敗北を遂げていた日本に対する原爆投下は明らかに不必要な行為であったと述べている。そして、原爆投下は戦勝のためのものではなく、実験のためのものだったと結論づけている（Cheshire Lord, 1992:2）。

　終戦後、チェシャーは改宗してカトリック教徒となった。職業軍人であった彼は終戦後の一時期、生きる目的を失っていたが、やがて彼はハンプシャーのピーターズ・フィールドにおいて、親戚から譲り受けた起伏の激しい丘の上の300エーカーの土地と、その上に建つ25の寝室をもつビクトリア朝様式の古く堅牢な建物（レ・コートと名付けられていた）、そして、レ・コート周囲に配置された32戸のコテージを活用して、戦後の混乱期に家を失くし、そして何よりも終戦によって、（自分と同じように）突然に社会的地位と役割を失った元軍人たちのためのコミュニティを作ることを思い立った（Cheshire Leonard, 1998:17-18）。チェシャーの呼びかけによって、何人かの元軍人たちが集まってレ・コートで暮らし始めたが、しばらくして、居住者たちの間で諍いが起こり、短期間のうちにこのコミュニティは崩壊した。

　この元軍人たちのコミュニティ崩壊から数カ月が経った頃、チェシャーはピーターズ・フィールドのある病院看護師から連絡を受けた。それは一人の癌患者の退院先についての相談だった。その余命いくばくもない癌患者は退院先を探していたが、末期癌の患者を受け入れてくれる施設は容易に見つからず、

ついてはチャリティに深い理解のあるチェシャーに彼を受け入れてもらえないか、という依頼だった（前掲書:13）。しばらくの逡巡の後、チェシャーはその患者と病院で面会し、「あなたが亡くなるまで私がお世話をしましょう」と応じ、彼を受け入れることにした。チェシャーはレ・コートでこの癌患者が亡くなるまでケアをした。そして、この経験をもとに彼は同じような境遇にある患者たちにレ・コートを開放しようと考えた。

1948年、チェシャーはチャリティを自らの人生の目的とする決意を固め、Cheshire Foundation Homes for the Sick を設立した。この財団は1976年に Leonard Cheshire Foundation と改称され、現在も世界各国で障害者支援のためのさまざまな事業に携わっている[2]。

癌患者のためのレ・コートの活用を思い立ったチェシャーは、幾つかの病院と連絡を取り合い、退院後の行き場のない患者の受け入れを申し出、やがてレ・コートに多くの患者が集まってくるようになった。その中には病院からの退院を促されていた身体障害者たちも何人か混ざっていた。そして、このレ・コートの中で患者や身体障害者たちは徐々に自助的なコミュニティを形作っていくことになる。当初、レ・コートには有給の専門スタッフはおらず、ボランティアが何人か手伝いに来ていただけだったが、さまざまな職歴をもった患者や身体障害者たちの中には、専門職としての経歴をもつ人たちも何人かおり、彼らは日常の多くの事柄を自分たちで解決することができた。

このコミュニティは組織的な構造をもたず、自由な気風に満ちていた。入所者たちを家族と呼び、レ・コートをファミリー・ホームと呼んだチェシャーも、当初、レ・コートに組織的な秩序と構造をもち込む意志はなかったようだ。彼は入所者たちの自主的な活動をただ側面的に、そして控えめに手助けする立場を超えなかったという。しかし、数十人の患者や身体障害者たちが共に暮らすことになったレ・コートは、やがて財政的な問題や建物の構造上の問題など、その存続と維持において幾つもの深刻な問題に直面せざるをえなくなった。

当時、厳格な法学者であったチェシャーの父は息子のこの事業に対して、その安定性と継続性のために、施設運営を組織化する必要があることをアドバイスしている。チェシャーも徐々にホーム運営のためのガイドラインや規則を策

定するなど、よりオフィシャルな構造を構築する必要を認識し始めることになる。この組織的な構造化は時間をかけてゆっくりと進められていった。

　初期のレ・コートにおいて、患者や身体障害者たちは自らの組織と秩序を作ることに意欲的だったと言う。彼らは自らの委員会（Patients Welfare Committee：PWC、後に Residents Welfare Committee と改称）[3]を組織し、施設運営に関する事柄についても、この PWC の代表を通じてチェシャーら管理運営者たちに入所者の意見を伝えたり、ハウスマガジンなどの発行にも取り組んだ。当時のレ・コートの管理人はいわゆる専門家ではなかったが、とてもリベラルな人物であり、入所者たちの自治に対して口を出すことは全くなかったという（Hunt Judy, 7/7/2011）。

　レ・コートの組織的構造化の段階で、有資格の看護師の雇用や、よりアクセシブルな居住棟の建築などの課題が浮上したが、幸いにも各方面から多額の寄付金を集めることができ、それらの課題を解決することができた。新しい居住棟の設計過程においては、PWC の代表にも意見を述べる機会が与えられたという。

　この時建てられた居住棟は、4人部屋と2人部屋、そして数室の個室がある2階建ての建物で、女性が2階に、男性が1階に居住していた。また、この新しい建物にはリフトも設置されていた。1955年の夏から秋にかけて、BBC の番組でポールが観たのは、チェシャー・ホームのこの新しい居住棟だった。リフトが設置されていることもポールが入所を決めた大きな理由の一つだった。このリフトは障害者自身が操作できるもので、それは当時、老人病棟において殆ど幽閉状態にあったポールにとって自由の象徴のように映ったらしい（同上）。

　1956年7月、19歳になったポールはこのレ・コートの新しい居住棟の4人部屋に入居した。ポールが入所したときには既に39名の入所者がいたという。

4　レ・コートの暮らし

　先述のように、ハンプシャーのピーターズ・フィールドに建てられたレ・コートは、起伏の激しい丘の上にあった。ボランティアや家族など、レ・コートの

訪問者の多くは「なんて美しい場所だろう」と感嘆したというが、入所者が徒歩や車いすで気軽に外出することは困難な地形だった。しかし、入所者たちは自分たちが共同所有する車に乗り合わせて山を下り、街のパブで一杯飲むことが多かったという。そして、時々、リベラルな管理人も入所者たちに便乗し一緒に楽しんだそうだ。

　ポールがレ・コートへ入所してから、当時オーストラリアに住んでいた姉を除く4人の姉妹が何度か面会に訪れた。母も数回は訪れたようだが、経済的な事情もあり、たいていは手紙のやり取りだったという。

　2歳年上の姉はポールが入所した4、5年後に同じレ・コートに入所している。彼女が自宅からレ・コートへ直接入所したのか、それとも一度自宅を出て、一人暮らしをしてから入所したのかは、ジュディの記憶にも残っていない。いずれにしても1960年か61年にその姉はレ・コートに入所し、1968年に結婚を機に退所するまでの7〜8年間、そこで暮らした。レ・コート入所期間中に、彼女はポールと同じく、何度かPWCの役職に就いている。

　入所者たちはレ・コートの敷地に小さな売店を経営していて、そこで自分たちがワークショップで作った作品や歯磨き粉、タバコ、シャンプー、お菓子などを販売し、その売上金を「入所者福祉基金（Patients Welfare Fund）」として積み立てていた。彼らの共有する車もこの福祉基金によって購入されたものだった。

　ポールが入所してからまもなく、入所者とともにレ・コートでの生活を楽しんでいた管理人が去り、後任として厳格な退役軍人〔コマンダー（The Commander）と呼ばれていた〕が着任した。このコマンダーの最初の仕事は、入所者たちの常習的なパブ通いを禁止することだった。このパブ禁止令への抵抗が、レ・コートにおけるポールら入所者たちの長い闘いの幕開けとなる。

　このように見ると、ポールら入所者たちのレ・コートにおける闘いの契機は、既に剥奪されてしまった自由と自治の獲得のための抵抗というよりもむしろ、今まさに奪われようとしている自由と自治の防御のための闘いであったと言うことができるだろう。

　上に見てきたように、レ・コートは1970年代から現在に至るまで、障害者

運動をはじめ、アカデミズムやジャーナリズムがこぞって批判した、管理的で抑圧的な非人道的処遇に彩られた忌まわしき長期入所型施設というイメージとは異なり、むしろ、その設立当初は、少なくとも自由な気風と入所者へのリスペクトの哲学を礎に、入所者たちの自由と権利が最大限尊重されたコミュニティであったと言えるだろう。

「もう大昔のことで、私の記憶も定かではないのですが……」と言いながら、ジュディは筆者の訪問のためにあらかじめ用意してくれていた大量の資料の束を探りながら、当時の PWC の議事録要約（Mason, 1955-1964）を取り出してくれた[4]。

この PWC の議事録要約には、上述した売店やレ・コート内で開催されるワークショップの経営に関する議論とともに、こまごまとした生活規則や居住環境、職員の支援方法や態度などに対する入所者からの問題提起など、さまざまな議論が記録されている。

1955 年 11 月 23 日の議事録では、この PWC の委員選挙に職員を同席させないことが決定されており、この決定をもって PWC は名実ともに入所者自治による組織となった。ポールは 1955 年にこの PWC の会計担当役員に、また、1963 年には委員長に選出されている。ポールの姉も 1961 年に会計担当役員に選出され、1963 年にポールが委員長に選出された選挙では副委員長に選ばれている。

以下、この議事録要約から PWC において議論された事柄の幾つかを拾ってみよう。そこには、食事や嗜好品に関すること（食事に出されるポテトの質の低下や腐りかけのパンが配られたこと、紅茶とコーヒーの濃さなどについて）、入所者の余暇や外出・外泊に関すること（旅費の確保、帰寮時間の制限、町の映画館へのアクセス、施設車両の車いす対応の設備、個人的な旅行の付き添い、外出のための運転手の確保、パブへの外出などについて）、居住設備・アメニティに関すること（テレビラウンジの狭さ、婚姻世帯用のバンガローの増築、洗濯機の騒音、来客用ラウンジのアメニティ、新しく建設される敷地内の橋梁の装飾費用、共用スペースの広さ、ピアノの設置場所などについて）、日課に関すること（テレビの視聴時間、起床・就寝時間、モーニングコーヒーが

出される時間帯について）などをめぐる議論が記録されている。

　また、1963年の3月には、ある女性職員の入所者に対する不誠実な態度（入所者への無礼、職務怠慢など）を糾弾し、この職員の解雇を施設運営委員会（Management Committee：MC）[5]に訴え、認めさせている。この時ちょうどPWC委員長であったポールは「われわれは不適格な職員の解雇を勝ち取った」という勝利宣言をしている。この職員の後任になったのは、長年入所者たちの側に立ち、MCから解雇の脅しを受けていた看護師だった。

　また、ポールらPWCのメンバーは、「われわれはわれわれの暮らしについて何が審議されているのかを知る必要がある『大人』である」がゆえに、「施設運営を監視する必要がある」として、PWCの代表をMCやAdmissions Committee（新規入所者の審査をする会議体）、The Annual Family Day（年1回のチェシャー財団全体の会議）に参加させることを求め、1956年12月には、PWCのメンバー2人がMCの月例会議に出席できること、1957年にはThe Annual Family DayへPWC代表が参加できること、さらに、時期は定かではないが、Admissions CommitteeにもPWC代表を送り込むこと、などを実現させている。

　レ・コートにおいて入所者の権利を守るためのこのような闘いで中心的な役割を担ったのは、（ジュディの言葉を借りれば）「危険を承知でやってみるタイプ（stick theirs neck out）」のポールを含めた6、7人の若くて活動的な入所者たちだった。

　「権利を主張し始めたポールたちに対する職員からの風当たりはどのようなものでしたか」という筆者の質問に対して、ジュディは「ケアスタッフたちと施設のマネージャーたちを区別しなければなりません」と前置きしながら、ポールら入所者と彼らに最も身近なケアスタッフたちとは良好な人間関係を保っていたこと、また、毎週末に訪れる多くのボランティアたちもポールら入所者に対して常に敬意を払っていた、と答えてくれた。

　職員の殆どはこのような入所者に共感的なケア・スタッフたちであり、何人かは特別な教育と訓練を受けた看護師だった。その他に、嘱託職員としてレ・コートの外部から定期的に訪れる医師や弁護士たちがいた。そして、チェシャー

を代表とするMCがあり、さらにその上部組織として、チェシャー財団全体の理事会があった。この財団は上述したように現在も英国内外に多くの施設を運営している。

　ポールの入所後、レ・コートでは、起床・就寝時間の規則や、外出の届け出の規則、入所者とボランティアとの恋愛（これは当時、珍しいことではなかった。ポールとジュディとの出会いもこのような関係から始まっている）の禁止など、少しずつ入所者の自由と権利が制限されるようになっていった。

　当時、PWCの委員長がある時、管理的なコマンダーの支配に対して立ち上がり（『と言いたいところですが、彼は車いすユーザーで立ち上がることはできなかったわ』とジュディのジョーク）、レ・コートの公的な場（入所者と職員たちとの会議）でコマンダーを批判したところ、コマンダーが「ホームから出ていけ」と委員長に命じたという。そこで、ポールとその仲間たちが、委員長を支援するために協議し、その結果、「彼が追いだされるのなら、いっそのことみんなで出ていこう」と結束した。そして、この事件が地元の新聞に掲載されたことで、入所者たちを支援する世論が高まり、この事態を重く見たMCは、コマンダーの委員長に対する退所命令を無効にしたという。

　後年、レ・コートを退所したポールの呼びかけによって結成されたUPIASの目的は、その組織名称が表すように「隔離への反対（Against Segregation）」にあった。そして、UPIASがこの抵抗すべき隔離の象徴として、すなわち運動の具体的な敵手の象徴に置いたものが施設だった。しかし、少なくとも、当時のレ・コートにおけるポールとその仲間たちの闘いにおいて、「施設解体」や「施設からの解放」などはテーマとして認識されていない。この当時の彼らの闘いは、あくまでも彼ら身体障害者が施設の中で尊厳のある生活をおくるための自治権の擁護や生活環境の改善を目指したものであり、施設の外で暮らすことを求める闘いではなかったのである。

　しかし、いずれにしても、自らの尊厳とその生活を守るためにPWCを組織し、さらにその代表を施設の運営・管理を所管するMCに送り込んだポールらの活動と、それを受け入れたレ・コートの気風は、当時の英国においても特筆に値するものだったと言えるだろう。

5 *Stigma* の編集・刊行と DIG メンバーとしての活動

1966 年、28 歳になったポールは 1 冊の本を編む。*Stigma : Experience of Disability* である[6]。この本は 12 名の身体障害者のディスアビリティ経験を編んだものだが、ポールが企図したのは、当時も巷に溢れていた「不幸な障害者たち」のセンチメンタルな自叙伝の類ではない。彼はこの個々の障害者の経験を社会的・政治的な文脈に位置付け、そこにインペアメントをもつ人々のディスアビリティを再生産し続ける〈健常者社会〉の問題性を浮かび上がらせようとしたのである。

> ディスアビリティの問題は、インペアメントやそれが個々に及ぼす影響にあるわけではなく、より重要なことは、それが正常な人々との関係にあるということだ (Hunt Paul, 1966a:146)。

ポールを含めたこの本の執筆者 12 名のうち半分が女性だった。また、12 名全員が重度の障害をもっていたわけではないが、その 3 分の 1 の執筆者は編著者のポールと同じく施設生活を経験していた (Hunt Judy, 2007:795)。この 12 名の身体障害者である執筆者たちのエッセイには、身体障害者が負わされている多様なディスアビリティが綴られている。例えばそれは貧困、偏見、不安定な雇用、或いは雇用そのものの否定、物理的バリア、社会サービスに関する情報からの隔離、親による過保護、性的権利の剥奪、適切な医療からの排除、などである。繰り返すが、ポールがこのような個々の多様なディスアビリティ経験を通して捉えようとしたのは、障害者が負わされている不当なディスアビリティそのものだけではなく、それを再生産し続ける〈健常者社会〉のあり様だった。

この本の出版は当時の英国社会に少なからぬ衝撃を与えたようだ。「障害者の真実が率直に述べられている」、「怒りの詰まった本だ」などという書評とともに、この本が「彼ら健常者」と「われわれ障害者」を明確に区別してしまっ

ていることを批判する声もあったが、いずれにしても多くの評者がこの本の衝撃について語っている（前掲書:797）。ジュディは後年、この本が英国の障害者たちに「新しい意識を発見するための長い旅に向かう起点を提示した」（同上）と述べている。ジュディが言うように、この *Stigma* が「起点」であったことを裏付ける一つの証左は、1974年に開講された英国で最初の障害学講座となるオープン・ユニバーシティにおいて、この *Stigma* に掲載された2編のエッセイ（Battye, 1966; Chalmers, 1966）がテキストとして採用されたという事実にも見ることができるだろう。

　Stigma の刊行後、ポールのもとにさまざまな人々からのコンタクトがあり、また、ポール自身も自ら多くの人々との出会いを求めるようになった。その中の一人に「障害者年金運動団体（Disablement Income Group: DIG）」の創設者であるメーガン・デュボイソン（Megan Duboisson）がいた。彼女はポールの編んだ *Stigma* を読んで感銘を受け、彼に DIG への参加を呼びかけたという。

　DIG は1965年、2人の障害女性、メーガンとベリット・モーア（Berit Moore、別名は Thornberry Stueland）によって設立された障害者組織である。この組織は当時の他の障害者団体とは異なり、そのメンバーを単一の障害種別をもった障害者に限定せず、あらゆる障害者が経験している経済的・社会的不利益に取り組むことを目的としていた。また、そこには同じ志をもった障害者メンバーだけではなく、障害者たちと問題意識を共有する多くの障害をもたない専門家たちも加わっていた。DIG は結成当初、さまざまな障害者問題に取り組んだが、徐々にその活動の焦点を障害者の所得保障問題に絞っていく。

　当時、障害に関わる所得保障制度は労災に関するものだけであり、雇用されることのなかった障害者たちの貧困問題はネグレクトされていた。DIG はとりわけ所得保障制度へのアクセスが閉ざされていた障害女性や先天性の障害者たちの経済的問題に焦点を当て、障害者に対する公的所得保障制度の構築に向け、既存の所得保障制度の改正や無拠出制の障害年金の創設を求めるキャンペーンと議会へのロビー活動を展開するようになる（Finkelstein, 2004:7）。

　メーガンからの勧誘を受けたポールはすぐにこの DIG に加わり、UPIAS を設立するまでの間、その活動に積極的に取り組み（UPIAS, 1981a:8）、その活動

を通して、多くの人々と交流し、自らのネットワークを広げていった。その中には「障害をもつ専門職連合（Association of Disabled Professionals）」の創設者であったピーター・ラージ（Peter Large）や、アクセシブルな住宅基準に関する政府のコンサルタントに従事していたセルウィン・ゴールドスミス（Selwyn Goldsmith）、そして、UPIAS結成後に「障害者連合（Disability Alliance: DA）」の代表者としてポールと袂を分かつことになるが、当時の障害者政策に少なからぬ影響力をもっていた社会学者のピーター・タウンゼント（Peter Townsend）、さらにガーディアン紙に障害者関連の記事を書いていたフリーライターのアン・シェラー（Ann Shearer）などがいた（前掲書:9）。このようにポールが多くの人々とネットワークを形成できたのは、上述のようにDIGが戦後結成された初めての障害種別横断的な全国組織であり、ジュディが「メルティング・ポットのようだった」（Hunt Judy, 7/7/2011）と回想するように、そのメンバーの中には、障害者だけではなく、実にさまざまな職種の専門家たちが参加していたからだ。

さて、所得保障という問題にその活動を焦点化したDIGであったが、やがてその活動展開において運動戦略上の一つの弱点を突きつけられることになる。それは所得保障制度の改廃・創設の必要性を訴えるための経済的なエビデンスの不在に起因する説得力の欠如である（UPIAS, 1981c:3）。DIGはこの弱点を克服するために、徐々に経済政策を専門とする研究者や実務家たちへの依存を強めていくようになる。そして、これらDIGの主導を任された専門家たちの議論と活動の焦点は、やがて所得保障の受給資格と〈障害〉規定をめぐる問題に絞り込まれていくことになる。なぜなら、明確な受給資格の議論なくして、所得保障を実現するための政策を策定することは不可能であり、受給資格とはすなわち、誰が受給に値する〈障害〉をもつ者なのかを規定することであったからだ。

こうして、専門家たちが主導することになったDIGの所得アプローチ（income approach）（Campbell & Oliver, 1996:56）は、障害者年金の受給資格と〈障害〉規定をめぐるエビデンス収集のための調査やデータ分析、出版活動などにそのエネルギーを傾注していくことになるのだが、それは同時に、一般の障害者

メンバーを組織活動の隅に追いやってしまうことになった（Finkelstein, 2004:8）。その結果として当然、一般の障害者メンバーたちのフラストレーションは高まり、やがて内部批判が噴出するようになる。その批判は、第一に組織の「専門家による植民地化」に対して、第二に所得保障の受給資格に係る〈障害〉概念の医学モデル的な規定に対して（同上）、そして、第三に「金の獲得」（所得保障）だけに組織目的が収斂されていくことに対して向けられたという（UPIAS, 1981c:2）。

　ポールもまたその批判者の1人だった。彼は所得保障という単一イシューに傾斜していくDIGのアプローチには限界があると考えていた。また、ジュディによると、DIGの創設者の1人であるメーガンやベリット自身も後年、DIGの活動に対して批判的であったと言う。後のUPIASにおけるポールの発言を辿ると、彼はこの「DIGの失敗」（UPIAS, 1975:16）から当時、二つのことを学んだと推測できる。それは、ディスアビリティとの闘いにおいて、第一に、組織を障害者自身がコントロールしなければならないこと、第二に、ディスアビリティへのアプローチにおいては、単一イシューへ焦点化された取り組みではなく、さまざまなディスアビリティを包括的に捉える必要があること、である。

　現代のラディカルな英国障害者運動やその思想を土壌として発展しつつある障害学のフィールドでは、社会モデルを提起したUPIASの功績に対する評価と対置される形でDIGに対する批判が少なくない。しかし、筆者は英国障害者運動の現代史において、DIGの活動と成果は、正当に評価される必要があると考えている。なぜならDIGは障害者問題を二つの根強い伝統から解放させる契機をもたらしたからだ。その一つは、障害者年金を求める所得保障キャンペーンによって、（その後年の〈障害〉規定における医学モデルへの傾斜はおくとして）障害者問題を医療的カテゴリー内の問題から解放する契機をもたらしたことである。そしてもう一つは、障害種別横断的な大衆運動としての組織化によって、伝統的に障害種別ごとのさまざまなゲットー（Hunt Judy, 2001:2-3）に閉じ込められてきた障害者たちが集い、障害者問題の普遍性への認識を共有する契機をもつことができたことである。例えば、後にUPIASのコアメンバーとなるヴィックも英国障害者運動の現代史におけるDIGの意義について

次のように述べている。

　DIG の誕生は、われわれがわれわれの不幸の源泉として認識させられてきた「欠損した身体」から焦点を離していく一つの最初の兆候であり、それは、インペアメントに関わりなく、或いはどのような場所においても、われわれがコミュニティにおいて、より公平なライフスタイルをおくるための一つの方向性を示すものだった（Finkelstein, 2004:7）。

6　ディスアビリティの認識

　レ・コートに入所してから、ポールは十代半ばで奪われた公教育における学習を取り戻すため、多岐にわたる多くの書物を読んだ。彼はその読書と施設生活の経験を通して、徐々に障害者問題の社会学的・心理学的側面に興味をもち始めるとともに、施設生活そのものに関する研究を始めることになる。また彼は、キリスト教神学、哲学、社会科学、文学、映画などにも関心をもっていた。当時の彼の気晴らしは「話すこと、読むこと、日向ぼっこをすること」だったという（Hunt Paul, 1966b）。

　例えば、ポールは米国の黒人作家であり、人種的・性的マイノリティの問題を論じたジェームス・アーサー・バルドウィン（James Arthur Baldwin）の著作を通して、白人社会の抑圧によって、黒人たちにもたらされるさまざまなコンプレックスやストレスを学び、そこに〈健常者社会〉に生きる障害者たちの置かれた状況を重ね合わせた。また、彼は当時、各地の障害者団体が発行する雑誌やニュースレター〔ジュディが一例として挙げたのは、障害運転手協会（Disabled Drivers Association）が発行していた *Magic Carpet* という雑誌など〕にも目を通し、そこで障害者問題がどのような視角で論じられているのかを広く捉えようとしていた。さらに彼は障害者問題を論じる専門家たちの論文や著書にも関心をもち、それらを批判的に吟味することを通して、自らの思考を深めようとしていた。

　このようにポールは常にその知的探究心に駆り立てられる一人の研究者で

あったと同時に、一貫して施設入所者たちの置かれた状況の改善に向けた闘いをリードする活動家でもあった。ポールは身体障害者の権利とは何か、施設の中でどのようにすればその権利の実現が可能なのかを考え、それを具現化するための活動に取り組み続けた。

ポールは *Cheshire Smile* というレ・コートの入所者たちの声を集めた雑誌に多くの記事を書いている。*Cheshire Smile* は海外のチェシャー・ホームにも配布されたもので、編集委員会にはポールを含めレ・コートの入所者が数名加わっていた。この雑誌には、入所者の権利や社会正義に関する議論とともに、施設運営に係る資金繰りの苦労や、日々の食事の評価、入所者の活動状況など、種々の記事が掲載されていた。ポールはこの *Cheshire Smile* の論評欄（Comment）を担当し、レ・コートにおいて求められる改革や入所者の権利に関する議論を活性化させようとしていた。序章においても触れたが、彼は *Cheshire Smile* をディスアビリティに関する継続的な議論のためのツールとして捉え、各地のチェシャー・ホームの入所者たちにさまざまな方法で *Cheshire Smile* 誌上の議論への参加を呼びかけている。例えば1964年発行の *Cheshire Smile* で彼は次のように述べている。

> 私は *Cheshire Smile* が少なくとも毎月発行され、読者からの生の反応を広く拾い上げる欄があればと望む。記事の書き方が分からない多くの人々も手紙という形式でなら参加できるだろう。さまざまな意見が掲載されることによって、議論が生まれる。それはレ・コートの活力ある発展にも寄与するだろう（Hunt Paul, 1964:38-39）。

このような研究と実践の日々を通して、ポールは身体障害者を被抑圧者集団として捉え、その抑圧を創出・再生産してゆく社会構造の問題を認識し始め、そして、障害者の生を統制しようとする専門家や慈善家たちの権力と、ディスアビリティを生み出し続ける社会の根源にあるものについての問題意識を深めていく（UPIAS, 1981a:9）。ジュディはその当時のポールの変化について次のように述べる。

彼は「障害者のために」と口にする医療や福祉の専門家たちをとても批判的に見るようになりました。なぜなら、彼らは障害者に対して大きな権力をもっていましたし、当時、障害者問題に関して、彼ら専門家たちの意見が傾聴されることはあっても、障害者たちの意見が聴かれることはめったにありませんでしたから。ポールはこのことに強い憤りを感じていました。彼はいつも「身体障害者の意見を聴くことで初めてものごとが正しい方向に進み出すんだ」と口癖のように言っていました（Hunt Judy, 7/7/2011）。

このような問題意識の深まりは、やがてポールの目を少しずつ施設の外へ向かわせることになった。彼は徐々に「施設における入所者の自治」というテーマから、施設の外に広がる「社会におけるディスアビリティ」との対峙を意識するようになっていく。ポールはレ・コートの仲間たちと何度も議論を繰り返した。そして、この議論を通して、彼らが共有するに至ったのは、「社会におけるディスアビリティ」と対峙するためにはまず、その闘いの砦となる自分たちの組織を施設の外にもたなければならない、という考えだった。

ポールはこの自分たちの組織を、障害者たちがディスアビリティと闘うための砦としてだけではなく、彼らが自らの〈内〉にある無力さ（powerlessness）の本質を理解し合い、そこから解放されるために、互いに力を獲得するための相互教育の場として、その必要性を認識していた。

彼は「障害者自身が自分を解放させなければいけない」とよく言っていました。障害者自身が「自分たちの組織」をコントロールし、そのスキルを習得し、自信をもち、もっと力をつけなければならない、と（同上）。

ポールはやがて、自らも含めて重度身体障害者が施設の外で暮らすことの可能性について考え始めた。例えば彼は、当時、スウェーデンにおいて入所型施設のオルタナティブとして展開され始めていたフォーカス計画[7]を知り、このアイデアを英国においてもプロモートしようと試みた（結局、それは実現し

なかったが）。

7 ジュディとの出会い、結婚と退所

　ハンプシャーで生まれ育ったジュディがポールと出会ったのは 1963 年頃である。高校を卒業したジュディはギャプ・イヤー[8]の 6 カ月間をスイスで過ごした後、レ・コートの入所者で絵画やクラフトのワーク・ショップのマネージャーをしていた障害者のもとでボランティアとして働き始める。このボランティア活動中に多くの入所者と仲良くなったジュディは、この施設でケアスタッフとして働くことを希望するようになるが、ちょうどその頃、フルタイムの有給スタッフの欠員が生じ、彼女のこの希望が叶えられることになった。

　ジュディは女性障害者たちが入居していた新館の 2 階に配属され、何人かの入所者を担当するようになった。その中で特にジュディが仲良くなった 2 人の入所者の食事を摂るテーブルがポールと同席だった。ジュディは自分が担当する女性入所者の食事介助をしながら、同席のポールの話の面白さやそのリーダーシップに少しずつ魅かれていったという。

　「彼はとても非社交的で、シャイで、内向的だったから、近づくのは容易ではなかった」ので、ジュディは「私にしてはよく頑張って」、ポールと食事を同席している仲の良い女性入所者の 1 人に 2 人の仲をとりもってくれるよう頼んだそうだ（同上）。

　1964 年 9 月、ジュディはレ・コートを辞め、エクセター・デボンにあるカレッジの 3 年制の作業療法士（OT）養成課程に入学した。その間、ジュディはポールと文通を続けていたが、2 人の関係には多くの遠距離恋愛が直面する通常の（？）ハードルと、障害者と健常者との恋愛に付随するより大きなハードルが横たわっていたという。

　まず、ジュディには両親からのプレッシャーがあった。彼女の両親はポールが娘にとって良い交際相手であるとは考えていなかったからだ。また、ポール自身も将来の結婚には消極的だったという。彼は敬虔なカトリック教徒であり、かつ、遺伝性の障害をもつ（と当時のポールは信じていた）障害者だったから

だ。子どもをつくり、良き家庭を築くことを結婚の目的に置くカトリック教徒のポールにとって、子どもをつくってはいけない自らの立場において、結婚という将来を思い描くことはできなかったのである。このように、当時の2人の関係は「全く希望のない状態」（同上）だった。

　OT養成課程を卒業する頃、ジュディはポールから別れを切り出され、卒業後、レ・コートに戻ることができなくなった。そこで彼女は北ロンドンの病院でOTの職を見つけ、同じOT課程を修めた何人かの友人たちとともにその病院で働き始める。しかし、どうしてもポールをあきらめ切れない彼女は、しばらくしてポールに交際を続けたい旨を伝える手紙を出した。

　その頃、ポールは既に *Stigma* を上梓し、レ・コート内における入所者の自治を求める闘いに積極的に取り組むとともに、人権擁護の市民団体 National Council of Civil Liberty や南米の人道的活動団体 White Father など、外部の市民団体とのネットワークを広げ、これら社会運動組織の機関誌や、社会主義思想・人道主義思想に関する文献を幅広く読むようになっていた。また、時折、レ・コートを訪れる著名な学者たちとのディスカッションも、障害者問題の社会的側面に関する彼の問題意識を深める一助になっていたようだ。さらにこの頃、ポールは彼の道徳観の基底にあり、ジュディとの将来を描く際に足枷となっていたカトリックの教えに懐疑の目を向けつつあった。その背景には、敬虔なカトリック教徒であったレオナルド・チェシャーへの批判もあったようだ。

　ポールがジュディの手紙を受け取ったのは、このように彼の政治的・宗教的立場が変わりつつあった頃であり、彼が何事に対しても自由で前向きな思考と行動を取り始めた頃だった。ポールとジュディの交際は、「その先が明るく見える地点」（同上）から再スタートを切ることができた。

　さて、このようにポールとジュディが再び付き合い始めた頃、ポールは入所施設の改善が障害者問題の根本的な解決策ではない、と考え始めていたが、未だ施設のオルタナティブが何であるのかを明確にはつかめてはいなかった。彼は施設の外で暮らす障害者たちのさまざまな生活事例や実験的な事例を国内外に探しながら、障害者のコミュニティへの統合を実現するための方途を模索していた。後にポールはUPIASのオープン・ニュースレターである *Disability*

Challenge No.1 に、社会学者ミラーらが書いた *A Life Apart*（Miller & Gwynne, 1972=1985）の書評を書くことになるが（Hunt Paul, 1981:37-50）（この原稿がポールの遺稿となったが、彼はこの最初のオープン・ニュースレターの発刊を見ることができなかった）、この書評に表されているように、ポールは当時の障害者の生活実態を取りあげた研究の多くが、施設以外のオルタナティブを提案していないことに不満ともどかしさを感じていた。

　しかし、この時期は、障害者の統合（インテグレーション）の可能性を予感させる変化が見え始めていた時期でもあった。公民権運動や女性解放運動、医療の覇権への抵抗を掲げる脱医療や自己管理・セルフヘルプ運動など、人権侵害と生活管理への抵抗に根ざした大きな社会運動のうねりを背景に、障害者フィールドにおいても精神病院や知的障害者施設への批判を契機とする地域精神衛生運動や脱施設運動が北米を中心に展開され、また、ノーマライゼーション思想の浸透とその具現化を求める動きが北欧から広がりつつあった。障害者フィールドに係る情報を収集するための多くのチャンネルとネットワークをもっていたポールが、これらの変化を敏感に感受し、変化の兆しを確かなものにするための方法を模索していたことは想像に難くない。

　交際を再開したポールとジュディは 1970 年に結婚した。結婚を契機に 32 歳になったポールは 14 年間にわたるレ・コートでの施設生活に終止符を打つ。レ・コートを退所したのは、ポールとジュディの意志によるものであり、レ・コートから退所を求められたからではない。ジュディによると、レ・コート内における入所者自治を強く求めるポールの主張をチェシャーや MC のメンバーたちは決して歓迎していたわけではないが、ポールに対する尊敬の念を失うことはなかったという。事実、後述するように、ポールがレ・コートを退所した後、MC は彼に対して外部委員を委嘱している。ポールは自身の信条を容易に曲げなかったため、多くの人にとって必ずしも「一緒にいて居心地のよい人間ではなかった」（Hunt Judy, 7/7/2011）が、その思考の鋭さと深さ、そして交渉術に長けた実践力は誰もが認めざるを得なかったという。また、*Stigma* の発刊以降、彼は時折ガーディアン紙にも記事を書いたので、施設の外においても少しずつ障害者問題に係る有識者として認知されるようになっており、誰もがポールの

言葉を軽視できないほどの影響力をもっていたという[9]。

　ポールとジュディが結婚を決めた頃、ヨーロッパにおける結婚観は大きな変化を迎えており、結婚制度からの自由を求める若いカップルも増えつつあった。このようなラディカルな思想と実践に対して少なからぬ共感を覚えつつも、ポールとジュディはあえて結婚を選択した。なぜなら彼らにとって結婚は、2人の関係に諸手を挙げて祝福することを躊躇う親や親戚たちに対して、（一時的な同居ではなく）「一生、共に暮らす」という自分たちの決意を宣言することであったからだ（同上）。

　2人が結婚を決めたのは 1967 年頃である。彼らはまず、ポールのレ・コート入所前の居住地であるワンズワイズ（ポールのレ・コートにおける入居費はこの自治体から支給されていた）と、2人が住みたいと考えていた北ロンドンのハリンゲン（ジュディの職場がここにあった）の二つの自治体と交渉を進め、3年間の話し合いの末、ハリンゲンの公営住宅への入居を認めさせた。この間、ハリンゲンの自治体から住居の紹介がある度に、OT であるジュディが実際にその住居を訪問し、必要な改修箇所などを指摘した。しかし、当時の公営住宅は改修の手を加えることに対する規制が厳しく、自治体から紹介される住居の多くは、ポールが暮らすには適さない物件だったという。入居物件が決まるまで長い時間がかかったが、ようやく 2人はハリンゲンのチェルトコートにある 4階建てのアパートの一室を借りることができた。

　1970 年、施設を退所したポールはジュディとともに、このチェルトコートのアパートに新居を構え、コンピューター・プログラマーとして働き始める。彼はレ・コート入所中に、サリー州レザーヘッドにあるカレッジのコンピューター・プログラマー養成課程を修了していたのだ。退所後の仕事を考えてのことである。

　1975 年に息子が生まれたので、二人は新たな住居を探し始める。乳児用のベッドや乳母車とポールの電動車いすが同居するにはチェルトコートの 1DK のアパートが手狭だったからだ。その時、ハリンゲンの自治体からは、2人目の子どもを産まないと広い住居を斡旋できないと言われたので、2人は北ロンドンのエンフィールドに自宅を購入することに決めた（筆者がインタビューに

訪れた現在のジュディの自宅である)。この頃には、ポールとジュディの収入を合わせれば、住居を購入するためのローンを組むことが可能になっていたからだ。

8　UPIAS 結成の呼びかけ

　上述したように、ポールはレ・コート入所中に既に DIG の活動に加わっており、1967 年に行われた DIG の最初の直接行動であるロンドンにおけるデモにも彼はレ・コートから参加した。しかし、レ・コート入所中のポールの活動は、あくまでも PWC におけるレ・コート改革に焦点化されていた。レ・コート改革、すなわちレ・コート入所者たちの自治と尊厳ある生活の実現に対するポールの思いは強く、レ・コート退所後も、彼は入所者たちの生活に対して責任をもち続けた。例えば、上述したように、レ・コート退所後、MC からの委員委嘱の申し出に対しても、ポールは「入所者たちがそれを望むなら」と応じ、1 年間、外部委員を務めている。

　ロンドンに居を移してから、ポールは DIG のローカル・グループの会合に出席したり、現在はレーダー (RADAR: Royal Association for Disability and Rehabilitation) と改称した「障害者中央委員会 (Central Council of Disabled)」(ポールはこの団体からも執行委員会への参加を要請されたが、それを断っている) や「脊髄損傷者協会 (Spinal Injuries Association: SIA)」の創設者ステファン・ブラッドショー (Stephen Bradshaw) らと連絡を取り合っていた。しかし、この時期、ポールは本業のコンピューター・プログラマーとして忙しく働いていたので、さまざまな団体と連絡を取り合いながらも、これらの団体の正式メンバーにはなっていない。

　1971 年、「障害者専門職協会 (Association of Disabled Professional)」の設立会議がロンドンで開催され、ポールとジュディもこれに参加した。約千人が出席したこの会議で、彼らは初めてヴィック・フィンケルシュタインとそのパートナーであるリズ・フィンケルシュタインに出会う。

　十代の頃、スポーツ事故で障害を負ったヴィックは、南アフリカにおいて

アパルトヘイトに対する抵抗運動により5年間投獄された後、1968年に英国へ亡命した活動家だった（Finkelstein, 2001a:1）。ポールの思考はこのヴィックと出会うことによって、ダイナミックに変化し始めたという（Hunt Judy, 7/7/2011）。

　既述のように、ポールはレ・コート入所中から、既存のチャリティ団体に対してもどかしさを感じており、これらの団体は金と時間を浪費するだけで、その活動は障害者の抱えるディスアビリティの本質的な解決には殆ど役立っていないという批判をもっていた。彼はディスアビリティを日々経験する障害者自身が何らかのアクションを起こさなければならないと考えていたが、ヴィックと出会うことで、この「何かをしなければならない」という意識が、少しずつ具体的なコンセプトとしてその形を取り始めたという（同上）。

　ポールとヴィックたちはともに夫婦で会うこともあったが、2人だけでも頻繁に会い、議論を重ねた。2人は反アパルトヘイト運動の論理がディスアビリティをめぐる問題にも援用できるのではないかと考え始めていた。

　このように、ヴィックとの議論を重ねながらも、ポールは焦りを感じていた。なぜなら、上述したように、この頃、DIGの組織運営に障害をもたない専門家たちが続々と参画するようになっていたからだ。ポールはこのDIGにおける専門家依存の傾向に強い危機感を募らせながら、ますます障害者自身による独立した民主的組織の必要性を強く覚えるようになっていった。彼のガーディアン紙における新しい組織結成の呼びかけは、このような焦燥感の中で書かれたものだった。ポールは1972年9月20日付のガーディアン紙において、全国の障害者に次のように呼びかけた。

　　重度身体障害者の多くは孤立的で不適切な施設に入所させられ、その意見は無視され、しばしば残酷な管理体制の支配下に置かれています。私はこのような労役場（the workhouse）の代替物である全国の施設における入所者或いは潜在的な入所者たちの声を結集するための消費者グループの設立を呼びかけます。私たちは特に施設ケアとは異なるプランを練りあげ、公表したいと考えています（Hunt Paul, 1972a）。

その後、この呼びかけに応じた二十数名の障害者たちとともに[10]、ポールは1973年に一つの障害者組織を結成する。この組織が自らをUnion of the Physically Impaired Against Segregationと名乗り、明確な目的と方針を打ち出すのは、結成してから18カ月にわたる議論（それは1974年10月にロンドンで開催された1回のカンファレンスを除いて、すべて回覧文書 *Internal Circular* を通した議論だった）を経た後になる。そして、ポールはUPIAS結成後から亡くなるまでの6年間、この組織の活動とその思想的練成を主導することになる。

1979年6月12日、ポールは42歳の若さでこの世を去った。

9　小括

冒頭に述べたように、本章では、社会モデルの源流を探るとともに、UPIASの思想と活動を英国のディスアビリティの政治思想史に位置づけるための最初のステップとして、この組織の創設を呼びかけ、その活動と思想的練成に大きな影響を与えたポール・ハントのライフヒストリーを辿り、彼の人生におけるディスアビリティ経験と、それを土壌とした思想形成の過程を明らかにすることを目的としてきた。

したがって、本章で辿ったポールのライフヒストリーはUPIAS結成までのものである。結成直後から18カ月にわたるメンバー間の濃密な議論の詳細や、1990年の組織解散に至るまでのUPIASの内部的議論とその活動経過の検証については第Ⅱ部で取り上げたい。

第3章　デイビス夫妻のディスアビリティ経験と
　　　　インテグレーションを求める活動

　ともにその人生の途上で障害を負ったデイビス夫妻はUPIASの結成当初よりそのコアメンバーとして、ポール・ハントやヴィック・フィンケルシュタインらとともにこの組織を牽引した。また、彼らはUPIASの理論的・実践的リーダーとしてだけではなく、ダービー州という地域における草の根運動を通して、ケア付き住宅（Grove Road Housing Scheme: GRHS）を実現させ、また、英国で初めての自立生活センターDerbyshire Centre for Integrated Living（DCIL）を設立し、さらには1981年に設立された障害者団体の連合組織である障害者団体協議会（British Council of Organisations of Disabled People: BCODP）の結成など、全国的な障害者運動の展開においても、常にその中心的役割を担い、80年代以降に活性化する英国障害者運動を先導してきた。

　本章では、このマギーとケンのディスアビリティ経験とディスアビリティをめぐる思想形成の過程、そして、彼らのコミュニティであったダービー州におけるディスアビリティへの抵抗と障害者のコミュニティへの統合化（integration）の実現に向けたさまざまな活動を辿ってゆこう。

1　マギーが障害を負うまで

　1942年、労働者階級出身で社会主義思想をもつ父親と、ミドル階級出身でやや右寄りの思想をもつカトリック信者の母親との間にマギーは生まれた。彼女は地元のカトリック系の小学校を経て、13歳から17歳までコンベント・スクール（修道院の学校）で学んだ。

　マギーはコンベント・スクール在学中より、将来、美術を学びたいという夢をもっていたが、貧しい実家には彼女を美術大学に入学させる経済的な余裕は

なかった。高校卒業が近づいた頃、マギーは美術を学ぶ夢を断念し、看護学校への進学を考え始める。そして、コンベント・スクール卒業後、1年半のストリート・ワイズ（実社会の知恵を学ぶ）期間に地域でさまざまな短期のアルバイトを経験した後、18歳の終わり頃、ロンドンのガイズ・ホスピタルの看護学校に入学した。ここで3年間の看護師養成課程を経て、さらに1年間、高等専門課程で学んだ。当時、このガイズ・ホスピタルの看護師養成課程は英国でも有数の看護学校として名を馳せ、この養成課程を修了した看護師たちは世界各地の病院から迎えられたという。

　ガイズ・ホスピタルの看護師養成課程を卒業し、4年間のハードな勉学の日々から解放されたマギーは友人とともに、その友人の伝手を頼って、レバノンでひと時の休暇を楽しみ、そのまま、レバノンの病院で職を見つけ、1年半の間そこで働いた。

　ある日、マギーは友人の車の助手席に乗ってベイルート市内をドライブ中に事故に遭遇した。車は大破したが、マギーには外傷もなく、さほど痛みも感じなかったので、彼女はそのまま歩いて自宅まで戻ったという。翌日以降も、少し首が硬く張っているという感覚はあったものの、痛みはなかったので、レントゲンなどの診察も受けず仕事を続けた。

　そして、25歳の頃、マギーはロンドンに戻り、看護師派遣会社を通じて、派遣看護師としてパートタイムで働き始める。このロンドンでの再出発からしばらく経って後、派遣会社からホテルで暮らすある高齢女性に対する10日間のケアを依頼された。ホテルでこの女性への泊まり込みのケアをしていたとき、マギーは自分の首のあたりに違和感を覚えた。寝るときに枕がフィットせず、気分も悪かったという。ホテルでのケアを始めて3日目の夜、その高齢女性が軽度の脳梗塞の症状を起こしたので、マギーはこの女性のかかりつけの医師に電話をし、女性に寄り添いながら医師の往診を待った。しかし、マギーの意識はそのまま途絶え、気づいたときには病院のベッドに横たわっていた。つまり、往診の医師がホテルの部屋を訪れたとき、マギー自身も女性の傍らで床に倒れていたのである。往診の医師は直ちに救急車を手配し、マギーをロンドンのセント・ジョージ病院に運んだ。

この病院には、かつてマギーとともに看護の訓練を受けた学友や、ロンドンに戻ってからの仕事で知り合った医師が何人かいた。後日、この知り合いの看護師や医師らが言うには、救急車で運び込まれた際に、意識のないマギーに対して最初に施された処置は胃洗浄だったという。この病院は当時、ロンドンの治安のあまり良くないハイドパーク・コーナーという地区にあり、ここに救急で運ばれる患者の多くは、酩酊やオーバードーズ（薬物の過剰摂取）によるものだったのだ。マギーを担当した医師は救急患者たちへの偏見と先入観によって、レントゲンを撮ることもせず、まず彼女に胃洗浄を施したのである。4年間、マギーとともに看護師としてのトレーニングを受けた友人の男性看護師がその場に居合わせ、このマギーへの処置に対して激怒し、「彼女がオーバードーズなわけがないだろ、きちんとチェックしろ」と医師に食ってかかったそうだが、その医師は全く聞く耳を持たなかったという。
　翌日、マギーが意識を回復したとき、彼女はベンチレーターにつながれていた。そのため、彼女は言葉を発することができなかった。意識が戻ったとき、マギーはすぐに、自分の手足が麻痺していることに気づいたが、それを看護師に訴えることができなかった。ベンチレーターの計器を見れば、彼女が自力呼吸をしていることは分かったはずだが、医師も看護師もその計器をチェックしなかったので、誰もそのことに気づかなかった。ベットサイドにやってきた医師が「私の言うことが分かったらうなずきなさい」と言ったが、マギーは首を動かすことができず、もどかしく、怒りではちきれそうだったという。一度意識を回復してから、また、再び意識を失い、次に目覚めたときには、ベンチレーターは外されていた。最初に意識が戻ったときには、足に反射の感覚があったことを覚えているが、二度目に目覚めたときには、もうその反射は消失していた。おそらく、その間に脊椎の状態がどんどん悪くなっていったのだろう。当然の治療手順が施されずに放置された結果だった。
　当時からの知り合いで、現在もマギーの友人である作業療法士のある女性は「セント・ジョージ病院は、あなたにできる限りの『非サービス』をしてしまったのよ。もし、あの時、病院がきちんとした処置をしていれば、あなたの足の感覚は残っていただろうし、少しは動いていたかもしれないわ」と未だに怒っ

ているという。

　救急病院を退院して、地元の脳神経外科病院での6週間の入院後、バッキンガム州にあるストーク・マンデビル病院に移った。この病院には、後年、「パラリンピックの父」と言われたルートヴィヒ・グットマン（Ludwig Guttman）博士が所長を務めていた脊髄損傷センターが併設されていった。ここでマギーはさまざまな検査を受けた後、担当医から過去に事故に遭ったことはないかと尋ねられた。マギーがベイルートでの交通事故のことを話すと、医師は「おそらく、その時にずれた首の骨が摩擦によってどんどん悪くなって、1年後に発症したのでしょう」と説明したという。

2　施設入所の拒絶

　このようにして、マギーは26歳のときに全身性麻痺の障害者となった。この当時、マギーには婚約者がいたが、マギーのほうから別れを切り出し、婚約は解消されたという。
　やがて、マギーは主治医よりストーク・マンデビル病院の退院を促されたが、彼女は実家に戻りたいとは思わなかった。その頃、父は既に亡くなっており、母だけが残った実家に戻っても、母が経済的にも身体的にもマギーを支えることは不可能であったし、その住環境も全くアクセシブルではなかったからだ。
　そこでマギーは病院に隣接していた障害者専用のホステルに住むことにした。数カ月間、このホステルに住んでいたが、退院患者の仮住まいを目的として設置・運営されていたホステル側は、元患者たちの入居期間が長期化することを好ましく思っていなかった。やがてホステル側は、マギーに身体障害者施設への入所を勧めるようになる。
　その当時、イングランドには脊椎損傷や脳梗塞の後遺症などによる全身性障害者のために建てられた施設が幾つかあったのだが、これらの施設は24時間のナーシングケアを要する人たちを対象とした施設だった。マギーは最初から自立した生活を求めていたので、ホイスト（障害者の体を吊り上げる小型の機械）などの設備があり、可能な限り独力で暮らせる設備が整った施設を探していた。

しかし、彼女のこの希望に適う施設は一つも見つからなかったという。
　施設を探しあぐねていた頃、ホステル側からチェシャー・ホームを紹介された。ポール・ハントが14年間暮らしたレ・コートである。マギーはホームの創設者であるレオナルド・チェシャーを嫌っていたので、レ・コートでは暮らしたくなかった。彼女はチェシャーのチャリティ事業のすべてが、彼の戦時中の原爆投下への関与に対する個人的な贖罪の行為であると考えていた。
　しかし、一向にホステル退所の見通しを立てないマギーに業を煮やしたホステル側は、彼女に対して、レ・コートの見学を強く促した。そこで、マギーは仕方なく、とりあえず一度、レ・コートを訪問することを決めた。しかし、彼女にはある企みがあった。ホステルで仲良くなったソーシャルワーカーから勧められた企みである。マギーがレ・コートを嫌っていることを知っていたそのソーシャルワーカーは、彼女に「とても行儀悪くしなさい。そうしたら、入所しなくてもすむから」と助言したのだ。マギーはレ・コートを訪れ「とても行儀悪く」したらしい。マギーの訪問を出迎えたレ・コートの入所者たちは彼女に「二度と来るな」と毒づいたそうだ。マギーは心の中で「よし！」と思い、ホステル側にそれを報告した。
　しかし、このマギーの企ては功を奏さず、チェシャー・ホームはこの「行儀の悪い」マギーの入所を許可してしまった。この予想を裏切る結果に戸惑いながらも、どうしてもレ・コートに入所したくなかったマギーはこれを拒否した。当然、ホステル側はこのマギーの態度に激怒したという。
　このように、ホステル側と対立しつつ、住む場所を探していた頃のある日、マギーの出身校であるガイズ・ホスピタル看護学校から彼女に仕事のオファーがあった。新任の看護師たちへの講義の依頼である。これから看護師として働き始める新人たちへ、看護師でありながら障害者となったマギーの体験が役立つと思われたのである。ガイズ・ホスピタルはマギーのための介助者を用意し彼女を迎えた。その後もマギーは何度か頼まれ、講義のため、ガイズ・ホスピタルに通った。
　ある日、いつも通り講義を終え、帰り支度をしていると、一人の中年の女性受講者が彼女のもとに近づきこう言った。「私は障害者のあなたから教わるこ

となど何もないわ。あなたには『あなたに適した場所』があるのだから、そこに引っ込んでいなさい」と。マギーがその受講生に「私に適した場所ってどこ？」と尋ねると、受講生は「レ・コートよ」と答えたという。

3　ケンとの出会い

　マギーがケンと初めて出会ったのはこの頃（1969年頃）である。共通の友人を介しての出会いだった。
　マギーと出会う以前、ケンは空軍に所属し、イングランド東部のイースト・アングリアの基地で働いていた。彼はそこでの自分の仕事が核兵器の開発に関係していることを知り、その仕事を辞めたがっていた。その後、トルコ―キプロス紛争の勃発によって、ケンはキプロスを経て、中近東のエイダン（スエズ運河の近く）の基地に異動し、核兵器の開発から逃れることができた。彼はこのエイダンの基地でダイビングの訓練中に頸椎損傷を負った。
　受障時、彼には妻と2人の子どもがいた。事故後、ケンはマギーと同じく、ストーク・マンデビル病院で1年ほど治療とリハビリを受けた。当時のケンの自宅はアクセシブルだったので、一旦は自宅に戻ったが、彼の妻が障害者となったケンを受け容れることができず、結局、妻は2人の子どもを連れて彼のもとを去っていった。家族が出て行った後、ケンは弟と一緒に一軒の家に住み、弟からの介助を受けて生活をしていた。ケンは自立への志向が強く、車の運転もできたので、弟1人の介助だけで何とか暮らすことができたという。
　マギーがケンと出会ったのは、ちょうどこの頃である。彼らは会話を重ねるうちに、互いにソウルメイト（深い精神的なつながりを感じる大切な人物）として魅かれ合うようになり、やがて一緒に住むことを望むようになった。
　当初、障害者になったばかりのマギーとケンが共に中途障害者としての体験を語り合う中で共有したのは、障害者へ負わされるディスアビリティに対する怒りではなく、混乱と驚愕だったという。2人は障害者になった途端に、コミュニティの中に行き場も、働く場も、そして家族さえも喪ってしまったことに、ただただ驚き、途方に暮れていたのだ。

この混乱と驚愕の只中で目に留まったのがガーディアン紙に掲載された「障害者自身による新しい消費者組織の結成」を呼びかけるポール・ハントの投稿記事だった。ポールのその小さな記事を読んだとき、マギーは暗闇の中から手を差し伸べられ、「こちらへ一緒に進みましょう」と誘われたような気がしたという。その後、ケンとマギーはUPIASの活動を通して、自らの置かれたディスアビリティ状況を明確に理解するようになる。

　後にマギーはUPIASのオープン・ニュースレターである*Disability Challenge, No2*に次のように書いている。

　UPIASは私の置かれた状況を私にはっきりと理解させてくれた。私は自分と自分の仲間が他者によって決められた解決方法によって、かえって苦しめられていることを理解できるようになった。私たちに必要なことは、私たちの問題に対して、私たち自身の経験から解決方法を見出すことである（UPIAS, 1983d:8）。

　ケンと一緒に暮らすことを望みながらも、ホステルからの退所を強く迫られていたマギーは、一時的に住む場所を見つけなければならなかった。また、この頃には、マギー自身もホステルに居づらさを感じるようになっていた。なぜなら、他の元患者たちとは異なり、自己主張の姿勢を崩さなかったマギーは、生活のさまざまな場面で職員たちとの衝突を繰り返し、結果として、多くの職員たちから疎ましがられるようになっていたからだ。

　当時、英国では国策として、若年慢性患者施設（Young Chronic Sick Unit: YCSU）の建設が進められていた。マギーはこの施設名称に違和感を覚えながらも、いまのホステルよりはましだろうと考え、生まれ故郷であるエセックスのYCSUへ入居したい旨を担当のソーシャルワーカーに告げた。ソーシャルワーカーがこのYCSUへマギーの入所を打診したところ、すぐに先方から入所許可の返信が届いた。その施設は、当時、国が建設した16カ所のYCSUのうちの一つだった。

4　ピアス・ハウスにおける自治会活動

　このエセックスのYCSUの運営責任者は、ジョアン・ピアス（Joan Pearce）という元看護師だった。YCSU入居後、マギーはピアスを高く評価するようになる。なぜなら、この運営責任者は、マギーら入所者らによる自治を尊重し、それを促していたからだ。

　例えば、当時の身体障害者施設における入所者の一般的な呼称は「患者（patient）」であったが、ピアスはこの呼称を職員たちに許さず、「入所者（resident）」と呼ばせていた。また、彼女は事あるごとに入所者らに対して「この施設をどのように運営するかを自分たちで考え、自分たちで決めなさい」と勧めていたという。

　マギーによると、ピアスはマギーが入所する前から、マギーがどういう女性かを聞き知っていたらしい。おそらく、ピアスはマギーに期待していたのだろう。入所後すぐに、ピアスはマギーに入所者の自治会を結成することを勧めた。マギー自身もホステルでの苦い経験から、入所者が施設運営をコントロールすることの必要性を痛感していたので、直ちに自治会を組織した。しかし、他の入所者たちの多くは自治会に参加したものの、内心は職員たちと対立し、職員たちを怒らせることを怖がっていた。マギー自身は何も怖くなかったという。なぜなら、当時の彼女はいつも「今より酷いことなんて何もない」と思っていたからだ。

　　みんなの不満を聞いて、代表して職員に意見をぶつけに行って、振り返ってみると、そこに誰も付いて来ていない、ということがよくありました（Daivs Maggie, 21/10/2011）。

　この頃、既にポールをはじめユニオンのコアメンバーらと連絡を取り合っていたマギーは、この施設でのさまざまな体験を、UPIASの初期メンバーたちと共有することができた。また、施設の入所者向けのニュースレターを作成する際にも、そのノウハウをUPIASから学ぶことができた。

ケンは毎週、ダービーから会いにきてくれた。ピアスはケンが来る日には必ず、マギーの部屋にもう一つのベッドを用意してくれ、マギーとケンが共に過ごせるように配慮してくれたという。

　しかし、この入所者自治を第一に考え施設改革に取り組んでいたピアスが、ある日突然、施設理事会において解雇を言い渡されることになる。ピアスが理想の施設づくりを目指して運営責任者に就任してから僅か4年目のことだった。マギーによると、解雇理由は「入所者に権限を与え過ぎた」ことにあったという。

　マギーは自治会活動を通して、入所者の生活改善に熱心に取り組んでいた。例えば、「慢性疾患住居」という施設名称に納得できなかった彼女ら自治会は、ピアスへの敬意を表すために、施設名称を「ピアス・ハウス」に改称するよう要求したり（これは理事会で大問題になったらしい）、施設の見学者や訪問者が自分たちの居室を勝手に覗くことを拒否したり、外出に必要とされた書類の申請方法に対して抵抗を繰り返した。このようなマギーらの活動を常に理解し、彼女たちの要望を尊重し続けたピアスはそのことを理由に解雇されたのである。マギーら入所者たちは、このピアス解雇に反対し、所管自治体の関係部署へ請願書を提出したが、解雇決定が翻ることはなかった。

　ピアスが解雇された後のピアス・ハウスにおけるマギーら入所者の置かれた状況と、自治会による抵抗活動については、ケンとマギーがUPIASの*IC*に投稿した記事を通してUPIASメンバーに詳らかに報告され、UPIASとしてこの施設問題をどのように捉えるか、また、入所者たちをUPIASとして支援すべきか否か、そして、支援するとしたらどのように支援すべきか、などをめぐって議論が交わされた。その議論の過程を少し辿ってみよう。

　ケンとマギーがはじめてUPIASのメンバーにピアス・ハウスでの出来事を報告したのは、1974年3月に回覧されたC7・C8への投稿記事においてである。彼らはC7において、マギーがその施設の一室で暮らしていること、この施設の大半の入所者が4人部屋に居住していること、施設の中に一歩入ると、騒々しく、施設特有の臭いが漂ってくること、利用者はプライバシーの全くない環境に置かれていること、自立を促す設備は肢体不自由者向けの手すりだけであること、利用者の生活は管理され、施設外部の友人を招くことも禁止されてい

ること、さらに上層部の指示に従わない職員はピアスと同様に解雇の脅しを受けていること、などを克明に描写し、この環境はまさに「病棟」と呼ぶに相応しい環境であり、「ピアス・ハウス」ではなく、「ピアス病棟」と呼ばれるべきであろう、と述べている (UPIAS, 1974a:7-10)。

　また、ケンは、十分なスタッフがいれば、入所者は正午まで寝かされることもなく、買い物や映画、社会活動、雇用の機会などを施設の外に求めることができるはずだと述べ、マギーがそれらを実現するために、自治会の更なる組織化に力を注いでいることを紹介している（前掲資料:8）。さらにケンは同年6月発行のC8においても、多くの入所者たちがマギーの呼びかけに希望を抱きつつ耳を傾けながらも、職員からの反発に恐れを抱き、マギーとともに闘うことを避けていること、それは「施設病（institutionalisation）」と言わざるを得ない現象であること、ゆえにマギーが孤軍奮闘し、過重なプレッシャーに晒されていること、などに言及している (UPIAS, 1974b:12)。

　また、マギーが施設側へ提示した幾つかの要求項目は、最初はやんわりと、やがては強硬に押しつぶされ、マギーが職員たちからの脅迫に晒され、また、彼女自身の家族からも職員への反抗を止めるようプレッシャーをかけられ、不安な毎日をおくっていることが報告されている（前掲資料:12-14）。これらピアス・ハウスに関するケンとマギーの報告は、多くの障害者が経験してきた施設問題を象徴する典型的な事例としてUPIASメンバーたちに受け止められたという。

> 　ユニオンのメンバーたちは、このピアス・ハウスのような若年慢性患者施設の存在を認めないだろう。しかし、この当惑させる現実は今や全国に蔓延しているのだ（中略）長年にわたって、疑われることもなく、これら施設ケアは障害者のケア問題を隔離的に解決する方法として採用されてきたのだ。（前掲資料:7）

　このように今まで疑われることのなかった施設政策の歴史と現在を糾弾した上で、ケンは、一体、誰がこのような施設を必要としてきた（いる）のか、と

メンバーたちに問いかける。さらに彼は、施設という建造物は障害者たちの「真のニード」によって創られたものでは決してない、と主張する。そして、そもそも社会が、障害者の「真のニード」に対して真摯に向き合ってこなかった結果が、このような施設の存続を許してきたのだと結論づけている（UPIAS, 1974a:7）。

また、ケンは施設生活が障害者たちにもたらす深刻な問題、すなわち無力化（powerlessness）の問題についても言及する。彼は（マギーと共に闘おうとしない）「無気力な入所者たち」を批判することはできない、と言う。なぜなら入所者たちは「何と闘うべきかを知らない」からだ。多くの入所者たちは慢性の施設病に罹っており（前掲資料:10）、即物的な問題（食事の量や質など）以外の出来事に関する無関心と、権威者への従順のうちに日々を送っている（UPIAS, 1974b:12）。ケンは、このように彼ら入所者が無力化されるのは、施設生活において有形無形の抑圧に晒され続けてきたからだと述べる。

> 率直に言えば、ケアの提供がなければ入所者は死ぬ。だから、入所者には不快について熟考する余裕がない。あれこれ考えることよりも、生きるための支援の継続性の保証が重要なのだ。だから、施設というボートを過度に揺らす危険を冒したくない。施設の中の闘いは常に不安定さとともにある。黙認すること、忍従することは、安全保障を意味する。しかし、それは「施設病への罹患」というリスクを常に伴った安全に過ぎないのだが（同上）。

このように述べた後に続けてケンは、「歯向かえば、ケアを停止され、死に至る」という入所者たちの置かれたヴァルネラビリティ（脆弱性）や、それゆえの無力化／施設病に関するこのような描写は、「私の想像の産物に過ぎないのだろうか」とUPIASメンバーたちに問いかける。確かに現実的には、職員に歯向かったからといって、生きるために不可欠な支援を拒絶されることはないだろう。しかし、とケンは言う。完全に支援が拒絶され、放置されることはないが、多くの場合、〈仄めかし〉や〈からかい〉によって、また時にはより露骨な表現で（「言うことを聞かないのなら、施設から出て行け」など）、「従

順であれ」という脅迫が常に入所者たちの意志を挫くのだ、と（同上）。

このように、ケンは、当時、長期入所型施設の社会学的分析によって注目を集めていたゴッフマン（Erving Goffman=1984）の研究に依拠しながら、マギーたちが置かれたピアス・ハウスの問題を分析しつつ、「隔離に反対すること」を明言するUPIASがこのピアス・ハウスの闘いにどのように取り組むのかを発信すべきではないかと訴える（UPIAS, 1974b:12）。

ポールとジュディはこのケンの問題提起に直ちに応じ、マギーに対して連名で手紙を出している。彼らはその中で、1）*IC*においてピアス・ハウスで生起している問題を特集として取りあげる、2）UPIASのメンバーたちから寄付を募り、入所者たちの活動を支援する、3）メンバーたちに呼びかけ、自治体の施設管理部の代表に手紙で訴える、4）UPIASからの公式の文書を施設管理部の代表に提出する、5）他の障害者団体などへも支援を呼びかける、などを提案し、これ以外にもUPIASとしてできることがあれば、是非教えてほしいと伝えている（同上）。後日、ケンはこの手紙によって、マギーがとても勇気づけられたことをC10に記している（UPIAS, 1974d:12）。

C7でケンがマギーの状況を報告し、さらに次号のC8ではケンが、ポールらの「UPIASとして」の全面的支援の申し出に対して謝辞を述べていることから（UPIAS, 1974b:12）、このポールらによる支援申し出の手紙は、UPIASの全メンバーの合意を得ることなしに投函されたものと推察される（おそらくは、コアメンバーへの相談はあったものと思われるが）。そのため、後に、この「UPIASとして」マギーらの闘いを支援することをめぐって、あるメンバー（以下、A）から異議が申し立てられることになる。

C9においてAは、「現時点において、UPIASがピアス・ハウスにおけるマギーの闘いを、ユニオンのイシューとすることには慎重であるべきだ」と主張する（UPIAS, 1974c:2）。その理由として、Aは精神病院における強制退院の問題を例に挙げる。

> 私の知るところによると、現在、英国全土の精神病院から約600名の患者が他の病院や自宅へ帰されている。このような精神病院の強制退院の状況

は、障害者施設などの入所者たちにも危機感を与えている。(中略)つまり、「あなたがこの施設を気に入らなければ退所すればいい」という脅迫である。ユニオンがこれらの脅迫を受ける恐れのある身体障害者のための施設や病院に代わる住居とケアを確保できるまで、われわれの支援は施設入所者たちの助けにはほとんどならないだろう(同上)。

このAの意見に対してケンは、ピアス・ハウスの問題はUPIASにおいて最初に提起された具体的な施設問題であり、UPIASがその組織方針に掲げるように、施設を隔離の象徴として捉え、今後もこの問題と対峙しつつ、同様の状況に置かれているUPIAS内外の障害者たちへの組織的支援に取り組んでゆくという意志をもつのなら、「われわれはピアス・ハウスの経験から多くを学ぶ必要があるはずだ」と反論する(UPIAS, 1974d:2)。

ポールもまた、Aの「ユニオンの支援が入所者たちに新たな脅威をもたらす」という懸念に対して、UPIASはマギーら入所者たちからの求めがあって初めて支援を開始するのであって、彼女らの頭越しに施設側と交渉するなどの行為によって、入所者らをさらに不利な状況に追い込むような方法は採らないことを約束する(同上)。

さらにポールは「ユニオンが施設に代わるオルタナティブを用意できないのであれば、ユニオンは公式に施設問題に関わるべきではない」というAの意見にしたがうなら、「われわれ」は今後、どのような施設の、どのような問題状況においても入所者たちを支援することはできないだろう、と反論する(同上)。

後にAの希望により、ピアス・ハウス入所たちへの支援の是非に関する採決が、UPIASの全メンバーによるIC誌上における投票によって決せられることになったが、結果として、Aの意見を支持する者は皆無だった。

5　UPIASへの参加

少し時間を遡るが、上述したように、マギーとケンはガーディアン紙に掲載

されたポールの新しい組織結成の呼びかけ（1972年9月20日ガーディアン紙）に直ちに応じ、UPIASの正式メンバーとしての活動を始めた。

　UPIASは当初、組織の名前もなく、「ただの障害者の集まり」（Davis Maggie, 21/10/2011）だった。ポールとは異なり、マギーとケンはともに中途障害者だったが、「受障によって、突然自由を奪われたからこそ気づくことがたくさんあった」（同上）ので、障害者になって初めて経験したさまざまな抑圧について、彼らは他のUPIASメンバーらと議論を積み重ねながら、反ディスアビリティの思想を培っていった。

　マギーとケンはダービー市に暮らしながら、障害者の「コミュニティへの統合化」に必要な社会資源の新設・改廃について体験的に検証しながら、ICを通してUPIASのメンバーたちに発信し続けた。「だけど……」とマギーは当時を振り返りながら「ユニオンのリベラルな議論は多くの人にとっては難し過ぎたようです。参加した障害者の多くは、すぐに組織から抜けていきました」と述懐する（同上）。

　第5章において詳述するが、当時、その後のUPIASの展開を予兆させる一つの議論があった。UPIAS結成直後の組織名称をめぐる議論である。マギーやケン、ポール、ヴィックやリズ（ヴィックの配偶者）ら、UPIASのコアメンバーたちは、組織名称に「隔離（segregation）」という言葉を掲げることを主張した。彼らは、「まず、障害者に対する『隔離』が実在することを明確に認識し、それへの抵抗を宣言しなければならない」と考えていたので、「隔離への反対（Against Segregation）」を組織名称として掲げることを求めたのである。しかし、他の何人かのメンバーたちは「過激すぎる」、「敵対心を煽り過ぎる」などと反対し、「統合を求める（For Integration）」という言葉に置き換えるべきだと主張した。最終的に、投票によってコアメンバーたちの意見が採用され、UPIASは「隔離に反対する身体障害者連盟（Union of the Physically Impaired Against Segregation）」と名乗ることになった。しかし、この「隔離に反対する」という姿勢を明確に持ち得なかったメンバーたちは、少しずつ、UPIASの活動から離れていったという。

　序章においても触れたが、マギーによると、当時、UPIASのメンバー間に

回覧される *IC* とは別に、コアメンバーのみに回覧される「秘密のニュースレター」があったという。それは「いま思うと、どこか児戯めいていて馬鹿げていた」が、その当時、特にマギーのように施設に入所していた UPIAS メンバーらは常に「どこかに情報が漏れてしまうと、自分たちの活動が抑え込まれてしまうのではないか」（同上）という不安と恐怖を抱えていたのである。

6　ダービー州における活動

　UPIAS に参加してからしばらく後、マギーはピアス・ハウスを離れ、ダービー市のクレスフィールドのフラットでケンと暮らし始めた。*IC* に記載されたマギーの姓がケンと同じく Davis に変わり、その住所がダービー市に移ったのは 1974 年の 7 月である。2 人はそれぞれ通信制大学で学びながら（マギーは社会学と芸術を学んでいた）、自分たちの住むコミュニティで施設のオルタナティブとなる住居の開発計画（GRHS）に取り組み始めた。

　1974 年の春から夏にかけて、マギーとケンは「忙しくて目が回りそう」（同上）だった。彼らは GRHS の監督をしながら、UPIAS メンバーたちとの *IC* を介した討議にも積極的に参加し、同時にクレスフィールドで仮住まいを探しつつ、さらに結婚のための準備も進めなければならなかったからだ。

　この GRHS は、UPIAS の初めてのオープン・ニュースレターである *Disability Challenge, No.1* に、ケン自身によって詳細に紹介されているが（Davis, Ken, 1981:32）、その基本的なコンセプトには、UPIAS の「反隔離（Against Segregation）」の思想が色濃く反映されている。ケンとマギーは、ケアが必要な障害者たちにとって、施設のオルタナティブとなりうる「理想の家」の明確なイメージをもちながら、GRHS に取り組んでいた。この GRHS の設計と建築は、UPIAS の原則である「障害者の主体性を担保しうる限りでの専門家との協働」によって進められた（UPIAS, 1981c:34）。彼らはダービー市の住宅協会のディレクターの協力と支援を受けながら、市の社会サービス委員会とも協議を重ねつつ、計画の実現に向けての歩みを着実に進めていった。それは英国で最初のケア付き住宅建設の試みだった。

このケンとマギーの取り組みは、UPIASにおいても、一つの貴重なモデル事例となった。UPIASでは、この頃より、ダービー市におけるマギーらの取り組みを見守り、支援しながら、スウェーデンのフォーカス計画を参照にしつつ、より大規模で組織的な住宅政策の検討を進め、1981年の国際障害者年に向けた組織目標として、このフォーカス・タイプの住宅の実現を掲げている（UPIAS, 1980e:3）。また、同時期、ポールがその青春時代を過ごしたハンプシャーのレ・コートにおいても、施設から出てコミュニティでの自立生活を求めるプロジェクト81[1]と名づけられた実践が始まっている。

　さて、クレスフィールドの仮住まいに住み始めてからしばらく後、グローブロードが完成し、1976年の冬に彼らはその新しい住居に移り住んだ。「優れた建築家ととても細かく打ち合わせをして取り組んだので、本当に素晴らしい住宅が完成しました」とマギーは言う（Davis Maggie, 21/10/2011）。トイレやバスルームにはホイストが設置され、ガスコンロも平らで使いやすいものだった。後日、その「優れた建築家」はマギーに対して「このグローブロードの仕事は、私が携わったこれまでの仕事の中で最も分厚いファイルを必要とする仕事でしたよ」と打ち明けたという（同上）。

　グローブロードは2階建てのフラットで、下階に障害者用の3世帯の住居、上階には障害者たちのケアにあたる健常者用の3世帯の住居が設けられており、インターコムですべての居住者は連絡を取り合うことができた。

　マギーとケンがGRHSに取り組んでいるとき、ピアス・ハウスのある職員から「あなたたちは24時間のケアが必要なんだから、そんな住居を作っても絶対に失敗して、すぐにここ（施設）に戻ってくることになるわよ」と言われたという。マギーはそのことがとても悔しく、グローブロードに住み始めてから最初の1週間、グローブロードの外部から来てもらうヘルパーの時間数がどれだけ必要だったのかを記録し、僅か延べ4時間しか外部ヘルパーに頼む必要がなかったことを証明した。彼女はその後もずっと自分のケア時間を記録し、グラフを作り、障害者に適したケア付き住居さえあれば、重度の障害者も一般のコミュニティの中で十分に暮らすことができることを伝えるため、各地で講演活動を行った。

ケンは後に、*Disability Challenge, No.1* に、グローブロードにおけるケアの保障について次のように述べている。

　　住宅におけるサポートは第一義的に公的なサービスであるべきであり、サポートファミリーによる支援がそれを補完する。また、隣人や友人やボランティアなども組み合わせて使うべきであり、その費用は障害者に支給されている介助手当によって支払われることになるだろう（UPIAS, 1981c:35）。

　しかし、本来、第一義的にサポートを担うべき公的なサービスは、当時、極めて限定されたものだった。ゆえに、グローブロードに住む障害者たちのケアを実質的に担ったのは上階に住む女性たち（マギーが通信大学で知り合った友人たちや、地方から出てきて住むところを探していたカップルの女性たち）だった。彼女らへの賃金は、ケンが述べるように、障害者世帯に支払われる国の介助手当（Attendance Allowance）によって賄われたが、その手当もまた少額だったので、彼女たちの賃金は僅かなものにしかならなかった。このケアラーたちが低賃金にもかかわらず、マギーらを支援できたのは、彼女らの配偶者やパートナーである男性たちが働き、一定の収入を得ていたからだ。また、上述のように、グローブロードは「コミュニティへの統合化」を掲げた英国で最初の障害者向けケア付き住宅だったので、このような新しい試みにやりがいを感じてくれる人たちが数多く支援を申し出てくれたという（Davis Maggie, 21/10/2011）。因みにこのグローブロードは現在もダービー市内に残っており、高齢者用のケア付き住宅として使用されている。
　グローブロードに転居後、しばらくして、マギーとケンは、スウェーデンのある雑誌に広告を出し、スウェーデンのフォーカス住宅に住む障害者に向けて、自分たちのグローブロードと短期間の住宅交換をして、互いにそれぞれのケア付き住宅を評価し合おうという提案をしたことがある。このマギーたちの呼びかけに、あるカップルがすぐに応じ、短期間ではあるが、互いの住宅を交換することができた。このカップルは、全身性の筋性障害をもつジョージという男性障害者と、そのパートナーであるスティーナという看護師のカップルだった。

ジョージとスティーナは、マギーたちがスウェーデンに来る前に、自分たちの地元の病院やリハビリ施設などと交渉して、マギーらのためにさまざまな企画を立ててくれていたので、マギーらはスウェーデンの障害者福祉について大いに学ぶことができ、また、日常の暮らしの中でも多くの素晴らしい体験を得ることができた。

　マギーたちもまた、このジョージとスティーナたちがダービー市でさまざまな体験ができるようにアレンジを試みたのだが、多くの病院や施設は外国の障害者の訪問に対して拒否的だった。また、住宅交換をして数日経った頃、ジョージたちがグローブロードの地元のパブに行くと、障害者であることを理由に入店を拒否されたという。スウェーデンでの素晴らしい暮らしを体験し、帰国したマギーらは、この出来事をジョージから告げられ、とても恥ずかしく感じ、また、強い怒りを覚えたという。

　グローブロードに戻り、ジョージらにこのパブでの出来事を聞いたマギーとケンは直ちにそのパブに出向き抗議した。その際、パブ側は「車いすの車輪には土がついているので、障害者が入店すると、カーペットが汚れる」と言ったそうだ。そこで、ケンは一般客たちの靴底についている土の量と車いすの車輪についている土の量を丹念に調べ、そこには大差のないことを示すデータをパブ側に突き付けた。また、マギーは自宅前にそのパブを糾弾する垂れ幕を掲げて抗議活動を続けたという。

7　DIAL の設立

　1976年、ケンとマギー、そしてダービー州に居住する彼らの仲間たちは、英国で最初となる障害者自身が運営する障害者情報相談センター（Disablement Information and Advice Line: DIAL）を設立する。DIAL はクレスフィールドにあった障害者施設内の狭いクローク・ルームを間借りし、その部屋に電話線を引いて、無給の障害者スタッフたち数人によって開設された。DIAL のような情報サービスが必要とされた理由について、ケンは次のように述べている。

なぜ、障害者に対する開かれた情報提供サービスが必要なのか。開かれた情報は知識の素材である。そして、知識はさまざまな活動や社会組織に効果的に参加するために必要不可欠な道具である。したがって、情報の欠如は、障害者の実質的な社会参加を阻害するのだ（UPIAS, 1981a:3）。

　英国内においてコミュニティケアの施策が芽吹き始めたこの頃、身体障害者のための生活関連サービスや施策が矢継ぎ早に打ち出されたが、サービスや施策間の有機的な体系化には程遠い状態にあり、的確な資源情報を持ち得ない身体障害者やその家族らは、ともすればこの福祉や保健の社会資源の網の目から、取りこぼされてゆくリスクに晒されていた。
　また、このケンやマギーらのDIALによる情報障害（information disability）を克服するための取り組みは、専門家たちが障害者問題に関する知を占有していることに対する抵抗でもあったという（Finkelstein, 2004:20）。
　DIALの運営を始めてから、障害者やその家族たちから多くの相談が寄せられた。それらの相談の多くは、単に地域の資源情報を求めるものにとどまらず、実際にそれらの資源を活用する際のサポートを求めるものだった。当時を振り返ってマギーは次のように述べる。

　たくさんの障害者たちは「情報が欲しい」と言って電話をしてきましたが、実際に、その情報を手に入れても何をどうしたらいいのかさっぱり分からないという人が殆どでした。そこで、私たちは、具体的なガイダンスや支援の必要性を感じ、DIALを作った2年後に、ダービー州障害者連合（Derbyshire Coalition of Disabled People: DCDP）をここ（クレイクロス）に設立したのです（Daivs Maggie, 21/10/2011）。

　1977年10月、DIALの呼びかけによって、アクセシブルな情報を探求し開発するためのセミナーがダービー市で開催され、これを契機として、DIALタイプの情報サービスの全国的な展開が始まった。1978年6月には、各地に族生し始めたDIALを全国障害者情報サービス協議会としてまとめあげるため

の運営委員会が設置され、その後、この運営委員会によってDIAL UKという全国協議会が発足することになる。そして、1980年代に入ると、DIALは80の支部に拡大し、英国全土において情報提供サービスを展開する大きな組織に成長する。このDIALによる情報収集と情報提供サービスの拡大は、各地の地方行政に対する障害者組織の発言権の強化にも資することになったという。

8　ダービー州における障害者連合組織の結成

　1981年、国連が指定する国際障害者年（International Year of Disabled Persons: IYDP）を迎えるにあたって、ダービー州においてもIYDPに関する委員会としてダービー州・国際障害者年委員会（Derbyshire IYDP Conference）が組織された。この会議はダービー州社会サービス局とDIALのIYDPに向けた協議を起点としたものであり、最初の会議は同年2月に開催され、DIALのメンバーも含めて約120名の委員がIYDPのメインテーマである「完全参加と平等」の実現に向けた検討を行った。その中で、ケンやマギーらDIALのメンバーを中心とした障害者委員たちは、IYDPに向けて日常的にディスアビリティを経験している障害者たちのコンサルテーションと参加を優先させることを強く求め、今後、IYDPの目標を実現するためには、健常者が主導・統制する障害者問題の検討委員会ではなく、障害者自身による組織の結成が必要であることを主張した（Davis & Audrey, 1993:4）。

　このようにDCDP設立の直接的な契機はIYDPにあったが、ケンは後に、DCDP設立の背景には、1970年代の世界的な反管理の思潮と社会運動があったと同時に、このようなグローバルな時代的トレンドとは相対的に切り離された「ダービー州に居住する個々の障害者たちの経験」の蓄積があったと述べている。

　　DCDPの核となる思想には（中略）「ダービー州に居住する障害者たちの経験」が横たわっている。それは例えば、「隔離的施設での生活を長年にわたり強いられた経験」や「住居を地域に獲得するための苦闘」、「家族の過剰

な干渉に対する抵抗」、「大学への入学や雇用の獲得に向かう闘い」などである（前掲書:3）。

ケンは、これまでの多くの伝統的な障害者組織が、障害者の自己組織化や障害者自身による運営という形態をとらず、また、その活動を通して「障害者たちの気付き」を促すことを怠ってきたために、これら「障害者のための（for disabled people）」組織が、多くの場合、ディスアビリティに対する対症療法的な方策の模索に終始し、ディスアビリティの原因そのものの解消に向かうことができなかったのだと指摘する（同上）。

この指摘は、DCDP設立の約10年前に、UPIASメンバーがDAとの討議において、DAに対する批判として提示した論理と重なっている（第6章参照）。すなわち、「障害者の経験」に立脚しないDAのような専門家組織による所得保障アプローチが、対症療法としての所得保障施策にのみ固執し、そもそも障害者に貧困をもたらす原因となっている社会構造的な抑圧を看過しているという論理である。

1981年の秋に、ダービー州に散在する約70の障害者組織の代表者や、個人の障害者たち、そして、支援者や家族なども参加して、DCDP設立会議が開催され、ケンがDCDP初代委員長に就任した。翌年には、州からの財政的支援を受け、2人の有給スタッフも雇用され、かつてのDIALの事務所をオフィスとして、DCDPはその活動を開始することになる（前掲書:8,15）。

「障害者自身の経験に根ざした活動」をそのポリシーに掲げるDCDPは、参加、自立、統合、コントロールという四つのキー・コンセプトのもと（前掲書:6）、組織運営に係るあらゆる事項の議決権を日々ディスアビリティに直面している障害者メンバーに限定した（前掲書:24）。しかし、このことは健常者の排除を意味するものではなく、健常者にはDCDPにおいて、障害者のセルフヘルプを支える役割が期待されていた（UPIAS, 1981e:11）。

また、DCDPはその活動において、次の七つの原則を打ち立てた。

1）民主的な代表制に基づく組織であること。

2）身体障害、精神障害、知的障害のすべての人々を対象とすること。
3）障害者のセルフ・ヘルプとその活動を支援し奨励すること。
4）健常者の支援者の参加を可能な限り求めること。
5）障害者の直接的な経験に即して活動すること。
6）自立生活（independent living）と地域に統合された生活（integrated living）を保障するサービスを提供すること。
7）障害者が自らの問題をコントロールすることを支援すること。

(前掲書:10)

　上述したように、DCDPは、UPIASと同様、障害者メンバーの受動性・依存性を助長してきた「障害者のための」組織の伝統に対してはもとより、従来のインペアメント種別毎の「障害者自身による」組織が陥ってきた閉塞状況、すなわち、「特定のインペアメント集団の特定ニーズの充足を求める活動への傾斜」をも打破しようした。ゆえに、DCDPの活動は「あらゆる障害者において、IYDPの目的である完全参加と平等が実現できるよう、社会の変革に向かうこと」を志向してゆくようになる（前掲書:6）。

　ケンやマギーら、DCDPのコアメンバーたちは現実的・具体的なディスアビリティに対する組織的キャンペーンの展開をDCDPの設立理由に置いたが、それはメンバーたちに対して、個を滅した組織的集合行動への奉仕を求めるものではなかった。組織の活動目的は、あくまでもディスアビリティを再生産し続ける社会の変革を第一義とするものであり、そこでは個々のメンバーの自己評価、尊厳、誇りの回復や集団的アイデンティティの獲得など、いわば自他の価値の気づきと再構築も意図されていたのである（前掲書:25）。

　このDCDPの初動期、マギーはクレスフィールドで、この組織とは別に、障害者と健常者が地域生活をともに支え合う生活協同組合CO-OPSを設立した。この組織は組合員からの1ポンドずつの拠出金によって運営されるもので、障害者メンバー個人やその家族が健常者メンバーから何らかの生活支援を受ける場合、健常者メンバーはその対価としていくばくかの報酬を得るという形態をとった（UPIAS, 1981h:20）。このマギーの小さなセルフヘルプ組織の試行的

実践は、その数年後、当地において設立されるDCILの活動に有益なヒントをもたらすことになる。

9　英国型自立生活センターの創設

　このように、UPIASのコアメンバーとして活動しながら、DCDPを立ち上げ、この二つの組織が展開するさまざまなキャンペーンに身を投じつつ、ケンとマギーは再び新たな組織の設立を模索し始める。それは先述したDCDPの7原則の中の6番目の原則、すなわち、「自立生活（independent living）と地域に統合された生活（integrated living）を保障するサービス」を提供するためのサービス供給組織である。このサービス供給組織のヒントとなったのは、既に米国において拡大・浸透しつつあった自立生活センター（CIL）の活動である。

　1982年頃からDCDPは、ちょうど同時期、ハンプシャーにおいてもCILを立ち上げようとしていた障害者たちとの合同カンファレンスや、BCODPにおいて設立されたCILに関する常任委員会、さらに、1983年にストックホルムにおいて開催されたCILに関するカンファレンスなどで、CILのアイデアについて協議を重ねていた（Davis & Audrey, 1993:17）。

　マギーによると、DCDPのメンバーとハンプシャーのCIL設立検討委員会のメンバーが同じテーブルを囲んで議論を交わしたのは僅か2回だけだった。彼女によるとDCDPメンバーとハンプシャーのメンバーとの間では、その立ち上げようとするCILのコンセプトに大きな隔たりがあったという。

　ハンプシャーCILの設立を目指す人たちとの「噛み合わぬ議論」によって、ケンやマギーらDCILの設立準備を進めるDCDPのメンバーたちは、自らの求めるDCILのイメージをかえって鮮明に描くことができた。ケンやマギーらDCDPのメンバーたちは、ハンプシャーのメンバーたちが目指しているような、つまり、アメリカのCILを英国に輸入するようなやり方ではなく、英国の文化、制度、そして、英国の障害者たちの経験に根差した独自のCILのあり方を模索していたのである。

　多くの議論を重ねる中で、やがて彼らはDIALから始まったダービーにお

けるさまざまな活動を通して帰納的に抽出された「障害者個人の経験」に基づく七つのニーズ（seven needs）へ対応しうる CIL、すなわち、アメリカンタイプの CIL よりもさらに包括的なアプローチをとりうる CIL を、英国型 CIL のイメージとして浮かびあがらせてゆくことになる。七つのニーズとは、すなわち、情報、カウンセリング、住居、福祉機器、個別介助、交通・移動手段、アクセスをめぐるニーズである（UPIAS, 1980f:2）。

このセブン・ニーズのコンセプトは、自治体や州議会との連携によって立ち上げた DCIL 設立委員会（約 30 名のメンバーのうち、12 名が DCDP の障害者メンバー、残り 18 名が州議会やその他の民間団体のメンバーによって構成されていた）において、ヨーロッパ社会基金（European Social Funding）からの 3 年間の財政補助を申請する際、DCIL の事業目的の明確化とともに提示されたものである（Davis & Audrey, 1993:19）。

DCIL が求める「より包括的なアプローチ」を端的に表しているのが、Integrated Living という組織名称である。ケンは、運動組織の名称にはその存在理由を含意するシンボリックなメッセージが込められるべきだと考えていた（Davis Ken, 1984:2）。彼は、コミュニティに統合化された障害者の「真の自立生活」の実現を支えるためには、必然的に人的・物的環境を包括的に視野に入れた支援が必要であり、このような視座に立つ CIL の支援は、さまざまな社会サービスの統合的活用の促進、地域における公私の組織や専門職、および障害者と健常者との統合的な協働によって推進されると述べている（同上）。

このように、ケンやマギーをはじめとする DCDP のメンバーたちは、当時の英国はもとより、アメリカにもモデルとなりうる実践が存在しない中、手探りの議論を積み重ねながら、自らの CIL のイメージを徐々に描き出していったが、やがてそれはダービー州の障害者たちの「われわれ自身の CIL」（同上）の輪郭を取り始めるようになった。

筆者によるインタビューの中で、アメリカの自立生活運動が求めた Independent Living の価値志向と、ケンやマギーらの求める Integrated Living との違いを象徴する一つのエピソードをマギーが思い出してくれた。DCIL が設立されてからしばらく経った 1980 年代の終わり頃、アメリカでエド・ロバー

ツ（Edward Robertson）らIL運動を牽引していた女性リーダーの一人（Cと記す）がグローブロードのケンとマギーの自宅を訪れたことがある。くつろいだ雰囲気の中で、彼女らは歓談しつつ、英米の障害者運動が取り組んでいるさまざまな障害者問題について情報を交換し意見を交わした。話題が自立生活の最も直接的かつ重要な社会資源である介助者（Personal Assistant: PA）に及んだ時である。マギーがCに「もし、あなたのPAがとても強い腋臭だったらどうしますか？」と尋ねたところ、Cが躊躇うことなく「もちろん、すぐに解雇します」と答えたという。マギーが重ねて「きちんとPAと話し合おうとはしないのですか？」と尋ねると、Cは「そんなことはしません。私たちにはどのようなPAを雇用するかを決める権利がありますから」と返した。マギーはこのCの返答に強い違和感を覚えたのだが、この話は単なる「たとえ話」で終わらなかった。その夜、マギーらの自宅に滞在中のCがアメリカから連れてきた自分のPAの態度に腹を立て、その場でPAを解雇し、マギーの家から追い出してしまったのだ。その結果、その夜のCの介助をマギーのPAが担うことになったという。

　マギーは「彼女は確かにすばらしいファイターでした。だけど、私たちだったら、もっと別のやり方で闘うだろうと思いました」と当時を振り返りながら言う。さらに続けて、「PAは単なる商品のように、気に入らなければどんどん取り換えればいいというものではありません。障害者が健常者を利用して、自分の生活を向上させようとするだけでは、障害者の生活そのものも成り立たなくなると思います」と話してくれた。

　1985年、DCDPの提案から、ダービー市の公私の関係機関・組織との3年間の協議を経て、24名のスタッフ（その多くがパートタイム職員であり、当初専任のCILコーディネーターは2名だけだった）と124名のボランティアから組織されるDCILが設立された（Davis & Audrey, 1993:19）。

　このようにマギーとケンは、UPIASのコアメンバーとして国内外の障害者運動に積極的に関わりながらも、常に自らのコミュニティであるダービー州での活動から離れることはなかった。2008年12月21日、74歳でケンが死去した際に、長年、ケンとともにダービー州で障害者運動を担ったウッドワードは

その追悼文の中で次のように述べている。

> ケンはディスアビリティに関する全国的かつ国際的な関心を絶やすことはなかった。しかし同時に、彼はいつも「ダービー州の男」であり、徹頭徹尾、彼の心はダービーの丘、村、人々、そして文化とともにあったのだ（Woodward, 2008:11）。

10 小括

受障後、マギーやケンが被ったディスアビリティとは、彼女らが健常者だった頃には意識することなく享受してきた権利や尊厳の剥奪という、まさに彼女らの「承認要求」を否定する社会的抑圧であったと言える。彼女らの闘いは、このディスアビリティの理不尽さに対する怒りによって起動され、やがてそれはUPIASやダービー州でのさまざまな「統合を求める活動」に結びついてゆく。

なお、彼女らのUPIASメンバーとしての活動や発言については、UPIAS組織内部のメンバー間のコミュニケーション過程の分析を主題とする後半の章において取りあげる予定であるため、本章では割愛した。

筆者の長時間にわたるインタビューの後、マギーは、現代の若い障害者たちに大学への入学や就労の機会が増えたことを評価しながらも、「ここまで来るために、どれほどの闘いがあったのかを知らない」若い世代の障害者たちの行く末に危機感をもっていると話してくれた。彼女は「だから、あなたがこういう研究（UPIASやその時代の障害者運動を発掘する研究—筆者注）をしてくれることはとても嬉しい」のだと言う。「だけど」と続けて、「できれば、ケンが生きているうちに来てほしかった」と最後につぶやいた[2]。

第Ⅱ部
UPIASの生成、展開、終結

1972 年、ガーディアン紙に掲載された「障害者自身による組織」の結成を呼びかけるポールの投稿記事に賛同した 20 数名のメンバーによって UPIAS は船出をするが、この組織が 'UPIAS' という名称を正式に名乗り、その組織目的と方針を明確にするまでに、結成後 18 カ月の時間を要した。この期間、組織内の濃密な議論によって、UPIAS のフレームが形成されてゆくことになる。

　当時の既存の障害者組織やチャリティ団体における専門家による植民地化や少数エリートによる支配、或いは所得や住居など、単一のイシューに限定した組織活動に対して批判的であったポールをはじめとするコアメンバーたちは、結成直後の UPIAS においてメンバー全員による徹底的な民主的議論にこだわり、その議論を通したメンバーたちの〈気づき〉を重視した。

　第Ⅱ部では UPIAS 結成から終結に至る全過程を辿りながら、時系列に沿って、1）組織形態の構造化（第 4 章）、2）結成初期 18 カ月間にわたるフレーミング（第 5 章）、3）『障害の基本原理』（*FPD*）における DA との議論（第 6 章）、4）1977 年の春頃から 1980 年代半ばに至る「UPIAS の危機と再生」をめぐる議論（第 7 章）、5）組織活動の停滞から「UPIAS の解散」に至る経緯（第 8 章）、という五つのテーマを検証してゆきたい。

　初期の *IC* には発行年月日やそれぞれの記事への署名が記載されていないものも少なくない。C1 から C3 までには発行日が記されていないが、C14 において「『UPIAS の方針』（以下、*PS* と記す）は 18 カ月間にわたる民主的討議の成果である」（UPIAS, 1975a:8）と記されているところから、*PS* が公表された 1974 年 12 月から逆算すると、C1 の発行は 1973 年の 5 月頃と推測できる。また、C4 の発行年として手書きで "July/Aug? 1973"（バーンズ教授によるものと思われる）と記載されているので、C2 と C3 の発行は C1 が発行されたと推測できる 1973 年 5 月から 1973 年 8 月までのおよそ 3 カ月の間であったと考えられる。さらに、C5 と C6 にも発行日が記されていないが、これらも C4 が発行された 1973 年 7・8 月から C7 が発行された 1974 年 3・4 月までの約 7 〜 9 カ月の間に発行されたと考えられる。

　いずれにしても、この 1973 年 5 月頃の C1 から、1974 年 12 月に発行された C13 に至る約 18 カ月間の議論が、UPIAS における初期フレーミングの時期で

あり、その後の組織活動やその思想的彫琢の基盤を形成してゆく時期であったと言えるだろう。

第4章　組織形態の構造化

　社会運動組織の構造化は大きく二つの「動き」に分けて見ることができる。一つは、組織形態の構造化の動きであり、もう一つは、運動組織内における意味形成、すなわちフレーミングの動きである。この運動組織の形態的な構造化と、その組織におけるフレーミングとは相互規定的に作用する動きであると言えるが、本章では、まず、UPIAS 結成初期の組織形態の構造化に焦点を当て、その動きを検証してゆこう。

1　運動組織の形態的構造化を捉える視点

　社会運動組織とは、社会運動における地位と役割の分化を伴う協働集団（星野、2004:169）であると言えるが、このような役割分化は、運動の起点において予め用意されているものではなく、むしろ、運動の展開過程において、必要に迫られつつ構造化されてゆくものであろう。例えば、曽良中は運動初期における流動的集団内の主導グループにおいても、一般的に、提唱者と得心者との間には心理的距離が存在し、活動上の役割区分も不明確であることを指摘している（曽良中、1996:105）。しかし、このような流動的集団における活動が継続されてゆくにつれて、いずれは手分けして活動の効率化を図ろうとする志向が組織内に生まれ、その結果、各メンバーの個人的特質に即しつつ、萌芽的な役割分化と大まかな行動規制が見られるようになる（同上）。
　社会運動組織の形態的な構造化に焦点を当てるアプローチでは、このように、組織がメンバーたちの相互行為を通して構造化されてゆく、その動的過程を捉える必要がある。具体的には、組織の発生的分析から始まり、メンバーシップの構成過程、メンバーたちによるコミュニケーションの手法と特徴、活動予算の確保の仕方、組織規模の変動過程と運動の持続的展開のための組織機構の形

成、そして、組織運営の手法や内部規律の形成過程、リーダーシップとフォロアーシップの動態、さらにコアメンバーや分派あるいはブランチ（地方支部）の設立過程、などが検討されるべき要素として挙げられる。

これまでの社会運動研究における運動組織論では、指導者のリーダーシップに関する議論に焦点が当てられることが多く、そこでは、リーダーシップが組織特性を説明する重要な独立変数の一つとして把捉され（那須、1991:162）、指導者の類型的分析や（曽良中、1996:114）、リーダーシップの機能的分析（Smelser, 1963=1974:399）、そして、リーダーシップの型と運動展開の変化との関係（片桐、1994:13）などが探求されてきた。

しかし、タローが社会運動における「組織的革新の分水嶺」（Tarrow, 1998=2006:226）と呼んだ1960年代以降に結成されてゆく社会運動組織の多くは、リーダーに依存した組織とは異なる「もうひとつの」新しい組織形態を求め始める。特に本章の主題であるUPIASの組織形態の検証に示唆を与えてくれるのは、1960年代の米国女性解放運動において若年派と称された若い女性たちの緩やかな連合組織に見られる組織運営への新しい志向であろう（フリーマン、1989:160）。この若年派のフェミニストたちは「自らの生活に関わる意思決定には全員が参加すること」、および「貢献はすべて平等に有効であること」（同上）を強調したが、フリーマンによると、そこには「あらゆるヒエラルヒーは一部の人間に他を支配する権力を与え、全員の能力を発展させる機会を奪うがゆえに悪である」という思想があった（同上）。このような参加主義的デモクラシーは、寡頭支配による民主主義の破壊という過去の社会運動の負の歴史から導出された鉄則であり、それは後に、西ドイツ（当時）の「緑の党」が提唱した底辺民主主義[1]の思想とも通底するものであると言えよう（丸山、2004:203）。

しかし、付言すれば、このような参加主義的デモクラシーや底辺民主主義という志向は、組織におけるリーダーシップを否定するものでは決してない。若年派フェミニストたちや緑の党が求めたものは、「誰もが意見を出せる」というルールであり、換言するならそれは、「誰もが同じように尊重されるべきだ」という平等への志向であって、誰もが「同様に影響力をもつべきだ」という志

向ではなかったのである（フリーマン、1989:161）。

　このような「組織的革新の分水嶺」を経て、1960年代から1970年代にかかるいわゆる「社会運動の時代」にその産声をあげた UPIAS においても、その結成当初から参加主義的デモクラシーや底辺民主主義への強い志向があった。この志向は、単に組織の運営手法に係る原則としてだけではなく、本章冒頭に挙げた社会運動組織のもう一つの動き、すなわちフレーミングの動きとも深く関わっている。UPIAS は伝統的なチャリティ団体や既存の障害者組織における一部の専門家・エリートたちによる組織統制こそが、障害者政策を誤った方向に導いてきた元凶であると批判し、その元凶を断つことを自らの組織結成の基盤に置きつつ、常に「個々の障害者としての経験」から「障害の理論」や組織活動のフレームを形成・練成してゆくことを求めてきたのである。

　社会運動組織がその成長過程において形成するものは、一つの〈社会〉である。社会運動組織はその成長過程において、社会としての慣習や規律の体系、持続的な分業体制、新たな価値の土壌となる文化などを生み出してゆく。したがって、社会運動組織の形態的構造化へのアプローチは、組織における社会形成の過程を検証してゆくための作業となるはずだ。本章では、このような観点から、UPIAS がその結成初期において、一つの社会としての運動組織を形づくってゆく過程に焦点を当て、その動的過程を辿ってゆこう。

　UPIAS 結成初期において、組織の形態的構造化に係る議論は C1 より継続して、「正会員資格」、「民主主義的な組織運営」、「財源とチャリティ団体としての登録」、「役員・小委員会・ブランチ（地方支部）の設置」、「会費」、「*Internal Circular* の機能」、「新規会員の募集」、「組織業務への協力」、「特定のイシューに係る特定課題部会やワーキング・グループの設置」、「他の被抑圧者組織との連帯」、「最初のロンドン会議開催」などの論点をめぐって展開された。

　このうち、「正会員資格」と「民主主義的な組織運営」、および「財源とチャリティ団体としての登録」と「他の被抑圧者組織との連帯」については、1974年12月に公表される *PS* の「会員資格」や「組織活動に係るガイドライン」などの項目において規定されるに至っている。

　以下、この UPIAS 結成初期における形態的構造化の過程を、1）組織の発

生(UPIAS 創設者ポール・ハントによる組織結成の呼びかけ)、2)正会員資格の規定、3)組織運営の原則、4)チャリティ団体からの距離化と差異化、という四つの視点から、検証してゆきたい。

　また、その際、上述の通り、社会運動組織の形態的構造化は、組織内部のフレーミングと常に共振する動きでもあるので、構造化に係る諸要素が、組織内のフレームや当時のマスターフレーム[2]とどのような関連をもっていたのか、という点についても注意を払ってゆきたい。

2　ポールの焦燥と新しい組織結成の呼びかけ

　1960 年代後半、ポールはハンプシャーのレ・コートに住みながら、婚約者のジュディと暮らすための新居を探していた。第 2 章に見たように、当時、彼は障害者問題の解決や障害者の生活状況を改善するためには、入所施設の抜本的改革が必要だと考え、自らの住む施設内の細かな規則の改廃から施設運営の方法に至るまで、レ・コート住人の生活改善に関わるさまざまな問題に取り組んでいた。しかし、このような活動や仲間との議論を重ねるうちに、やがて彼は少しずつ「施設ではない何か」に目を向け始めることになる。

　UPIAS が結成されて数年後、初めて一般に公刊されたオープン・ニュースレターである *Disability Challenge, No.1* において、ポールは、当時、英国において障害者施設研究の嚆矢として注目を集めていたミラーらの *A Life Apart*(邦訳『施設と生活：重度障害者の依存と自立を支えるシステム』千書房)[3] を取りあげ、障害者の社会的地位について研究する多くの社会学者が、入所施設政策以外の可能性に目を向けようとしていないことを痛烈に批判している。

　また、これも UPIAS 結成後のことだが、国外のさまざまな「施設ではない何か」の事例も集めていたポールは、スウェーデンのフォーカス計画に関心をもつようになり、この住居計画を「障害者を施設から解放する」一つの具体的方策として捉え、英国でのプロモートを試みるようになる。

　さて、ここに、この時期の身体障害者たちのコミュニティ生活を捉えた興味深いデータがある。これは 1968 年 10 月から翌 69 年 2 月に実施された英国に

おける 16 歳以上の在宅障害者に関する生活実態調査である（Harris, 1971）。調査対象は排泄、着替え、歩行、食事などにおいて介助を要する先天性および後天性の重度肢体不自由の障害をもつ在宅障害者である（前掲書:3）。

この調査によると、当時、16 歳以上の在宅障害者はおよそ 307 万 1000 人と推計され（男性 124 万 7000 人、女性 182 万 5000 人）、人口 1000 人当たりに占めるその割合は 78.0 人である（前掲書:4-5）。このうち、常時特別なケアを要する最重度の障害者は 15 万 7000 人、日常生活において相当のケアを要する重度障害者は 35 万 6000 人、部分的なケアを要する障害者は 61 万 6000 人、障害をもちつつもケアを要せず通常の生活を単独で行える障害者が 194 万 2100 人と推計されている（前掲書:17）。

その生活状況を概観すると、本調査の対象となった 16 歳以上の身体障害者 1 万 2738 人中、一人暮らしの障害者が 21.0%、配偶者との二人暮らしが 32.7%、配偶者および未婚・既婚の子どもとの同居が 19.3%、未婚・既婚の子ども家族との同居が 13.9%、親との同居が 3.7%、兄弟と同居が 4.1% となっている（前掲書: 25）。この中で特に最重度の身体障害をもちながら一人暮らしをしている者も 16.0% を占めている（前掲書:46）。

この内、全体の 7％の障害者だけがホームヘルプサービスを利用しており、また、訪問看護のサービスを受給している障害者もおよそ全体の 7％程度にとどまっている。最重度の障害者の中でもホームヘルプサービスの受給者は 3 分の 2 程度であり、重度障害者の受給も半分程度にとどまっている。支給時間数も受給者のうち 44％の障害者は週に 4 時間程度の受給に過ぎず、最重度の障害者においても週 10 時間を超えて受給している障害者は 22％程度である。そして、週 20 時間を超える受給者は極めて少数である（前掲書:49）。また、訪問看護の受給者である最重度障害者のうち 18％の障害者が週に一度の訪問を受けているに過ぎない。

この調査を実施したアメリアは、調査結果をもとに、英国において一人暮らしをしている身体障害者の総数を、最重度身体障害者で約 2000 人、それ以外の身体障害者で約 9 万人と推計し、また、およそ 1500 人の最重度障害者が配偶者によるケアに依存していることを指摘している（前掲書:51）。

このように、ポールが「施設以外の何か」を模索していた1960年代後半のこの頃、重度身体障害者のコミュニティにおける暮らしを支える社会資源は極めて乏しく、その生活は過酷かつ劣悪を極めていたことが分かる。しかし、筆者のインタビューに応えてくれたジュディは、当時を振り返りながら、そこには変化の可能性も見え始めていたことを指摘している。この頃、英国などの先進諸国において、電動車いすをはじめ、障害者の身体の僅かに動く部位で住環境をコントロールできるマイクロ・スイッチやディスプレイ、肢体不自由者仕様の自動車など、障害者のADL（日常生活動作）を補完するさまざまな技術や設備が開発されつつあり、未だ政府によるこれら機器・設備の利用に係る補助金などの制度はなかったものの、多くのチャリティ団体が障害者によるこれらの機器・設備の利用支援を始めつつあったという。

　また、地域社会や大学、交通機関、住居などにおける障害者のアクセシビリティに関しても、少しずつその議論が広がりつつあり、ジュディは、当時、アメリカ・バークレイにおいて取り組まれた*Access*というプロジェクトや、スカンジナビアで開催された障害者の住居問題に関する研究大会などを思い出しながら、「意味のある大きな変化はまだ見えませんでしたが、私たちは変化の可能性を確かに感じていました」と話してくれた（Hunt Judy, 27/9/2011）。

　さて、この時期のポールにはもう一つの大きな懸念があった。それは、障害者問題のフィールドに君臨する専門家やチャリティ団体の存在である。ジュディはレ・コートにいたときからポールのチャリティ批判を何度も聞かされていた。彼はいつも「チャリティは偉そうな立場からものを言うが、全く障害者の役には立っていない、彼らはとても多くの時間と金を無駄に費やしているだけだ」と憤っていたという（同上）。

　第2章で述べたように、この頃、ポールはある障害者団体の会合でヴィックと出会うのだが、南アフリカでラディカルな社会運動を経験したヴィックとのこの出会いはポールの思考に大きな影響を与えることになった。また、ヴィックとの出会いによってポールはますます障害者自身による独立した民主的組織の必要性を強く覚えるようになっていった。

　新たな組織の結成を全国の障害者たちに呼びかけるポールのガーディアン紙

への投稿記事は、このような彼の危機感と焦燥感の中で書かれたものだった。

ヴィックはこのポールの新聞への投稿を通した呼びかけや、ポールがその投稿文の中で用いた「コンシューマー・グループ」という言葉に対して些かの疑問をもっていたが、反対はしなかったという（同上）。

このポールの呼びかけに、全国から25名の人々の参加の申し出があったが、その中には、ヴィックとそのパートナーであったリズ、そして、第3章で紹介したデイビス夫妻、また、レ・コートで共に闘った数人の仲間たちもいた（ジュディの記憶によると、レ・コートからの参加希望者は7名程度だったという）。

このポールによる記事が掲載されてから10日後の9月30日の日付が記されたヴィックからポールへの私信が残されている。「社会的抑圧の現実的かつ潜在的被害者である身体障害者のための『コンシューマー・グループ』の設立を呼びかけたあなたの記事を嬉しく拝見しました」という一文で始まるこの手紙には、ヴィックが16歳のとき（1954年）に、棒高跳び競技において受障して以来、車いす生活を送ってきたこと、そしてその生活の中で障害者ゆえの社会的抑圧を受け続けてきたこと、さらにその抑圧はマイノリティに対する現代社会の抑圧的な処遇形態の象徴的な一つの表れであり、他のさまざまな被抑圧者集団が被っている抑圧から切り離されているわけでないと考えていること、などが綴られている。

このように書いた後に、ヴィックは再びポールの記事に言及しつつ、ポールの投稿記事を読んで、「障害の政治（*politics of disability*）」をより明確に認識できるステージに立つことができたと述べ、そして、最後に「あなたがどのようなグループを思い描いているのか、まだはっきりとは分かりませんが」と断りながら（ヴィックは"consumer"？と、*consumer*という言葉をクオテーション・マークでくくり、その後ろに疑問符を付けている）、ポールが提案するグループのメンバーとして、障害者の生活を少しでも改善してゆくための闘いに参加することを強く望んでいると結んでいる（Finkelstein, 1972）。

このヴィックからの手紙を受け取ったポールは、1週間後の10月7日に返信しているのだが、彼はその中で、グループを立ち上げようとしている今、ヴィックの手紙にとても勇気づけられたことに感謝を述べながら、ヴィック

が「障害者による政治組織」を想定していることに少し戸惑いを見せ、ヴィックの考えているグループは、私（ポール）と妻（ジュディ）が取り組もうとしているグループよりも「少し大きいように感じます」と綴り、そして、「今後、この問題についても大いに議論しましょう」と述べている（Hunt Paul, 1972b）。

そのうえで、（記事を投稿した）「私の意図」は、今までずっと施設で暮らしてきた身体障害者たち、すなわち、この社会において過酷なディスアビリティに直面してきた身体障害者たちに連絡をとり、彼／彼女らがディスアビリティの解決に向けて最も有用であると思えるグループを、彼／彼女ら自身によって主導してもらうことにあります、と綴っている。

また、ポールは自らの17年間に及ぶ施設生活を振り返り、どのような新しい近代的な施設であったとしても、型にはまった施設での長期間の暮らしは根本的に不満足なものだったと述べ、このような経験から、現在の施設を改革するために何ができるかを考え、また同時に、障害者自身の自宅におけるケアサービス、或いはアパートに居住する小さな障害者グループに対するケアサービスのような、施設のオルタナティブを強く打ち出していきたい、と述べている。

しかし、このように「私の意図」を述べながらも、ポールは続けて、最近、ある障害者夫婦と話し合う機会があったのだが、その時の議論を通して、障害者問題は自分たちが考えていたものよりも「さらに広い意味を含んでいること」を理解し始めていると書いている。そして、もしかすると、自分たちが障害者問題を正しく理解することなく、その問題の解消に立ち向かう方途を見誤れば、自分たちの努力が効果をもたらさないばかりか、障害者問題の解消を阻害することにもなりかねないのではないか、と述べている。このように、UPIAS結成を呼びかけたこの時点においてポールは、社会モデル的認識については述べておらず、ただ障害者問題のインプリケーションの深さを意識し始めていると書くにとどまっており、最後に「あなたが、われわれの問題をより明確に理解することをサポートしてくれると信じています」と結んでいる。しかし、このポールとヴィックの書簡から、両者がこのUPIAS結成直前の時点で、社会モデル的認識に至っていなかったと結論づけるのは早計である。なぜなら、ポールの記事が投稿され、また、この書簡が交わされるおよそ2カ月前の7月14

日の夕刻、（おそらくポールの自宅で開かれたと思われる）ハント夫妻とフィンケルシュタイン夫妻、そして数名の障害者たちによる会合の記録が残されており、そこでヴィックが次のように述べているからだ。

> ディスアビリティは社会によって創られる社会的現象であり、したがって、社会によって変更可能なものである（Finkelstein, in Hunt, 1972c:1）。

したがって、ポールがガーディアン紙で UPIAS 結成を呼びかける前に、既にポールやヴィックにおいて、社会モデル的認識は獲得されていたのだと言える。

3　正会員資格をめぐって

このように、ポールによる新聞紙上での呼びかけに応じた人々によって UPIAS は船出をすることになるのだが、この UPIAS におけるメンバー間のコミュニケーションは、序章に述べたように、ロンドンやその近郊に居住していたコアメンバー間のそれを除いて、主として IC を媒介としたものだった。

C1 においてポールは、ガーディアン紙を通した呼びかけに対して、25 名から参加の申し出があったが、その多くは障害者分野の専門家やボランティアであったことを報告し、「われわれはできる限り、身体障害者自身に関心をもってもらえるよう働きかけてゆく必要がある」と述べている（UPIAS, 1973a:1）。そして、彼は UPIAS の正会員資格を身体障害者であり、「組織の目的と方針に賛同する者」であって、さらに「組織活動に積極的に参画できる者」に限定することを提案し（同上）、その上で、組織の目的と方針に賛同し支援を申し出る健常者たちも賛助会員として歓迎したい、と述べている（前掲資料:2）。

このポールの提案が呼び水となって、C2 から正会員資格をめぐる議論が活性化してゆくことになるのだが、そこでは主に、1）身体障害者への正会員資格の限定、2）正会員としての義務、という二つの点が論点となった。

1）の論点をめぐっては、さらに、身体障害以外の障害者を迎え入れるべき

か否かという議論と、健常者の扱いをどうすべきかという2点について議論が交わされている。まず、C2において、あるメンバーは、ポールの「身体障害者限定の正会員資格」という提案に対して、ある人々を特定のカテゴリーへ分類しつつ排除することは望ましくない、という反対意見とともに、「そもそも、われわれの組織が批判している極めて多くの不正義をもたらしてきた施設とは、このようなカテゴリーに基づく隔離を体現したものではなかったか」(UPIAS, 1973b:5) と問いかけている[4]。

このメンバーの意見を紹介した後に、ポールは同号において「現時点で、他のカテゴリーの障害者たちをユニオンに包摂することは、おそらく混乱をもたらすだろう」と述べながらも、この「正会員資格の限定」というルールは、身体障害者以外のすべての抑圧された人々——その抑圧の解消に自ら取り組んでいる人々——と協働していくことを何ら否定するものではないと述べている（前掲資料:7）。

その後は、この身体障害者以外の障害者の会員資格をめぐる議論が他のメンバーたちの関心を引くことはなく、1974年4月のC7において、あるメンバーからC2におけるポールの主張を支持する意見が出されたのみである（UPIAS, 1974a:2）。

UPIAS結成初期の正会員資格に関する議論で争点となったのは、身体障害者以外の障害者に関することよりもむしろ、健常者をどのように扱うのか、という問題だった。

例えば、C4でヴィックはヨークシャー障害者協議会（Yorkshire Association for the Disabled: YAD）という団体からの「あなた方は身体障害者にのみ正会員資格を制限することで、Segregationを支持してしまっている。これは不合理だ。われわれはあらゆるSegregationに反対することこそが、統合に向かう唯一の方途だと信じている」という批判の声を紹介している（UPIAS, 1973d:14）。また、C7においても、ある重度身体障害をもつ大学生が「多くの障害者が恒久的に施設に住まわざるを得ない状況を変えてゆこうとするユニオンの主張には賛同するが、ユニオンが身体障害者にメンバーを限定する以上、私はユニオンには加わるつもりはない」と述べている（UPIAS, 1974a:2）。

さらに、米国の黒人運動における「良心的な白人」が担ってきた役割を例に挙げながら、「われわれ」の障害者運動もまた、良心的な良き理解者である健常者を拒否すべきではない、と主張する米国在住の障害者からの投稿もC10において紹介されている（UPIAS, 1974d:8）。

　このように「あらゆる隔離に反対する」というUPIASの組織目的に依拠しつつ、身体障害者限定の正会員資格に対して反対する意見も見られたが、それ以外にも「われわれは健常者の助けがなければ何もできないのだ」という切実な声も聞かれた（UPIAS, 1973 or 1974:3, 1974a:5）。

　このような批判に対して、ポールらは、身体障害者が被ってきた（いる）抑圧という歴史認識を根底に置きつつ、組織の自己統制、ひいてはディスアビリティをめぐる当事者発議の必要性を主張する。例えば彼は、C2 の「この組織は十分に包括的ではない」と批判したメンバーへの反論の中で、障害者が自らの組織において、自らの問題を統制すべきことの必要性に触れながら、ディスアビリティを解決できるのは、「障害者の近くにいる人々」ではなく、日常的に社会的な隔離と孤立の問題に直面している身体障害者自身であることを説いている（UPIAS, 1974a:7）。

　さらにポールはC11において、既存の障害者団体が、「障害者とともに」ではなく、「障害者のために」組織されたものであり、その多くは健常者によって運営され、組織内の重要な決定事項は「障害者のために」を考える健常者（彼らはディスアビリティによる日々のフラストレーションも、その現実も知らない、とポールは言う）によってなされていることを批判する（UPIAS, 1974e:1）。

　このポールの主張に強い賛意を表したのは、C3 に署名入り記事を投稿したヴィックである。ヴィックはディスアビリティを社会的問題として正確に把握し、その問題性を提起できるのは、ディスアビリティがもたらす残酷さを直接経験してきた身体障害者自身であり、このような経験をもたない健常者である同情者たちは、障害者たちの要求の本質を見誤る危険性と、さらには間違った形で障害者問題に取り組む危険性を常にもっていることを指摘する（UPIAS, 1973c:12-13）。なぜなら、健常者である同情者たちは、「われわれ」とは全く異なる体験をしており、したがって、「われわれ」の切迫感をリアルに感じ取る

ことはできず、その結果、彼らはラディカルな変革よりも穏やかな改革を求めることになるからだ、という（前掲資料:13）。

　この「健常者が穏やかな改革を求める」、つまり、間違った形で障害者問題に取り組んでいる例として、ヴィックは、健常者たちが障害者向けの入所施設の改善や新たな施設（新しい慢性疾患患者病棟など）の建設に取り組むことで、障害者問題を解決しようとしていることを取りあげ、「地域の中でより良い障害者サービスを整えてゆこうとしているわれわれの考え」との根本的な違いを指摘する（同上）。さらに、このことに関連して、C4においてヴィックは先述したYADという団体からの批判に応える形で、最近、若年の慢性疾患患者を老人病棟から退院させるために、慢性疾患患者および障害者法（Chronically Sick and Disabled Persons Act）に基づき500万ポンドの財源が投入されたが、それらが「隔離的な施設ケア」のために使われてしまったことを指摘しつつ、「『われわれにとってのベスト』はわれわれの上から与えられるものでは決してないのだ」と述べている（UPIAS, 1973d:14）。

　また、C3においてヴィックは「われわれ身体障害者」が「未だに社会的な闘いの経験を豊富にもち得ていない」ことにも言及し、このような状況で、もし健常者たちを（正会員として）組織に迎え入れると、「彼らは直ちにその能力と知識と経験値において、組織に君臨する地位につき、われわれを支配するだろう」と述べたうえで（UPIAS, 1973c:12）、まず「われわれ自らが闘いを通して、失敗と成功を繰り返しながら、闘いに必要なスキルを身につけていく必要がある」のであり、「われわれは健常者に主導されるのではなく、われわれ自身の現在のリアリティから出発しなければならない」のだと主張する（同上）。そして最後にヴィックは、「われわれの問題を研究する『新しい専門家』を育成する」ことを提案し、この「新しい専門家」になりうるのは身体障害者自身である、と結んでいる（前掲資料:13）。

　因みに、このC3の報告欄でポールは、健常者から正会員としての会費の納入があったが、それを直ちに送り返したことについて報告している（前掲資料:1）。

　このポールやヴィックの主張を支持する声が、C4以降の各号において掲載されている。例えば、C7では「健常者がわれわれの闘う理由をどのように知

ると言うのか。ディスアビリティの経験をもつ者のみが、それを知ることができるのだ」(UPIAS, 1974a:4) というあるメンバーの意見が掲載され、また、C10 では「彼ら健常者の誰がわれわれのことを知っているというのだ。彼らはわれわれ身体障害者一人ひとりの体験など何一つ知らないではないか」という別のメンバーからの投稿文が掲載されている (UPIAS, 1974d:7)。

さらに、C11 では、ウェストミンスターで開催されたリハビリテーション国際会議に参加したあるメンバーから、大会参加者 1,300 人のうち、車いす使用者は、自分を含めて 6 名程度であったこと、研究報告の内容には、障害者の「インテグレーション」に関することや障害者を取り巻く人々の態度の改善などに関する議論は全くなかったこと、などが報告されている (UPIAS, 1974e:11)。

このように、組織内にはポールやヴィックをはじめ、身体障害者に正会員資格を限定すべきであると主張する声が大半を占めたが、しかし、その多くは健常者を UPIAS から完全に締め出そうという主張であったというわけではない。ポールが C1 において提案した「組織の目的と方針に賛同し、支援を申し出る健常者たちを賛助会員として迎え入れたい」という提案に反対する声は少なくとも当時の *IC* 誌上には見られず、むしろ、多くのメンバーが、何らかの形で健常者からの支援を求めている。

C4 においてポール自身が再び「われわれはわれわれの主張に共感する健常者からの支援を歓迎したい」と述べ (UPIAS, 1973d:12)、C6 ではあるメンバーが、自分の周りの何人かの健常者が UPIAS に関心をもっていることに言及しつつ、確かに、この健常者のうちの何人かは(われわれが憎む)隔離的施設で働いており、また、(われわれが経験している)剥奪や隔離に苦しんでおらず、さらに、(われわれが経験している)社会的孤立や恥辱も経験していないが、彼らは「われわれ身体障害者」の社会的孤立や冷遇に気づき、何とかしなければならないという思いをもっている、と述べ、彼らを賛助会員として受け入れよう、と呼びかけている (UPIAS, 1973 or 1974:12)。

同様の意見は C7 や C8 にも見られるが、C11 ではこれらの意見をまとめる形で、再びポールが、1) UPIAS への参加を希望する健常者が真にわれわれの問題に関心をもっていること、2) 当該健常者には議決権を与えないこと、

という二つの条件を付しつつ、健常者を賛助会員として迎え入れることを提案している（UPIAS, 1974e:1）。

これらの議論は、最終的には1974年10月18日から20日にかけてロンドンで開催されたUPIASの最初の会議で議決され、この議決と後日行われた会議欠席者による郵送での投票議決によって、健常者を「議決権をもたない賛助会員」としてUPIASに迎え入れることが決定されている。

既述のようにポールはC1において既に、正会員資格を、身体障害者であって、かつ「組織活動に積極的に参画する者」に限定することを提案していたが（UPIAS, 1973a:2）、この正会員資格は、「障害者自身による組織と活動」をUPIAS結成の主目的に置いていたポールにとって必須の条件であり、また、それは、UPIASへの参加を希望する身体障害者たちに対して、他者依存の習慣から脱せよ、という強いメッセージでもあったと言える。しかし、このポールからのメッセージは、「代わって何かをしてもらう」（UPIAS, 1973d:9）経験の集積によって、自尊心と自信を喪失してきた多くの身体障害者たちにとって、少なからぬ不安を覚えさせるものであった。ゆえにそこには、正会員資格に課せられた「積極的な参画」という指示命題を過大な要求として受けとめる声や、また、UPIASでの積極的な活動が露見することによって、施設生活が脅かされる恐怖を吐露する施設入所者たちの声もあった。

例えばC9においてあるメンバーは「私は幼少時より施設で暮らしてきたために、さまざまな社会経験を奪われ、精神的な成長も制限されてきたので、ユニオンへの積極的な参加ができないかもしれない」（UPIAS, 1974c:2）と不安の声をあげる。また、かつてポールも暮らしたことのあるレ・コートでの生活を送るある入所者は「メンバーの中にはいくつかの理由によって、自分の体験や考えを書くことができない者もいるのだ」（UPIAS, 1974c:7）と訴える。さらに活動的なメンバーのみを求めることによって、UPIASがある種のエリーティズムに支配されることを危惧する声や（前掲資料:13）、「われわれの活動と議論に興味をもつ多くの潜在的メンバーを失うことになる」ことを懸念する声もあがった（前掲資料:5）。

1974年10月のロンドン会議において、この正会員の「積極的な参画」をめ

ぐる最終決議は、メンバーたちの多様な生活歴、心身状況、およびその置かれた環境条件に配慮した内容に落ち着いている。すなわちそれは、もし、正会員資格の条件である組織活動への「積極的な参画」において課題を抱えているメンバーがいれば、そのメンバーを他のメンバーが支援しつつ、彼／彼女の積極的な参画の実現を図る、という内容であった（UPIAS, 1974e:4）。

さて、以上、見てきたように、UPIAS結成初期における正会員資格をめぐる議論は組織の構成メンバーを規定するという、単なる組織形態に係る議論を超えて、身体障害者たちを凝集させる集合的アイデンティティやメンバーの相互作用を通した連帯・結束を支える、いわば「団体精神」（Crossley, 2002=2009:59）など、運動の主目標と直接的に連動する議論であったと言える。

例えば、テイラーは「新しい社会運動」の特徴の一つとして、集合的アイデンティティの追求と、その前提となる第一次集団のメンバーシップを取りあげ、この集合的アイデンティティを「成員に共通する利害、経験、連帯から派生する集団によって共有された『われわれ意識』」として捉えている（Taylor, 1989:768）。また、「アイデンティティ転用（identity appropriation）」という概念を用いて、既に確立された集団のアイデンティティが、社会運動の動員のために利用できることを指摘したのはスノウらであるが（川北、2004:72）、この転用は特に運動組織の結成初期の段階において重要な意味をもつものと考えられる。例えば、UPIASにおいて「正会員資格を身体障害者に限定すべきだ」という主張は、ディスアビリティ経験をもつ被抑圧者という身体障害者のアイデンティティを、UPIASにおける集合的アイデンティティへ転用しようとしたものであったと言えるだろう。

言うまでもなく、この集合的アイデンティティは、このような社会運動における動員や組織結成時におけるメンバー間の凝集性や組織的紐帯の形成・強化のみに関わるものではない。それは常に運動の進行過程において構築され続けるものであり、運動組織は、この集合的アイデンティティを基盤としつつ、何が問題であり、その問題を創出・再生産する「やつら」（敵手）とは誰か、また、その問題をいかにして解決すべきかという解釈図式や、その解釈図式を起動・機動させる半ば定型化された言説（西城戸、2008:56）や概念、すなわち、運

動の「集合行為フレーム」（Gamson, 1992）、さらにはその認知的／文化的な基盤としての運動文化（西城戸、2008:56）などを再生産し続けるものである。

このように、運動組織における集合行為フレームや運動文化の形成に係る循環過程の起点となり、組織メンバー及び組織外部の潜在的メンバーとの運動文化の共有やフレームの共鳴性をもたらす基盤にあるものが集合的アイデンティティであると言えるが、では、この集合的アイデンティティそのものの生成基盤にあるものは何だろうか。おそらくそれは、「受苦の共通経験」と言いうるものであろう。例えば成はこの点について、「社会運動の基底には、当事者の承認要求が尊重されなかった経験がある」と述べている（成、2004:63）。障害者運動におけるそれはまさに個々のメンバーたちのディスアビリティ経験であり、このディスアビリティ経験が障害者たちをして組織活動へと動機づけてゆくことになる。しかし、このディスアビリティ経験、すなわち、障害者たちの人格的同一性に対する暴力的な抑圧や、その権利と社会的価値や尊厳の剥奪などといった、まさに承認を拒絶された受苦の経験がそれ自体として直ちに社会運動という形での能動的な行為に変換されるわけではない（同上）。成によると、この受苦の経験を社会運動などの抗議や闘争に変換させる「精神的な中間項」とも言えるものは、「恥辱や憤激、傷つけや尊重の剥奪といった否定的な感情レベルの反応」である、と言う（前掲書:64）。

同様の指摘はブルーマーにおいても見られる。彼は社会運動における「団体精神」の形成において、運動メンバーたちが「自らの行為の最も基本的な身体性のレベル」、つまり「自らの行動や感情の基本的な目録」に、その運動に対する感覚を組み込んでいくことが必要となると述べている（Crossley, 2002=2009:59）。

すなわち、運動組織における集合的アイデンティティは、個々のメンバーの最も基本的な身体性のレベルの受苦や恥辱、感情のレベルにおける怒りの反応に根ざすものであると言えよう。この意味において、正会員資格を身体障害者に限定しようとしたポールをはじめUPIASのコアメンバーたちの意図は、身体障害者のディスアビリティ経験に根づく、まさに身体性レベル、感情のレベルにおける経験と情動を共有する「われわれ」において、集合的アイデンティ

ティを生成・強化することにあったと推し測ることができるだろう。

　また、このような UPIAS における正会員資格の厳格化による「アイデンティティ供給の限定」（川北、2004:62）の背景には、当時の英国における障害者組織の置かれた固有の文脈もあった。既述のように、そもそもポールが「障害者自身による組織」の必要性をガーディアン紙で呼びかけた主たる動機には、彼自身が所属していた障害者組織、DIG の「失敗」があった。その失敗とは、この英国において最初の障害種別横断的な障害者組織であった DIG が、徐々にロビーイングに長けた少数の健常者たちによって統制されてきたこと、そして、そのことが多くの障害者メンバーを受動的位置に追いやったこと、さらにその結果として、障害者の日々のディスアビリティ経験からの発議が組織において汲みあげられず、組織活動において障害者問題への包括的な取り組みが欠落してきたこと、などである。

　この「DIG の失敗」の経験を基に新たな組織の結成に踏み出したポールらは、正会員資格を「身体障害者」に限定することによって、まず身体障害者自身がその受苦や怒りを表現するとともに、それらをもたらしたディスアビリティを自己定義し、さらに、このディスアビリティの解消に向かうために取り組むべきイシューを発議することを求めたのである。この意味において、結成初期 18 カ月間に及ぶ *PS* をめぐる議論とは、正会員としての身体障害者に対して、ディスアビリティをめぐるフレーミングを促すことであったと言えるが、先述したようにそれは同時に、彼／彼女らにその依存的体質からの脱却を求め、主体意識の覚醒を促す過程であったとも言えるだろう。ポールが C1 において、正会員資格に「身体障害者であること」、かつ「積極的な組織的活動への参加」という条件を付した理由や、また、後述するように、組織運営においても徹底して底辺民主主義を強調した理由もここにある。

　このように、「身体障害者である『われわれ』だけが正会員である」ということは、UPIAS に加わった身体障害者たちに対して、「ディスアビリティの政治」における主体的役割を求めてゆくことになるのだが、個々のメンバーにおけるこの役割習得は、彼らにディスアビリティに対する新たな視点をもたらすことになり、さらに、この新たな視点は、メンバーたちの基本的な思考の構え

や感受性、より具体的に言えば、「身体障害者として生きること」をめぐる反省的思考を輪郭づけてゆく基本的な思考の構えや感受性そのものの転換をも促してゆくことになったと言える。

　付言すれば、このように、UPIAS結成初期の議論において、徐々にメンバー間で共有されてゆくディスアビリティをめぐる新たな視点は、「ディスアビリティ」や「抑圧」というシンボルとともに、組織内に流通・浸透してゆくことになるのだが、この運動組織におけるシンボルには、かつてクロスレイが指摘したように、メンバーたちから「適切な感情」を引き出す強い力が備わっており（Crossley, 2002=2009:60）、その適切な感情の共有が、さらに彼／彼女らの集合的アイデンティティを強化してゆくことになったと言えるだろう。なぜなら、このシンボルは常に、メンバーたちに自らの集合的アイデンティティを目に見える形で、すなわち「不当な抑圧を被っている身体障害者であること」の確認を促してゆくことになったからである。

　さらに言えば、このような組織内のシンボルに促されて、ICを通して個々のメンバーたちが語り始める受苦・困難・試練としてのディスアビリティ経験は、やがてブルーマーの言うところの「集合的な物語」（前掲書:61）として編まれ、そこにUPIASの目的意識や活動の針路を指し示す「信念」を生みだしてゆくことになったのである。また、この集合的な物語はUPIAS内部における羅針盤として機能したばかりではなく、後年、この集合的な物語を自己の物語として聴くことになる、多くの身体障害者たちに対しても、自らの歴史の再編を促してゆくことにもなるのである。

4　組織運営における底辺民主主義の徹底

　既述の通り、「障害者自身による組織」の結成を呼びかけたポールは、UPIASの主たる存在意義を身体障害者たちの主体意識の獲得・涵養にあると考えていた。

　ポールがユニオンの活動でとても大事にしていたことは、ユニオンによっ

て特定の問題を解決するということよりも、障害者たちが積極的に自分たちを自由にしていく主体意識をもち、何らかのアクションを起こすことでした。彼はユニオンの存在意義をそのように考えていたのです（Hunt Judy, 7/7/2011）。

　繰り返すが、当時のポールには、少数の健常者である専門家グループが組織運営の主導権を握るようになってしまったDIGのような、健常者たちによって植民地化された多くの障害者組織に対する強い問題意識があった。その根底には、上の正会員資格をめぐる議論に見たように、障害者のディスアビリティからの解放は、障害者自身の闘いへの主体的参画なしにはなし得ず、そのためにはディスアビリティによって士気を挫かれ、受け身にさせられ、諦めることを習慣化させられてきた障害者たちを鼓舞し、彼らの主体意識を喚起・発揚させなければならないという考えがあったのである。
　メンバー個々の心象に刻みつけられたディスアビリティ経験は実に多様であり、その主観的な意味づけもそれぞれ異なるのは当然である。UPIASにおいて、この個々のメンバーの多様なディスアビリティ経験から紡がれた言説群が、一つの思想として結晶化されるためには、放縦なコントラストに彩られ、固有の文脈と体験においてさまざまに表出される言説群から鍵となる概念を創出し、その幾つかの鍵概念を一定の論理構造において配置してゆく必要があった。ポールはこの作業において、常にエディターの役割を担っていたのである。
　第2章に見たように、ポールは二十代の後半に、自らも含めて12名の障害者たちのディスアビリティ経験を*Stigma*に編んだが、彼はこれら12名の障害者たちの多様なディスアビリティ経験から〈健常者社会〉における「ディスアビリティの政治」を見事に描き出している。この「ディスアビリティの政治」を見る彼の透徹したまなざしが、彼をしてUPIASのエディターたらしめたのだろう。
　しかし、一方で、ポールやヴィックが最も恐れていたことは、UPIASが「ポールのグループ」になってしまうことだった。確かに、ポールや数名のコアメンバーたち（ヴィックやケン、マギーら）と、他のメンバーたちとの間には、そ

の主体意識においても、また、知的経験においても大きな落差があった。筆者がインタビューをした元コアメンバーの一人であるマギーは、このような落差がUPIASにおいて常に課題とされていたことに触れながら、「しかし、明らかに彼ら（ポールを含めたコアメンバー）は他のメンバーよりも先を走っていました。だから、この少数の知的なメンバーたちによって、ユニオンが牽引されていたという事実は否定できないでしょう」と話してくれた（Davis Maggie, 21/10/2011）。

しかし、このような落差を認識していたからこそ、ポールらはなおさら、UPIASの運営において、可能な限りのメンバーたちの主体的参画による底辺民主主義を貫こうとしたのである。そうしなければ、「DIGの失敗」と同様に、一般のメンバーたちは主体意識の獲得どころか、ますますコアメンバーへの依存心を助長させてしまうことになるからだ。

ジュディは、C1の編集作業においてポールが、（彼の呼びかけに応え）UPIASへの加入を希望する障害者たちから送られてきた手紙を何度も丁寧に読み返しながら、これらの手紙の中から障害者たちに共有できる出来事や思考、思いをできるだけ多く引用しようと苦労していたことを思い出してくれた（Hunt Judy, 7/7/2011）。このような初期メンバーらによって培われた底辺民主主義の組織風土は、UPIASが解散するまで一貫して揺らぐことはなかった。

UPIASがその*PS*を公表したのは1974年12月3日だが、その後、1976年9月8日に改訂版が発行されている。例えばシェークスピアはこの改訂版が発行された1976年を英国の「ディスアビリティの政治」における*Year Zero*と位置づけている（Shakespeare, 2006a:1）。

1972年の9月にポールがガーディアン紙に記事を投稿してからこの*Year Zero*に至るまでに約4年の歳月が費やされているわけだが、その間、UPIAS内部では組織目的と方針に関する活発な議論が交わされていた。この議論は、C1においてポールが組織目的とその方針、組織運営などに関して自由な意見をメンバー全員に求めたところから始まっている。

われわれは「われわれの方針」を理解するよう努めなければならず、重要

なイシューについて、十分な議論がされないまま、「大きな声を出すメンバー」の意見だけが採用され、組織が誤った方向に進まないようにしなければならない（UPIAS, 1973b:7）。

　このような UPIAS における底辺民主主義の徹底は、旧来の大文字の社会運動が陥った少数エリート集団による組織支配と、それに伴う大衆メンバーの受動化という轍から逃れようとする「新しい社会運動」の一つの特徴的な志向でもあり、「下部《底辺》が常に組織と運動を統制すること」によって、社会運動が「下部《底辺》から遊離することを回避しようとする」（丸山、2004:203）意図に基づくものであったと言えるだろう。
　「DIG の失敗」において一般障害者メンバーらの受動化の典型を間近に見ていたポールらにとって、この底辺民主主義の徹底は UPIAS の基礎作りとその発展において不可欠な条件だった。そして、当時、作為あるいは不作為の隔離的政策によって、移動の自由を奪われ、物理的・空間的な集いの機会を阻害されていた UPIAS メンバーたちにおいて、その底辺民主主義的な組織運営の殆どは *IC* を通して展開されたという点に、他の「新しい社会運動」群には見られない特徴があったと言えるだろう。
　この *IC* を通した徹底した民主的討議は、殊に *IC* の初期の号において、例えば「メンバー間で現今のイシューを共有しよう」（UPIAS, 1973a:2）、「他のメンバーが何をしているのかを互いに知り合うことが重要だ」（UPIAS, 1973d:2）などの投稿記事に見られるように、何度も繰り返し確認されている。また、あるメンバーは、この郵送による討議は、メンバーが（直接的な対面的状況において）「互いに過剰に他のメンバーからの影響を受ける」ことを回避し、「互いに対等な立場で決定事項に参加できる」という意味においても有効な組織運営の方法だと述べている（前掲資料:6）。
　さらに、このような *IC* における意見表明だけではなく、組織運営への参加についても繰り返し呼びかけがなされている。まず、ポールはC1において、全メンバーに対して *IC* への投稿を呼びかけると同時に、タイピング、コピー作業、情報収集、その他の作業についての協力を求め、C3においては、リズが「毎

回異なったメンバーがユニオンの活動を直接体験する」ために、ICの編集作業の担当者を6カ月毎の交代制にすることを提案している（UPIAS, 1973c:6）。C4では、C1のポールの呼びかけに応えて何人かのメンバーが協力を申し出ているが、あるメンバーはC3でのリズの提案に対して、「私には経験がないから難しい」（UPIAS, 1973d:2）とその不安を吐露している。また、C5ではケンが、あるメンバーが印刷機の無償のリースを申し出てくれたことに感謝を述べるとともに、この大きな印刷機の置き場所の提供をメンバーたちに打診している（UPIAS, 1973e:1）。

さて、このように、ポールらコアメンバーたちは底辺民主主義をいかに貫徹させるかという命題と常に向き合っていたわけだが、しかし、この命題は、結成初期のUPIASにおいて重要なもう一つの命題、すなわち、合理的かつ持続可能な組織運営の基盤をいかに構築するかという命題との間にコンフリクトを生み出すことになる。

このコンフリクトは、UPIASの合理的運営のためのリーダーや役職の割り振り、委員会組織の設置、組織メンバーの対面的な議論を可能にするためのブランチ（地方支部）や特定課題に係る部会の設置、対面的な会議の可能性とその運営に関する議論などを喚起してゆくことになる。以下、その議論を辿ってみよう。

まず、リーダーや役職をめぐる議論である。C1においてポールは「事務係や会計係など、選ばれた委員による小さな委員会は必要かも知れない」（UPIAS, 1973a:10）と述べながらも、しかし、「議長やその他の指導者は必要ではないと思う」と書き、この「私の意見」に同意するか否かをメンバーたちに問いかけている（前掲資料:7）。このように、ポール自身は会計やICの編集、新規加入希望者の承認手続きの作業などにおいて、組織内業務の役割分担の必要性を認めていたものの、リーダー的役割については否定的な意見をもっていた。それは、上述の身体障害者が他者依存から脱し、ディスアビリティに取り組む主体性を取り戻すという、UPIASの結成目的に根ざす考え方であったと言える。

また、この目的に向かうためには、ポール自身が、UPIASの結成を呼びかけ、主導的役割を担わざるを得なかった自らのそれまでの役割を問い直す必要

があった。C3においてポールは次のように述べる。

　私は今までユニオンの総務的役割を担い、組織運営をコーディネートしてきたが、私がこの役割を今後も担うべき必然的な理由はどこにもなく、むしろ、この役割を独占してはならない理由がある。ユニオンは「ポール・ハントのグループ」であることを直ちにやめるべきだと考えている（UPIAS, 1973c:9）。

　しかし、他方で、組織活動の実効性に鑑み、「ある種のリーダーシップの必要性」（UPIAS, 1973d:5）を説く声や、少なくとも組織初動期の一定期間において、「ユニオンのスポークスマンおよびコーディネーターとしてのリーダーが、暫定的にせよ、必要だ」（UPIAS, 1973c:2）という声も根強くあった。
　このようなリーダーを置くことの是非をめぐる議論とともに、組織運営の効率性・機動性を担保するための委員会設置をめぐる議論も同時に進められてゆく。C1の時点では、ポールはこの委員会の設置をめぐっても消極的であり、「排他的な委員会システムを回避したいのだが、皆さんはどう考えるだろうか」とメンバーたちに問いかけている（UPIAS, 1973a:1）。例えば、C7においてあるメンバーは、「暫定委員会を設置して*PS*を1年かけて議論し、その叩き台を作成してはどうだろうか」（UPIAS, 1973d:10）というC4におけるヴィックの提案に対して、そのような方式は「メンバー間の対等な関係を損なう」やり方であり、「組織の方向性について話し合う責任と権限を一部のメンバーのみに負わすべきではない」という反対意見を提示している（UPIAS, 1974a:2）。さらにこのメンバーは続けて、UPIASがディスアビリティと闘う「多くの頭をもつモンスター」のような組織であればいい、と述べている（前掲資料:3）。
　このように、委員会方式による組織運営に反対する声がある一方で、別のメンバーからは、「『組織内に限られた幹部による意志決定集団を作るべきではない』というあなた（ポール―筆者注）の意見は理解できるが」としながらも、現実的には組織において、誰かがリーダーとしての役割と責任、さらには日常的な組織の決定事項に関して責任を担う必要があるのではないか、と反論して

いる（UPIAS, 1973d:5）。さらに、別のメンバーもまた、委員会の設置が必ずしも派閥による組織の占有にはつながらないのではないか、と述べている（前掲資料:9）。これらと同様の意見は、その後のICにおいても、数人のメンバーから寄せられている。

　実際に、ユニオン結成時から何人かのコアメンバーが自発的に組織運営に係る幾つかの役割を担っていたようだ。例えばC3においてはポール自身が、ユニオンの資産が僅か11ポンドしかないことを報告しながら、レ・コートの入所者自治会（PWC）で会計担当理事をしていたBさんがUPIASの会計係を自発的に担ってくれていることをメンバーたちに紹介している（UPIAS, 1973e:5）。

　C5において、暫定委員会の結成を提案したヴィックは、さらに、この暫定委員会のメンバーを以下のように推薦している。

> 私はこの暫定委員会のメンバーとして、ポール・ハントをユニオンのコーディネーター兼ICの編集長として、ケン・デイビスをICの編集者として、Bさんを会計担当者として、そして、Cさんを総務担当者として推薦したい（UPIAS, 1973e:5）。

　このヴィックの提案に基づくPSの叩き台作成を目的とした暫定委員会の設置案については、C5において全メンバーに郵送による採決が呼びかけられた。C6で発表されたその採決結果を見ると、暫定委員会の設置に完全に賛成するメンバーは13名、条件付きの賛成が2名、反対が1名という結果になっている（UPIAS, 1973 or 1974:1）。そして、C8において、1974年5月18日にハンプシャーのレ・コートにおいて第1回暫定委員会が開催されたことがポールによって報告された（UPIAS, 1974b:1）。

　また、このような組織運営に係る委員会の設置とは別に、C1においてポールから、ブランチ設置の是非をめぐる問いがメンバーたちに提起され（UPIAS, 1973a:1）、さらにC3においては、あるメンバーからディスアビリティに関する個別イシューを集中的に学習・検討する特定課題部会の設置が提案されている（UPIAS, 1973c:2）。

このブランチの設置案についても賛否は分かれ、C2 ではポールが、メンバーの多くが移動困難を抱えていること、ゆえに一堂に会した会議を開催することの難しさを認めつつも、「多くのメンバーがブランチの設置に反対している」と述べている（UPIAS, 1973b:4）。しかし、他方でその後の IC において「ブランチを作ることで地域レベルにおいてメンバー間の生き生きとした議論が生まれるのではないか」（UPIAS, 1973d:9）、「ブランチの設置は組織運営においてとても有効だと思う」（同上）、「身体障害者であるわれわれは全国に散住している。ブランチの結成は多くのメンバーがより積極的に活動に参加するための良いアイデアだ」（UPIAS, 1974b:9）などの肯定的意見も散見される。結局、ブランチの設置案も郵送決議によって了承され（UPIAS, 1973 or 1974:3）、その後、マンチェスター、ロンドン、ダービーなどの各地に支部がつくられることになった。
　このように、既存の障害者団体における植民地化への批判を内包しつつ進められた UPIAS の形態的構造化において、常に少数のエリートによる支配や代行主義を警戒しつつも、その議論の過程において、必ずしもリーダーや組織運営にあたる役員、委員会などの存在自体が問題なのではなく、特定の役職や個人による決定権限の占有が問題なのだ、という認識が共有されてゆくことになる。この共通認識を基に、役職や委員会の設置による効果的・効率的な組織運営と同時に、底辺民主主義と当事者性を貫徹するためのシステムが同時に求められてゆくことになるのだが、この過程において提案されたのが、「互いの顔が見える」最初の会議を早急に開催することであった。
　C1 でポールは既に、「もし、ロンドンで会議をもつとしたら、皆さんは出席できるだろうか」とメンバーたちに問いかけ（UPIAS, 1973a:1）、C2 で殆どのメンバーが年に 1 回程度であれば、ロンドンに集まることは可能だと回答してくれた、と報告している（UPIAS, 1973b:1）。このメンバーからの回答を受けてポールは、さらに C4 において、組織の目的や基本方針に関して同意を得るために、「来年中には会議をもつべきだろう」と述べ、幾人かのメンバーは「郵便や電話、録音テープ以外の方法での会議参加が難しい」かもしれないが、大多数のメンバーは「ロンドンに集まることができるようだ」と記し（UPIAS, 1973d:1）、会議場の手配についての協力をロンドン居住のメンバーたちに呼び

かけている。なお、この同じC4では、あるメンバーからそれまでの*IC*の記事とUPIASが採ろうとしている方向性に対する若干の違和感の表明とともに（その違和感の根拠は明らかにされていない）、「われわれは互いの考えをもっと知り合うために、何回かの会議をもってからスタートすべきではないか」と、やはり対面的な会議の開催が求められている（前掲資料:2）。

C6では、別のメンバーより、自らが所属する障害者組織、「痙攣性麻痺協会（Spastics Society: SS）」が所有する建物を会議場として貸与したいという申し出があったことが紹介され、今後、そのメンバーとともに、会議に参加するメンバーたちの宿泊・食事・費用などについて協議する予定であることがポールから報告されている（UPIAS, 1973 or 1974:1）。因みにこのSSは、その後、UPIASが当事者組織である自らを、既存の障害者組織と差異化するために対置することになるチャリティ団体の一つであり[5]、ここから、当時のUPIASのメンバー構成の多様性と、この結成初期における組織内議論の錯綜と混乱を推し量ることができるだろう。

最後に、*IC*から確認できる組織の形態的構造化に係る要件として、会員数と会費についても少し触れておこう。

*IC*において結成後の会員数が最初に報告されたのは、C5においてであるが、そこでは現時点での会員数が39名であると報告され（UPIAS, 1973e:1）、さらにその次号のC6ではメンバーが4人増え、43名と報告されいている（UPIAS, 1973 or 1974:1）。しかし、UPIASにおける会員の出入りは激しく、会員数はその後も常に変動し続けることになる。

会費については、ポールがC1において、「われわれの多くが貧しい」という現実を踏まえながらも、定期的に*IC*を発行し続けるためには一定の財源が必要であることに触れ、メンバーたちに対して、「幾らなら会費として捻出できそうか」と問いかけている。さらにポールは続けて、具体的に、初年度の会費として「25ペンスずつ集めることは可能だろうか」と尋ねている（UPIAS, 1973a:1）。C2でポールはこの問いへの応答を整理しつつ、最初の年会費として25ペンスに賛同する人が多かったこと、また、1人は1ポンド、幾人かのメンバーは50ペンスが適当だと答えていたこと、などを報告している（UPIAS,

1973b:1）。

5　チャリティ団体からの距離化と差異化

　組織の形態的構造化における、既存のチャリティ団体からの距離化・差異化に関しては、既に C1 においてポールによって「われわれの組織はチャリティ団体としての登録はしないこと」、また、「公的な資金援助や補助金を求めないこと」（UPIAS, 1973a:2）が提案されていた。しかし、C2 ではこのポールの提案に対して、何人かのメンバーから異論が提出される。その異論は主として UPIAS の活動財源の確保を理由としたものである。あるメンバーは、もし、UPIAS が価値ある活動を展開し、その発展を求めるのであれば、1 人 25 ペンスの年会費だけで運営することは到底不可能であり、ゆえにチャリティ団体として登録し、寄付によって運営すべきではないか（UPIAS, 1973b:4）と提案する。

　これに対し、ポールは UPIAS の自立性を固守するためにも、組織が、1）チャリティ団体としての登録をしない、2）公共の募金を求めない、3）特定の団体や個人からの後援を受けない、4）UPIAS メンバーとしての個人的活動をしない、5）メンバーは他の団体の代表としての地位を得ない、などの点をあらためて提案している（前掲資料:7）。

　その後、C7 や C8 において複数のメンバーから、ユニオンの財政事情を考えると、チャリティ団体としての登録が有益ではないかという提案が再度提出されているが（UPIAS, 1974a:7, 1974b:8）、他方で C8 ではあるメンバーから、チャリティ団体としての登録によって、法律が定める規則に従う義務が生じ、それが UPIAS の活動を縛ることになるのではないかという危惧も表明され（UPIAS, 1974b:5）、また、同じく C10 においても、チャリティ団体への登録に反対する意見が複数寄せられている（UPIAS, 1974d:5）。

　C8 ではさらに、個人や他団体からの寄付や後援については、UPIAS の目的や方針を理解してくれる個人・団体からのものに限って受け入れてもよいのではないかという意見や、自主的な寄付については、「ユニオンの活動に余計な口をはさまない」ことを条件に受け取ってもよいのではないか、などの意見も

見られた (UPIAS, 1974b:8)。

　ポールもこの議論の過程において、個人・団体からの寄付・後援については若干意見を修正し、C11において「公的な資金援助を積極的に求めるべきではない」が、但し、自主的な寄付については、「ユニオンの活動に余計な口をはさまないこと」を条件として受け取っても良いと思う、と述べている（UPIAS, 1974e:1）。

　さらに、C11でポールは、あるリハビリテーション関連雑誌の編集者からUPIASに寄せられた手紙の中に、UPIASがあたかもSSの下部組織であるかのような表現があったことを伝えている。上述の通り（注5を参照）、SSは当時、脳性麻痺者のために活発な活動を展開していたチャリティ団体である。ポールは「誤解しないでもらいたい。われわれはSSの下部組織などではない。われわれは完全に自立した組織なのだ」と怒りを交えながらその編集者に返信した、とメンバーたちに告げている(同上)。このSSとの関係については、後年、ヴィックも言及している。彼は2001年7月にリーズ大学障害学センターにおいて開催された「ディスアビリティの政治に向けた私の取り組み」と題する講演の中で、結成間もない時期のUPIASが、いかに既存のチャリティ団体からの距離化・差異化を図ろうとしていたかということについて、このSSとの関係を例に挙げながら次のように振り返っている。

　　当時、ユニオンはSSのような「障害者のための（for disabled people）」組織と、われわれユニオンに代表される「障害者自身による（of disabled people）」組織を明確に区別しようとしていました。「障害者のための」組織によるアプローチにはディスアビリティの本質や、われわれが直面している抑圧の本質を批判的に捉えようとする姿勢が全く見られなかったからです（Finkelstein, 2/7/2001）。

　しかし、UPIASはこのようにSSなど、「障害者のために」を掲げて活動するチャリティ団体を一方的に拒絶していたわけではない。彼らは既存のチャリティ団体との対話も求めていた。

第4章　組織形態の構造化　**121**

われわれは既存の、たとえば SS などの組織と話し合おうと何度も試み、合同会議をもとうとしたのですが、彼らはわれわれを過激論者と断じ、それに応じようとはしませんでした。（同上）

　障害者問題を障害者個々人の不運や不幸としてではなく、不正として再定義し、障害者たちの認知解放を求めていたコアメンバーらにとって、安定的な組織運営のための補助金確保と引き換えに、障害者たちの不運、不幸を個別的に慰撫し、救済しようとするチャリティ団体の一群に名を連ねることは、自らの組織目的そのものに抵触する違背行為に他ならなかった。ゆえにチャリティ団体からの距離化・差異化を図ることは、彼らにとって、単にその組織特性を内外に知らしめる表現行為としてではなく、自らの存在意義の根幹を確認する行為であったと言えるだろう。

6　小活

　結成初期の UPIAS は、未だ機能的な組織構造を構築し得ておらず、メンバー間においても組織活動上の明確な役割区分は存在していなかった。しかし、組織の結成を呼びかけたポールが C1 から C13 までの編集を担い、また C3 で述べられているように、あるメンバーが会計係を担うなど、曽良中が「流動的集団の段階にある首導グループ」における「各成員の個人的特質に即した萌芽的な役割分化」（曽良中、1996:105）と指摘したような、組織内役割の手分けがそこには見られる。もっともそれは未だ自然的なものであり、或いはまた「個人の人格に固着したもの」（同上）であって、社会的、機能的なものではなかった。
　運動組織は、このような未分化で自然的な手分けの段階から、徐々に、1）明文化された組織目的・方針、2）メンバーの正式な名簿の作成、及びメンバーとそれ以外の者とを明確に区分する規則、3）組織内的な役割区分（同上）などを形成しつつ、構造化されてゆくことになるのだが、曽良中によると、この組織の構造化の過程こそが「一組の共通の価値を抱いて相互に作用し合う諸

個人が集まり、この共通の価値を実現するために一つの組織集団を作ることに同意する」過程に他ならない（前掲書:106）。

　しかし、上に見たように、UPIASの組織構造化の過程には、リーダーやその他の役職、委員会の設置など、構造化そのものに対する抵抗とも言い得る議論も存在していた。既に確認したが、このような抵抗には幾つかの理由があった。その一つは、健常者である専門家や少数の障害者によるエリーティズムの弊害、すなわち一部エリートによる組織管理・運営が大衆メンバーから乖離してしまうことへの警戒（これをポールらは時に「DIGの失敗」という符丁で表現した）であった。もっともこれはひとりUPIASのみならず、先に指摘したように、当時の欧米において拡大しつつあった「新しい社会運動」の一つの特徴的な志向でもある。

　組織形態の構造化へのもう一つの抵抗理由は、ポールらコアメンバーが、UPIASの活動を通した身体障害者たちの気づきと集合的アイデンティティの形成を志向したからである。UPIAS初期のフレーミングにおいて、ポールらが非常に煩雑な手続きを繰り返しながらも、徹底した底辺民主主義に拘ったのは、このフレーミングをメンバー個々の経験に根差したディスアビリティをめぐる思想形成の過程として、そして同時に、個々のディスアビリティ経験の共有によって萌芽し醸成されてゆく集合的アイデンティティの形成過程として捉えたからに他ならない。

　個人と運動組織との関係をめぐる問題は、UPIASのみならず、すべての社会運動の生成・発展の過程に浮上する重要な問題であると言えるが、特に価値に焦点を置く「新しい社会運動」において、この問題は先鋭化する。ポールらコアメンバーたちがUPIASに求めたものは、単に組織活動のための集合的アイデンティティの共有ではない。そこには、UPIASの組織形成過程を通した「身体障害者としての主体形成」を求める志向があったのである。このような組織と組織メンバーの主体形成との関係は、那須の指摘の通り、弁証法的関係とも言えるものであり（那須、1991:172）、ポールらはUPIAS結成初期18カ月間における高濃度のコミュニケーションを通して、UPIASの形態的構造化とともに、メンバーたちの主体形成を求めたのだと言えるだろう。

しかし、このようにメンバーらの主体形成を底辺民主主義の遂行によって促しながらも、他方で現実的に、初期 UPIAS を組織としてまとめあげ、メンバーらをディスアビリティとの闘いへ向けて牽引してゆくためには、強いリーダーシップが不可欠であったことは言うまでもない。例えば那須は、特に小規模の運動組織においては、リーダーシップの指向性が、他の組織特性を説明する重要な独立変数であると述べているが（前掲書:162）、初期 UPIAS においてもそれは例外ではない。ポールは参加主義・底辺民主主義の徹底を呼びかけながらも、かつてスメルサーが指摘したリーダーシップの二つの機能、すなわち、「信念の表出」と「行為への動員」という機能（Smelser, 1963=1974:399）を発揮せざるを得なかったのである。

　このような UPIAS における組織としての形態的構造化のプロセスは、それ自体、一つのメッセージの発信であったと見ることもできるだろう。すなわち、彼らは、UPIAS の形態的な構造化の作業を通して、組織内外に向けて、「われわれ」が誰であるか、そして、この「われわれ」が果たすべき役割とは何であり、「われわれ」はそれをどのような手順で進めてゆくのか、さらに「われわれ」はどのような他者を仲間として認め、誰を敵手とするのか、というメッセージを発信し続けたのである。

　最後に付言すれば、社会運動組織は、とりわけ動きのある組織である（那須、1991:168）。それは組織を取り巻く政治的状況の変化や、リーダーの交代などの変数に影響を受けつつ、組織の目標や指向、組織形態を転換してゆくものである。したがって、次章以下においては、UPIAS の活動経過とともに、このような組織形態の変容過程についても注意を払ってゆきたい。

第5章　結成初期フレーミングの検証

　社会運動が「既存の社会秩序の何らかの側面を部分的または全体的に変革しようとする」(那須、1990:149) という企図において協働・統括された集合体である以上、それは常に所与の社会秩序によって支配される自明の領域から踏み出そうとするものだろう。したがって、社会運動組織において、この「踏み出す」ことの正当性を組織目標として表象することは、単に動員という運動の実利的行為にとどまるものではなく、それはまさにその存在理由を開示する行為に他ならない。ゆえにどのような社会運動組織であれ、常に何らかの定式化された目標をもつものだが、その目標は組織内外の異質な要求の調停・妥協・統合によって構築され続けるものである (塩原、1976:30)。社会運動がこのように企図的集合体である以上、その組織には何がしかの共通する動機に突き動かされた人々 (組織の正会員・準会員・賛助会員、或いはその組織に関心をもつ潜在的メンバー) が結集していく。しかし、言うまでもないが、ある企図に基づく動機を共有しうるということは、直ちに予定調和的な共闘を約束するものではない。特に、組織の存在理由そのものに直接的に関わる組織目標は、その組織への参与者・関与者にとって常に論争的なイシューであり続ける。その意味において、組織目標は組織内外の討議によって彫琢され続ける「力動的な変数」(同上) であり、殊にそれは、社会運動の組織化過程における重要な変数として把捉されるべきものである。

　例えば、塩原は社会運動の組織化における二つの構造化プロセスとして、利益の構造化と象徴の構造化を挙げているが、後者の構造化が組織目標の彫琢を意味するものである。象徴の構造化とは、すなわち「秩序シンボルや秩序様式の形成過程」であり、それはより具体的には「組織目標の定義と正当化、支配イデオロギーの正統化、総じて価値・規範、規律、意思決定基準の形式化」(前掲書:9) を意味する。

したがって、社会運動の組織化過程の分析においては、その組織目標の彫琢過程を枢要な変数として捉えつつ、それを組織内外の参与者・関与者たちによるコミュニケーション過程として、彼らの置かれた具体的状況に即しつつ、解析してゆく必要があるだろう。

　このように、ある社会運動の組織化過程の検証において、その組織目標に係る組織内外の議論をその初動期から刻々と解析してゆくことは、その組織化過程を捉えるためには必須の作業であると言えるが、しかし、それだけでは不十分である。なぜなら、確かに組織目標は「われわれは何を問題とし、なぜそれと闘うのか」という、いわばその組織の存在理由を明示するという点において、組織化過程の重要な変数ではあるが、組織化過程における意味形成を捉えるためには、このような明示された組織目標だけではなく、運動組織内外における不断のコミュニケーションを通して生成・交換され、その組織に特徴的な風土や文化、象徴や記号、集合的アイデンティティなどの形成をもたらす、あらゆる「意味」の動的過程を包括的に捉える必要があるからだ。

　本章では、UPIAS 初期におけるこのような意味形成の動的過程を、先行の社会運動研究におけるフレーム分析の知見に依拠しつつ検証してゆきたいと思う。

1　フレーミング機能とは

　社会運動やそのアクターである運動組織における意味形成を包括的に捉えようとする研究には、スペクターとキッセ（Spector and Kitsuse）に代表される定義主義学派によるクレイム・メイキングに焦点を当てた構築主義的研究がよく知られている（Spector and Kitsuse, 1977=1990）。また、それ以前にも運動イデオロギーの構築とその機能に関する先行研究としては、ヘバーレ（Heberle, 1949）やオバーシャル（Oberschall, 1979）の研究もあり（曽良中、1996:129-130）、その他にも、アジテーションの概念とその効果を解明しようとしたブルーマーの研究（Blumer, 1969）や、運動参加者による状況解釈に焦点を当てたエスノメソドロジーによる「ワークの研究」（濱西、2006:67）、さらには、1990 年代以

降、急速に普及し、社会運動研究の認知的な議論がここに収斂したとも評価されているフレーム分析（西城戸、2008:49）がある。

いわゆる構築主義の視座に立ち、社会運動におけるクレイム申立活動を研究主題とする社会運動研究は、社会問題を何らかの「想定された状態」に関する不満や要求を主張する個人やグループの活動を通したレトリカルな構築物（足立、1994:108）として捉え、ある社会運動が、どのような現象を問題として同定し、その問題をどのような概念として定義づけ、さらに、誰に対して、どのような方法でその概念化した問題を提示するのかという点に焦点を当ててきた。その知見によると、社会運動が「問題を定義すること」とは、「問題に名前を与えること」であり、それは幾つかの争点を関連あるものとして布置し、他の争点をその領域の外に押しやることによって、その現象をめぐるトピックの境界や領域を確立することである。このことを通して、社会運動はその現象を社会問題として構築し、人々の耳目をそこに集め、その社会問題への対応についての適切な道筋を示しながら、人々がそれをどのように解釈すればよいのかを導いてゆくのである（大畑、2009:15）。

集合行動論を体系化し、シンボリック相互作用論のパースペクティブを構築したブルーマーもまた、集合行動におけるアジテーションの機能に着目し、その機能を「人々を自らの習慣的な思考の様式や信念の様式から解き放ち、彼らの内部に新たな衝動や願望を呼び起こそうとするもの」（Blumer, 1969:104）と捉えている。そして、集合行動における扇動者が、このアジテーションを通して、自らの不利益に気づいていない人々に、〈気づき〉をもたらし、その不利益への怒りの感情、すなわち、覚醒した感情に、形と方向性を与え、それを生産的で批判的な企てへと水路づけてゆくことを明らかにしている（同上）。

このような構築主義的研究や集合行動論者が探求してきたような、社会運動における「状況の定義」や「一般化された信念」（Smelser, 1963=1974:17-21）の構築をめぐる問題を、さらに洗練された手法で社会運動研究に取り入れてきたのが、フレーム分析の研究者たちである。

曽良中によると、この社会運動のフレーム研究は、伝統的社会運動論に続いて台頭した米国の資源動員論（resource mobilization theory）の接近法も、また、

ヨーロッパで台頭した「新しい社会運動」論（new social movement theory）も、ともに社会運動におけるイデオロギー的諸要因（価値、信念、意味など）と運動参加者との関係を体系的に追究していない、という問題意識から生まれてきたという（曽良中、2004:242）。

社会運動研究における中範囲理論としての資源動員論は、どのように運動が展開するのかという、いわば運動の How の側面、具体的には運動組織がその目標とする変革を達成するために、いかにして人々を動員し、どのような組織構造をつくり、いかなる運動戦略を用いつつ、どのような敵手と闘うのか、という点にその理論的関心を集中させてきた。確かに、そこでは支持者の動員のためのツールとして、社会運動組織のフレームが取りあげられることもあったが、How への焦点化により、運動組織が構築するフレームの認知的・文化的側面への関心は希薄であったと言える。

また、社会運動がなぜ生起するのか、すなわち、社会運動の Why の問いに答えようとしてきた「新しい社会運動」論においても、例えばメルッチに代表される集合的アイデンティティという概念を軸に社会的行為者の主体的な意味づけの内容や意味形成の過程に焦点を当ててきた議論などにみるように、社会運動における価値的諸観念が焦点化されてきたが（西城戸、2008:42）、そこでは、社会運動がそれ自体、観念的要因を創り出したり、創り変えたりする「意味づけ」であることが見落とされてきた（曽良中、2004:242）。

では、フレーム・アナリストたちは、社会運動のフレームをどのように概念化し、社会運動から何を見出そうとしてきたのだろうか。このフレームという概念を社会運動分析のためにゴッフマン（Erving Goffman）の研究から最初に援用したのは、ギャムソン（William Gamson）らであるが、彼らはフレームを「個人にその生活空間や全体社会の中で起こった出来事を位置づけ、知覚し、識別し、ラベルづけをすることを可能ならしめる解釈図式」と定義づけ（同上）、社会運動において繰り返されるさまざまな言説様式は、人々が自らの置かれている状況を「不正である」と集合的に定義したフレーム（ギャムソンらはこれを『不正フレーム』と呼んだ）に基づいて構築されてゆくことを明らかにした（Gamson, 1992b:68-73）。

それまで自らの置かれてきた状況を不運としてしか認識できず、その状況に対して盲従的であった人々を社会運動という集合行為に動員し、その集合行為を正当化しつつ遂行してゆくためには、「われわれ」の置かれている状況を不正な状況であると意味づけ直し、その不正に対する人々の怒りや不満を喚起し、不正の産出者である敵手を名付け、さらに時には他の不正な状況に置かれた人々とも連帯しつつ、より大きな抵抗のうねりを創出してゆくための解釈図式が必要である。フレーム・アナリストたちは、このような解釈図式を社会運動におけるフレームとして概念化したのである。したがって、社会運動におけるフレーム形成、すなわちフレーミングという作業はそれ自体、運動組織において「人々の経験を組織し、行為を導く」機能を発揮すると言えるが、ここでは、それをさらに次の五つの機能に分けて整理しておこう。

　まず一つ目の機能は「認知転換の機能」である。フレーミングは人々の不平や不満を正当化し、その不平や不満の標的、すなわち敵手を定め、不平・不満をより広く共鳴的な要求へと高めつつ、それを社会化・政治化してゆく機能をもつ。これはウィルソンが「診断的フレーミング」と名づけた機能であり、「社会生活のある出来事或いは局面を、問題があり、改変する必要のあるものとして指し示すこと」（曽良中、2004:242）、すなわち、「何が悪いか」（＝敵手）を特定する機能であると言えるだろう。

　このフレーミングの機能は、同じ敵手によって苦難を強いられてきた人々の認知解放（McAdam, 1982:48-51）をもたらし、この認知解放によって、人々はそれまでの自縄自縛的な不運の解釈図式から脱し、自らの苦難を変更可能なものとして捉えることができるのである。換言すればそれは個人の責任からより広いシステムの欠陥に自らの苦しみの原因を見出そうとする、いわば「帰属の転換」を促す機能であると言えるだろう。そこでは「われわれ」に困難をもたらし続ける真の敵手が可視化されるだけではなく、それらがいかに善意や正義、同情や憐憫の衣を被り、「われわれ」の生を支配し続けているのか、また、それらがいかに科学的正当性を装いながら、「われわれ」の主体を剥奪し続けているのかが明確な論理で描かれるとともに、その不当性、理不尽さ、残酷さ、狡猾さが暴露されてゆくことになる。

また、この認知転換は、運動組織のリーダー個人の思想やアイデアが組織メンバーに波及し、やがて組織のフレームとして定着する、というような一方向的な流れで形成されてゆくものではなく、組織内外の絶え間ない議論や交渉を通して、構築され共有されてゆくものであると言えるだろう。したがって、フレーム分析においては、この意味の構築・共有に係るコミュニケーション過程を丁寧に捉えてゆく必要がある。

　しかし、フレーミングとはこのような認知的次元において発揮される機能だけをもつものではない。かつてヴェル・テイラーが指摘したように、社会運動を他の組織や制度と区別するのは「熱い感情の存在」（Tarrow, 1998=2006:194）に他ならないが、社会運動において新たな認知の獲得を集合行為へと転換してゆくためには、人々の感情的な次元に働きかけ、それを水路づける必要がある。これがフレーミングの二つ目の機能、すなわち、「感情の水路づけ機能」である。フレーミングは冷静で客観的な、いわば乾いた論理による認知的枠組だけを人々にもたらすわけではなく、人々の不満や怒り、憎しみを意図的に喚起・再燃・活性化させるとともに、さらにそれらの感情を正しい方向へと水路づけてゆく。運動において重要な点は、このように水路づけられた感情が、組織活動や動員において必要とされるエネルギーの主要な源泉になるということである（前掲書 :233）。

　このようにメンバーや潜在的メンバーの感情を水路づけるために、社会運動組織はそのフレーミングにおいて、焦点化されるべき現象を表す際に、単純化、コード化、潤色、選択的強調などの表現手法を用いながら、人々の「感情的なプール」（Crossley, 2002=2009:230）へ働きかけるのである。

　フレーミングの三つ目の機能として挙げられるのは「動員の機能」である。ある社会運動（組織）が存続し、その目的の実現に向かえるか否かは、その運動の傘の下に、どれだけ多くの人々を動員していけるか、ということにかかっている。例えばスノウらの「フレーム架橋（frame bridging）」（Snow, et al., 1986:468-469）という概念は、個人と社会運動組織の思考／志向をつなげ、個人の価値や信念、怒りや衝動などと、社会運動（組織）の目標や方針、イデオロギーなどを合致させ、両者の相補的関係の形成を促すことを意味するが、この

ような「フレーム架橋」による「動員の機能」がフレーミングの過程において発揮されるのである。

　フレーミングの四つ目の機能は「活動維持と方向付けの機能」である。上述のように、フレーミングにおける認知解放は世界に対する新たな解釈図式をもたらすが、この解釈図式の形成過程において、運動組織の目的や活動方針もまた彫琢されてゆくことになる。そして、この新たな解釈図式としてのフレームは、運動組織の目的や活動方針の正しさを論理的に根拠づけながら、自らの活動を方向づけ、それを維持してゆく機能を発揮するのである。この意味において、フレーミングとは「活動を方向づける信念と意味のセット」（Benford and Snow, 2000:614）の形成過程であると言うことができる。また、スノウらの言葉を借りれば、これは「悪、不正、不道徳と診断された問題状況に対する解決策――戦略や戦術を含む――を提示」し、「何がなされるべきか」を明らかにする「予後的（prognostic）フレーミング」であるとも言えよう（Snow and Benford, 1988:201）。

　トゥレーヌが指摘したように、社会運動はその定義からして「歴史変化のエージェント」（Touraine, 1978=1983:138）である。ゆえにそれは単に防衛的な集合行為にとどまらず、同時に未来を準備するものである。したがって、運動組織は問題状況をいかに捉えるかという問題認識の次元におけるフレーミングにとどまらず、さらに、その問題状況への集合的な対処方法を明示し、方向づける戦略図面や、その集合的対処がもたらすであろう創造的な未来予想図をメンバーや潜在的メンバーらに提示してゆく必要がある。このようなフレーミングの機能が「活動維持と方向づけの機能」なのである。

　フレーミングの最後の機能は「集合的アイデンティティの形成機能」である。既述のように、フレーミングによる認知解放は、「われわれ」の不幸の原因を「われわれ」自身の属性や宿命から、「われわれ」に対する不正へとシフトさせる。そこでは、その不正を創出し、それを操る「やつら」（＝敵手）が、時に象徴的に、また時には具体的な呼称によって表現されてゆく。と同時に、この「やつら」による不正を被り、その被害体験を共有する「われわれ」、そして、今やこの不正に気づき、それに共に立ち向かわんとする「われわれ」の集合的なアイデ

ンティティがそこに形成されてゆくのである。

　先行のフレーム分析の知見では、社会運動（組織）におけるフレームがメンバーや潜在的メンバーたちのフレームと共鳴するための条件として、経験的信憑性や体験的通約性などを挙げているが（西城戸、2008:48）、UPIASにおけるフレーミングが常に「われわれの経験」（すなわち、身体障害者としてのディスアビリティ経験）へ立ち戻るために、彼らがこの経験を共有する身体障害者のみに正会員としての資格を付与したことの意図は、ここにあったのだと言えるだろう。

　さて、このような五つの機能を発揮しつつ展開するフレーミングは、言うまでもなく、ある運動組織の中で自己完結的に進められる作業ではない。社会運動におけるフレーミングは常により大きな文化的コンテクストを背景にしている。例えば、ギャムソンはこのような個々の社会運動に影響を与える文化的コンテクストとして、争点文化（issue culture）の存在を指摘する（Gamson, 1988:221）。彼によると、争点文化とは「紛争に関連する意味構築過程で用いられる一連の理念やシンボル」を意味しており、このような一連の理念やシンボルは、さらに、それぞれの時代において〈抵抗〉の思潮を生み出す、より大きな（トランスナショナルな）文化的コンテクストをその土壌としている（同上）。

　フレーム分析では、このギャムソンが言う争点文化よりも、さらに個々の社会運動のフレーミングやレトリカル・ワークに直接的な影響を及ぼす原型的なフレームをマスターフレームという概念で表している。UPIASが結成された時期における欧米のマスターフレームとは、米国の公民権運動に代表される反差別や反管理、権利をめぐるそれであろう。この原型的な「革命の衣装」とも言えるマスターフレームは「集合行為の汎用的な形式」として、他の運動にとっても着用可能なものとなるのである（Tarrow, 1998=2006:206）。

　本章では、ポールが結成を呼びかけ、それに呼応した人々が相互につながり、この自らの新しい組織の名称や目的、方針などを明文化してゆく、結成初期18カ月間にわたる徹底的な民主的討議に焦点を当て、上述したフレーミングの諸機能の観点から検討を加えてゆきたい。具体的には、UPIAS初期におけるフレーミングにおいて論点となったディスアビリティ・フィールドにおける

専門家覇権への抵抗や、抑圧という概念を核とした「障害の理論」の構築、そして、隔離の象徴としての施設問題、組織名称や組織目的・方針、などに関する議論である。

2　結成初期フレーミングの概要

　UPIAS 結成初期のフレーミングは主にその組織目的と方針の成文化に向かう議論として展開されたものだが、そこでは相互連関的な幾つかのテーマが同時に扱われている。まずはその議論の大まかな流れを確認しよう。

　C1 の記事はすべてポールが執筆しているが、そこで彼は次の七つの問いをメンバーに投げかけている。すなわち、1）われわれはどのようなイシューに優先的に取り組むべきか、2）われわれの努力をどのような側面に傾注すべきか、3）われわれは権利綱領のようなものを策定すべきか、4）メンバーは会議のためにロンドンに集まることができるだろうか、5）年会費の額は幾らに設定すべきか、6）多くの潜在的メンバーからの支援要請に対して、どのように応えることができるか、7）われわれは運営委員会のような代表組織を設置すべきか、また、ブランチを設置すべきか、という問いである（UPIAS, 1973a:3）。

　次の C2 では、このポールの問いかけに対する数人のメンバーからの応答が紹介されるとともに、「UPIAS の基本的なアウトライン」と題して、ポール自身による組織目的・方針に関する以下の五つの提案が掲載されている。

1）　われわれはすべての長期入所型施設に反対する。そして、施設に代わる「もう一つの」住居設備の発展を促していく。
2）　隔離的な教育・労働の場、或いはデイセンター、レジャーや交通設備などに対しても反対するとともに、孤立と隔離に起因する障害者の失業、低賃金、不適切な所得保障のシステムの改善、および自立と移動に関する洗練された技術開発やインペアメントの治療・予防に係る公的財源の確保などに取り組んでゆく。

3) 現時点で、他のカテゴリーの障害者たち（知的障害者や精神障害者―筆者注）を包摂することは、おそらく組織活動に混乱をもたらすだろう。しかし、われわれはすべての抑圧された人々――その抑圧の解消に自ら取り組む人々――と協働していく。
4) メンバーは組織の方針を理解するよう努めなければならず、重要なイシューについて、十分な議論がされないまま、「大きな声を出す者」の意見のみが採用され、組織が誤った方向に進まないようにすべきである。そのために、われわれのメンバーは少なくとも郵便（＝ IC―筆者注）を通した討議に常に参加しうる積極的な者であるべきだ。
5) われわれは組織の自律性を堅守する。そのために、①慈善団体としての登録をしない、②公共の募金を求めることをしない、③団体や個人からの後援を受けない、④ UPIAS メンバーであることを標榜して個人的活動をしない、⑤他団体の代表者の地位につかない（UPIAS, 1973b: 6-7）。

続く C3 から C6 にかけては、これら C1・C2 におけるポールの問いかけや提案に関する意見が交わされ、さらに 1974 年 3・4 月発行と記された C7 では、これらの論点を整理する形で、再度、メンバーたちに 26 項目にわたる質問が提示される。その後、同年 5・6 月発行の C8 から 10 月発行の C11 にわたって、この 26 項目をめぐる議論が展開されることになるのだが、1974 年 10 月 18 日から 20 日までの 3 日間にわたって、ロンドンのフィッツロイ・スクエア地区の痙攣性麻痺協会（Spastics Society）のアセスメント・センターにおいて開催された最初の会議（以下、ロンドン会議）の 2 カ月ほど前に発行された C9 では、ポールの手による『UPIAS の目的と方針（*Aims and Policy Statement of The Union of the Physcially Impaired Against Segregation*）』草案及び『UPIAS の綱領（*Union of the Physcially Impaired Against Segregation Constitution*）』草案が同封され、ロンドン会議直前の 10 月 1 日を期日として、これらの草案に対するメンバーからの意見が再び求められている。そして、ロンドン会議ではこれらの草案が会議資料として再度配布され、会議はこの草案の逐条を検討する形で進められることになる。

ロンドン会議開催後、同年 10 月発行と記された C12 ではその会議録が掲載されているが、加えて、この会議に出席できなかったメンバーたちによる採決に係る郵送投票の結果が同年 12 月発行の C13 において報告され、ロンドン会議における議決と併せて、この郵送による議決をもとに、会議資料として配布された『UPIAS の目的と方針』草案と『UPIAS の綱領』草案が修正され、1974 年 12 月 3 日に『UPIAS の方針 (*Union of the Physcially Impaired Against Segregation: Policy Statement*)』(*PS*) として公表されるに至っている。

3 専門家覇権への抵抗

UPIAS の初期フレーミングにおいて、闘うべき敵手の一つの象徴となったのが、ディスアビリティ・フィールドに君臨する専門家たちであった。C2 においてポールは「私は専門家に言われるがままの生活を拒絶する」と書き (UPIAS, 1973b:1)、障害者たちは「もっと自分たちのリハビリテーションの過程に参加すべきだ」と主張した (前掲書:2)。また、C3 においてヴィックは、医師の傲慢さを指摘する。すなわち、医師たちはディスアビリティという社会的現象に関して、身体的インペアメントの診断と同じ方法で把捉できると考え、「身体障害者に対する抑圧という問題状況の解決作業に、自らも参加できると考えて」おり、身体障害者にとって「何が最善なのかを知っている」と思い込んでいるのだと述べ、そのことの傲慢さを批判している (UPIAS, 1973c:13)。さらに続けてヴィックは身体的インペアメントの事実と物理的ハンディキャップの事実の区別を主張しながら、あたかもこの両者を同一のものであるかのように取り扱う医師たちによって、「真の問題」から障害者たちが遠ざけられていることの問題性について言及している (同上)。

C4 では、専門家の中でも他を遥かに凌駕する絶大な権力によって、障害者たちの頭上に君臨し続けてきた医師たちへの批判がさらに激しさを増す。そこではまずケンが「障害者にとって最も良いこと」に関する決定過程において、実際にディスアビリティによって苦しめられている障害者たちの意見が求められることは「本当に稀である」ことを指摘する (UPIAS, 1973d:12)。また、ポー

ルは、前号でヴィックが「医師たちは身体的インペアメントについては知っている」と述べたことに疑問を呈し、実は医師たちは身体的なインペアメントについてさえよく知らないのだ、と主張する。すなわち、「私の経験」から言うと、「しばしば、医師たちはわれわれのインペアメントに関わる薬の処方、車いすの発注、手術の決定、訓練の提供などについて実際にはよく知らないことのほうが多い」（同上）のだと言う。さらに続けてポールは、そもそも身体的なインペアメントへのアプローチにおいて何が正しいのか、という判断そのものが政治性を帯びたものであることを指摘する。

　身体的なインペアメントに関わる医学的な臨床的問題において、何がわれわれにとって正しいのか、という問いは、少なくとも中立的、技術的、科学的な問いではない。そこには、リスクに関する判断と可能性の両側面、すなわち成功と失敗の可能性、また、医療資源などの利用に係るコストの問題、治療による個人的・社会的帰結などが含まれている。このような観点に立つと、「医学的」という言辞によって、医療専門家たちによって占有されてきたさまざまな決定事項に、障害者自身が参加することの必要性を、われわれは強く主張してゆかなければならないのだ（同上）。

　加えてポールは、「決定」後の結果を常に直接的に引き受けざるを得ない障害者たちの参加を欠いた上で形成されてきた専門家たちの知識や技術は、「われわれには全く必要ではないことも少なくない」（同上）と述べ、このような、時として障害者たちにとって不必要な知識や技術が、最も先鋭的な形で障害者たちを支配してきた場が施設であったことを指摘する。彼は、施設の運営委員会の多くは、医師や看護師、作業療法士や理学療法士など、医学的に訓練された一部の人たちによって占有され、そこで特定の規則や処遇方法、すなわち、就寝時間や電動車いす利用の許可・不許可、雨の日の外出の禁止など、施設内の諸々のことが決定されていることを指摘したうえで、このような抑圧に対して、（ポール自らがレ・コートで実践したように）「われわれは可能な限り強烈に抵抗すべきである」と述べる（同上）。

さらに C10 ではあるメンバーが「聖ジョージの家（St George's House）」という施設を例に挙げ、専門家による支配を次のように批判している。

　聖ジョージの家は 80 名の身体障害者と何人かの精神障害者が暮らしているが、そこは、多くの障害をもたない専門家たちによって構成されている委員会が運営している。彼らが常に身体障害者たちにとって「何がベストか」を決するのだ。しかし、彼らの誰が、身体障害者のことを知っているというのだ。彼らは身体障害者個々の経験など知る由もないはずだ（UPIAS, 1974d:7）。

このようなディスアビリティ・フィールドにおける専門家たちの覇権に対する抵抗は、医療関係者に対してのみ向けられたものではない。ポールは自らのDIG における体験を振り返りつつ、障害者組織の中の一部の障害者メンバーの「専門家」化もまた、運動組織の後退をもたらすものであると述べている。

　DIG の歴史において（中略）ごく少人数の障害をもつ専門家が組織のトップに立ち、状況の複雑さに精通していき、メンバーのための交渉を始める。彼らは政府の官僚や専門家たちと同じ言葉を用い、あらゆる情報へアクセスできるようになってゆく。しかし、他の大衆メンバーたちは置いてきぼりだ。大衆メンバーたちは専門家たちのもったいぶった冗長なフレーズやごちゃごちゃした議論によって混乱し、受身のままで、或いは退屈し、自らが問題を理解するには、それらは複雑すぎると考えるようになってしまう。そして、ますます組織内部の専門家たちとの隔絶が進行してゆくのだ（UPIAS, 1975b:16）。

専門家が依拠する医学的な認知枠組とのこのような対峙は、「障害の理論」を探求する初期 UPIAS において必然であり、不可避であったと言える。なぜなら、UPIAS のメンバーたちが、障害者問題を自らの問題として受肉し、それを再び自らの言葉で社会批判の言葉として紡ぎ出していくためには、既にこ

のディスアビリティ・フィールドにおいて圧倒的で支配的な言説を堅持し、それを再生産してゆく専門家たちの依拠する認知枠組への抵抗が不可欠であったからだ。すなわち、UPIAS が求めた障害者自身による障害者問題の定義権と発議権は、「専門家たちによる定義」の否定の上に成り立つ権利であったと言えるだろう。

このように障害者問題への対応方法に係る決定と執行において絶対的権威者として君臨し続けてきた専門家たちを自らの敵手として同定し、善意と熱意に満ちたこの敵手に対する強烈な抵抗と拒絶を表明することによって始動したUPIAS のフレーミングは、その初期段階において、フレーミングの二つの機能、すなわち、「認知転換の機能」と「感情の水路づけ機能」によって、メンバーと潜在的メンバーらの覚醒を促したのだと言える。

UPIAS が結成初期のフレーミングを経た後、その組織名称として採用した「隔離に反対する」という宣言は、専門家による障害者問題の定義の帰結としての隔離や無力化への抵抗の宣言であったと解すべきであろう。

例えばジュディは後に、当時の UPIAS における専門家覇権への抵抗と批判について、専門家たちの用いる医学的言説が、障害者処遇の専門分化を招来し、それが障害者の障害種別毎の隔離と連動していた、と述べている（Hunt Judy, 2001:2）。また、ヴィックも後年、ランカスター大学で開催されたシンポジウムにおいて、「（専門家たちは―筆者注）われわれが真に必要とする支援ではなく、彼ら自身のニーズに基づいたサービスを提供してきた。それが、障害者をして自らの生活を組み立てていくことを阻害してきたのだ」（Finkelstein, 2004:220）と述べている。

最後に誤解なきように付言すると、UPIAS は単純にすべての専門家を拒絶しようとしていたわけでは決してない。彼らが拒絶したのはあくまでも、ディスアビリティ・フィールドにおける専門家覇権であり、専門家の知識・技術そのものではなかった。例えば、筆者のインタビューの際にジュディは、「ポールは専門家をすべて拒絶したのではありません。ただ、彼は役立つ技術のある専門家と、自らの権力を行使しようとする専門家とを正確に見分けることができました」（Hunt Judy, 7/7/2011）と述べている。

4 「障害の理論」と「抑圧」の認識

「障害の理論」をめぐる議論とは、障害を「社会的抑圧が創出するディスアビリティである」と定義づけることの是非や、「抑圧の本質とは何か」をめぐって交わされた議論である。

ICにおいて、この「障害の理論」に係る議論の口火を切ったのはケンだった。ケンは「障害者への偏見と差別」と題する記事をC3に投稿するが、その中で彼は、障害者への偏見と差別を生み出す五つの要因として、1）差異に対する嫌悪、2）恐怖のイメージ、3）スケープゴーティング、4）ステレオタイプ、5）優越感、を取りあげ（UPIAS, 1973c:1）、このような人々の偏見に満ちた意識や態度を変えてゆくためには、1）認知的側面（ディスアビリティに関する人々の知識）、2）感情的側面（ディスアビリティに関する人々の感覚・感情）、3）行動的側面（ディスアビリティをめぐる人々の行動）への働きかけが必要であると主張した（前掲資料:8-9）。

ヴィックは同C3において、障害者問題の本質は個人的な問題でも医学的な問題でもなく、それは「社会的状況としてのディスアビリティ」の問題だと主張したうえで、障害者たちが簡単に陥り易い間違いとして、「ディスアビリティの問題を心理的側面で捉えてしまうことだ」と述べ、ケンの議論がやや心理的側面に傾斜しているのではないか、と警告を発している（前掲資料:13-14）。

このケンやヴィックの議論を起点として、ディスアビリティや抑圧をめぐる議論がC4以降、活性化してゆくことになるのだが、その一つの論点となったのは、障害者に対する抑圧を個々の感覚・感情の問題として見るのか、それとも社会的・歴史的事実として見るのか、という問いであった。

C4において、あるメンバーは「ユニオンは既に、われわれが抑圧されているという前提に立っているようだ」が、「私は日々、特別な抑圧など感じていない」（UPIAS, 1973d:3）と反論する。同様の意見は、C6やC8にも散見される。C6で別のメンバーは「抑圧」という言葉への違和感を表明し、この言葉は「他者に対する積極的な支配の欲望を含意している」ようだが、政府や他の

公的組織は「ただディスアビリティに関して無知なだけ」であり、障害者に対する支配欲をもっているわけではないのではないか、と述べる（UPIAS, 1973 or 1974:8）。そして続けて、このメンバーは「自分たち障害者」は時々、無視されたり、忘れられたり、良くない扱いを受けることもあるが、それは必ずしも「意図的な抑圧とは思えないのだ」と言う（同上）。また、別のメンバーもC8において、「私は未だかつて自分が抑圧されているなどと感じたことがない」が、おそらく「多くの障害者たちも私に同意するだろう」と述べている（UPIAS, 1974b:4）。

　この抑圧をめぐる議論は、さらにC10以降、ヴィックを中心にヒートアップしてゆく。ヴィックは、C10において自身が書いたC3の記事を再び引用しながら、「われわれの起点」としなければならない共通認識は、「われわれ障害者が社会によって抑圧されている」という事実なのだと強調する（UPIAS, 1974d:9）。そして、これはあくまでも「事実の問題」であって、個々の障害者の「感覚や意識の問題」では決してないことを指摘する（UPIAS, 1974e:9）。そのうえでヴィックは、「私は特に抑圧を感じていない」というメンバーたちの意見の多くが「自分の感覚」に基づいており、それに対して、「あなたの個人的な感覚ではなく、社会的な事実を見るべきだ」と主張する（UPIAS, 1974d:9）。

　そして、ヴィックはC8において「多くの障害者が私（の抑圧を感じていないという意見）に同意するだろう」と書いた1人のメンバーの言葉を取りあげ、彼女は「『内省の罠』に囚われている」と述べたうえで（UPIAS, 1974d:10）、隔離的施設で暮らさざるを得ないUPIASのメンバーたちの存在という「厳然たる事実」に言及し、さらに、そのような施設で暮らしている彼らがUPIASに加入していることで施設側からの報復を恐れているという事実にも触れ、これを「抑圧と言わずして何と言うのか」と問いかける（同上）。続けてヴィックは、そもそも施設の存在そのものが障害者に対する社会的抑圧の結果であり、社会が障害者に対して人的支援、経済的支援、補装具などを十分に供給しさえすれば、障害者たちは施設に入る必要などないのだ、と述べる（前掲資料:16）。そしてヴィックは社会的事実としての抑圧の他の具体例として、障害者の失業率の高さ、雇用における相対的な賃金の低さ、これらの結果としての貧困の広が

り、劣悪な住宅環境、社会的孤立、特殊学校や特別な施設への隔離、高等教育からの排除、などを例示する（前掲資料:10）。

このように、社会的事実を見よ、と繰り返し主張したうえでヴィックは、やや皮肉を交えながら、もし、障害者に対する抑圧が個々の感覚や意識の問題に還元できると言うのなら、その問題の解決方法は心理療法やカウンセリングという方法になるはずだと述べたうえで、インドのカースト制度を例に挙げ、「社会的事実としての抑圧」を直視することの必要性についてを次のように述べる。

　1950年、インドで制定された憲法は、アンタッチャブルというカーストが「消去しうる社会的現象」であることを明示した。この「アンタッチャブル」を「障害者」に置き換えると、われわれのゴールも明確に見えるはずだ（前掲資料:11）。

最後にヴィックは、彼自身が闘った南アフリカにおける黒人たちの被抑圧的状況についても言及し、黒人たちのリーダーであったネルソン・マンデラの「われわれは政治的に平等な権利を求めている。なぜなら、それがなければ、われわれに負わされているディスアビリティは永遠になくならないからだ」という言葉を取りあげている（同上）。

このようにヴィックは激しい筆調で、ユニオンのメンバーたちが「内省の罠」に陥り、組織活動の目的や原則が不鮮明になることに対して警告を発したのである。

実はこの抑圧をめぐる認識の転換と明確化については、C1が発行されたと推察できる1973年5月の数カ月前、ヴィックからポールへの私信（1973年2月付）において既に提起されていたものである。ヴィックはポールに宛てたこの手紙の中で、1）社会における抑圧の本質について明確化すること、2）身体障害者が社会生活を送る上でのすべてのディスアビリティを除去するための闘いに取り組むこと、3）身体障害者に対する社会のすべての抑圧的取り扱いを暴露し、それらと闘うこと、などをUPIASの組織目的に置くことを提案している（Finkelstein, 1973:3）。

さて、C11 では、C10 においてヴィックに「内省の罠に囚われている」と批判された女性メンバー（以下、A）からの反論が掲載されている。A は「（私を）内省の罠に囚われていると指摘したヴィック」に対して、「あなたは間違っている」（UPIAS, 1974e:7）という言葉で始めるのだが、その反論は抑圧の意味をめぐるものではなく、UPIAS が掲げようとしていた「すべての隔離的施策に対する反対」という方針に向けられている。A は「われわれ」の多様性に言及しつつ、もし、「われわれ」が「すべての障害者のインテグレーション」を要求したなら、「視野の狭い愚か者」であることを自分たち自身で証明するようなものだと述べる（同上）。なぜなら、障害者の中には自立や非－隔離（non-segregation）が脅威となる人々も存在するからであり、そのような障害者たちは彼らの仲間と共にいることを求めているのだ、と言う（前掲資料 :7-8）。この種の意見の表明は、A が初めてではなく、C6 において他のメンバーからも「コミュニティでの生活が難しい重度の障害者も存在するのではないか」という意見が提出されている（UPIAS, 1973 or 1974:9）。この「一部の障害者には施設のような保護的空間が必要だ」という意見への応答については、次節の施設問題をめぐる議論において再度取りあげよう。

　ロンドン会議の議事録が掲載された C12 においても、ヴィックはあるメンバーの抑圧という言葉への違和感の表明（「抑圧という言葉は感情的に過ぎる」という意見）を取りあげ、しかし、それは「単に事実を述べているに過ぎないのだ」と反論し、障害者がどのような状態に置かれているかを理解するためには、「われわれは障害者個々人の感覚」ではなく、「事実としての社会的状況」を見るべきなのだと再び繰り返している（UPIAS, 1974f:4）。

　このような C3 から C12 において展開された抑圧をめぐる激しい議論の過程においては、時折、「理論よりも行動を」という意見が提起されたり（UPIAS, 1974c:5, 1974d:6）、「障害の理論」は、哲学者に見せるためのものではないのだから、できるだけ平易な言葉を用いるべきだ、というような、徐々に込み入ってゆく議論に対する困惑や拒否感も表明されたが（UPIAS, 1974d:5）、リズが C10 で述べた「われわれがともに闘い、またそれが間違った方向に向かわないためにも、『障害の理論』は必要だ」（前掲資料 :4）という主張に同意する声が

大勢を占めていた。

1974年12月に公刊された*PS*では、この「抑圧」に関して次のようにまとめられている。

> UPIASは「被抑圧者の組織」である。われわれに対する抑圧が最も端的に表現されている場は隔離的施設、すなわち、この社会における「最終的な人間の廃棄場 (Ultimate Human Scrap-Heaps of this society)」である。そこには何千人もの身体障害者たちが「ただ身体障害をもつ」というだけの「罪」で終身刑に処せられており、殊に近年、この幽閉は長期間にわたる。ここに幽閉された大多数の者は、他の選択肢も出所の請願も認められず、さらに模範囚としての仮釈放さえも認められず、「自らの生そのものから逃亡する」(=死─筆者注)以外に、この幽閉状態からの脱出は望めないのだ (UPIAS, 1974h:2)。

ポールは18カ月間の議論を経て、*PS*の公表が終わった後、この初期フレーミングの総括とも言えるコメントをC15およびC16に寄せている。彼はその中で抑圧をめぐる「個人的感覚や経験」の議論（ポールはそれを『内省的主観的アプローチ (*inward-looking subjective approach*)』と呼んでいる）によってディスアビリティの普遍化を怠ることで、「われわれは常に弱さを抱え込むのだ」と述べ (UPIAS, 1975b:15)、ヴィックが主張したような「われわれを取り巻く社会を見る方法 (*outward-looking method*)」によってこそ、「われわれ」を個人的な感覚の軛（くびき）から解放させることができ、社会的事実としての抑圧の認識に向かわせるのだと述べている（同上）。

このような抑圧と「障害の理論」に係る議論は、第2章の「第二次大戦後から1970年代に係る〈障害〉をめぐる政治」において触れたように、ダグ・マッカダムが指摘した「帰属の誤り」(MacAdam, 1982:51)に関する認識、すなわち、自らの悲しみ・不幸・不満を自己にではなく、「社会的世界において変更可能な側面」に帰属させてゆく認知転換をメンバーたちにもたらすと同時に、UPIASの組織活動にメンバーたちを主体的に向かわせる契機となった

第5章 結成初期フレーミングの検証　143

と言える。なぜなら、このような「われわれ」に対する抑圧状況因の帰属に係る認知転換は、抑圧された集団に浸透している宿命論や不可避性の感覚、無力感から脱し、「社会を変革する集合的能力の感覚を取り戻すこと」(Crossley, 2002=2009:97) に他ならないからだ。ゆえにポールは、C15において「われわれ」は「もしかしたら、自分たちが悪いのかもしれない」というような認識の呪縛から自由になれない限り、効果的な闘いに向かうことができないのだと主張したのである (UPIAS, 1975b:14)。

ポールは、「障害の理論」は本質的に「活動のためのガイドライン」であるべきであり、さらに、「われわれ」はそれをUPIASの全メンバーたちの相互学習を通して、「社会変革のための道具」として発展させるべきなのだと主張する。

> メンバーの中にはユニオンの中の知識人にその作業 (『障害の理論』を練成・彫琢する作業―筆者注) を任せればいいと未だに考えている人もいるかもしれないが、私はそのような考えには全く同意しない。確かにメンバーの中の何人かは、体験の深さや知識の広さ、言葉の豊富さ、長期にわたる教育歴などにおいて、他のメンバーよりもいくつかの側面において有利ではあるだろう。しかし、われわれの活動に直接的に関わる「障害の理論」を発展させるためには、何人かのメンバーがそのための専門家になればいいという考え方ではダメだ。すべてのメンバーが互いに学びあうという協力的関係においてこそ、ユニオンとユニオンの理論は発展するのだ (前掲資料:16)。

後年、マイク・オリバーによって「障害の社会モデル」(Oliver, 1990) と名付けられることになるUPIASの「障害の理論」は、このような身体障害者への抑圧をめぐる議論を核として展開されたフレーミングにおいて練成されたものである。

この初期フレーミングは、メンバーらの身体障害者としてのさまざまな否定的経験を、社会的事実としての「抑圧の帰結としてのディスアビリティ」として概念化し、その政治性を暴露するとともに、メンバーに対して「内省の罠」

からの解放を促し、ディスアビリティによって不正を被ってきたメンバーらの正当な怒りを喚起したのである。そして、この抑圧を被る「われわれ」意識は、社会運動組織がその初期過程において不可欠とする組織的紐帯と集合的アイデンティティの形成基盤をもたらすことにもなったと言えるだろう。

この UPIAS 初期の「障害の理論」の構築へ向かうフレーミングでは、先述したフレーミングの五つの機能の連動性を確認することができる。すなわち、UPIAS の初期フレーミングは、上述の通り、「われわれ」に対する抑圧状況因の帰属に係る認知転換により（認知転換の機能）、「われわれ」の嘆きを不正に対する怒りへと変えつつ、その感情を明確な敵手の呈示により水路づけるとともに（感情の水路づけ機能）、その認知転換を基盤に組織目的とその活動の方向性を明示し（活動維持と方向づけの機能）、そして、「われわれ」の中に共通の不正により抑圧され続ける被抑圧者集団としての、また、その共通の不正と闘う共闘集団としての集合的アイデンティティを醸成しつつ（集合的アイデンティティの形成機能）、メンバーたちの組織活動への動員（動員機能）を促していったのである。

5　施設問題をめぐって

初期フレーミングにおいては、多様なイシューが UPIAS の取り組み課題として提起されたが、この時期、*IC* で最も誌面の割かれた議論が、「隔離への反対」を根本テーゼとする UPIAS において象徴的な敵手と位置づけられた施設をめぐる議論である。

C2 においてポールはメンバーから寄せられた投稿を整理しつつ、1 人のメンバーを除いて、すべてのメンバーが施設生活の経験をもつ人、もしくは施設入所の可能性のある人であったことを紹介し、やはり、長期入所施設が「われわれ」の闘うべき「最も強大な敵」であることを指摘している（UPIAS, 1973b:6）。また同号では、あるメンバーが現在の自らの施設生活を詳らかに報告しているが、それによると、「私」が住んでいる若年慢性病棟はまだ新しく、1 階は一般診療の病院にもなっているが、これは「古いワーク・ハウスを飾り

つけたもの」に過ぎず、患者たちは毎日午後6時にはベッドに入らなければならない、と綴っている（前掲資料:1）。

別のメンバーもまた、「私」の居住する施設の規則は施設管理者たちが決めたものであり、私たちはこの規則通りの生活を強いられており、ここは人が想像しうる「最も憂鬱な場所」であり、限られたサポートしか受けられないため、「私」はいつも午後9時半には就寝させられていると述べている（同上）。さらに別のメンバーもまた、自らの施設生活を振り返りながら、施設は「障害者を破壊する場所」であり、「存在してはならない場所」だと断じている（UPIAS, 1973c:2）。施設が「障害者を破壊する場所」であることの謂いは、そこでは「スタッフへの依存が奨励」されることによって、入所者たちの自己信頼や自己評価、自立と責任に対する意識が少しずつ損なわれてゆき、その結果として、入所者たちは生きる目的さえも喪失させられてしまうからだ、という（前掲資料:9）。ゆえに施設は「隔離された廃棄場（segregated scrap heap）」、或いは「現代社会における人間の最終的な廃棄場（ultimate human scrap-heaps of this society）」である、と彼は言う（前掲資料:5）。

このように、UPIASの大半のメンバーたちは、施設を隔離の象徴的な敵手として捉えたが、しかし、そこには、施設運営側への抵抗活動を続ける施設入所者たちを、「ユニオンとして」組織的に支援したり、施設に対する反対を公式に表明するなど、UPIASがその公的なイシューとして施設問題を掲げ、それに組織的に取り組むことに対して消極的な意思、或いは反対する考えを表明するメンバーたちも何人かいた。その理由は次の四つに整理できる。

一つは、「報復への恐れ」であり、二つ目は「ある種の障害者たちにとっての施設の必要性」であり、そして三つ目が「施設生活を自ら選ぶ障害者たちの存在」、さらに四つ目が「施設のオルタナティブが未だ用意できていない状況」である。順に見てゆこう。

一つ目の「報復への恐れ」の表明として、例えばポールも入所していたチェシャー・ホーム・レ・コートで暮らすあるメンバーは、たとえ最良の施設といえども、そこが不自然な場所であることに変わりはなく、真に望ましいことは施設から出ることだ、と述べながらも、施設生活を送る障害者にとって、施設

が人間の生活条件として最悪であると主張することの現実的な困難さを説く。なぜなら、そこには「報復への恐れ」があるからだと言う（UPIAS, 1973d:7）。同様に、別のメンバーも「施設に抵抗することの恐怖」を吐露している。その恐怖とは、もし、施設に抵抗していることが施設側にばれると、「よろしい、施設がそんなに嫌なら出ていきなさい。あなたのベッドが空くのを待っている人はたくさんいるのだから」と言われるのではないか、という恐怖であると言う（UPIAS, 1973 or 1974:7）。もっともこの報復への恐れの表明が、施設の残酷さの一つの表象である以上、UPIASの施設問題をめぐるフレーミングと矛盾するものではなく、後に見るように、ここから、UPIASにおいてこの恐れに向き合う入所者たちを「いかに守りつつ闘うか」という戦略的な課題が浮上することになる。

　二つ目の「施設の必要性」についてだが、あるメンバーは「われわれは現実を直視しなければならない」と前置きしつつ、どのような形の社会生活であれ、その実現が難しい重度の障害者が存在することは事実である、と述べる（UPIAS, 1973 or 1974:9）。また、別のメンバーも、確かに「ある種の障害者たち」にとっては、彼らとコミュニティの安全のためにも隔離が必要だと述べ、この「ある種の障害者」として「重度の精神障害者」を想定していると述べている（UPIAS, 1974a:4）。さらに、別のメンバーもまた、本当は「全ての隔離に反対したい」のだが、そこには「実際的な難しさがある」と述べる。続けて、「重度の障害者」〔そこには聾（Deaf）や啞（Dumb）の状態の人々も含まれるという〕であっても、それなりにコミュニティへの統合という理想に達することはできるだろう、と述べつつも、しかし、彼らがたとえコミュニティで暮らしたとしても、コミュニティにおける孤独と孤立は、おそらく、「良い施設」における暮らしよりも暗い側面をもつものになるだろう、と述べ、ゆえにUPIASにおいて強調すべきは、「施設の廃止」ではなく、「施設の改善」ではないかと主張する（UPIAS, 1974d:2）。さらに、C10において別のメンバーも、施設を「人間の廃棄場」と表現することは、施設の改善に取り組んできた多くの人々と敵対することになるので反対である、と述べている（前掲資料:3）。

　三つ目は「施設生活を自ら選ぶ障害者の存在」である。あるメンバーはC7

において、障害者の中には自ら施設生活を選択する者もおり、そのような人々の自己決定をUPIASは尊重すべきではないのか、と述べている（UPIAS, 1974a:3）。

そして、四つ目の「施設のオルタナティブが用意できていない状況」を理由に掲げる見解とは、「施設のオルタナティブ」が用意できていない状況下で安易に施設を批判することは、結果として入所者たちに不利益をもたらすことになるのではないか、という主張である。

このような施設問題の「ユニオンとして」の公式イシュー化への抵抗の主張に対して、ポールをはじめ何人かのメンバーはそれぞれ以下のような反論を展開してゆくことになる。

一つ目の理由である「報復への恐れ」に対して、ポールはC10で、UPIASが直ちに施設のスタッフたちに敵対し、そのことがUPIASの支援を受ける入所者らの不利益につながるのではないかという恐れは「杞憂に過ぎない」と反論する。なぜなら、「ユニオンとしての支援」は、施設において実際に抑圧に晒されている入所者らの頭越しに行われるものでは決してなく、入所者たちの承諾がなければそれは発動されないからだ、と言う（UPIAS, 1974d:2）。

二つ目の「ある種の障害者には施設が必要ではないのか」という意見に対して、ポールは同じくC10において、もし、「われわれ」が施設に入所している数千人もの「重度障害者たち」の存在を無視するのなら、「われわれ」はアメリカの黒人ゲットーの存在を無視する中流階級の黒人たちと同じではないか、と激しい口調で反論する（前掲資料:3）。

そして、三つ目の「施設生活を自ら選ぶ障害者の存在」に対しては、同C10においてヴィックが「奴隷化」という言葉を用いて、次のように反論している。

> 何人かのメンバーが「自ら望んで施設に入所する身体障害者の権利を支持したい」と言うとき、抑圧の意味に関する混乱を呈しているように見える。施設の存在そのものが社会的抑圧の結果であるのだと、かつて私は書いたことがある。もし、社会が人的支援、経済的支援、補装具などを十分に供給すれば、われわれは施設に入る必要などそもそもないのだ。（中略）私が施設

に入所するという抑圧を「自ら選ぶことの権利の尊重」として捉えることに反対するのは、「奴隷化」に対する闘いの必要性に気づく必要があると考えるからだ。奴隷は自らの境遇を好む、と言う。なぜなら、彼らは「もし自分たちが自由になったら」と考えることができず、むしろ、逆に、自分たちの主人(マスター)に自分たちの安全を守り続けてほしいと考えるからだ（前掲資料:16）。

ヴィックはその後のICにおいても、この奴隷としての安住を否定する主張を繰り返している。例えばC12では、「施設を選ぶ」という行為を擁護することは、「自主的な奴隷化」を認めることであると批判し、すべての障害者に完全な統合の本当の機会が獲得されるまで、「われわれ」は隔離的施設の廃止を求め続けるべきだ、と主張する（UPIAS, 1974f:1）。

さらに四つ目の「施設のオルタナティブが用意できていない状況」を挙げながら、「ユニオンとして」の施設問題の公式イシュー化に躊躇いを見せる意見についてだが、その具体例として挙げられたのは、既に第3章において取りあげたように、ピアス・ハウスにおけるマギーの苦闘に対して、「ユニオンとして」支援することを提案したポールらへの反論として提起されたものである。再度確認しておこう。

C7において、ケンは、彼のフィアンセであるマギーが入所するピアス・ハウスという施設の状況について、次のように報告している。

> 私の婚約者マギー・ハインズはその病棟の一つで暮らしている――ピアス・ハウスという施設だ。（中略）この施設では75％の入所者が4人部屋で暮らしている。一歩施設の中に入ると、騒々しい音、特有の臭いが立ち込めている。ピアス・ハウスは「家（House）」というより、「病棟」なのだ。マギーは入所者たちの尊厳を少しでも守るため、入所者自治会を立ち上げることに力を注いできた。プライバシーを守るための一人部屋の確保は、すべての入所者たちにとって切実な要求だ。十分なスタッフがいれば、入所者は昼間から寝かされることもなく、買い物や映画、社会活動、雇用の機会などをこの「病棟」の外に求めることもできるだろう。多くの入所者がマギーの声に希望を

もって耳を傾けた。しかし、管理者側は、最初は穏やかに、そして後には強硬に、このマギーらの提案を退けたのだ (UPIAS, 1974a:8)。

　第3章に見たように、このケンの報告に対して、ポールとジュディはC8において、マギーの闘いに対する「UPIASとして」の幾つかの具体的支援を提案したのだが、Aというメンバーがこの申し出に対して異議を申し立てた。Aは「現時点において」、UPIASがマギーの闘いを「UPIASの問題」として公式に取り扱うことには慎重であるべきだ、と主張したのである (UPIAS, 1974c: 2)。その理由としてAが挙げたのは、UPIASとしての組織的支援が、結果として、施設入所者たちの不利益を招来することになるかもしれないリスクへの懸念である。
　このAの主張に対してケンは、ピアス・ハウスの事例は、UPIASが直面する最初の現実的な施設問題であり、「われわれ」はこの問題に取り組む経験から多くを学ぶ必要があるのだ、と述べる (UPIAS, 1974d:2)。ポールもまたUPIASがAの主張にしたがって、ピアス・ハウスの問題を傍観するなら、今後、UPIASは「どのような施設入所者に対しても支援を提供することができないだろう」と反論する。

　　Aは、ユニオンがすべての施設入所者に対して、施設に代わる住居とケアを提供できるまで、公式に施設問題に関わるべきではないというが、彼女の意見は、「ユニオンは施設に関して何もするな」という主張に等しいのではないか（同上）。

　ケンが初めてピアス・ハウスにおけるマギーら入所者の置かれた状況について報告をしたC7（発行年月日は1974年3・4月と記されている）では、C1から続いてきた議論の論点が26項目に整理され、メンバーたちに返されている。その中で、施設問題をめぐる論点としてメンバーたちに問い返されたのは、次の四つの論点である（数字は26項目中の序数）。

4) われわれは施設問題を中心に置くべきか、それとも多くの障害者にとってそれは「関係のない話」か。
6) われわれはすべての隔離に対して反対すべきか、それともある人々には隔離が必要であるとか、完全な統合は不可能だと考えるべきか。
7) 障害者が隔離と統合を選択できることを求めるべきか。
8) われわれは障害者自身が選んだ「障害者だけの場」（クラブや保護雇用の場など）にも反対すべきだろうか。（UPIAS, 1974a:2）

C8以降のピアス・ハウス問題や施設問題をめぐる議論の中には、Aのように、上に分類した四つの理由のいずれかを挙げつつ、施設問題の公式イシュー化に対して躊躇いや抵抗、不安を表明するメンバーも何人かいたが、徐々にピアス・ハウスの事例を含む施設問題をUPIASが取り組むべき優先課題の一つとして掲げようという意見が大勢を占めてゆくことになる。その意見の幾つかを拾いあげてみよう。

C8では、「施設病の問題」をUPIASの中心課題の一つに位置づけるべきだ（UPIAS, 1974b:6）という意見や、健常者が創出したあらゆる形態の隔離（例えば障害児学校、慢性病棟、施設、デイセンターなど）に対しても抵抗してゆくべきだ（前掲資料:10）という主張が見られる。C9では、さらにあるメンバーから、施設問題への具体的な取り組み課題として、1) 施設入所者からできるだけ多くの情報を集め、施設の現状を分析すること、2) ピアス・ハウスのような劣悪な施設の実情を可能な限り社会に公表すること、3) 施設の代わりとなる住居に関する国内外の情報を集めること、などが提案されている（UPIAS, 1974c:5）。

また、C10では*PS*の素案の作成を任されていた暫定委員会より、隔離的施設が「人間の廃棄場」であるという主張は事実の言明であり、それは間違っていない、という見解が出され、ゆえにC9においてあるメンバーが組織方針として提案した「『施設の廃止』ではなく『施設の改善』を」（UPIAS, 1974c:2）という意見は、UPIASとして採用すべき方針ではなく、むしろ、施設の代わりになる適切な住居の必要性を主張してゆくべきだ、と提案されている

（UPIAS, 1974d:5）。

さらに、C11 ではあるメンバーから、この「施設のオルタナティブ」に関する具体的なモデルとして、ドイツの Het Drop やスウェーデンの Fokus Scheme が挙げられている（UPIAS, 1974e:5）[1]。

1974 年 10 月 18 日から 20 日にかけて開催されたロンドン会議では、この「ユニオンとして」の施設問題に関する公式見解を、*PS* の中にどのような表現で記載するかをめぐって、暫定委員会から提示された素案をもとに討議と採決が行われるのだが、この時の議事録が C12 にまとめられている。そこでは、例えば、素案で述べられていた「施設＝牢獄」という表現とそれに関連するフレーズについて、あるメンバーから「感情的過ぎる」という反対意見が出されたものの、多くの会議参加メンバーはむしろそれは「適切な表現である」と反論し、結局、この「牢獄」という言葉への反対意見は退けられている（UPIAS, 1974f:3）。また、上述した施設問題の公式イシュー化への反対理由の一つであった「報復への恐れ」に関しても、もし、施設で生活を送るメンバーがこの *PS* の公開によって攻撃に晒されたとき、UPIAS はそのメンバーを全面的に支援し、施設側と闘おう、という宣言が採択されている（同上）。

さて、言うまでもないが、社会運動のフレーミングとは運動の初動段階で完成し固定化するものではなく、その組織活動の全過程において、フレームに対する運動組織内外からの共鳴や反発を通じて、その強化・修正・廃棄などを経験するものである。そして、このようなフレームをめぐる組織内外のコミュニケーションが、その組織の凝集性や組織活動の正当性そのものに影響を与えてゆくことになる。

UPIAS の初期フレーミングを、C1 から *PS* が決議され、その成文化を見る（ロンドン会議に不参加のメンバーからの郵送議決を含む）C13 までのおよそ 18 カ月間にわたる議論の過程として捉えると、施設問題の初期フレーミングもまた、この *PS* の成文化までの時期とすべきなのだが、特にこの施設問題をめぐっては、*PS* に「UPIAS として」の施設問題の認識とそれへの取り組み課題が明示された後も、組織内部においてはもとより、対外的にも激しい議論を喚起してゆくことになる。「隔離に反対する（Against Segregation）」を組織名称に掲

げることになる UPIAS にとって、この施設問題というイシューをどのように定義づけ、そこからどのような組織活動の方向性を導き出すのかという問いへの応答こそが、組織の存在理由とその正当性を内外に呈示することであったがゆえに、UPIAS はこの議論において、安易な妥結点を求めることを良しとしなかったのである。

ここで、最初に設定した 18 カ月間という初期フレーミングの時間枠を少し超え出ることになるが、この UPIAS の存在理由への問いが内包された施設問題に係る議論をもう少し辿ってゆきたい。

UPIAS は PS の議決後、直ちにそれを公表するとともに、障害者関係団体にも広く配布するが、その後、幾つかの団体からこの方針に関する意見が寄せられ、その意見の紹介と UPIAS からの応答が C15 以降に掲載されるようになる。

まず、ポール自身も 19 歳の頃から 14 年間そこで暮らしたレ・コートを運営するチェシャー財団の当時の理事長（以下、C）の意見が C15 に掲載されている。彼はその中で「ユニオンとわれわれが共通の目的と方向性をもっていることを確信している」と述べ、PS に一定の理解を示す。また、隔離という問題は単に住居としての施設だけの問題ではなく、社会生活のあらゆる場（C は映画館やパブ、スポーツ・グラウンドなどを挙げている）の統合を求めてゆくことが必要であろうと述べている（UPIAS, 1975b:4）。しかし、C は続けて「極めて重度の障害者には常に特別なケアが必要」であり、その中の何人かは「彼らの家ではない別の場所でケアを受けなければならない」と言う（同上）。その上で彼は、そのような特別なケアの場は「ホーム」と呼ぶに相応しく、「小規模で最小限のルールと最小限の日課、そして、最大限、入所者自身がその運営に参加できなければならない」ことを付け加える（同上）。

上に見たように、このような「ある種の障害者たちにとっての施設の必要性」を主張する意見は、UPIAS 結成初期 18 カ月間の議論において、既に UPIAS の複数のメンバーからも提起されたものだったが、この論理に依拠して、UPIAS の「あらゆる隔離的施設に反対する」という方針の非現実性を指摘する意見が、PS 策定後も、C をはじめ、UPIAS 組織内外の個人や団体から寄せられている。

Cの意見が掲載されたC15において、ポールはCの「社会のすべての設備・施設が、すべての人に使えるようにデザインされるべきである」という「あなたの意見」に同意を表明したうえで、しかし、「残念ながら」と続け、「あなたは極めて重度の障害者たちを『われわれの仲間』として見ていないようだ」と批判し、彼ら重度障害者たちは自分たちの家ではないところでケアを受けなければならないと言う「あなたの意見」には賛成できない、と述べる。その理由としてポールは、重度の障害者の統合に関して、特別な問題が存在するという証拠はない、という「われわれの調査結果」を提示する。その上でポールは、「われわれ」は基本的に、重度障害者の統合も「他の障害者と同じプロセス」を経ることで達成できるものと考えている、と締め括っている（同上）。
　さらに、C16では、サンデータイムスの記者（以下、D）とヴィック及びリズとのやり取りが記されている（Dの投稿記事はポールに宛てたものだったが、UPIASからの応答はヴィックとリズが引き取っている）。Dもやはり、「ある種の障害者」にとっての施設の必要性を主張する。彼は、例えば精神障害者は特別なケアを必要としており、そのようなケアを提供できる唯一の場所は病院であると述べる（UPIAS, 1975c:15）。このDの意見に対して、同号においてヴィックとリズは、今や、「極めて重度の障害者」（『精神障害者』や『人工呼吸器をつけているような人々』など）であっても、適切なケアと適切な設備の整った住居があれば、労働、出産・育児、学習、旅行などが可能になりつつあるのだ、と反論したうえで、確かに現在、多くの場合、重度障害者の地域生活は家族に過大な負担を強いているが、スウェーデンやデンマーク、ドイツ、オーストリアなどにおいて制度化され始めたケア付き住宅が新たな可能性を拓きつつあることに言及している（前掲資料:15-16）。
　さらに、C16ではチェシャー財団理事長のCからの再反論が掲載されている。Cはまず、「われわれ」は決して「領土の拡張」を望んでいるわけではない、と前置きしながら、もし、2000年までに、すべての施設入所者に対して施設以外のオルタナティブが提供でき、チェシャー・ホームのような施設が必要ないということが証明されるならば、当財団のすべての関係者はそれを歓迎するだろう、と述べる（前掲資料:2）。「しかし」と彼は続けて、「極めて重度の障害

者たち」に対するオルタナティブの整備は現実的に困難であり、この考え（すべての障害者に施設のオルタナティブを提供できるという考え—筆者注）は、おそらく実現不可能なことだろう、と述べる（同上）。

　このＣの意見に対して、ポールはまず、「あなた」が施設ケアよりも「自然な問題の解決（障害者の地域社会への統合—筆者注）」が技術的発展によって実現できるという「われわれの前提的認識」を受け容れて下さったことを歓迎したい、と述べたうえで、しかし、「われわれ」は「あなた」が重度の障害者については、この考えを適用できないため、施設を発展させるべきだと考えていることを「とても残念に思う」と続ける（同上）。そして、「重度の障害者」にも、既存の利用可能な科学技術や、統合的施策を利用する機会が保障されるべきだ、としたうえで、そのような施策の具体例として「われわれ」が一つのモデルとして前号の IC に示し、既に「あなた方チェシャー財団」自身も取り組み始めたスウェーデンのフォーカス計画に似たケア付き住宅政策を取りあげ、このような施策を活用すれば、重度障害者が統合された生活を送るチャンスは飛躍的に向上するはずだ、と主張する（前掲資料:3）。

　さらにポールは、ヨーロッパ各国に広がっているこのようなケア付き住宅について、英国には「その財政的余裕がない」という主張は弁明にならないと退ける。なぜなら、このようなケア付き住宅は既存の施設ケアよりも 2 分の 1 或いは、3 分の 1 の予算で実現可能であることが既に証明されているからだ、と述べる（同上）。そして、ポールは、障害者の完全な社会参加を阻む非人間的な隔離に反対する義務はすべての人にあることを強調しつつ、特にチェシャー財団のように、多くの大規模施設を運営する法人は、障害者ケアに係る非施設的施策の推進に向けたキャンペーンを障害者とともに率先して展開すべきではないのか、と投げかける（同上）。

　加えてポールは、彼自身もレ・コート入所中に編集委員を務めたことのある *Cheshire Smile* において、レ・コートの入所者たちに施設以外のオルタナティブに関する情報が全く提供されていないことに触れ、オルタナティブの暮らしを知らずして、入所者たちが統合された生活をどのようにしてイメージできると言うのか、と批判する（同上）。そして、このような情報提供や、障害者自

身から意見を聴くことさえしないでおいて、(C の主張に見るように)「重度障害者には施設ケアが必要だ」としつつ、「障害者の頭越し」に「障害者のために」と称して計画され、決定されてゆくあらゆる障害者施策に対して、「われわれは強く反対する」と述べる（同上）。

さらに、ポールは、レ・コートの入所者たちに施設以外のオルタナティブに関する情報を提供するために、「われわれユニオン」が Cheshire Smile に記事を投稿したり、入所者たちの会議に参加できれば嬉しいのだが、と C に呼びかけている（同上）[2]。

C18 では、Cheshire Smile がその論説記事に「自由」というタイトルを掲げながら、PS における「施設は最終的な人間の廃棄場（Ultimate human scrap-heaps）」という表現は「ナンセンス極まる」と激しく反発し、「ユニオンは行き過ぎている」と批判したことが紹介されている（UPIAS, 1976a:3）。C18 の時点で、この論説の執筆者の氏名は記されていないが、同号でのポールの反論に対するチェシャー・ホーム側の再反論が次号の C19 に掲載されており、その再反論の記事の執筆者として、上述の C15・C16 で比較的穏やかに PS に異議を唱えたチェシャー財団理事長である C が署名していることから、C18 で紹介された Cheshire Smile の論説もこの C の手によるものであったと推測できる。C18 および C19 の再反論における C の論調は、その前の C15・C16 の記事とは打って変わって、UPIAS に対する激しい敵意を感じさせるものとなっている。

Cheshire Smile の論説で C は、国や民間法人が施設を建設することに対して「全面的に反対する」という UPIAS の主張は横柄であり、「極めて有害な主張」であると述べ、施設での暮らしをあたかも地獄であるかのように喩える UPIAS のメンバーたちは、本当に施設の暮らしを見たことがあるのか、と問いかけ、さらに、もし、施設がなければ、多くの障害者とその家族は、まさに地獄のような生活をそれぞれの自宅で強いられることになるだろうと述べる（前掲資料:5）。

この Cheshire Smile の論説を C18 で紹介した後に、ポールは直ちに次のような反論を展開する。すなわち、「あなた」はあたかも障害者の選択肢として施設の暮らしか地獄のような自宅での暮らししか存在しないかのように主張す

るが、UPIASが求めているのは、それ以外のオルタナティブな暮らしであり、それは単なる住居形態のことだけを指しているわけではなく、障害者の暮らしに必要な経済的、医療的、技術的支援、そして、介助などが含まれた新しい暮らしの形態なのだ、と述べたうえで、その実現可能性は、例えばスウェーデンにおけるフォーカス計画に見るように、既に各国において証明済みのものなのだと繰り返す（前掲資料:6）。続けてポールは、Cが言うように自宅が地獄のようになることや、そうなったときに障害者たちがさらに地獄のような施設に投げ込まれてしまうことは、彼らのコミュニティに、自宅と施設以外の選択肢が存在しないことに起因しているからではないのか、と問いかける（同上）。こう述べたうえで、ポールはさらに、選択肢をもたない障害者たちが、自らの意思に関わりなく投げ込まれてしまう施設が、社会における「最終的な人間の廃棄場」であることは疑いようのない事実である、と断じる（同上）。

そして、ポールは、UPIASが進めようとしているオルタナティブを求める計画は、確かに少々楽観的ではあるものの、それはポジティブでエキサイティングな試みであり、それに対して *Cheshire Smile* の論説子の主張は全く建設的ではない、と批判する。なぜなら、それは身体障害者の生に関して「発展的な議論を真剣に進めようとするものではないからだ」（前掲資料:7）という。

さらにポールの筆調は熱を帯びる。ポールは、論説子が「自由」というタイトルを掲げつつ、UPIASの「施設への全面的反対」の方針が施設入所者たちの「自由を否定している」と批判したことは、「われわれの方針」に対する極めて無礼な歪曲である、と批判したうえで、「施設入所」を障害者たちの「自由」と表現すること自体、障害者に対する侮蔑であり、このような侮蔑こそがまさに障害者たちの生を破壊し続けてきた元凶ではなかったか、と述べる（同上）。

C19では、このポールの反論に対するCの再反論が再び掲載されている。Cはフォーカス計画やそれと類似の諸外国における幾つかの試みを「私もよく知っている」としながらも、それは現時点でわが国のイシューとはならない、と冷ややかに突き返す。なぜなら、そこにはこれらの住宅計画を進めるうえでの財源を確保し得ない「わが国の財政事情」があるからだと言う（UPIAS, 1976b:5）。

また、Cは「われわれの施設」は施設ケアの悪しき伝統から既に脱却していること、少なくとも施設のオルタナティブが整備されるまでは、チェシャー財団が展開しているような新しい施設ケアの必要性を「あなた方」もよく認識すべきだ、と主張する。さらにそのうえでCは、「われわれの施設の入所者たち」は、実はオルタナティブをそれほど望んでさえいないのだ、と付け加えている（同上）。

　このCの再反論に対するポールのさらなる反論も、同C19において掲載されている。まず、ポールは、UPIASがそのPSにおいて、現に多くの障害者たちが入所生活を送っている（レ・コートのような）施設に対して、「それらを直ちに廃止せよ」と求めているかのような「あなた」の記述は驚くべき歪曲であり、そのようなことは前号の「私」の「あなたへの返信」の中にも、また、われわれのPSのどこにも書かれておらず、このような歪曲は18カ月という時間をかけて慎重かつ真剣な議論を経てPSを作成した「われわれ身体障害者」に対する目に余る侮辱だ、と非難する（前掲資料:6）。

　そのうえでポールは、障害者のために施設ケアの計画を継続していくことが「われわれの義務」だというCの主張に言及し、その計画と決議過程には決して入所者たちが参加したことがないことを指摘する（同上）。そして、続けてポールは、多くの障害者がオルタナティブを望まず、施設での安定した暮らしを望んでいる、というCの意見に対して、そのような多くの障害者たちの希望に関する聴取が、どのような場面で、どのような条件下で、誰によって行われたのかということが明らかにされない限り、「全く当てにならない情報だ」と切り捨てる（同上）。

　さらにポールは、フォーカス計画など、施設のオルタナティブを進めるための「国の資金が不足している」というCの見解も事実と異なる、と指摘したうえで、Cら施設関係者たちに、この非人間的な施策の変革を求めて闘おうという姿勢が根本的に欠如していることを非難しつつ、国内外に多数の入所施設を運営する大規模法人であるチェシャー財団として、障害者のニーズに即した施設のオルタナティブを推し進めるためのキャンペーンに参加すること、また、レ・コートの入所者たちが施設のオルタナティブに関する多様な意見と情報に

アクセスできるよう、UPIASのメンバーがレ・コートの入所者自治会の会議などへ参加したり、入所者たちと手紙を介して議論ができるようになることを繰り返し求めている（前掲資料:7）。

さて、最後に、この施設問題をめぐる *PS* に対する UPIAS メンバーからの異論についても幾つか取りあげておこう。

PS 策定後も継続して異論を唱え続けたのは、C9 において、「UPIAS として」ピアス・ハウスにおけるマギーら入所者の闘いを支援することに反対した A である。彼女はロンドン会議が終わり、会議欠席者たちの郵便による議決を経て、*PS* が公表された後も、UPIAS の「すべての隔離的施設への反対」という方針に異議を唱え続けた。先に見たように、ピアス・ハウスをめぐっては、施設のオルタナティブが用意されていないことを理由として、「ユニオンとして」の入所者支援に反対した A だが、C16 において彼女は自らが UPIAS 以外のもう一つの組織[3]に所属しているがゆえの、この問題（施設問題）をめぐる自らの立場の複雑さに触れつつ、やはり、「ある種の障害者たちにとって施設が必要であるという事実は否めない」と主張する。A は、UPIAS のメンバーとしての「私」は、施設ではないオルタナティブを求めることに賛同するが、しかし、施設を運営する組織のメンバーとしての「私」としては、その施設で暮らす入所者たちを守る義務があるのだ、と述べる（UPIAS, 1975c:7）。なぜなら、統合された生活は多くの障害者たちには可能かもしれないが、すべての障害者にとって可能であるとはどうしても思えないからだ、と言う（前掲資料:10）。その上で A は、すべての施設の廃止を求めるこの UPIAS に所属していることが、立場上、「もはや困難になった」と述べ、UPIAS からの退会を申し出る。結局、A は UPIAS における最初の退会者となった。

C16 では、もう 1 人、*PS* に違和感を表明したメンバー（以下、E）の意見と、それに対するポールの反論が掲載されている。E は、もし、ある障害者が施設生活を自ら選んだ場合、それはその障害者にとっての「真の選択（real choice）」であり、この選択に対して「ユニオンが口を挟む」ことはおこがましいのではないか、と述べる（前掲資料:13）。

この E の意見に対して、ポールはまず、統合された生活のために必要な住

宅やケア施策が整備されるまでは、施設がある人々にとってベストな（しかし、それはあくまでも極めてプアなベストではあるが）解決方法であることを認識している、と認め、さらに、もし、現時点において、ある障害者が施設生活をベストの解決策だと考えるのであれば、その考え方や感覚を、われわれは完全にリスペクトする、と述べたうえで（同上）、しかし、それをEの言うように、障害者たちの「真の選択」として捉えることは完全に誤りである、と反論する（前掲資料:14）。なぜなら、そもそも施設の外での暮らしが選択肢として用意されていない条件下において、すなわち、障害者が施設に入所せざるを得ない条件下において、施設入所を障害者自身の「真の選択」という言葉で表現することは「全く不適切である」からだ（同上）。さらにポールは、「われわれ」が隔離され続けてきたのは、常に「われわれ」自身の選択の結果ではなく、社会からの圧力によるものであったことを指摘する（同上）。

　さて、以上見てきたように、UPIASにおいて初めての退会者を出すことにもなった施設問題をめぐるフレーミングは、施設を隔離の象徴として捉え、ゆえに、それを「われわれ」の「真の敵手」と同定しつつ、さらには身体障害者を一般から分離し、彼らを一カ所に集め、隔離してゆく施設的な「あらゆる施設（的隔離形態）への反対」の宣言を導出することとなった。このフレーミングを通して、UPIASの多くのメンバーたちは、他の選択肢を得られないままに施設に追いやられ、そこで非人間的な処遇に日々晒され続けている入所者たちの状況を「われわれ身体障害者すべての問題」として認識する地平に達している。

　しかし、彼らのフレームが、単に観念的な「施設（的なもの）の否定」ではなかったことには留意する必要がある。彼らの議論において繰り返されたのは、施設以外の選択肢、すなわち、オルタナティブの欠如をめぐる問題である。上に見たように、フレーミングにおける議論の中で、UPIASの見解に対する批判と反論の理由として、「ある種の障害者には施設が必要」、或いは「施設生活を自ら選ぶ障害者の存在」などが挙げられたが、UPIASは施設以外の選択肢であるオルタナティブの創出へ向かうことなく、これらの理由を掲げることの欺瞞を指摘したのである。例えば、ポールはC2において、「われわれ」の眼

前にある選択肢は、最善がレ・コートであり、最悪の場合は慢性疾患病棟である（第2章に見たように、ポールはどちらの暮らしも体験している）と述べているが（UPIAS, 1973b:2）、このように選択肢が極めて限定されている状況下で、最悪を回避し最善を選んだことをもって、それが身体障害者たちの「真の選択」であると評することの欺瞞を彼は衝く。すなわち、「ある種の障害者」が地域で暮らせるための努力をせずに、或いはその可能性を探求することさえも怠っておいて、施設入所を彼らの「真の選択」であると他者が言い切ることの欺瞞を彼は衝くのである。

筆者のインタビューに応えてくれたジュディは、この「真の選択」をめぐる当時の議論を振り返りながら、次のように話してくれた。

　私たちの最終的な目標は、障害者が自分の生き方を自分の意志で決められるようにすることでした。メンバーの議論の中には、「施設に住みたいという障害者もいるのだから、そのオプションを取ってしまうのはおかしい」という意見もありましたが、それに対して、施設以外のオルタナティブを用意しないでおいて、「施設に住みたい」という障害者たちの苦渋に満ちた選択を「真の選択」だと言ってしまうのはやはりおかしいという反論が多くのメンバーたちの支持を得ました。また、それは、施設にとどまらず、教育や雇用、交通、そして例えば結婚などにおいても同様だという認識がメンバーの間で少しずつ共有されていきました。つまり、障害者にとって、これらすべてが普通の市民と同様に実現できる条件が整っているのであれば、障害者の（施設入所という―筆者注）「選択」が「真の選択だ」と言ってもよいのでしょうが、そのような条件が整わないうちに、それを「真の選択だ」ということは誤魔化しに過ぎないのだ、という認識です（Hunt Judy, 7/7/2011）。

しかし、先ほどのポールの反論に見たように、PSにおいて彼らは、「既存の施設を直ちに廃止すべし」と主張したわけではない。むしろ、彼らは障害者たちの現時点での（プアな）最善の選択を「リスペクトする」と言ったのである。ジュディもこの点について、「ユニオンは、現実的な認識の下、既存の施設の

改善にも同意していました」と述べている(同上)。UPIAS は隔離に反対しつつも、自らの活動方針の立脚点を、現に施設で暮らす人々のリアリティから遊離させることをしなかったのである。

このような UPIAS の初期フレーミングにおける施設問題に係る議論を主導したポールは、既に彼がレ・コートに入所していた頃から、この問題への認識を深めていた。例えば、1960 年秋に発行された *Cheshire Smile* で、彼は当時発刊されたばかりの施設問題を取りあげた 2 冊の書籍について書評を書いている。その 1 冊はラッセル・バートン(Russell Barton)の *Institutional Neurosis* (1959) であり、もう 1 冊はジョン・ベイジー(John Vaizey)による *Scenes from Institutional Life and Other writings* (1959) である。

彼はこの書評の中で、バートンが述べた施設神経症の症状とその治療方法を紹介しつつ、チェシャー・ホームの管理者たちもこのバートンの意見に真摯に耳を傾けるべきだと力説した(Hunt Paul, 1960:32)。しかし、ポールはこの 1960 年の時点において、「あらゆる施設の廃止」を主張していたわけではない。むしろ彼は、ベイジーがその著書において、入所施設のみならず、デイサービス・センターやデイスクールまでも含めて、「障害者の人間性と個性を奪う」と批判していることに対して、「少々悲観的に過ぎるのではないか」と述べ、例えば、デイサービス・センターの中には家庭では用意できない、とても魅力的なプログラムを用意しているところもあるし、民主主義が徹底された施設もありうるはずだ、と述べ、レ・コートはそれを目標とすべきだと主張している(前掲資料:33)。

7 年後の 1967 年の冬(この時期はちょうどポールがジュディとの結婚を決意した頃である)、彼は再び *Cheshire Smile* に書評を書いている。取りあげられた書籍はガートリュード・ウィリアムス(Gertrude Williams)の *Caring for People* (1967) である。彼はこの書籍が「広い視野で障害者問題を捉えようとした良質のリポート」であることを称えながらも、その反面、ウィリアムスが施設以外のオルタナティブについて全く言及していない点を批判している(Hunt Paul, 1967:1)。

このように、レ・コートで暮らし始めて 4 年目頃のポールは、より良い施設

の可能性を探求しようとする志向をもっていたが(1960年頃)、それから7年後、ジュディとの結婚を決め、レ・コートの退所後の生活を模索する時期(1967年頃)には、施設以外のオルタナティブを求める志向に変化している。さらに本章に見てきたように、彼がUPIASを結成し、そのフレーミングの時期に差し掛かる頃(1972年頃)には、施設的な隔離をもたらし続けている制度の廃絶を志向するに至っている。UPIAS初期のフレーミングは、このようなポール個人の認識変化の過程を他のメンバーが追体験的に辿る過程であったと見ることもできるかもしれない。

さて、ここまで見てきたように、ポールらコアメンバーが初期フレーミングにおいて展開した施設をめぐる言説は、旧来の「施設＝障害者保護政策」の認知枠組を壊し、「施設＝隔離の象徴」という認知枠組を新たに構築しようとする試みであった。それはすなわち、施設(および施設的な隔離的設備、例えば障害児学校、慢性疾患病棟、デイセンターなど)を障害者やその家族の救世主の座から引きずりおろし、敵手として位置づけ直す作業だったと言えるだろう。

意味の破壊と再構築には常に衝撃が伴うものである。UPIASにおける施設をめぐるフレーミングは、UPIASメンバーらの認知枠組の転換を促す契機となったが、同時にそれは、組織内外に大きな衝撃を与え、少なからぬ抵抗と反発を生起させることにもなった。その抵抗と反発は、施設の障害者保護機能を否定し得ないUPIAS内部の障害者たちと外部の施設関係者たちによるものだった。

上述したように、これらの抵抗と反発は主として次の三つの論拠に依っている。第一の論拠は、「ある種の障害者たち」(そこには重度・重複の障害者たちが想定されていた)には現実的に施設が必要であり、「すべての施設の廃止を」という主張は、無責任かつ非現実的である、というものである。このロジックは日本における施設存続論においても半ば定型化されたロジックであり、われわれにとっても馴染み深いものであると言えるだろう。このロジックからは当然のことながら、施設の廃止や解体ではなく、改善が求められることになる。

これに対して、ポールらコアメンバーは「ある種の障害者には施設が必要だ」ということを立証しうる証拠はどこにも存在しない、という事実を呈示し、極

めて重度の障害者であっても、適切な支援と適切な設備の整った住居があれば、労働、出産・育児、学習、旅行などが可能になるのだ、と反論した。

　抵抗と反発の第二の論拠は、「施設を自ら選ぶ障害者の存在」である。これは施設入所という選択が障害者たちの「真の選択」であるなら、UPIAS がそれを否定することはおこがましい、という主張だ。この主張に対して、ヴィックは「自主的な奴隷化」という、さらにメンバーたちの感情を刺激する表現を用いて応じた。この表現を用いつつヴィックは「内なる抑圧」から解放されよ、という強いメッセージをメンバーたちに投げかけたのである。

　また、ポールは障害者たちが自ら施設を選ぶことに追い込まれ続けている状況を問題化した。それを彼は「社会的圧力による選択」と表現し、障害者やその家族に対して、自宅における地獄を強いながら、やむなく施設を自ら選ぶ障害者たちの選択を「真の選択」と呼ぶことの欺瞞を衝いたのである。

　反発と抵抗の第三の論拠は、施設以外のオルタナティブが用意されていない状況下での施設批判は無責任である、というものであった。これに対しても、ポールらコアメンバーたちは、地獄のような施設ではなく、また、地獄としての自宅でもないオルタナティブとして、スウェーデンにおけるフォーカス計画のようなケア付き住宅政策を提起し、スウェーデンにおいては「ある種の障害者たち」とカテゴライズされるような重度障害者たちも、このようなケア付き住宅で暮らしていることを提示した。

　さて、本章の「1　フレーミング機能とは」で整理したフレーミングの機能類型にしたがえば、この施設問題をめぐる UPIAS のフレーミングは、まずメンバーらに対してこのような施設に関する「認知転換の機能」を発揮したのだと言えるだろう。この UPIAS における施設をめぐるフレーミングの「認知転換の機能」は確かに、UPIAS メンバーらの認知枠組の転換を促す契機をもたらしたと言えるが、同時にそれは、組織内外に大きな衝撃を与え、少なからぬ抵抗と反発を生起させることにもなり、UPIAS において最初の離反者を出すに至ったことは上述した通りである。

　また、筆者が挙げたフレーミングの第二の機能類型は「感情の水路づけ機能」であったが、施設問題のフレーミングでは、メンバーらの感情の次元に働

きかけるこの機能の発揮も確認することができた。例えば、「最終的な人間の廃棄場」や「自主的な奴隷化」などの言葉に見られる、いわゆる感情的な誘導性をまとったシンボルやレトリックの使用がそれである。UPIAS が競合し論争を挑んだ施設をめぐる旧来の認知枠組とは、ディスアビリティ・フィールドにおいて強大な既得権益を占有する医療・福祉・保健・教育陣営を支える支配的なシンボル体系に他ならなかった。この支配的なシンボル体系の強固さゆえに、UPIAS はそのメンバーや潜在的メンバーらの想像や気づきを喚起し、彼らの感情を誘導し、彼らを盲従的な状況から引き離し、その受動性を主体的行為へと変換しうる明瞭かつ意識喚起的なイメージと表現を使用する必要があったのだ。ここにフレーミングの「感情の水路づけの機能」の発現を認めることができるのである。

さらに筆者はフレーミングの第三の機能として「動員機能」を挙げたが、この機能もまた施設問題をめぐるフレーミングにおいてさまざまなレトリックによって発揮されていた。既述の通り、運動組織におけるフレーミングが「動員機能」を十全に発揮するためには、「われわれ」の共通経験を束ねながら、メンバー及び潜在的メンバーらの認知的・身体的・感情的次元における共鳴性を獲得しつつ、その共通経験をもたらした敵手を明確に定めてゆく必要がある。この意味において、初期の UPIAS では 1 人のメンバーを除いて、すべてのメンバーが施設生活の経験をもつ身体障害者、或いは施設入所の可能性のある身体障害者であったことから、施設問題はメンバーらにとって最も共鳴性を喚起するイシューであったと言えるだろう。

また、本論で見たように、IC の各号において紹介された数人のメンバーらの施設経験の詳述は、施設をディスアビリティの象徴的な具現体として、また、「われわれ」にとっての明確な敵手として、リアリティをもって説得的に同定することを可能にしたと言える。上述のように、この施設問題の議論においては、施設の必要性、すなわち、施設を「われわれ」の敵手として同定することへの抵抗言説も提示されたが（報復の恐れ、自己選択論、ある種の障害者にとっての必要性、オルタナティブの欠如など）、そのフレーミング過程において、これら抵抗言説の拠って立つ根拠は一つずつ批判・否定されてゆくことになる。

また、同時に、「現時点において施設に抵抗できない」障害者たちのリアリティもまたネグレクトされることなく、むしろこのリアリティにおいて施設入所を選択する障害者たちの決定を「リスペクトする」と言うポールの言葉が、施設問題をめぐるフレームの観念化・教条化を回避し、メンバーらの共感をさらに高める効果をもたらしたと言えるだろう。

　付言すれば、これは施設問題のフレーミングに限ったことではないが、*IC*におけるすべての議論の開示という方法もまた、フレーミングの「動員機能」を促進させたと言えるのではないだろうか。例えば、マギーのピアス・ハウスにおける処遇とそれへの抵抗活動の報告は、施設における障害者たちの被抑圧的状況をほぼリアルタイムでメンバーたちに開示してゆくことになったが、おそらく、この報告をメンバーたちは自らの現在および未来と重ね合わせながら読んだであろうし、同時に彼らはそこに隔離的施設がもたらす非人間的処遇の問題性を強く再認識するとともに、そのような処遇を被り続けることへの怒りを覚えたであろう。加えて、大規模施設を運営する財団法人理事長との*IC*誌上における激しい議論の開示は、まさに敵手との直接対決の〈実況中継〉として、UPIASのフレームの正当性を、強固で支配的な覇権者たちの主張との対比や対照、差異化のレトリックを通してメンバーらに明示することになったと言えるだろう。それはおそらく、メンバーらに敵手との闘いの臨場感を味わわせることによって、その闘いへの参加意欲を喚起するものであったに違いない。

　筆者がフレーミングの第四の機能として挙げたのは、「活動の維持と方向付けの機能」であったが、それは、「われわれ」が何を目的とし、どこに向かうべきかを指し示す機能である。社会運動におけるフレーミングは世界に対する新たな解釈図式を提示するにとどまらず、敵手との闘いを通して、或いは敵手への勝利によって獲得されるべき未来、すなわち、〈いま／ここ〉の現実とは異なったもう一つのありうべき現実を指し示しつつ、それに向かう戦略と道程を明示する。UPIASにおける施設問題のフレーミングにおいても、彼らは単に施設の意味を転換しつつ、それを敵手として定め、それへの抵抗へメンバーらを動員するにとどまらず、同時にそこにオルタナティブを呈示したのである。

　本論で見てきたように、このような施設に代わるオルタナティブの呈示は、

UPIASの「施設＝敵手」というフレームへの内外からの抵抗と反発に対する再反論の文脈でなされたものだが、それは単に抵抗と反発に対する反射的な応答としてではなく、未だ旧来の認知枠組の呪縛から解き放たれていないメンバーたちに、その解放の先にある未来の構想を呈示することであったと言える。

そして、フレーミングの最後の機能として挙げたのは「集合的アイデンティティの形成機能」であったが、施設という敵手を同定してゆくフレーミングはメンバーたちに、この敵手によって隔離され続ける「われわれ」の集合的アイデンティティ、すなわち、不正を被り続ける被抑圧者集団であり、この巨大な敵手に立ち向かわんとする運動集団としての集合的アイデンティティを共有させてゆくことになったと言えるだろう。

6 その他のイシュー

UPIASの初期フレーミングにおいて、組織として取り組むべきイシューとして同定され、議論の俎上にあがったのは施設問題以外にも、身体障害者を隔離してゆく諸施策、すなわち、教育や雇用、移動・アクセシビリティ、情報、所得保障、性差別などである。これらの議論についてもここで簡単に振り返っておこう。

まず、教育については、C2においてあるメンバーから障害児専用の学校は歴史上最初に制度化された隔離的施設であることが指摘され（UPIAS, 1973b:6）、次号のC3ではリズがこの障害児専用の学校に関するまとまった議論を展開している。そこでリズは、特殊学校はそもそも身体障害児のニーズに応えることのできなかった、普通学校における教育システムの不備がもたらした産物であること、本来、障害児教育における教育目的が障害者のインテグレーションである以上、それは普通学校でこそ実現可能であること、さらに、社会が障害者を受け容れるためには、人生における社会経験の最も初期の段階、すなわち、初等教育段階において、障害児と健常児が共に育つことが最も効果的な方法であること（UPIAS, 1973c:6-7）などを主張している。

C4では別のメンバーがリズの意見に賛意を表し、障害児専用の学校は閉鎖

すべきであると述べ、現在、特別な学校で学ぶ障害児たちの多くは、学校の寄宿舎で暮らしているため、家族とともに生活することさえ叶わない状況に置かれていることを指摘し、自宅で家族とともに暮らし、地域の普通学校に通うことこそがノーマルな状態である、と主張する（UPIAS, 1973d:8）。さらにこのメンバーは、現実に特別な教育的支援を必要とする子どもたちが存在することにも触れながら、しかし、その場合でも、地元の普通学校の中に、その子どもたちを特別に支援する小さな集団をつくればいいだけの話だ、と指摘している（同上）。

　別のメンバーもまた、統合教育の実現がさほど多くの困難を孕んでいないことを指摘し、それはただ普通学校のアクセシビリティを高めればいいだけのことであり、ランプ（傾斜路）やリフトをすべての校舎に設置すればそれで済むことだ、と述べている（前掲資料:13）。

　さらに、C8 では、地域の普通学校への身体障害児の統合は、幼少時より始められるべきであることが主張され、「われわれユニオンとしても」、障害児が可能な限り、地域の普通学校に通えることが保障されるように運動していくべきだ、という意見が掲載されている（UPIAS, 1974b:5）。

　C10 では、再びリズによって、障害児専用の学校で提供されている教育水準の低さとともに、障害児たちがそのような学校で、短縮授業、長時間のバス通学、家から遠い立地条件、などによって不利益を被っていることが指摘されている（UPIAS, 1974d:4）。また、リズは同号において、障害児教育に関する特定課題部会を UPIAS 内に設置することを提案し、ポールをはじめ何人かのメンバーがそれに賛同している（前掲資料:2）。

　次に、雇用をめぐっては、C4 においてあるメンバーから、UPIAS が取り組むべき活動として、1）民間会社による障害者雇用に関するガイドライン策定に関するキャンペーン、2）障害者の就労可能な仕事に関する調査、3）生産労働に従事するための訓練、などが提案されている（UPIAS, 1973d:9）。また、同号では別のメンバーが、雇用をめぐる何らかの法律の制定が障害者たちのハンディキャップの真の救済に役立つのだろうか、と疑問を呈しながら、雇用主が法律にしたがって義務的に障害者を雇うことは問題の本質的解決にはつなが

らず、社会が障害者の雇用を拒絶することの根底にある文化的価値を問題とすべきではないか、と述べている（前掲資料2）。

　移動・アクセシビリティについては、C2において重要で早急に取り組むべき課題として、あるメンバーからの提案があり（UPIAS, 1973b:3）、それに応える形で、ポールが、自立と移動に関する洗練された技術的支援の開発という課題に「ユニオンとして」取り組んでいこう、と提案している（前掲資料:6）。また、C4では別のメンバーからも、建物へのアクセスに係るキャンペーンの強化や、ホテルやレストランなど、観光施設に係るアクセシビリティの調査が提案され（UPIAS, 1973d:11）、さらにC8ではスウェーデンのようなミニバス・サービスの要求の提案、なども挙げられている（UPIAS, 1974b:5）。

　情報へのアクセシビリティについては、C2において、あるメンバーから、とりわけ政府の障害者施策やその方針に関する情報が身体障害者にとって不可欠であることが指摘されている（UPIAS, 1973b:3）

　また、同じくC2においては、所得について、あるメンバーが適正な額の年金給付があれば、身体障害者たちも施設以外の住居を探すことができるだろうと述べ、ポールも「ユニオンとして」低賃金や不適切な所得保障の問題についても取り組んでゆくことに同意している（前掲資料:6）。

　最後に、性差別の問題についてだが、これもリズが口火を切ったイシューであり、UPIAS後期に至るまで継続的に取りあげられていたイシューでもある。リズはC10において、UPIASの男性たちも時折、フェミニストの主張に対して嫌味を言うことがあるが、性差別を否定し、女性の解放を求める闘いは、UPIASをはじめすべての障害者運動にとっても重要な問題ではないのか、という問いを投げかけている（UPIAS, 1974d:5）。

　このように、UPIASの初期フレーミングにおいて取りあげられたイシューは多岐にわたるものであり、その空間域も一定の地域に限定されない。そこにはあらゆるディスアビリティに対する包括的なアプローチへの志向が強く見られる。

　一般的に、単一イシューへの焦点化は、組織目的の明確化、メンバー間のニーズ・コンフリクトの回避、それらの結果としての組織的凝集性の維持・強化な

どのメリットがあると考えられ、逆に取り組むべきイシューが複数化、複雑化すればするほど、当然のことながら組織内で多様な意見・主張が噴出し、相互批判や攻撃・対立、或いは関心の拡散、さらには疑心暗鬼の感情などが芽生えるリスクも増大し、組織活動に揺らぎを与えかねない。

にもかかわらず、UPIASは意識的にこの組織活動にとってリスクのある包括的なアプローチを選択したのだが、それはUPIASの核となる目的、すなわち「ディスアビリティの解消」という目的から演繹された必然的な選択であったと言える。UPIASは所得やアクセス、雇用などの単一イシューではなく、これらを再生産し続ける根源にあるもの、すなわち、障害者に対する社会的抑圧そのものに焦点を当てたがゆえに、そこから生成されるあらゆるイシューが包括的に同定されたのである。

この根源的なディスアビリティへの焦点化というUPIASの独自性・画期性は、18カ月に及ぶ初期フレーミングを経て、*PS*が成文化され公表された後に開催された障害者連合（Disability Alliance: DA）との合同会議において、DAの所得保障アプローチとの対比を通してさらに鮮明な形で提示されることになる。次章に見るように、この会議の議事録は、会議後にユニオンとDAそれぞれのコメントが付されて、『障害の基本原理（*Fundermental Principles of Disability: FPD*）』と題して公表されたが、それは後に、英国障害者運動の現代史における一つの金字塔と評されるドキュメントになった。

UPIASがこの*FPD*においてDAを強く批判した要点の一つは、DAがDIGや他の組織と同様に、障害者の貧困問題という単一イシューに組織活動を限定していることにあった。UPIASは貧困問題の重要性を認めつつも、それは教育や雇用、移動、住居、医療など、他の障害者問題と同様に、ディスアビリティの一つの発現形態、いわば一つの症状（symptom）であり、障害者への抑圧や隔離を生成する原因（cause）ではない、と主張した。ゆえにDAの貧困問題への所得保障アプローチは常に対症療法の域を出ず、たとえその組織活動によって、貧困問題が軽減・解消されたとしても、他のさまざまな症状は依然として残され続けるのだ、と批判したのである（UPIAS, 1997:2）。

このようなUPIASにおける問題意識は、福祉国家体制の高度化による管理

や自由の剥奪への抵抗において特徴づけられる、当時の「新しい社会運動」やアカデミズムの思潮とも共振しつつ、障害者の生への国家的介入や専門家による支配の増大に対する鋭い批判を生み出してゆくことになった。すなわち彼らは、国家による支援を求めつつも、その支援の供与が障害者たちに対する統治や支配と引き換えになされることを拒絶したのである（Davis Ken, 1966:1）。

7 組織名称をめぐる議論

　社会運動組織において、「われわれは誰か」という問いは、「われわれはなぜ存在しなければならないのか」という組織の存在理由そのものを問う問いへと連動している。初期フレーミングの検証の最後に、組織名称をめぐって交わされた議論を辿ってみよう。

　UPIASという名称が初めてメンバーに提起されたのは、C2においてである。ポールはこの号において、「あるメンバー」から「この組織の名称を *Union of the Physically Impaired Against Segregation* にしよう」という提案がなされたことを紹介している（UPIAS, 1973b:6）。〔ポールはこの「あるメンバー」が誰なのかを明らかにしていないが、おそらくそれはヴィックであろう。なぜなら、C1・C2が発行される数カ月前、1973年2月11日の日付が打たれたヴィックからポールへの私信の中で、ヴィックは「私たちのグループは *Union of the Physically Impaired Against Segregation* と呼ばれるべきだと考えます」と述べているからだ（Finkelstein, 1973:3）。したがって、以降はこの提案を「ヴィックの提案」と記す〕。

　C2のポールの記事以降、この「ヴィックの提案」に対する賛否の議論が展開していくことになるのだが、そこで問題となったのは、*Against Segregation* と *Union* という二つの言葉である。

　C3では早速、別のメンバーから *The Union of the Physically Impaired For Integration* という対案が提起される（UPIAS, 1973c:3）。そして、C4以降、この対案に複数のメンバーが賛意を表明し、その後の議論は主として、*Against Segregation* か *For Integration* かをめぐる攻防となっていく。「ヴィックの提案」

に反対し、*For Integration* を掲げる理由として挙げられたのは、この組織名称の議論と並行して進められる施設問題の議論から援用された身体障害者たちの「選択の自由」という認識である。C6において、あるメンバーは次のように述べる。

　私は *Against* を称するのは良い考えだとは思わない。「〜に反対する」よりも「〜のために」を求めるべきだと思う。必要なことは、「隔離への抵抗」であるより、「選択の自由」だと考える。なぜなら、ある障害者が自ら隔離を求めるということもありうることだからだ（中略）私はわれわれがすべての身体障害者のために発言する必要があると考えている（UPIAS, 1973 or 1974:8）。

　同様の意見はC8・C11においても見られる。C8であるメンバーは「私は他の人々に『何かを強いる』という発想には反対したい。選択はすべての人に開かれていなければならないはずだ」と述べている（UPIAS, 1974b:9）。
　この *Against Segregation* ではなく、*For Integration* にしようという主張は、ロンドン会議の後、郵送での投票議決の段階に至っても引き継がれてゆくのだが、最終的には会議による議決と郵送による議決によって *Against Segregation* が採用されることになった。
　Against Segregation に異を唱え、*For Integration* を組織名称として冠すべきだという主張に対する反論の中心にいたのは、最初に *Against Segregation* を提案したヴィックである。彼はC3において、なぜ、*For Integretation* ではなく、*Against Segregation* でなければならないのか、という点について、次のように述べている。少し長くなるが引用しよう。

　もし、われわれが組織名称において *For Integration* を掲げると、おそらく、われわれの周囲の多くの人々もこれに簡単に同意するだろう。「私たちも *Integration* を求めている」と。しかし、おそらく、この *Integration* を推し進める活動において、必然的に、一部の障害者たちは *Integrate* できない

のではないか、という議論が浮上するはずだ。そして（*Integration* を掲げる）人々はこの例外的存在を固守しようとするだろう。つまり、*Integration* という目的に同意しつつも、（それを阻むあらゆる）隔離との闘いには簡単に同意しないのだ。事実、この点において、*For Integration* という主張は、漸進的改良主義の考え方と一体化してしまうのだ。それに比して、*Against Segregation* という言葉はよりラディカルであり、それは簡単に例外の容認を許さない。今や私はごまかしや混乱を捨てて、問題をより明確に認識しつつ、障害者のためになる組織を立ち上げることの重要性を感じている。その意味において *Against Segregation* は極めて明瞭なメッセージなのだ（UPIAS, 1973c:12）。

おそらく日本の障害者運動の現代史に多少なりとも関心をもつ者にとって、このヴィックの見解は、横田が起草した「日本脳性マヒ者協会全国青い芝の会」における行動網領の次の一節を想起させるのではないだろうか。

　　われらは、問題解決の路を選ばない
　　われらは、安易に問題の解決を図ろうとすることがいかに危険な妥協への出発であるか、身をもって知ってきた。われらは、次々と問題提起を行なうことのみ、われらの行ないうる運動であると信じ、且、行動する（青い芝の会神奈川県連合会, 1989:139）。

For Integration という言葉は耳に心地よく響く「問題解決の路」であり、ゆえにこの言葉のもとに、多くの賛同者を集めることができるかもしれない。しかし、それは同時に、「重度の障害者であるがゆえに」とか「障害者自身が選択したのだから」という名目とともに、常に例外的存在を生み出す「危険な妥協への出発」である。もし、ユニオンの活動がすべての身体障害者を包含しつつ、この危険な妥協を回避しようとするのなら、*For Integration* ではなく *Against Segregation* を掲げ、隔離という問題を提起し続ける決意をもつべきだ、という主張がヴィックの本意ではなかっただろうか。彼はさらに C10 において次

第5章　結成初期フレーミングの検証　173

のように続ける。

　For Integration を主張するのはそれほど難しいことではない。なぜなら、そこでは常に実践が求められるわけではないからだ。われわれは *Integration* というお題目を唱えてさえいればいい。しかし、*Against Segregation* を主張する時、われわれは、現実世界に存在する抑圧と常に闘わざるを得ないのだ（UPIAS, 1974d:12）。

　ジュディは筆者のインタビューに応えて、この当時は英国内において入所施設の建設ラッシュで、「*Segregation* が拡大していた時期」だったと振り返っている（Hunt Judy, 7/7/2011）。そのような時代状況への危機感がポールやヴィックをはじめとするコアメンバーたちにはあったのだと言う。また、UPIAS におけるこの組織名称をめぐる対立は、「（今思うと）メンバーたちの生活経験の違いによるものだったかもしれません」と彼女は言う。UPIAS のメンバーたちの中には施設での生活経験をもたない者も少なくなかったからだ（病院への入院経験はあったとしても）。

　ジュディによると、当初の議論では、*Against Segregation* という言葉の攻撃性に異を唱え、*For Integration* に賛同するメンバーの方が多かったが、コアメンバーたちは（ヴィックの主張に見るように）*Against Segregation* こそが、UPIAS の存在理由であると繰り返し説き続けたという。ジュディとは別の日に、筆者のインタビューに応じてくれたマギーもまた、この組織名称をめぐる議論を鮮明に記憶していた。

　ユニオンのコアメンバーたちは、まず、「*Segregation* が存在していること」を明言すべきであり、組織名称はあくまでも *Against Segregation* であるべきだと考えていました。この件に関しては、ユニオン内部でさまざまな議論がありましたが、組織名称が確定後、この *Against Segregation* の思想にコミットできなかったメンバーたちは少しずつ組織から離れてゆくことになりました（Davis Maggie, 21/10/2011）。

組織名称をめぐるもう一つの対立点が *Union* という言葉に関してである。C2 の「ヴィックの提案」、すなわち、*Union of the Physically Impaired Against Segregation* については、まず、上に見たように、*Against Segregation* をめぐる議論が生起するのだが、少し時間が経ってから、*Union* という言葉への違和感も数人のメンバーから表明されるようになる。

　C6 で 1 人のメンバーが、*Union* という言葉はある人々にとっては「不快な言葉」であり、「私」もあまり好きではなく、むしろ、*Group* や *Association* という言葉のほうが好ましいのではないか、と訴えた（UPIAS, 1973 or 1974:4）。同様の意見は C7、C8、C10、C11 においても見られる。これらの号では *Union* が好ましくない理由として、C6 と同様に「不快な含蓄がある」（UPIAS, 1974a:4）、「不愉快だ」（UPIAS, 1974b:6）、「横柄に響く」（UPIAS, 1974e:5）などが挙げられている。

　おそらく、このように *Union* という言葉の採用に反発したメンバーたちには、1960 年代から 70 年代にかかるマルクス主義の影響を強く受けた労働組合運動への拒否感や、UPIAS がこのマルキシズムに染められてゆくことへの懸念があったのではないかと推測できる。彼らは *Union* という言葉を用いない組織名称の具体的な代案を幾つか提案している。例えば C7 においてあるメンバーは *Association for Advancement of the Physically Impaired* を提案し、*Association* という言葉は、（*Union* よりも）多様な考えの人々を受け入れた集団を意味するからだと主張し（UPIAS, 1974a:4）、また、C10 では別のメンバーからも *The Confederation of the Physically Impaired for Integration* という組織名称が提案されている（UPIAS, 1974d:8）。

　このような *Union* という言葉を組織名称として用いることへの反発に対して、ヴィックは次のように反論する。

　なぜ、われわれの組織を *Union* と呼ぶべきなのか。この国では、抑圧された状況に対する集団的抵抗活動として、組合（*Union*）の闘いの歴史と経験が豊富である。われわれもその歴史と経験の一部を分かちもつべきではな

いか（UPIAS, 1974b:11）。

　ロンドン会議において、この組織名称についてもさまざまな意見が提起されたが、最終的には採決によって、当初の「ヴィックの提案」通り、*Union of the Physically Impaired Against Segregation* が組織名称として採用されることになる。

8　ロンドン会議における討議

　主に IC を介して議論された 18 カ月間にわたるフレーミングは、1974 年 10 月 18 日から 20 日にわたって開催されたロンドン会議における議決と、その後の会議欠席者からの郵送投票による議決を経て、PS として成文化され、公表されるに至る。この時点で、UPIAS の初期フレーミングは一応の結実を見るのだが、この「われわれ」は何を目指し、どこに向かうべきかを問う議論はそこで終結したわけではなく、その後も UPIAS 内外において激しい議論を喚起し続けることになる。

　1974 年の 7 月頃に発行された C9 において、ロンドン会議開催のための準備状況が報告され、その中で、30 名のメンバーから返信された会議の出欠に関する報告がなされている。30 名のうち 21 名が「出席可」、2 名が「条件次第で出席したい」、そして、7 名が「出席不可」という結果だった。出席できない理由として、「会議に貢献できることが少ないので出席する理由がない」、「病気のため」、「とても遠いから」、「仲間が出席したいと言わないから」、「仕事のために時間がとれない」、「経済的理由」などが付されていた（UPIAS, 1974c:6）。さらに同号において、「出席可」と回答したメンバーらの希望日程について、3 カ月後の 10 月 18 日から 20 日が開催候補日であることも併せて報告されている（同上）。

　少し振り返ることになるが、ここでロンドン会議の議題が選定されるに至る議論の過程をもう一度確認しておこう。

　まず、C2 においてポールは「UPIAS の基本的なアウトライン」と題して、

組織目的・方針に関する5つの提案を掲載する。その後、C3からC6にかけて、このC2におけるポールの提案へのメンバーからの応答があり、さらに、1974年3・4月発行と記されたC7では、これらの議論の論点を整理する形で、UPIASのコアメンバーはさらに次の26項目にわたる質問を再提示する[4]。

1) この1970年代において、英国の身体障害者は抑圧されているか。もしそうであるなら、それはどのように克服できるか。また、抑圧されていないとするなら、われわれの直面している問題をどのように表現しうるか。
2) われわれは「障害の理論」を必要とするか。それともわれわれは単に現実的な社会改良に集中すべきか。
3) われわれは冗長で難解な議論は排除すべきか。
4) 施設問題を組織活動の中心に置くべきか、それとも、それは多数派の障害者にとっては無関係な話か。
5) われわれのイシューのフィールドにリハビリテーション、雇用、教育、移動、社会サービス、社会保障、住居などを包含すべきか。
6) われわれはすべての形態の隔離に反対すべきか、それとも、われわれはある特定の人々には隔離が必要であり、完全な統合は決して達成し得ないと考えるべきか。
7) われわれは障害者自身が隔離か統合かを自分で選ぶことができるような「自由」を求めるべきか。
8) われわれは障害者が障害者だけの集まり（たとえばクラブ、保護雇用所など）を選ぶことにも反対すべきか。
9) 重度障害者が自立し生産的な生活をするために、彼らに高額な治療や福祉機器、パーソナル・ヘルプなどを供給することは正しいことであると考えるか。
10) 誰が正会員資格を有するか。年齢の制限を設けるべきか、健常者を何らかの条件をつけてメンバーに迎え入れるべきか。
11) 活動的なメンバーだけを求めるべきか、もし、そうするなら、各個人が活動的か否かをどのように測るか。

12) われわれはすべての障害者の代表であることを目指すべきか。
13) 原則と方針に基づく目的をもつべきか、それとも緩やかなつながり、相互支援団体となるべきか。
14) われわれは政治的であることを避けるべきか。もし、そうであるなら、それはいかにして可能か。
15) われわれは、自らの置かれた抑圧的状況の改善のために闘っている他の組織とも連携すべきか。
16) 障害者フィールドや他のフィールドで、ユニオンは牽引者を目指すべきか。
17) 個人的後援者やスポンサー団体をもつべきか。
18) どのような組織名称を名乗るべきか。
19) われわれの努力は政治家や一般大衆、或いは他の障害者たちに向けられるべきか。
20) 権利綱領を策定するというのは良いアイデアだと思うか。
21) チャリティ団体として登録すべきか、公的な基金からの支援を受けるべきか、そうしないとすれば、われわれはどこから必要な財源を調達すべきか。
22) われわれは独立したユニオンとしてその名を広めるべきか、そのためのデモンストレーションやピケという方法は良い方法となりうるか。
23) われわれはブランチ（地方支部）を必要とするか。
24) 運営委員会を設置すべきか。それを求めるのなら、どのようにつくるべきか。その委員会の権限をどのように規定すべきか。もしそれを求めないのなら、どのようにして組織を運営すべきか。
25) 郵送による議論や投票による決議という方法は、今後もわれわれの主要な組織運営方法として継続すべきか。
26) われわれ組織内部の討議や決定のための手段として IC を引き続き用いるべきか。ユニオンに属していない他の障害者向けのより一般的なニュースレターや、健常者のサポーター向けのものも作成すべきか（UPIAS, 1974a:1-3）。

このC7で提示された26項目をめぐって、C8からC11において再びメンバーからの意見が集約されてゆくことになるが、その間も、C9の発送時にはポールの手による『UPIASの方針』草案、『UPIASの綱領』草案（『UPIASの方針』をコンパクトにまとめたもの）の草案が同封され、ロンドン会議直前まで、この草案に対するメンバーからの意見の提出が求められている。結論から言えば、C10・C11での討議、およびロンドン会議とその後の郵送投票を経て、これらポールの草案は、若干の修正が加えられたうえで、ほぼ草案通り、UPIASの公式文書として公表されるに至っている。

　さて、ポールが起草した草案に対して、C10・C11では、メンバーからの意見が掲載されている。例えばC10では、あるメンバーが草案に表現された「ポールの個人的な政治的信条」に対して違和感を表明し、UPIASは「あらゆる政治的ラベルが貼付されることを避けるべきだ」と主張している（UPIAS, 1974d:3）。また、C11では別のメンバーからも、この草案は議論を喚起し活性化させるよりも、むしろ一般の人々に脅迫的な印象を与えるだけではないか、という懸念が表明される。なぜなら、それはあまりにも「（ポールの—筆者注）個人的な感情に支配されているから」であり、ゆえにこれはUPIASの公式の方針として読むことは到底できない、と断じている（UPIAS, 1974e:4）。このメンバーは「個人的な感情に支配された文言」の一例として、草案で用いられている「最終的な人間の廃棄場（*ultimate human scrap heaps*）」という言葉を取りあげ、勿論これがメタファーに過ぎないことは理解できるが、あまりにも個人的感情に支配されていないか、と疑問を呈している（同上）。さらに、別のメンバーからも『UPIASの方針』草案は冗長に過ぎるのではないか、という意見も提起されている（UPIAS, 1974d:4）。

　これらの意見に対して、ポールの草案を検討した暫定委員会からは「冗長で無駄な部分はできる限り省きたい」（前掲資料:5）という応答とともに、草案においては「政治的立場が反映されているか否か」ということが問題なのではなく、まずもって、それが真実を語っているか否か、さらに、ディスアビリティを乗り越えることに寄与しうるものか否か、が問われなければならないはずだ

と反論している（同上）。

そして、C9 ではこの『UPIAS の方針』草案以外にも、ロンドン会議のアジェンダ候補として、1）一般社会へのユニオンの広報、2）移動とアクセス、3）会議の報道、4）所得保障、5）身体障害者に対する抑圧の本質、6）既存の障害者組織に対する批判、7）医療専門家の役割と制限的な実践、8）ディスアビリティと労働との関係、9）女性障害者問題、10）障害児教育、などが提案されている（UPIAS, 1974c:7）。

さらに C11 では、それぞれの議題の発題者として、1）広報とニュースレターについてはあるコアメンバーが、2）オープン・ニュースレターと IC、およびこの両者の関係についてはポールが、3）既存の障害者組織への批判についてはヴィックが、4）女性と障害についてはリズの名前が挙がっている（UPIAS, 1974e:3）。

さて、1974 年 10 月 18 日から 20 日にロンドンで開催されたこの最初の会議には、ポール、フィンケルシュタイン夫妻、デイビス夫妻、ポールの介助者として参加したジュディら 7 名のコアメンバーと、その他のメンバー 11 名、合わせて 18 名の参加があった。また、会議後の郵送議決での投票者は 17 名であったと報告されていることから（UPIAS, 1974f:1）、*PS* の議決には、最終的に 34 名のメンバーが関与したことになる（賛助会員であるジュディは議決に加わっていない）。

ロンドン会議の前に予め全メンバーに郵送された「プログラム（案）」は以下の通りである。

ユニオンメンバー 各位

暫定委員会

<u>UPIAS 会議：1974 年 10 月 18 日 − 20 日　プログラム（案）</u>

【10 月 18 日（金）】
・参加者到着：午後から夕食までの時間
・夕　　　食：18:30
・参加者および介助者によるインフォーマルな討議

【10月19日（土）】
・朝　　　食：8:30
・セッション1：10:00 〜 12:30（11:00：モーニングコーヒー）（正会員限定）
・昼　　　食：13:00
・セッション2：14:30 〜 17:30（16:00：ティータイム）（正会員限定）
・夕　　　食：18:30
・セッション3：19:30 〜 21:30（正会員限定）

【10月20日（日）】
・朝　　　食：9:00
・セッション4：10:30 〜 12:30
・昼　　　食：13:00
　午後、それぞれチェックアウトしてください。但し、昼食前には荷物を出して、部屋を空けてください。
****

　セッション1〜4の議題は以下の通りです。
1　方針と綱領に関する討議と採決。
　方針・綱領に関するメンバーからの修正提案等も含む。
2　1の議論から派生して今後必要となる小委員会の選挙規定に関する取り決め。
3　メンバーから提案されるその他の事項に関する討議と採決。
4　何人かのメンバーから既に提起されている以下の重要項目に関する討議。
　慢性疾患病棟、権利宣言・綱領、特殊教育、ニュースレター、組織財政、新規会員のリクルート、広報、移動、所得、障害児、女性（リズ提案）、てんかん発作、身体障害者に対する抑圧の本質（ヴィック提案）、障害者のための（障害者による）既存組織への批判（ヴィック提案）、医療専門家たちの役割と制限的な実践、社会によって方向づけられた利益追求欲における労働とディスアビリティとの関係に係る原理。

＊その他、議案の提案がある方は、早急にポール・ハントまでご送付ください。

(UPIAS, 1974e:2)

　このように3日間にわたり、多くの議題が用意されていたが、C12における会議録を見ると、実際には、議題の1と2をめぐる討議に大半の時間が取られ、他の議題について議論する時間はなかったようだ。

さて、当日の会議は、ポールを議長として選出する議決をとるところから始まった。次に、会議に向けて『UPIASの方針』草案を検討してきた4名の暫定委員会からその検討過程について短いコメントが出され、その後、この『UPIASの方針』草案の一条ごとに検討が進められたが、この逐条審議においては、全参加者の同意が確認されるとともに、同意の得られない条項については、十分な討議の後の採決で議決するという方法で進められた（UPIAS, 1974f:1）。

最初に検討されたのは組織名称についてである。既に会議前の *IC* の各号でも述べられていたように、数人のメンバーから、*Against Segregation* という名称提案に対して、この名称では多くの人々の共感を得ることができないという理由で反対意見が提起された。これに対して、ヴィックは「われわれは社会によって隔離されているという事実を認識し、そこに立脚すべきなのだ」と、C3で自身が述べた反論を繰り返している。他に、*Segregation* という言葉を *Discrimination* に置き換えるべきだという意見も出されたが、この意見への支持者はおらず、直ちに否決されている。しばらく議論が続いた後、最終的に2名のメンバーからあらためて *The Union of the Physically Impaired Againsnt Segregation* という名称が提案され、採決によって可決された（同上）。

次に、長い時間を要した議論は、「組織目的」をめぐる議論である。まず、あるメンバーから、一部の障害者たちが常に施設を求めてきたこと、また、UPIASがその目的に、「障害者自身がどこでどのように住むかを選択する権利」を宣言していることを理由として、「すべての隔離的施設の廃止」を組織目的の一つとして掲げることへの異論が提起された。併せてそのメンバーは個々の障害者自身が *integration* か *segregation* かを選べるべきだ、と主張した（同上）。

これに対して、ヴィックが「われわれ」は単に選べることを問題にすべきではない、と反論している。そして彼はC10で展開した「奴隷化」をめぐる議論をここでも再び繰り返しながら、すべての障害者に完全な *integration* の本当のチャンスが獲得されるまで、UPIASはあくまでも隔離的施設の廃止を求めるべきだ、と強く主張した（前掲資料:2）。

その後、昼食と休憩を挟み、さらに『UPIASの方針』草案に関する議論が

継続する。あるメンバーからは、草案中の「無駄な物資」という文言とともに、コンコルド（当時、英国とフランスの共同開発によって運行が始まった超音速民間旅客機）や各種破壊兵器が例示されていることについて、このような政治的イシューへの言及は、却ってディスアビリティという問題から人々の注意を逸らしてしまう危険性があるのではないか、という疑問が出された。関連して、別のメンバーからも、コンコルドは新たな技術開発を誘発するという意味で「無駄な物資」ではないのではないか、という意見も述べられた（同上）。

このような意見に対して、「われわれ」は「政治的であるべきだ。勿論、それは政党政治的に、という意味ではなく」という反論に続いて、もし、国家予算の支出先が誤ったものであり、本来優先すべき障害者の統合のための社会資源の開発・供給に向けられていないのなら、その誤りを明確に指摘することこそが UPIAS の使命だ、という反論も提起された（同上）。併せて、コンコルドはある種の人々には必要な物資かもしれないが、「われわれ」は、日常の人々の暮らしのために予算配分をすべきであるという議論をもっと喚起すべきだ、という意見も出された（同上）。

その後もこの議論は長く続いたが、最終的には投票によって、「資源は、われわれ身体障害者に関わるような人道的課題に供せられる代わりに、例えば、洗練された破壊兵器の製造やコンコルドや（中略）に用いられるなど、誤用されている」という文言が採用された（同上）。

続いて議論となったのは、「感情的過ぎる」という批判が提起された幾つかのパラグラフについてである。この議論において、特に強い反対意見が出されたのは、会議前の IC においても既に争点となっていた「生を破壊する場としての施設（*institution as life-destroying*）」という表現が用いられたパラグラフに対してである。反対者たちは、施設が必ずしも障害者にとって破壊的ではないこと、専門家である施設職員の中にも、入所者と協力して、隔離的状況の改善に努めている者たちもいることなどの理由を挙げ、「生を破壊する」という表現は感情的過ぎると批判した。また、別のメンバーは「生の破壊」を「魂の破壊」に置き換えてはどうか、と提案している（前掲資料:3）。

次に批判を受けたのは、施設を「牢獄」と表現したフレーズとそれに関連す

るパラグラフである。批判者はこの「牢獄」という言葉は過度に感情的であり、事実としても誤っていると主張した。しかし、この批判に対しても、数人の参加者たちからはむしろ適切な表現であるという反論が提出され、その根拠として、既存の多くの施設における「牢獄」にも似た生活規則や生活環境などが列挙された。結果的に、この「牢獄」という表現への反対意見は却下された（同上）。

また、これら特に施設をめぐるパラグラフに対する、感情的過ぎるという批判に対して、暫定委員会から隔離に対して怒りをもつことは正当であり、その意味において、特に施設をめぐる描写が感情的であることはむしろ必要なことであり、適切なのではないか、という反論も出された（前掲資料:2）。結局、感情的過ぎると指摘された幾つかのパラグラフは、殆ど修正されることなく採用される至っている（同上）。

次にあるメンバーから、『UPIASの方針』草案における「あまりにも困難な約束」について質問が出された。それは施設に入所しているUPIASメンバーがPSの公開によって何らかの攻撃に晒されたとき、UPIASが彼らを全面的に支援し救済することを宣言したパラグラフについてである。質問者がその実現可能性を問うたところ、暫定委員会は「ユニオンが過去の経験から学んだこと」（おそらくピアス・ハウスにおけるマギーたち入所者への支援の経験を指しているのだろう）として、状況を変革しようとする施設入所者たちにとって、施設外部からの支援が必要であり、有効であることを指摘し、この施設外部からの有効な支援のためにも、UPIASは常に施設入所者の側に立ちながら、具体的な支援を提供できる強さの獲得を目指さなければならないのだと説明し、当該パラグラフはそれを宣言したものだ、と応じた（前掲資料:3）。

さらに、この施設入所者への支援に関連して別のメンバーからも、UPIASはどのようにして、施設入所者を支援するのか、例えばそれは施設退所へ向けた支援なのか、或いは施設内の生活改善に係る支援なのか、という質問が出されるが、暫定委員会はそれに対して以下のように応えている。

> われわれは、社会資源が拡充するまで僅かなことしかできないかもしれないが、しかし、少なくとも、施設入所者を励ますために、また、施設管理・

運営者にプレッシャーをかけるために、手紙を書くことなどの活動はできるだろう（前掲資料:4）。

　この「施設入所者に対して現実的にどのような支援ができるか」という問いをめぐっては、「5　施設問題をめぐって」においても確認したように、ロンドン会議を経て PS が策定された後も組織内外での議論が継続し、既述の通り、その過程で UPIAS は最初の退会者を出すことになる。
　続いて正会員資格について述べたパラグラフの「すべてのメンバーがアクティブであるべき」という原則に対して、「ある種の障害者たち」にはそれが困難であることが指摘され、この点についても長時間の議論が展開された。最終的には、例えばコミュニケーションに困難を抱えるなどの理由で、アクティブな活動に参加し難い問題を抱えているメンバーに対しては、「他のメンバーがサポートをする」という文言の挿入が提案され、受け入れられている（同上）。
　同じく正会員資格をめぐっては、健常者メンバーを賛助会員として受け入れるとともに、この賛助会員の権利をどのように制限すべきか、という問いが提起された。草案では、健常者メンバーは「議決権をもつこと」と「役員になること」を除いて、UPIAS メンバーとしてのすべての権利を保有する、と述べられていたのだが、何人かのメンバーは、「議決権の制限」のみならず、PS など、組織において重要なイシューをめぐる討議自体にも健常者を参加させるべきではない、と強く主張した。これに対して、別のメンバーは「われわれの問題」に誠実な関心をもち、真摯に支援を申し出る健常者たちに対しては、もっと門戸を開くべきだ、と反論した。この論点をめぐっても長い議論が続いたが、採決の結果、当初の草案通り、健常者の賛助会員には議決権・役員被選挙権のみが認められないこととなった（同上）。
　その後、運営委員会の役員構成に関する議論があり、事務局長、事務局長補佐、会計、会員資格審査担当役員、情報担当役員、IC 編集担当役員、オープンニュースレター担当役員、地域部会担当役員が運営委員会の役員構成として議決された（前掲資料:5）。
　２日間で10時間以上を費やしたロンドン会議はここで終わっている。既述

の通り、『UPIASの方針』草案をめぐる議論に殆どの時間が充当されたため、予定されていたその他の議案は討議されなかったが、後日、この会議録を掲載したC12において、暫定委員会はこの会議を「強固な紐帯をもつ組織的土台を固めるために必要な多くのことが達成された会議だった」（前掲資料:6）と総括している。

また、C12では、残された議案については郵送による投票で議決すること、2日間の討議を録音したカセットテープを希望者に貸し出すこと（会議欠席者に対して優先的に）、さらに、運営委員会役員への自薦・他薦を請うこと、などが全メンバーに告げられている。

このように、2日間にかけて開かれたUPIAS最初のロンドン会議議事録がC12で報告されてから（C12の発行月日は不明だが、前後の*IC*の発行月日からおそらく1974年11月初旬であろうと推測できる）約1カ月後の12月に発行されたC13において、郵送投票による議決の結果が報告されている。

郵送投票は、C9で提示された議案に関する賛否が問われ、会議を欠席した17名のメンバー全員が投票し、それぞれの自由意見がC13において述べられている。その中には、依然として組織名称として*For Integration*を掲げるべきだという意見や、施設問題に関する草案の条項に異議を唱える声もあったが、その多くは基本的に会議における議決を支持するものであった（UPIAS, 1974h:1）。

その後、この会議による議決および郵送議決を踏まえて、運営委員会において*PS*の成文化作業が進められ、1974年12月3日にそれが公表されることになり、さらに2年後の1976年8月に改訂版が公開されている。

9　成文化された『UPIASの方針』

最後に、18カ月間の討議と全メンバーによる議決を経て成文化された初期フレーミングの結晶体である*PS*の構成とその内容を確認しておこう（UPIAS, 1974h）。この*PS*は目的と組織綱領によって構成されているが、目的には以下のように、身体障害者の「完全なる社会参加」が掲げられ、それを実現するた

めに、旧来の隔離的施設をオルタナティブな社会資源へと転換してゆくことが宣言されている。

　ユニオンの目的は、身体障害者のためのすべての隔離的施設を、われわれの完全なる社会参加を実現するための社会資源と取り替えてゆくことにある。これらの社会資源には、われわれの自立生活における活動やモビリティを達成し、生産的労働に就くことや、また、われわれ自身がどこでどのように自律的に暮らすかということを選択しうることを保障するための経済的、医学的、技術的、教育的な支援と、その他の公的資源が含まれるべきである。

続く組織綱領は27の項目によって構成されている。その中にはタイトルが付された項目が19項目、項目番号だけのものが8項目ある。タイトルを付されていない項目は基本的に前項の内容をより詳細に説明するものとなっている。19の項目に付されたタイトルは、「ディスアビリティと隔離」、「近年の変化」、「低い交渉力」、「施設－最終的な人間の廃棄場」、「闘う施設入所者たちへの支援」、「必要な選択肢」、「真の選択」、「施設の外の無力化」、「医学の伝統」、「良い支援」、「ユニオンの必要性」、「活動」、「活動のためのガイドライン」、「会員資格」、「他の被抑圧者集団」、「民主的な組織統制」、「特定課題部会」、「財源」、「他の障害者組織」である。
　以下、長くなるが組織綱領1～27までを全文引用しよう。

【綱領】
1　ディスアビリティと隔離
　英国は今や、われわれ身体障害者が社会に貢献するために、われわれを社会の主流に包含させうるための必要な知識と先進技術を有している。しかし、これらの資源は、われわれ身体障害者に関わるような人道的問題に供せられる代わりに、例えば、洗練された破壊兵器の製造やコンコルドやセンター・ポイントのプロジェクトに用いられるなど、誤用されている。
　今日、英国社会はディスアビリティを克服することができるほどの卓越した能力を獲得しながらも、それらを誤った方向で用いているために、身体障害者たち

は未だに完全な社会参加から必要以上に排除されているのである。

　われわれ身体障害者は、不適切な公私の交通機関、身体障害者に不適合な住宅、工場や会社における融通の利かない労働、そして最新の支援や設備の欠如などによって孤立化させられ、排除されているのだ。

2　しかし、正しい方法で十分な社会資源を用いることで、重度の障害者が多くのバリアを克服している幾つかの事例もある。これらの事例は身体障害者のインテグレーションが可能であることを証明している。しかし、集団としてのわれわれは未だにしばしば特別な学校やトレーニングセンターをあてがわれるなど、隔離され、劣悪な施設の中で忍従を強制されている。すなわち、われわれは隔離的な作業所、デイセンター、施設、ホステルやクラブなどに制度的に追いやられているのだ。もし、われわれが何とか移動できるとしたら、それはしばしば時代遅れの三輪車や特別なラベルのついた乗り物によってである。

　従来、このような特別で隔離的な支援形態こそが、障害者支援の発達を示すものだと捉えられてきた。しかし、インテグレーションのための資源が確かに存在する現在、隔離的施設への強制的収容は、ますます抑圧的で非人道的な処遇となっているのだ。

3　近年の変化
　近年、先進の科学技術や医療技術を用いながら努力を続けたことにより、多くの障害者たちが完全な社会参加を実現している。われわれを隔離している社会的障壁の幾つかは、部分的にではあるが乗り越えられ、解体されてきている。そのことによって、例えば、対麻痺の人々や視覚障害者の中で一定の割合を占める人々は、働くことができ、50年前には想像もつかないほど、活動的な生活を送ることができるようになった。このような改善は、障害者に対する健常者の態度にも影響を与え、健常者たちは障害者に対して、よりポジティブな印象をもつようにさえなってきている。

4　このような改善は、障害者に対する一般的な態度も変容させることができるということを示唆し、また、それは更なる変化を達成するために、われわれの完全なる社会参加をより促進しうることも示している。しかし、われわれは障害者が集団として置かれている基本的な社会的地位の現実を見過ごすことはできない。現代社会において、人々は生計を立ててゆくために、労働市場において競争を強いられているが、通常、雇用者たちにとって身体障害者は健常者ほど良い労働商品ではない。ゆえにわれわれ身体障害者の多くは、被抑圧者集団として、この社

会の底辺に置かれ続けているのである。

5　低い交渉力

　たとえわれわれが仕事を得ることに成功したとしても、相対的に低いわれわれの生産性は、われわれが低い交渉力（より尊厳ある処遇と設備を獲得するために必要な交渉力）しか持ち得ないことを示している。

　われわれの社会的地位は、疾病に罹った中高年の人々、精神障害者、黒人、前科者、非熟練労働者などに似ている。われわれは通常、経済状況がそれを求めるとき、最初に職を奪われ、ゴミ捨て場に捨てられるのだ。経済状況が好転し、幸運にもわれわれが労働市場に復帰し得たとしても、与えられる仕事は最低賃金の仕事であろう。不運であれば、われわれは生涯、ミーンズテストにおける貧困ラインぎりぎりの品位を下げられた状態に置かれ続けるだろう。そして、もし、われわれが極めて不運であるならば、われわれは、われわれの魂を破壊する「施設」に送り込まれることになるだろう。

6　施設－最終的な人間の廃棄場

　UPIASは「被抑圧者の組織」である。われわれに対する「抑圧」が最も端的に表現されている場は隔離的施設、すなわち、「この社会における最終的な人間の廃棄場（Ultimate Human Scrap-Heaps of this society）」である。そこには何千人もの身体障害者たちが「ただ身体障害をもつ」というそれだけの「罪」で終身刑に処せられており、殊に近年、この幽閉は長期間にわたる。ここに幽閉された大多数の者は他の選択肢も出所の誓願も認められず、さらに模範囚としての仮釈放さえ認められず「自らの生そのものから逃亡する」（＝死―筆者注）以外に、この幽閉状態からの脱出は望めないのだ。

7　孤立的・隔離的施設における残酷さ、侮蔑的な屈辱、身体的・精神的剥奪などの経験は、この社会が身体障害者に対して本質的に抑圧的であることを暴露しているのだ。他の多くの同種の施設、例えば特殊学校などのような場所で、障害者のために最善を尽くそうとしているスタッフやボランティアたちもいる。しかし、彼らの努力は隔離的施設の基本的機能によって、構造的に台無しにされてしまう。隔離的施設において障害者の「塊」に対するケア経験は、障害者には完全な社会参加や良い生活を獲得することを現実的に期待することができないという確信を、スタッフやボランティアたちにもたらすのだ。

　身体障害者たちが、他者の助力なしに生き延びることさえできなかった時代において、特別な施設が誕生したとき、施設のこの基本的な機能は概して適切なも

のであったと思われる。しかし、重度の身体障害者たちが単に生き延びるためだけではなく、働くことができ、完全に統合される可能性が増大した現在、もはや隔離的施設がその機能を発揮する必要はないと言える。これらの施設は、現代の英国において、すなわち発展を遂げた社会的・技術的条件下において、極めて時代遅れのものとなっている。

8 闘う施設入所者たちへの支援

ユニオンはディスアビリティのフィールドにおいて、ネグレクトされてきた「施設問題」という危急の問題に焦点を当てる。ゆえにわれわれは既存の施設において、自らの生活環境の改善のために闘う入所者たちを支援すること、彼らのプライベートな生活を彼ら自身が完全にコントロールすることを支援すること、そして、施設運営が民主的に営まれること、などに向けた支援に強調点を置く。

ユニオンは施設運営者側が、施設外部からの訪問者を制限しようとすること、入所者たちがベッドに入る時間を定めようとすること、入所者たちが彼らの望むときに外出・帰寮することの自由に制限を設けようとすること、医学的・看護学的な意見を押し付けようとすること、入所者たちの意思に反して彼らを他の施設に移送しようとすること、などに対して強く反対する。

9 ユニオンは人々がその個人的ニーズを充足するために他者に依存するとき、しばしば否定されてしまう基本的人権の保障をうたう「憲章」を作成することの必要性を認識している。

施設に住む障害者たちが、彼ら自身の権利を守るために、地方組織を結成しようと望むとき、ユニオンはこれを支援する。

また、ユニオンは入所者たちが施設運営者側と交渉すること、委員会を組織すること、などを支える相互支援サービスや助言の方法を発展させる。さらに、求められるなら、われわれは、全国レベルの重要な闘いについても、それに人々を動員し、また、その闘いに関する情報を提供してゆく。

10 必要な選択肢

ユニオンは、公私の隔離的施設がこれ以上増設されてゆくことに反対する。われわれは、障害者自身の自宅に適切なサービスを供給することが社会資源のより有効な用い方だと確信している。

われわれは、非施設的な「もう一つの」住宅についても要求してゆく。それは安全、インテグレーション、そして、広範囲にわたる支援を要する障害者たちの主体的な生活を真に前進させる、例えばスウェーデンにおけるフォーカス計画に類した

住宅計画である。

　ユニオンは、施設を退所し、施設の外で暮らすことを望む障害者たちを支援したい。しかし、われわれは、現時点において、施設生活を自らにとって「最善の選択」だとする個々人の選択をも最大限に尊重する。

　われわれは、ある障害者たちがわれわれの「隔離」に関する見解に同意しないであろうことを理解する。そうであるなら、われわれは、彼らが彼らの見解を公にするために組織化されることを望む。

11　真の選択

　ユニオンの究極的な目的は、われわれ身体障害者がすべて、どこでどのように暮らすかということについて、われわれ自身が選択できる手段を獲得し得る状況に到達することである。このことは、すなわち、州や民間団体によって運営されている隔離的施設を廃止してゆくことを含んでいる。なぜなら、これらの施設が膨大な予算によって運営されている以上、れわれ自身が選択する生を生きる本当の機会をもたらす社会資源を、われわれが十分に手にすることができないからだ。この点は、施設や病院、ホステル、コロニーなどだけではなく、他の隔離的施設に対しても言えることだ。

　極めて高額の予算を消費する特殊学校、デイセンター、多くの補助金によって運営されている作業所や工場、隔離的なホリデー・キャンプやホステルが存在する限り、われわれすべてが、ノーマルな教育、雇用、レジャー活動に平等に参加する本当の機会を得ることを確実にするための実質的な「もう一つの」サービス供給体制の構築は望めないだろう。

12　施設の外の無力化

　われわれユニオンは、現在の隔離的施設の存在が、これらの施設の利用を想定されていない比較的軽度の障害者たちの暮らしにも直接的な影響を与えていると主張する。施設の外に暮らすわれわれは、われわれのような特殊な集団の中でも、その底辺に位置づけられる人々の身の上に何が起こっているのかを考慮することによってのみ、社会におけるディスアビリティの意味を理解することができるのだ。この底辺に置かれた人々の存在と彼らの闘いこそが、ディスアビリティの存在を証明するものであり、彼らを無視することは、老人病棟の存在を考慮しないで、社会における老人たちの生活条件を論ずるようなものだ。

13　われわれすべてが経験する偏見の態度もまた、不必要な隔離的施設が存続し続けていることと無関係ではない。その隔離的施設で暮らす人々の存在は、障害

者が完全な社会参加のための能力や自己決定の能力に欠ける存在であるということを暗示している。

　そのことによって、障害者は保護されなければならなかった時代へ後退させられている。そしてそのことは、われわれが「われわれにとっての正しい場所」(例えば特殊学校、クラブ、病棟、施設や作業所等)にいるべきだということを示唆し続ける。

　時代遅れの態度や偏見によって隔離的施設の存続が続く限り、身体障害者が通常の社会に受け容れられることは決してないだろう。

14　医学的伝統
　施設の内外で、障害者に対する伝統的な取り扱いは、医師や他の専門家が、われわれにとって何が一番良いことなのかを決定する、というやり方だった。われわれが時に、われわれの身体的インペアメントのために、手術や薬、看護などの医療技術的な支援を要することはもちろん事実である。われわれはまたセラピストから、身体的機能を維持・回復するための支援や、自立と機動性を確保するための自助具に関する助言などを必要とすることもあるかもしれない。

　しかし、われわれが社会生活をおくることに関して、医学的権威や医学的定義が強制されることにわれわれは強く抵抗する。第一に、われわれは人間であり、「患者」、「ケース」、「痙攣性麻痺」、「聴覚障害」、「視覚障害」、「車いす」、「病気」などではない。われわれユニオンは、医学或いはその他の分野の専門家たちが、身体障害者がどのように生きるべきかということについて発言する権限をもったり、われわれに提供する情報を操作したり、われわれの背後でわれわれのことについて決定したりすることを完全に拒絶する。

15　われわれはまた、われわれがどのように自らのディスアビリティを受容すべきかということを論じたり、或いは、障害者の心理学について喧伝しようとするあらゆる専門家たちのアイデアを拒絶する。われわれは既に、貧困であること、孤立化させられること、隔離されること、じろじろと見られること、見下げたように話しかけられること、などの扱いを受けることがどのような感覚をもたらすのか、ということについて、どんな健常者である専門家たちよりもよく知っているのだ。

　ユニオンとしてわれわれは、障害者であることがいかにひどい状態であるかについての説明には興味をもっていない。われわれの関心は、われわれの生活条件を変革する方法、われわれを制度的に排除するこの社会によって、われわれのインペアメントに課せられたディスアビリティを克服する方法である。

われわれが受け容れるべきなのは、われわれのインペアメントだけであり、このインペアメントに付加された、われわれが取り扱われる方法によって生じる全く不必要なディスアビリティについては、克服すべきであり、受け容れるべきではない、というのがわれわれの見解だ。

われわれは、専門家たちが、われわれの社会的・心理学的問題に係るより生産的な仕事を見つけることができる日が来ることを望んでいる。

16　良い支援

われわれは、われわれが小さく弱いマイノリティ・グループであり、障害者の努力だけでは完全に人間的な生活を実現することができないことを知っている。われわれにはわれわれの問題に共感的な健常者たちの支援が必要であり、これを歓迎する。しかし、われわれが直面している基本的な問題は、完全な社会参加からの排除であり、このような抑圧的な状況は、障害者が社会においてより主体的な役割を担うことによってのみ正すことができるのである。

ゆえに、専門家や他の健常者たちの努力が本当に生産的なものになるのは、それが障害者たち自身のセルフ・ヘルプと主体的活動を支え、勇気づけることに向けられた時である。したがって、ユニオンとしてのわれわれのエネルギーは主に、他の障害者たちとの議論や協働に対して向けられることになるだろう。

多くの障害者たちが、自分たちのリハビリテーションに積極的に参加するようになればなるほど、われわれの問題は正しく取り扱われるようになるだろう。

17　ユニオンの必要性

障害者は既に自らに課せられている孤立化、隔離、そしてさまざまな抑圧形態と至るところで闘っている。われわれは毎日、個人的な問題と直面しなければならないが、今や共通の問題に対して、より効果的に取り組むために、組織化されつつある。このような動きは英国におけるこの25年間において、障害者組織の成長に見ることができる。

われわれユニオンは、この組織化の過程をさらに次の段階へ推し進めていく。われわれは、一つの物理的なディスアビリティの側面（例えば移動や所得）や、また、特定の医学的な診断に基づく障害者問題に焦点を限定したり、さらに一つの地域に限局した問題に焦点を限定することはしない。ユニオンはわれわれを抑圧する生活条件の改善に取り組もうとするすべての障害者を支援するために、また、われわれ自身の人間的な潜在力を開花させるために存在しているのだ。

18　活動

障害者たちの闘いを支援するための多様な活動は、ユニオンを有用な社会資源とすることによって推進される。パンフレットやオープン・ニュースレターの発行とともに、われわれは多様な問題をめぐるキャンペーンを展開する。われわれは情報、アドバイス・サービスなどを確立するとともに、財政的、実務的、或いは他の実践的な支援を組織化してゆく。

　例えば、ある人は官僚主義的な手続きを効率化すること、或いは自助具や福祉機器または他のサービスの不支給などに対する闘いにおいて支援を必要とするかもしれない。また、他の人は、建造物におけるスロープやリフトの施策を管掌する組織との闘いにおいて支援を必要としているかもしれない。施設の入所者たちがもし、専門家たちによって虐待されていたとしたら、彼らは助けを求めたり、その状況を全国の人々に開示するための支援を求めるかもしれない。さらに、作業所やデイセンターで働く人々は、彼らの賃金レートの改善を要求する闘いにおいて、支援を求めるかもしれない。障害者たちにとって本当の利益を達成し、彼らの生活条件が改善されたときに、ユニオンは成功を収めたと言えるだろう。

19　活動のためのガイドライン

　実践的な闘いから確実に学ぶことを通して、われわれの活動はより効果的なものとなるだろう。ゆえに、ユニオンの一つの本質的な作業は、将来の活動に向けたより明確なガイドラインを発展させることである。われわれはこの作業を、われわれや他の障害者たちの活動、及びその活動においてわれわれが直面する問題の本質に関する慎重な議論によって進めていこう。

　われわれは失敗と成功から学び、実践によって証明された理論を発展させる必要がある。なぜなら、これらは障害者に現実的な利得をもたらすからだ。このような作業を通した本質的な学びは、現在の障害者および将来の障害者たちにとっても有用なものとなるだろう。

20　会員資格

　ユニオンにおける正会員資格は、重度身体障害があり、ユニオンの方針と綱領に賛同する英国内の施設入所者に対して開かれている。ユニオンは、われわれ障害者が社会変革に向けて積極的に取り組むことによってのみ、真の前進があるという確信に基づいており、ゆえに、正会員はユニオンの活動に積極的に参画することが求められている。勿論、メンバーはそれぞれにおいて異なった能力を有しているが、ここでの「積極的」とは、少なくともユニオンの方針をめぐる議論に何らかの形で参加することを意味している。

　われわれは幾人かのメンバーがコミュニケーションにおいて問題を抱えている

ことに配慮し、彼らを勇気づけ、彼らの置かれた環境の改善に向けた支援をする。このような支援によっても、現時点において、組織に貢献できないと感じている障害者たちは、われわれのオープン・ニュースレターへの投稿という形で参加することができるかもしれない。

21　ユニオンの方針と綱領に賛同する健常者は賛助会員となることができる。賛助会員はCircularとオープン・ニュースレター、及びその他の公刊物を受け取ることができ、また、会議や他のイベントへの出席、討議への参加ができる。しかし、彼らはユニオンの議案に対する議決権をもたず、また、ユニオンの役員になる資格ももたない。

　真摯な支援者たる賛助会員は、ユニオンを障害者であるわれわれ自身が統制し、自己決定や自己組織化を発達させたいというニーズを理解するだろう。賛助会員はまた、障害者であるわれわれが日々、ディスアビリティを経験している以上、われわれの抑圧の本質や、その克服のためのラディカルな変革の必要性を見誤る可能性を健常者ほどにはもたないであろうことを理解するだろう。

22　他の被抑圧者集団

　この社会における抑圧形態は、それぞれの被抑圧者集団によって、幾分異なっているが、例えば「精神障害者」、或いは「精神病者」と呼ばれる人々は、明らかにわれわれと同様の扱われ方をされている。しかし、われわれユニオンの会員資格は、シンプルに身体障害を有するという事実を基礎に置いている。このことの理由は、われわれが現時点において、身体障害と結びついたわれわれの問題状況を明らかにすることが重要であると確信しているからである。しかし、自らの尊厳ある生を実現するために闘っている他の被抑圧者集団とともに闘い、それを支援することは、われわれの活動の基本である。

　すべての被抑圧者集団が共有するのは、抑圧を克服するために社会を変えることへの切実な関心であり、ゆえにユニオンはそのような変革を実現するための共闘に参加したいと切に願っている。

23　民主的な組織統制

　ユニオンにおける民主的な組織統制は、すべての会員に係っている。組織方針は、部外秘のCircularによる議論を尽くして、或いは、通常総会の場において、多数決で決定されることになる。

　われわれがその活動と思考を正しい方向で深めつつ継続させようとするなら、会員による組織方針をめぐる十分な議論が不可欠である。しかし、一度決定が下

されたなら、会員は、自らがユニオンの会員でありたいと願う以上、その方針への反対を公表しないというルールを守る必要がある。この二つの要素の組み合わせは、われわれの真の発展において不可欠である。

24　通常、ユニオンにおける議案の決定は、互選された委員によってなされ、すべての正会員に対して責任をもつ運営委員会の所管となる。運営委員会はユニオンの資産を管理し、組織内部の Circular と定期発行されるオープン・ニュースレター、また、不定期のパンフレットや他の印刷物を発行する。さらに委員会は、組織内で合意を得た方針を基礎に、ユニオンとして公式に発言し、活動する。
　ユニオンにおけるこの委員会の役割は、すべての会員の積極的な参加と発達を促すことにある。

25　特定課題部会
　ユニオンにおける「特定課題部会」は、ディスアビリティのある特定の側面に関心をもつメンバーたちによって構成されることになる。その例として挙げられるのは、施設入所者の権利、所得、雇用、特殊教育、福祉用具・自助具の供給、英国及び海外におけるオルタナティブな住宅、医学的・技術的研究、リハビリテーションなどである。ユニオンの一般的原則の下、これらのグループは自らの経験と関心に基づき、その活動と思考を深めることになるだろう。特定課題に関する彼らの報告は、暫時、ユニオンの見解として発表されることになる。

26　財源
　登録されたすべてのチャリティ団体は、有利な税控除を受けているが、そのことと引き換えに、彼らは政治的変革に向けた直接的なキャンペーンの実行を許されていない。われわれは障害者たちの置かれた状況が本当に改善されうるのなら、政治的な活動への参加を重視する。したがって、われわれの活動の自律性を担保するために、われわれはチャリティ団体としての登録をしないこととする。
　さらにわれわれは、ユニオンとして、公的資金の獲得を求めるつもりもない。われわれは公的な資金に大幅に依存してはならない時期が、ディスアビリティ分野の組織に到来していると考えている。われわれは財政的支援者や貴族のパトロンの立場に基づくよりも、ユニオンのメンバーたちの立場に基づき、自由に発言し活動することを選ぶ。
　よって、ユニオンの活動費用は寄付金や出版物の収入によって賄われることとする。

> 27　他の障害者組織
> 　ユニオンの目的は、ディスアビリティに関わるすべての団体が、民主主義を貫徹し、障害者たちの真のニーズと願望に即した組織となることを実現することである。ゆえにわれわれは、われわれの生活に影響を及ぼすすべての組織の声を集約してゆく。
> 　ユニオンの代表が、他の組織の運営委員に任命されたとしても、彼らは常にユニオンの方針を推進し、さらに定期的にユニオンに戻って、状況を報告する。加えて、ユニオンはすべての障害者組織の方針と活動に対して、客観的な観点からの注意を怠らない。
> 　われわれは、他の組織からの建設的な意見や支援を歓迎する。われわれ自身も、いつでも可能であれば、支援と協働を提供したい。しかし、われわれは、それが障害者の利益になると確信するとき、自由な発言と自律的な活動を実行することを躊躇わない。われわれのこのような発言や活動の正否を判断するのは、障害者たち自身である。
>
> 　　　　　（*Union of the Physucally Impaired Against Segregation:Policy Statement*）

　綱領の最初の項目に置かれた「1　ディスアビリティと隔離」では、現代の英国の科学的水準が、ディスアビリティを克服できるほどの卓越した水準にありながらも、それらが破壊兵器の開発や不必要な輸送機（コンコルド）の開発など、誤った方向で用いられているために、身体障害者たちは未だに完全な社会参加から不必要に隔離・排除されていると断じられている。そして続く項目では、このように正しい方法で資源が用いられていないがゆえの、身体障害者の雇用、生活、教育などにおけるさまざまな隔離的施策と設備が糾弾され、特に、障害者のインテグレーションのための資源が確実に存在する現代的状況において、隔離的施設への強制収容の抑圧的・非人道的処遇が告発されている。
　しかし、次の「3　近年の変化」という項目では、このような隔離的施設が残存しつつも、近年の先進的なテクノロジーを用いることによって身体障害者の社会参加を阻む社会的障壁が克服された事例、さらに、そのことによって、健常者たちが障害者に対してよりポジティブな印象をもちつつある事例について触れられている。
　項目番号4と「5　低い交渉力」の項目では、身体障害者が非労働力商品と

して、社会の底辺に置かれ続けていること、そして、もし、幸運にも職を得ることができたとしても、その相対的に低い生産性ゆえに、労働者としての尊厳を担保しうる労働条件を得るための交渉力が低下させられてしまっていること、そして、「われわれ」は通常、経済状況がそれを求めるとき、最初にその職を奪われ、「ゴミ捨て場」に捨てられるのだ、と述べられている。

　そして、次項の「6　施設−最終的な人間の廃棄場」では、このような「ゴミ捨て場」、すなわち、「最終的な人間の廃棄場」である施設における身体障害者への非人道的処遇が「終身刑」というメタファーによって表現されている。

　7の項目では、このような施設への隔離がもたらす屈辱や剥奪こそが、ディスアビリティの本質であること、そして、隔離に象徴されるこのディスアビリティは、ひとり施設だけの問題ではなく、多様な形態をとりうることが指摘されている。また、確かにこれらの施設には、入所者たちのために最善を尽くそうと努力しているスタッフやボランティアたちもいるが、このような努力さえも、その隔離的構造によって台無しにされてしまっていること、さらに、これら良心的なスタッフたちもまた、さまざまな技術革新によって障害者のインテグレーションの可能性が現実化しつつある現代において、既に時代遅れな隔離的施設における入所者たちへのケアの経験を積みあげることによって、障害者たちの完全な社会参加の可能性に対する信頼を喪失してゆくのだ、と述べられている。

　続いて「8　闘う施設入所者たちへの支援」とその次の項目では、項目1から7までに述べられてきた問題意識を基に、UPIASとして施設問題に取り組むことの決意が宣言されるとともに、UPIASが対峙すべき具体的な施設問題が例示されている。すなわち、そこでは、UPIASがその活動の焦点をこれまでネグレクトされてきた施設問題に当ててゆくこと、具体的には、既存の施設において自らの生活環境の改善のために闘う入所者たちを組織的に支援すること、彼らのプライベートな生活を彼ら自身が完全にコントロールできるよう支援すること、などに強調点を置くことが表明され、さらに、既存の施設における訪問者の制限や就寝時間の取り決め、外出や帰寮の規則、また、スタッフからの医学的・看護学的な意見の押し付けなどに対しても「強く反対してゆく」

ことが宣言されている。

　次の「10　必要な選択肢」の項目では、これ以上、公設・民設の隔離的施設が増設されてゆくことへの反対が表明されるとともに、より有効な社会資源とは、あくまでもコミュニティにおける障害者への適切なサービスであることが指摘されている。したがって、UPIASとして、今後、非－施設的なオルタナティブの住宅供給計画（例えばスウェーデンにおけるフォーカス計画のような）を推し進めてゆこう、という決意が表明されている。他方で、UPIASは現時点において、施設生活を自らの「最善の選択」だとする個々の障害者たちの考えを最大限にリスペクトすることも併せて記されている。

　しかし、続く「11　真の選択」では、UPIASの究極の目的が、すべての身体障害者の「真の選択」の実現であることが確認され、そのためにも、現在、施設（および施設的な施策や設備）に投入されている膨大な予算を、障害者たちに「真の選択」の本当の機会をもたらす条件となる、コミュニティにおける多様な社会資源の整備に投入すべきである、と主張されている。

　「12　施設の外の無力化」の項目では、隔離的施設の存在が施設入所者だけではなく、コミュニティで暮らす障害者たちをも常に脅かし続けていることが指摘され、さらに続く13の項目では、施設が存続し続けることで、障害者には完全な社会参加よりも保護が必要なのだという偏見が増長されてゆくこと、ゆえに隔離的施設が存在し続ける限り、障害者が通常の社会に完全に受け容れられることはないだろう、と述べられている。

　「14　医学的伝統」の項目と続く15の項目では、後年、医学モデルと名付けられることになる伝統的な〈障害〉をめぐる認知枠組が批判されている。そこでは、「われわれ」は「第一に人間（*People First*）」であり、「患者」、「ケース」、「痙攣性麻痺」、「聴覚障害」、「視覚障害」、「車いす」、「病気」などではない、と主張されるとともに、医師や専門家が「われわれ身体障害者」の生活に対して、その権威や医学的定義を押しつけることへの強い抵抗が表明されている。さらに、「われわれ」はディスアビリティを被ることがどのような感覚をもたらすのかということについて、どのような健常者である専門家たちよりもよく知っているがゆえに、「このようにしてディスアビリティを受容すべきだ」などと

いうような、障害者の心理について喧伝しようとするあらゆる専門家たちのアイデアを拒絶する、と宣言されている。続けて、「われわれ」が受容すべきはインペアメントのみであり、このインペアメントに付加される不必要なディスアビリティは本来克服されるべきものであって、受容されるべきものでは決してない、と明言され、「われわれ」は専門家たちがこのようなディスアビリティの克服に向かう「より生産的な仕事」を見つける日が来ることを望んでいる、と述べられている。

　続く「16　良い支援」では、この専門家たちに期待したい「より生産的な仕事」、すなわち、障害者たちの立場から見た「良い支援」とはどういうものか、ということについて解説されている。具体的には、障害者たちが小さく弱いマイノリティ・グループである現実を踏まえるならば、その人間的な生活を実現するため、「われわれ」の問題に共感的な健常者たちの支援が不可欠であること、しかし同時に、障害者たちの置かれた被抑圧的状況の解決に向けては、障害者自身が主体的役割を担うこともまた重要であること、ゆえにUPIASが歓迎したい健常者たちの良い支援とは、障害者たち自身のセルフ・ヘルプとその主体的活動を支え、勇気づけることに向けられた支援である、と述べられている。

　続く「17　ユニオンの必要性」では、さまざまなディスアビリティに抵抗するために、障害者たちの組織化が拡大しつつある現状を踏まえながら、UPIASが自覚すべき使命と果たすべき役割は、障害者を抑圧するあらゆる生活条件の改善に取り組もうとするすべての障害者を支援することであることが確認されている。

　「18　活動」では、障害者たちが求めるであろう支援要請の例が幾つか示されるとともに、それらに対して、UPIASがキャンペーン活動、情報提供、アドバイス・サービスなどの支援を組織的に展開すること、が宣言されている。

　「19　活動のためのガイドライン」ではUPIASの一つの本質的な作業として、後発の障害者運動に向けた、より明確なガイドラインを、「われわれ」や他の障害者たちの実践を基に発展させていくこと、が挙げられている。

　「20　会員資格」では、正会員・賛助会員の資格要件について述べられている。まずUPIASの正会員資格が、重度身体障害を有し、*PS*に賛同する英国内の施

設入所者すべてに対して開かれていることが確認され、さらに、正会員となる者には社会変革に向かうUPIASの活動への積極的な参画が義務要件として求められている。但し、メンバーたちそれぞれが異なった能力、異なった環境にあることを踏まえたうえで、この正会員としての義務要件は「可能な範囲での何らかの形での組織活動への参画」を意味すること、また、能力的・環境的条件によりさまざまなコミュニケーション上の課題を抱えているメンバーについては、他のメンバーたちからの支援を受けることができること、さらには、現時点でこのような支援によっても組織に貢献できないと感じている障害者たちは、オープン・ニュースレターへの手紙の投稿という方法での参加もあり得ること、などが提案されている。

続く21の項目では、賛助会員である健常者の権利について述べられている。まず、賛助会員の権利として、*IC*とオープンニュースレター、およびその他の刊行物を受け取る権利、会議や他のイベントへの出席や各種討議へ参加できる権利が確認され、次に、その権利の制限事項として、議決権をもたないこと、また、組織運営に係る役員となるための被選挙権をもたないことが示されている。さらにこの項の最後には、真摯な支援者たる賛助会員であるなら、「障害者自身が組織をコントロールし、自己決定によって組織的活動を発展させようとすることの意義と必要性を理解するだろう」と付記されている。

「22 他の被抑圧者集団」の項では、正会員資格を身体障害者に限定することの意味と他の被抑圧者集団との連帯について述べられている。そこでは、正会員資格の限定の理由として、現時点において身体的インペアメントと結びつけられたディスアビリティのリアリティを明らかにすることの必要性が説かれつつ、同時にそのことは、他の被抑圧者集団との連帯を否定するものではなく、むしろ抑圧の克服に向けて連帯を求めてゆきたい、と述べられている。

「23 民主的な組織統制」においては、UPIASがその活動と思考を正しい方向で深めつつ、それを継続させてゆこうとするなら、今後も全会員による*PS*をめぐる十分な議論が不可欠であること、ゆえに*PS*の修正は、今後も部外秘の*IC*による議論を尽くして、或いは、対面的な会議の場において民主的手続きによって議決されることが確認されている。

24の項目ではこのような民主的な組織運営を担保するために、UPIASにおける議案の決定は、正会員によって選出された委員で構成される運営委員会の所管であることが確認されると同時に、この運営委員会の責務と役割が列挙されている。例えばそれは、UPIASの資産を管理すること、ICの定期発行や予定されているオープン・ニュースレターを編集・発行すること、また、不定期のパンフレットや他の印刷物を発行すること、さらに、組織内で合意されたPSを基に、UPIASとして公式に発言し活動すること、などである。
　「25　特定課題部会」の項目では、ディスアビリティに係るさまざまな特定課題を検討するための小部会の設置について述べられている。この特定課題の例として挙げられているのは、施設入所者の権利、所得、雇用、特殊教育、福祉用具・自助具の供給、英国および海外におけるオルタナティブな住宅政策、医学的・技術的研究、リハビリテーション、などである。また、これらの部会における検討結果は暫時、すべてのユニオン・メンバーに報告され、その討議と承認を経た後に、UPIASの公式見解として公表されることも確認されている。
　「26　財源」の項では、まず、既存のチャリティ団体として行政に登録した諸団体が、その税制面での優遇などと引き換えに、政治的変革に向けた直接的なキャンペーンを抑制されていることが指摘されている。したがって、UPIASはその組織目的の達成に向かう取り組みにおいて、政治的活動が不可欠である以上、自らの活動の自由を担保するために、チャリティ団体としての登録をしないこと、さらに、組織の自律性を保持するために、あらゆる公的資金の獲得も目指さず、あくまでも個人の寄付金や出版物の収入を組織財源とすることが確認されている。
　PSの最後の項目は「27　他の障害者組織」であるが、ここでは前項におけるUPIASの活動の自律性とともに、他の組織との連帯・協働について述べられている。まず、UPIASが身体障害者たちの生活に影響を及ぼす、すべての組織の声に敏感であること、ゆえに、他の組織からの建設的な意見や支援を常に歓迎したいこと、そして、「われわれ」自身も、いつでも可能であれば、支援と協働を提供したいこと、などが述べられ、しかし同時に、UPIASは、障害者たちの利益に結び付くという確信がある限り、自由な発言と自律的活動の

実行を躊躇わないこと（つまり、他組織との連帯・協働を自らの発言・活動の枷にしないこと—筆者注）、この「われわれ」の発言や活動の正否を判断するのは、あくまでも身体障害者たち自身であること、などが述べられている。

10　共鳴と反発

　社会運動におけるフレーミングは、それまで認識されていなかった社会問題を把捉する新たなフレームを集合的に構築してゆく認知的かつ評価的な作業である。そして、運動組織が自らを社会変革のアクターとして自覚するならば、獲得されたフレームを密教的な教義や信念として信仰するのではなく、それを潜在的な賛同者たちに発信し、自らのフレームの社会化を求めてゆくことになる。

　ここでは PS に結実する UPIAS のフレーミングが、組織内外の人々や他の組織・団体・個人に対してどのような共鳴・反発を誘発し、彼らが構築したフレームがどのような社会性を持ち得たのかという点に焦点を当てながら、結成初期のフレーミングに対する共鳴と反発のコミュニケーションを検証してゆきたい。

　ポールがガーディアン紙を通じて結成を呼びかけ、UPIAS が組織としてその活動を始めたときから、多くの障害者関係団体やメディアが彼らの動きに関心を示してきた。例えば、C3ではガーディアン紙におけるポールの呼びかけに対して、知的障害者のための運動組織（Campaign for the Mentally Handicapped）という団体と、痙攣性麻痺協会（Spastics Society）の上級ソーシャルワーカーから支援の申し込みがあったことが報告され（UPIAS, 1973c:1）、また、C8においても UPIAS への協力と交流を求めてきた幾つかの団体が紹介されている。英国内の組織に限定して見ると、例えば、スコープ（Scope）、ロンドン住宅協会（London Housing Association）、障害市民の声（United Voice of Disabled Citizens）、障害をもつ運転手協会（Disabled Drivers Association）、障害者圧力団体（Disablement Pressure Group）、障害者年金運動団体（Disabled Income Group: DIG）、MS活動団体（MS Action Group）、肢体不自由児運動協会

(Action for the Crippled Child)、全国視覚障害者連盟（National Federration of Blind: NFB）などの団体である（UPIAS, 1974b:1-2）。

UPIAS はこれらの組織からのアプローチに対して、ただ受動的に応答していたわけではない。むしろ、結成当初より、マスメディアや全国紙、地方ラジオ局などを通して、自らの組織を広くアピールし、他組織との交流や潜在的メンバーのリクルートに力を注ぐべきだという意見が IC 上散見されていた（UPIAS, 1973d:9, 1974b:8, 1974a:3）。例えば PS が公表された翌年、C15 において、ポール自身が次のように述べている。

> 私は『UPIAS の方針』について、メンバーではない人々とも、フォーマル、或いはインフォーマルな会議をアレンジしてでも話し合いたいと思う。それは、ユニオンの潜在的メンバーをただ動員しようという意図ではなく、われわれが見出したアプローチが、多くの人々にとって全く新しいアプローチであると思うからだ。私はディスアビリティに真摯な関心を寄せる人々と、ディスアビリティに関する真剣な議論をしたいのだ（UPIAS, 1975b:17）。

本章で見てきたように、結成から 18 カ月間、組織内部の議論にその時間とエネルギーをひたすらに傾注し、フレーム形成を図ってきた UPIAS だが、この長期にわたる議論を経て獲得されたフレームが PS として成文化されたことによって、彼らはようやく組織外部との積極的なコミュニケーションに向けて踏み出すことになる。

> ユニオンは今や組織外部との議論や行動を方向づける基盤としてのドキュメントをもつに至ったのだ（UPIAS, 1975d:12）。

このように、他の組織や潜在的メンバーとのコミュニケーションの基盤を獲得するに至った UPIAS は、そのための素材として、自らの組織を簡潔に紹介するリーフレットの作成に取りかかる。C15 には、UPIAS の設立の経緯や、その目的・方針をコンパクトに紹介したこのリーフレットの草案が掲載されて

いるが、そこでは後に社会モデルと名付けられることになるアイデアについても、「ディスアビリティを乗り越えるために」と題して、「UPIASは社会こそが身体障害者を『できなくさせている (dis-able)』と信じている。われわれはわれわれを排除する社会と闘う組織である」(UPIAS, 1975b:18) と明確に述べられている。

さて、ではここで、組織外部に開かれてゆくUPIASのコミュニケーションの一端を紹介しておこう。

例えば、*PS*が公表された1974年に、ポールは兼ねてより聞き知っていたスウェーデンのアンチ・ハンディキャップ (Anti-Handicap) という団体に手紙を出し、「障害者の問題はラディカルな社会変革によってのみ解決できる」という自らの主張をしたためたところ、このポールの手紙にアンチ・ハンディキャップが強い関心を示したという (UPIAS, 1974b:3)。C8ではこのアンチ・ハンディキャップという組織の詳細がポールによって紹介され、UPIASとの思想的共通性に触れられている。少し長くなるが引用しよう。

> アンチ・ハンディキャップは4年前にスウェーデンの重度障害者たちによって設立された組織であり、現在300人の会員を抱えている。彼らは障害者会員と健常者会員の区別をしていない。会員になる条件は、組織のポリシーに同意することと会費を払うことだけだ。彼らは毎週、公開・非公開の会議をもち、およそ毎回50名のメンバーが参加している。また、彼らは年に3回、3000部のニュースレターを、スウェーデン国内はもとより、ノルウェーやデンマークの会員にも送っているという。
>
> 彼らは社会主義に基づく独立した組織であり、身体障害者の置かれた被抑圧的状況を資本主義社会が創出したディスアビリティである、と捉えている。したがって、彼らはラディカルな社会変革こそがディスアビリティの解消に向かう唯一の道であると主張している。また、彼らは身体障害者の社会への完全な統合を求めている。
>
> 彼らは侮蔑と屈辱を再生産し、障害に関する人々の考えを誤った方向に導こうとするチャリティへ抵抗するための力強いキャンペーンを展開している。

彼らはまず、国内すべての住居のすべての階にアクセスできるよう、すべての住宅にリフトを設置することを求めたが、それはユートピアンの妄想であると、嘲笑されたらしい。

　繰り返すが、私はあくまでも個人的に彼らに手紙を書いた。そして、その手紙の中でわれわれユニオンがまだ組織方針の作成段階にあると書いた。私の個人的意見だが、われわれはこのアンチ・ハンディキャップから多くのことを学べるのではないかと考えている（UPIAS, 1974b:3-4）。

　また、C14には興味深い記事が掲載されている。それは、アメリカのあるリハビリテーション新聞の編集者からの情報提供について記された記事である。この編集者はポールに宛てて、「あなた方に、カリフォルニア・バークレイの自立生活グループとの交流を強くお勧めしたい」と記し、「彼らは地域の障害者たちに対して、包括的で高水準のサービスを供給し始めている」と紹介している（UPIAS, 1975a:7）。この編集者の紹介に対してポールは、「私はバークレイの自立生活グループについて今のところ何も知らない」が、「彼らが何をしているのか是非とも知りたいと思う」と応答している（同上）。このようなやりとりのあった6年後の1981年に、ヴィックがバークレイの自立生活センター（CIL）を訪れ、その創設者であるエド・ロバーツ（Edward Robertson）と会談している。後年、ヴィックはこの時の会談を振り返りながら、「私は彼らのアプローチに強い感銘を受けた」と述べながらも、続けて「しかし、それが英国内において適切なアプローチであるとは思えなかった」と述べている（Finkelstein, 2004:22）[5]。

　その他にも、PSを送られた幾つかの障害者団体から活動協力の申し出が寄せられている。例えば、C15ではDIG創設者のメーガン・デュボイソンからポールに対してPS送付に対するお礼と協働の申し入れがあったことが報告され（UPIAS, 1975b:3）、また、C21においても、NFB（DAの傘下団体）からも共闘の呼びかけがあったことが報告されている（UPIAS, 1977a:10）。さらにC22ではシェア（Share）というオーストラリアの障害者団体から（UPIAS, 1977b:2）、また、C30ではスカープ（SCARP）という団体からも合同会議の申し込みがあっ

たことが報告されている (UPIAS, 1979d:2)。

　このように、UPIAS が *PS* を策定し、それを全国の障害者関係団体に送付した後、UPIAS との共闘を求める多くの障害者団体からアプローチがあり、それらは逐一、*IC* 誌上で UPIAS の全メンバーに報告されていたのだが、このような障害者団体の中に障害者自由連合 (Liberation Network of People with Disabilities: LN) という組織があった。筆者が客員研究員としてリーズ大学障害学センターで研修生活を送っていた際、当センターのアリソン・シェルダン (Alison Sheldon) 上級専任講師から、この LN もまた英国障害者運動の現代史において重要な位置を占めていたということをご教示いただいた。この組織について少し紹介しておこう。

　LN を最初に UPIAS メンバーに紹介したのはフェミニズム運動に関わっていたリズである。リズは 1975 年 7 月発行の C16 において、LN のメンバーから *PS* の送付を求められ、それに応じたと報告している (UPIAS, 1975c:21)。しかし、その後の *IC* では、UPIAS と LN との間の交流について記されていないため、両組織の間に濃密な交流があったとは考えにくいが、互いにニュースレターをやり取りし、それぞれの活動内容に関する情報交換はしていたようだ。

　LN は UPIAS より 5 年遅れてミシュライン・メイソン (Micheline Mason)、メリー・クロス (Merry Cross)、クリストファー・スペンス (Christopher Spence) という 2 人の女性と 1 人のゲイの男性によって結成された障害者組織である。彼女らはアメリカの自己成長運動におけるコウ・カウンセリング (co-counseling) としてよく知られていた再評価カウンセリング (re-evaluation counseling) に参加していた障害者たちであり、いずれもフェミニストであった。彼女らは女性解放運動に関わりながら、やがてフェミニズム組織のように、障害者にも解放組織が必要であるという認識に至り、1979 年、「自由に向けて (Leap for Liberation)」という組織を結成するが、これが後に改組して LN となる。LN は結成から僅か数年で 150 名のメンバーを擁する大きな組織に成長する (Sutherland, 2006:2)。

　LN は UPIAS ほど明確な目的と方針を有してはおらず、組織としての境界（正会員資格の規定）も曖昧ではあったが、その政治性は概してリベラルな左

翼であり、同時に、メンバーの最も共通の政治的経験がフェミニズム運動であったため、その思想の根底にはフェミニズムの思想が色濃く流れていた。また、LN は UPIAS と同様に、障害者に対するあらゆる隔離的形態の処遇、特に教育と居住における隔離への反対を唱えていた（同上）。

　LN は約 1000 部の *In From The Cold* というマガジンを定期発行し、また、幾つかの直接行動を行っている。その一例として、1981 年には国際障害者年のキーイベント阻止のためにピケを張り（前掲書:6）、また、同年には、障害者のスポーツ大会（Stoke Mandebille Games）に、当時、人種隔離政策をとっていた南アフリカが参加を表明したことに反対するデモにも UPIAS のメンバーらとともに参加している（Liberation Network of People with Disabilities, 1981:12）。

　当時の多くの障害者団体の中にあって、LN の際立った特徴はメンバーの個人的体験とその感情に根ざした〈気づき〉の喚起を促していたことである。それはフェミニズム運動における自己覚醒のためのさまざまな手法を取り入れた実践であった。LN のミーティングは大変エモーショナルな雰囲気に満ちていたという。LN は個々のメンバーの個人的経験を相互に詳細に聞き合い、個々のメンバーの悲哀や嘆きを障害者集団としての怒りの感情に昇華させようとしていた。例えばサザーランドはこの点について、「UPIAS はメンバーたちの思考を深めようとしていたが、LN はメンバーたちを泣かせ、その感情を解放させようとしていた」（Sutherland, 2006:5）と述べている。LN はメンバーたちの身体と感情に根ざした一つの共世界の創出を目指していたのだと言えるだろう。LN のこのような実践は、後に障害者文化（disability culture）の象徴とも表される障害者芸術運動（Disability Arts Movement）にも連動してゆくことになる。実際、LN のメンバーの多くはその当時、芸術家としての活動を行っていたという（前掲書:8）。

　さて、LN の紹介はここまでにして、再び本題に戻ろう。
　このように、*PS* とそれに結実するまでのフレーミングに係る議論は、組織内外から多くの共鳴的反応をもたらしたのだが、同時に少なからぬ反発と離反をも招来することにもなった。それは、*PS* が当時のディスアビリティ・フィー

ルドにおける認知枠組やドミナント・ストーリーへのラディカルな批判に根ざすものであったがゆえの必然であったと言える。

UPIAS内部からの反発の声を幾つか拾うと、例えば「*Segregation*に対する抵抗をただ強く主張しているだけだ」(UPIAS, 1974c:1)、「内向的でつまらない組織」(UPIAS, 1974e:1)、「単に社会を叩くだけの敵対的アプローチにはついていけない」(UPIAS, 1975a:5) などの声がある。また、既に本章の施設問題をめぐる議論の検討においても取りあげたが、施設問題をUPIASの公式イシューとすることに異を唱え、最初の退会者となったAは、「ユニオンが『ポールのグループ』であった」がゆえに、ポールの闘争心を反映したUPIASが、「専門家のすべてに対して憎しみを煽るようになった」ことへの違和感を表明している (UPIAS, 1975c:7)。既述の通り、特に施設を隔離の象徴であると主張するポールと、それに異を唱えるAとの間で交わされた議論は、一片の妥協もないほどの激しいものであった（あるメンバーから「もっと節度ある議論を」とたしなめられるほどに）(UPIAS, 1977a:5)。いずれにしても、UPIAS初期のフレーミングにおいて、「多くのメンバーが去ってしまった」(Davis Maggie, 21/10/2011) のである。

さて、UPIASは1974年12月にPSを公表すると同時に、全メンバーに対して再度、このような方針を掲げるユニオンの会員を継続する意志の有無を、以下の会員登録書類の提出により確認している (UPIAS, 1975b)。

UPIAS会員登録書類

私はUPIASの方針および綱領に賛成し、会員として登録します。
(a) 私は重度身体障害者であり、正会員／未成年会員／海外会員（該当するものを選んでください。未成年会員は18歳未満の方です）への登録を希望します。
(b) 私は重度身体障害者ではありませんが、賛助会員への登録を希望します。

私は1975年度分の年会費を同封します（会員種別に関わりなく、年会費は£1です。ただし、海外会員には航空郵便代金を別途徴収します。また、可能な範囲での寄付をお願いします）。

```
                                              署 名
 (大文字でご記入ください)

 NAME

 ADDRESS

   ユニオンの運営と活動において、あなたが支援できることについて、また、も
 しあなたがディスアビリティに関する特定問題について特別の関心や、特別の経
 験をお持ちであれば、併せてお知らせください。
```

　このPS策定後の意志確認に対して、「諾」の回答をしたメンバー全員の氏名が、1975年7月発行のICに開示されている。それによると、正会員としての会員継続希望者が26名、賛助会員希望者4名の計30名となっている。また、登録書類の住所から、正会員継続希望者26名の内、レ・コート入所者が13名、その他の長期入所型施設入所者が2名、計15名が施設入所者であったことが分かる（UPIAS,1975c）。

11　小括

　社会運動組織におけるフレーミングの主な作業の一つは、社会運動において組織的に取り組むべきイシューを明確な言葉で表し、運動の存在理由そのものを明示することであるが、それはメンバーや潜在的メンバーの組織目的・方針へのコミットメントを誘導しつつ、巨大な敵手へ立ち向かう「われわれ」の集合的アイデンティティを醸成してゆくことでもある。

　既に述べた通り、フレームとは個人や集団が社会現象や出来事を意味づけることにより、経験を組織し行為を導くことを可能にする解釈図式であると言えるが（西城戸、2008:48）、運動組織は、この解釈図式の形成過程であるフレーミングを通して、社会現象の境界や領域を設定しつつそれを明確化し、そして、社会運動（組織）メンバーたちに、何が問題であり、それをどのように解

釈すべきか、また、その問題にどのように対応すべきか、などを指し示してゆく。筆者はこのようなフレーミングの機能を、本章の冒頭において、「認知転換の機能」、「感情の水路づけ機能」、「動員機能」、「活動の維持と方向づけ機能」、そして、「集合的アイデンティティの形成機能」という五つの機能に整理したが、最後に、本章で辿ったUPIASの初期フレーミングをこの五つの機能を基に、若干の整理をしておきたい。

本章で見てきたように、UPIASの初期フレーミングは、社会的抑圧としてのディスアビリティディの提起とその理論化、ディスアビリティの象徴的な具現態である隔離的施設（および隔離的な社会設備）の問題化、その他、多様に表現されるディスアビリティをめぐるさまざまなイシューの発議、そして、これらディスアビリティと闘う「われわれ」を表象する組織名称をめぐる議論、さらには、このような初期フレーミングによって形成されたフレームの成文化（PS）に至る過程であった。

彼らがそのフレーミングにおいて、障害者問題をディスアビリティとして再定義するためには、まず、ディスアビリティ・フィールドにおける既存の強固で支配的なコードと、その支配的コードによって障害者たちの頭上に君臨しつつ、彼らの「最善」を決定する権威者たちと対峙する必要があった。この支配的コードとは、後に英国障害学において個人欠損モデル（individual deficit model）や医学モデル（medical model）と名づけられることになるコードであり、具体的には障害者問題を個々の障害者のインペアメントに帰属させてゆく認知枠組を産出・再生産してゆくコードである。

このようなUPIASの初期フレーミングにおける支配的コードとの対峙を、本章では「専門家覇権への抵抗」と捉え検証してきた。そこでは障害者問題の原因に係る「帰属の転換」が主張され（身体的インペアメントから社会的抑圧の帰結としてのディスアビリティへ）、身体的インペアメントの軽減・解消を第一義的に掲げる専門家たちの認知枠組こそが障害者たちの「真の問題」を隠蔽してきたのだ、という批判が展開された。

この「専門家覇権への抵抗」というフレーミングの断面を見ると、それは後の「障害の理論」や施設問題に係る議論と同様、メンバーや潜在的メンバーへ

の知と情へ強く働きかけ、その覚醒を促す作業であったと言える。そこにわれわれは、フレーミングにおける「認知転換」と「感情の水路づけ」の二つの機能が相補的かつ相乗的に発揮されていたことを確認することができた。

このような UPIAS における「専門家覇権への抵抗」は、確かに彼らのディスアビリティ経験に根ざしたフレーミングの一つの局面であったと言えるが、それは、当時の欧米におけるより大きな文化的コンテクストで展開されたマスターフレームと共振したがゆえに、強いインパクトと説得力をもつことができたのだと言えるだろう。

かつてメルッチは「新しい社会運動」が生成される社会を「複合社会」(Melucci, 1995:30) と呼び、この複合社会における一つの特徴として、権力の匿名化を挙げ、さらにこの匿名化された権力の前線において増殖してゆく、専門家たちのセラピー的介入を指摘した (同上)。セラピー的介入とは「福祉サービスや教育、親密な関係性や身体まで現代社会の日常生活が専門家による介入を受ける場になりつつあること」(同上) を指すが、メルッチによると、専門家たちはこのセラピー的介入によって、特定の政治要請と病理のコードによって問題を同定し、解決策を提案し、さらにそれが新たに専門家への依存を生み出すという悪循環を形成すると言う (同上)。

メルッチのこのような指摘は、フーコー (Michel Foucault) やサズ (Thomas Szasz)、イリイチ (Ivan Illich) らの専門家権力への批判や、脱医療化運動やセルフ・ヘルプ運動など、「管理」に対する抵抗思想とも通底するものであるが、いずれにしても、新たな統治の政治的要請を、病理的コードと消費サービスのメニュー化によって隠蔽しつつ、人々の日常生活を覆い尽くそうとする専門家の匿名化された権力への抵抗フレームは、当時の欧米の反管理を象徴する一つのマスターフレームであり、UPIAS における専門家覇権への抵抗のフレーミングは、このマスターフレームとの共振によって、メンバーや潜在的メンバーらとの間に架橋を為し得たのだと言えよう。

このように専門家覇権への抵抗として、専門家たちにサンクションを与え、それを権威づけてきた専門知なるものの政治性を暴露した UPIAS は、同時に、この専門知に対抗しうる「もう一つの知」を、メンバーや潜在的メンバーたち

に提示する必要があった。その知とはすなわち社会的事実としての抑圧をめぐる「障害の理論」である。われわれはこのUPIAS初期のフレーミングにおける「障害の理論」をめぐる議論に、後年、マイク・オリバーによって「〈障害〉の社会モデル」(Oliver, 1990) として定式化されることになるアイデアの原型を見ることができた。

　本章で確認したように、UPIASの初期フレーミングにおけるこの「障害の理論」をめぐる議論は、身体障害者たちの抱える問題の本質を「身体障害者に対する社会的抑圧の帰結としてのディスアビリティである」と定義づけることの是非や、「抑圧の本質とは何か」をめぐる議論として展開された。そこでは、「抑圧」を〈私〉の「感覚や意識の問題」として把捉しようとする主張が陥る「内省の罠」が指摘され、このような「内側を見ようとする主観的アプローチ (*inward-looking subjective approach*)」によってディスアビリティの普遍的認識が常に妨げられてきたことが強く批判された。その上で、あくまでも社会的事実としての抑圧を把捉しようとする「外側を見る方法 (*outward-looking method*)」の重要性と必要性が主張されたのである。

　この〈内側〉から〈外側〉へと視線を転じる必要性を説きつつ展開された「障害の理論」の構築を求める志向は、既に指摘したように、マッカダムが言うところの「帰属の誤り」(MacAdam, 1982:51) に係る認知転換をUPIASメンバーらにもたらしたのだと言えよう。彼らはこの認知転換によって自らの不遇の原因を自己（のインペアメント）に帰属させつつ、その不遇を常に宿命論に回収してゆく認知枠組から脱却し、自らに不遇をもたらす原因を「社会的世界において変更可能な側面」に帰属させてゆく視座を得ると同時に、この変更可能性に取り組む主体的契機を獲得してゆくことになる。

　この「障害の理論」をめぐる議論、すなわち、身体障害者としてのさまざまな否定的経験を社会的事実としてのディスアビリティとして捉え直し、その社会性、政治性を暴露しつつ展開されてゆくUPIASのフレーミングは、上述のように、後年、社会モデルとして概念化されることになる彼らの思想的核を形成してゆく過程であった。また、この抑圧状況因の帰属に係るフレーミングの「認知転換の機能」は、メンバーたちに対して「内省の罠」からの解放を促しつつ、

第5章　結成初期フレーミングの検証　213

宿命論に囚われてきた嘆きを不正に対する正当な怒りに転換し、その感情を明確な敵手の呈示により水路づけていく機能、すなわち、フレーミングのもう一つの機能である「感情の水路づけ機能」へと連動していく。それだけではない。この「障害の理論」を求めるフレーミングは、18 カ月後に *PS* に結実する、いわば UPIAS における「活動のためのガイドライン」（UPIAS, 1975b:16）を獲得してゆく過程でもあり、その意味において、このフレーミングは認知転換を基に組織目的とその活動の方向性を明示する「活動維持と方向づけの機能」を発揮し、同時にそれは、「われわれ」の中に共通の不正により抑圧され続ける被抑圧者集団としての集合的アイデンティティを醸成する「集合的アイデンティティの形成機能」、そして、メンバーおよび潜在的メンバーの組織活動への動員を促す「動員機能」とも連動したのである。

　さて、この初期フレーミングの議論が展開された *IC* において最も誌面が割かれたのは、「隔離への反対」を掲げる UPIAS の最も象徴的な敵手として位置づけられた施設をめぐる議論であった。このフレーミングにおいて UPIAS は、旧来の「施設＝障害者保護政策」の認知枠組を壊し、「施設＝隔離の象徴」という認知枠組を新たに構築しようと試みてきたと言える。

　彼らはこのフレーミングにおいて、施設をめぐる旧来の支配的なシンボル体系に対抗するために、明瞭かつ意識喚起的なイメージと、感情的な誘導性をまとったシンボルを用いつつ、「認知転換機能」と「感情の水路づけ機能」を発揮したのである。

　この施設問題以外に、初期フレーミングにおいて取りあげられたイシューは、貧困、教育、雇用、移動、住居、医療など、多岐にわたるものだった。既述したように、一般的に、単一のイシューへの議論の収斂は、結成初期の運動組織において、その凝集性を高める効果をもたらすと言われているが、UPIAS はそれとは逆に、多様なイシューを同時に取りあげ、そこにさまざまな意見・主張の噴出を促した。このようないわば包括的なアプローチは、UPIAS の「ディスアビリティの解消」という目的から演繹された必然的な選択であり、DIG や次章で取りあげる DA の所得問題にのみ焦点を当てる「狭いアプローチ (narrow approach)」に対する警戒と批判に根ざすものであったと言える。彼らは多様

なイシューを取りあげつつも、これらイシューを再生産し続ける根源にあるディスアビリティを常に意識し続けた。それゆえに、結成初期の運動組織において、イシューの多様化が招来しがちなメンバー間の攻撃・対立、或いは関心の拡散など、組織活動に揺らぎを与えかねない致命的なリスクを何とか回避し得たのだと言えるだろう。

さて、初期フレーミングにおいて活発な議論を喚起したもう一つのイシューは、組織名称をめぐるものだった。UPIASは、他の多くの社会運動組織と同様に、組織名称に自らの存在理由や組織目的を含意するシンボリックなメッセージを冠しようとしたが、その際、コアメンバーが提案した *Against Segregation* に対する反対意見とともに、代案として *For Integration* が提起された。

長引くことになる組織名称をめぐるこの対立は、最終的にロンドン会議において、UPIASが同定した問題を明確に表しつつ、あらゆる妥協を排する決意をラディカルに表現する *Against Segregation* が採用されるに至り終結している。

この組織名称をめぐる議論もまた、UPIASの初期フレーミングにおいて極めて重要な要素を占めている。なぜなら、組織名称とは、言うまでもなく、組織メンバーの集合的アイデンティティを象徴するシンボルであり、「われわれ」とは誰か、「われわれ」はどこに向かう集団なのか、を明示するシンボルであるからだ。ゆえに、組織名称をめぐるフレーミングは、組織目的の明確なメッセージ化とともに、「集合的アイデンティティの形成機能」を発揮し得たのだといえる。

さて、18カ月間にも及ぶ徹底的な議論を経た後、UPIASはロンドンでの合同会議とその後の郵送議決によって、自らのフレームを *PS* として成文化することになった。既述のように、その後、関係各方面に送付されたこの *PS* は、当時の障害フィールドにおけるドミナントな認知枠組に対するラディカルな挑戦として、障害者問題に係る本質的な議論を誘発しつつ、他の障害者組織やメディアなどから共鳴的反応を得ることができたが、反面、オルタナティブな認知枠組を強く提示する彼らの主張は、彼らによって敵手と同定された人々・団体からの反発や、何人かのUPIASメンバーの離反をも招来することになった

のである。

第6章 『障害の基本原理』の検証：
社会モデル生成の議論へ

　『障害の基本原理（*Fundamental Principles of Disability : FPD*）』（UPIAS and Disability Alliance, 1976）は、1975年11月22日にロンドンにおいて開催されたUPIASと障害者連合（Disability Alliance : DA）との合同会議議事録、および両組織から付記されたコメントによって構成されたドキュメントである。

　英国障害学において、この *FPD* は UPIAS の初期思想の結晶であると同時に、後発の英国障害者運動はもとより、国際的な障害者運動・障害学の鍵概念となる社会モデルの原型的アイデアが盛り込まれたテキストとしてよく知られている。しかし、その意義と重要性が広く認められてきたにもかかわらず、この *FPD* における UPIAS の問題提起を詳細に検証した研究は未だ不在である。

　FPD における UPIAS の議論は、1970 年代当時のディスアビリティ・フィールドを席巻する支配的言説の権力を暴き出すための対抗言説であったと言えるが、この *FPD* において、UPIAS メンバーらがどのような表象を用いて問題を名指しし、そこにディスアビリティをめぐるどのようなリアリティを描き出そうとしたのか、すなわち、ディスアビリティという問題を「このように見よ」という彼らの要求において、どのようなロジックやレトリックが用いられたのか、また、UPIAS と DA の議論はどのようなテーマと論点において対立・拮抗したのか、これらの問いが本章における検証の主題である。本章の目的はこれらの問いを問うことによって、社会モデル生成をめぐる集合的表象のありようを検証することにある。

1　DAの概要と合同会議開催に至る経緯

（1）「DIGの失敗」とDAの結成

　ここでは、まず、UPIASとDAの合同会議開催に至る経緯を遡り、*FPD*が編まれることになったその経緯について確認しておこう。

　1965年、英国において、それまでの障害種別毎の閉じられた障害者団体とは異なる障害種別横断的な障害者組織が結成された。それが障害者年金運動団体（Disablement Incomes Group：DIG）である。UPIASとDAの共通点は、このDIGの活動に対する批判から、それぞれ自らの組織を立ち上げ、「DIGの失敗」を糧にしようとした点にある。

　DIGが組織された1960年代の英国は、戦後の貧困戦争からの脱却を掲げた経済政策が功を奏し、「豊かな社会」への扉が開かれた時期である。しかし、この豊かな社会の富が障害者たちに分配されることは殆どなく、多くの障害者たちは貧困戦争の中に依然として放置されたままだった。例えば1944年に世界に先駆けて成立した障害者（雇用）法［Disabled Persons（Employment）Act］は、民間企業に対して、障害者の割当雇用義務（全従業員の3％）を課したが、労働市場においてそれは実質的に無視され、毎年ほぼ8割以上の企業が雇用率未達成企業となっていた。このような障害者雇用に係る制度運用の不徹底による低水準の実雇用率と、その結果としてもたらされる障害者の絶対的貧困状態に対して、幾つかの新しい年金制度や免税制度、労働災害補償制度なども導入されたが、それらはいずれも障害者の生活を支えるにはあまりにも貧弱なものであり、加えて、労災に起因しない障害をもつ人々はこの僅かな補償さえ手にすることができなかった（Finkelstein, 1991:23）。

　結成当初、障害者たちのあらゆる社会的不利への挑戦を掲げたDIGが、徐々に、そのメイン・イシューを国家による障害者の所得保障政策に焦点化していった理由は、このように貧困戦争に留め置かれた障害者たちの劣悪な生活実態があったからである。

　英国障害者運動の現代史において、初めて障害種別横断的な統一要求を掲げ、

障害者の所得保障制度の創出・拡充へ大きく貢献し、かつ、後発のラディカルな障害者運動のリーダーを数多く輩出することになったこのDIGに対しては、その意義を高く評価する声がある一方で（同上）、その活動に不満と批判をもつ者たちも少なくなかった。例えば、DIGの元メンバーであり、やがてその活動から袂を分かつことになったUPIASのポール・ハントやヴィック・フィンケルシュタインらは、「DIGの失敗」として次の二つの問題点を指摘している。一つは、その活動目標が所得保障というシングル・イシューへ焦点化されたことであり、もう一つはその組織運営が主として健常者の専門家たちによって主導されたことである（UPIAS, 1975b:14）。

さて、このDIGから同じく袂を分かち結成されたDAという組織についてだが、この組織はエセックス大学の著名な社会学教授であったピーター・タウンゼント[1]らによって結成された連合組織であり、その主要メンバーの中にはDIGの元メンバーであった専門家たちも多く含まれていた。その組織方針によると、DAは障害者団体と個人による連合組織であり、団体会員として、国内外に多くの身体障害者入所施設を運営するチェシャー財団やDIGなどを含む30の団体が所属しており[2]、また、個人会員として小児科医、老人医、地域医療や地域福祉・社会保障などに関する研究者や専門家など、障害者問題に関心をもつ多分野の専門家が参加している。なお、この個人会員の中にはUPIASのメンバーも2名含まれていた（UPIAS, 1975d:2）。

DAはその組織目的として、1）すべての障害者にとって危急の課題である、権利としての十分な所得保障の獲得、2）コミュニティにおける障害者支援サービスの整備、3）障害者のニーズや生活実態、および障害者自身の見解を政府や一般市民に対して正しく伝えること、などを掲げていた（UPIAS, 1975c:4）。

ヴィックによると、彼らがDAを立ち上げた契機もまた、効果的なキャンペーンに失敗しているDIGへの苛立ちにあったという（Finkelstein, 2001a:5）。しかし、後述するように、「DIGの失敗」に対するDAの捉え方は、UPIASのポールらのそれとは大きく異なっていた。DAのメンバーたちは、DIGにおける公的所得保障を求める主張には熱意が欠けており、また、そのロビーイングには威信が伴っていないと感じていた（同上）。ヴィックによると、DAが必要だ

と信じていたのは、政府に対して自らの要求を認めさせるための学問的な裏づけと権威であり、ゆえにDAはDIGにも増して専門家を配置し、エリート主義的組織を創ろうとしたのだという（前掲書:6）。

（2）合同会議開催に至る経緯

1974年12月にUPIASにおいて『UPIASの方針』（*PS*）が採択された後、UPIASは多くの障害者関係団体へそれを送付したが、その送付先にDAも含まれていた。この*PS*を受け取ったDAのタウンゼントからポールへ宛てた書簡が両組織による合同会議開催のきっかけとなった[3]。その書簡の中でタウンゼントはポールに対して「私はあなた方の目的を全面的に支持したい」と述べたうえで、UPIASの賛助会員（タウンゼントは身体障害者ではなかった）になりたいこと、また、DAの組織方針について「あなた方」のコメントをいただきたいことを依頼している（UPIAS, 1975c:3）。

この依頼に対してポールはC16において、「とりあえずの返信を曖昧な内容で返しておいた」とメンバーたちに報告し、UPIASとしてDAに明確な応答をするためには、まず、UPIAS内での慎重な議論が必要だろうと述べている。その後に続いて彼は、メンバーたちにDAの組織方針の要約を呈示しつつ、この方針に書かれているDAの目的と活動方針は、「明らかにUPIASのポリシーとは相容れない」と結論づけ、その理由を以下のように続けている。少し長くなるが引用しよう。

> 確かにDAはDIGよりも活動的であるように見える。おそらくそれはDAがDIGの変革を強く求めていた最も進歩的なDIGメンバーの幾人かを運営委員として引き入れたことによるのだろう。DAは急先鋒の組織たらんとしているようだ（しかし、一体何をベースに？）。DAの所得保障の要求はDIGのそれよりもやや広く、また、彼らは地域における障害者サービスの速やかな改善も求めている。しかし、DAはディスアビリティを克服するために必要な包括的な視点を放棄し、所得保障だけを取りあげたDIGの致命的なエラーを継承してしまっている。ゆえにDAはDIGのように、組織に

おける一般障害者たちの民主的参加という原則から遠ざかってしまっているのだ（前掲資料:4）。

　このようにポールは、DA が DIG の活動の停滞を乗り越えようという意志をもっている点を評価しつつも、彼らが DIG と同じく、所得保障という単一イシューへの焦点化とともに、その組織運営を一部の専門家たちに委ね、一般メンバーである障害者たちの参加を二義的なものにしていることを批判している。
　続けてポールは、タウンゼントへの 2 回目の返信についてもメンバーたちに報告しているが、その中で彼は、タウンゼントの賛助会員への申し込みを検討する前に「あなたの立場」について確認しておきたい点がある、と切り出している。その理由としてポールは、DA の組織方針と、「あなた」が「全面的に支持したい」と申し出る UPIAS の *PS* との間には「大きな隔たりがあるからだ」と述べる（前掲資料:5）。
　この「大きな隔たり」について、ポールは具体的に、1）DA がその組織的構造と活動において障害者を包摂していないこと、2）DA が DIG と同様に所得保障問題だけに焦点を当てていること、3）DA は障害者たちや大衆の教育を掲げているが、専門家が障害者たちを教育しうると考えていること自体に問題があること、などを例示している（前掲資料:5-6）。
　C16 に公開されたこのポールの書簡に対するタウンゼントからの返信も同号に続けて掲載されている。その中でタウンゼントはまず、ポールの DA に対する詳細な分析に対して謝意を表し、「あなた」は「われわれ」の組織にとって極めて重要なポイントを幾つか指摘して下さったと称えた後に、「しかし」と彼は続けて、「われわれ」の間には、「いくばくかの誤解があるようだ」と述べ、この誤解を解くために、互いの組織から何人かの代表者を出し合って合同会議をもつことを提案している（前掲書:6）。
　同号に公開されたこのタウンゼントの合同会議開催の提案に対するポールの返信では、まず、「私」の DA に関する分析が「誤解である」と考える理由は「今のところ見当たらない」という反論から始まるが、ポールは UPIAS の運営委員会で「あなた」からの提案を検討した結果、以下の条件に DA の合意が得

られるのであれば、合同会議を開催してもよい、と応じている。

　第一の条件は、合同会議が UPIAS の *PS* を基に進められることである。すなわち、ディスアビリティは「解決可能な社会的状況」であり、それは、1）所得や移動、施設など、個々別々の単一イシューとして取り扱われるべきものではないこと、2）障害者は他者の力を借りつつも、自らの人生を自らでコントロールすべきであること、3）専門家による支援はこの障害者によるセルフ・コントロールを支えることにコミットすべきであること、などを主張した *PS* を基盤として討議することである。

　第二の条件は、合同会議の具体的な目的は、1）障害者がディスアビリティのフィールドにおいて、より主体的・活動的に取り組むための方法、2）ディスアビリティに関する議論において、障害者の参加がより拡大されるためのプログラムを検討すること、である。

　第三の条件は、合同会議は、1）DA と UPIAS からそれぞれ 4 名の代表者を出すこと、2）オブザーバーの人数も同数とすること、3）両組織は互いにこの会議録に多くの障害者がアクセスできるよう、最大限その内容の公表に努めること、4）会議における議論はテープレコーダーに録音し、その録音テープは会議後、多くの障害者が利用しやすいようにすること、である（同上）。

　このように、ポールは合同会議をもつための前提条件を提示したうえで、「われわれ」と DA がディスアビリティ・フィールドの最前線で共闘するためにも、DA が *PS* において明示された基本原理に同意されることを望んでいる、と結んでいる（同上）。

　翌号の C17 では、この UPIAS の条件提示に対するタウンゼントからの了承と、DA が UPIAS の基本原理に同意すること、そして「私」も含めて DA から 4〜5 名のメンバーが参加できること（既にそこには 4 名の DA メンバーの実名が挙げられている）などが記されている（UPIAS, 1975d:1）。ポールはこのようにタウンゼントからの合同会議開催に係る条件への合意を報告したうえで、C17 では、UPIAS メンバーに向けて、4 人の会議参加者の推薦とオブザーバーとしての参加希望者の応募を求めている（前掲資料:2）。

　その後、UPIAS では *IC* を通した呼びかけに応えて、15 名のメンバーが

UPIAS 代表として会議への出席を希望したが、運営委員会での検討の結果、ポール・ハント、ヴィック・フィンケルシュタイン、ケン・デイビス、リズ・フィンケルシュタインの4名が会議出席者として選出された。DA 側からは、ピーター・タウンゼント、チャールズ・テイラー、ベリット・モーア[4]、ポール・ルイスが選ばれている。また、両組織からそれぞれ6名ずつのオブザーバーも参加することになった。

合同会議は、ロンドンの痙攣性麻痺協会（Spastics Society）の会議室において1975年11月22日に開催された。この会議の終了後、UPIAS はまず、録音テープをもとに逐語録の作成に取り掛かった。さらに、この逐語録から要約がまとめられ、UPIAS の運営委員会と DA の役員からの確認・承認を経たうえで（この要約の確認・承認の過程で、ポールとタウンゼントそれぞれからの若干の加筆修正を求める要望に従い、修正されている）、両組織からのコメントが付記され、*FPD* として公表されることになる。

2 *FPD* の構成と三つのテーマ

リーズ大学障害学センター（Centre for Disability Studies : CDS）のホームページのアーカイブにおいて公開されている無削除版の *FPD* は、1997年にマーク・プリストレイ（Mark Priestley）、ヴィック・フィンケルシュタイン、ケン・デイビスのコンサルテーションを受けつつ、1976年11月公開のオリジナル版からスキャンされ、リ・フォーマットされたものである（UPIAS and DA, 1997）。この公開ドキュメントの他に、筆者の手元には、筆者が2011年5月に CDS の元センター長であったコリン・バーンズ（Colin Barnes）教授から複写させていただいた合同会議の録音テープを起こした逐語録（UPIAS, 1975e）があるので、次章からの *FPD* の検証においては、公開されている *FPD* 本体とこの逐語録を用いることにする。

まずここでは *FPD* の構成とその概要を紹介しよう。

FPD は、イントロダクションを除いて三つのドキュメントから構成されている。一つ目は「合同会議議事録の要約」、二つ目は「UPIAS からのコメント」、

そして三つ目が「DA からのコメント」である。この冊子の表紙には、UPIAS と DA の正式名称と *Fundamental Principles of Disability* というタイトルが掲げられ、タイトルの下には、この冊子が 1975 年 11 月 22 日に開催された会議議事録の要約であり、両組織からのコメントが付記されていることが記されている。

　2 ページ目のイントロダクションには、この冊子の構成、議論の進行方法などとともに、この会議における発言はカセットテープレコーダーで録音され、その録音テープは UPIAS によって希望する障害者に貸与される、という但し書きがある。3 ページ目からが「合同会議議事録の要約」であるが、会議は参加者に対する謝辞や両組織のスピーカーの紹介などの後、UPIAS 側があらかじめ準備していた声明をポールが読み上げるところから始まっている。

　さて、*FPD* の議論において繰り返し出現するテーマは大別すると以下の三つに整理できる。

1） 基本原理への同意と「DA の矛盾」について。
2） 身体障害者の貧困問題に関する認識について。
3） 「障害者の包摂」をめぐって。

　これらのテーマをめぐる議論は、単線的な流れではなく、それぞれのテーマとそこに内包される論点が相互に関連づけられながら、常に行きつ戻りつを繰り返しつつ展開されてゆくことになるのだが、そのストーリーラインを概略的に述べると、まず、1）において DA が同意した UPIAS の基本原理と DA の組織構造や活動実態との矛盾が UPIAS 側から指摘され、2）3）において、その「DA の矛盾」の具体的内容をめぐって議論が展開されてゆく。主としてそれは、UPIAS 側が「DA の矛盾」を追及し、DA 側がそれに応答するという展開を辿るのだが、その過程において、UPIAS 側のディスアビリティをめぐる思考が明らかにされてゆく。以下、上記三つのテーマに即して FPD における議論を検証してゆこう。

3　基本原理への同意と「DA の矛盾」について

　会議は DA が UPIAS の提示した基本原理に同意したこと（既述の通り、これが合同会議開催の前提条件だった）に関するポールの問いかけを口火として開始される。この問いかけは、*FPD* 全体を通して、「DA の矛盾」という符牒とともに、UPIAS 側から繰り返し発せられる一連の陳述を伴っている。その陳述とは、ディスアビリティの本質を把捉し得ず、旧来の枠組から脱し得ていない DA をはじめとした既存団体への批判と、UPIAS の革新性を主張する陳述である。

　まず、ポールは DA が彼らの組織目的と方針を維持しつつ、基本原理に同意することが「なぜ可能なのだ」と問いかけ、再度、UPIAS が提示した基本原理を確認する。すなわち、基本原理とはインペアメントを有する身体障害者に対する社会的抑圧がさまざまなディスアビリティを生み出しているという認識を基盤とした原理である（UPIAS, 1975e:2）。

　この UPIAS が提示した基本原理は、*FPD* 巻末の UPIAS 側のコメントにおいて、より精緻なロジックでまとめられている。そこでは身体障害者がこの社会における被抑圧者集団であることを明確に理解するためには、身体的なインペアメントとディスアビリティと呼ばれる社会的状況とを区別して捉えることが必要である、と述べられ、それぞれの定義が以下のように明示されている。

　　インペアメントを、一部或いはすべての四肢の欠損、もしくは四肢あるいは身体器官、身体機能の不全を意味するものとして定義し、ディスアビリティを、身体的なインペアメントをもつ人のことを全く、または殆ど考慮せず、社会活動の主流から排除している現代の社会組織によって生み出された不利益または活動の制限として定義づける（UPIAS and DA, 1997:20）。

　会議冒頭に発せられた DA に対するポールの問いは、この UPIAS が提示した基本原理と DA の組織構造や活動方法などが、本来、相容れないものであるにもかかわらず、DA が基本原理に同意することが「いかにして可能なのか」

という問いであった。UPIAS 側はさらにこの問いに続けて、「DA の矛盾」について、以下の点を具体的に指摘する。

1) 基本原理に同意しつつ、なぜ、ディスアビリティの原因にではなく、その症状の一つである貧困問題を単独で取り扱おうとしているのか。
2) 基本原理に同意しつつ、なぜ、組織構造・運営において、健常者の専門家に依存し、障害者たちの積極的な参画を求めないのか。
3) 「DIG の失敗」を基に結成された DA が、なぜ DIG と同じ轍を踏もうとしているのか。

1) の指摘は *FPD* の二つ目のテーマである「身体障害者の貧困問題に関する認識」へと連動してゆくものであるが、そこでは、基本原理に即して考えれば、障害者が置かれている貧困状態が教育や労働、モビリティや住居などにおいて発現されるものと同様に、抑圧の一つの症状、すなわち、ディスアビリティの一つの発現形態に過ぎず、それ自体がディスアビリティの原因ではないことが主張される。そして、にもかかわらず、DA がこの一つの症状へ活動を焦点化することによって、ディスアビリティの真の原因との対峙を回避していることが批判されるとともに (UPIAS, 1975e:2)、このような症状である単一イシューへ傾斜する DA において、ディスアビリティの原因を直視せよという指示的命題に基づく UPIAS の基本原理に同意することがそもそも「いかにして可能なのか」と問うのである。

2) の指摘は三つ目のテーマである「障害者の包摂」へと展開してゆく指摘である。上に見たように、UPIAS が提示した基本原理は身体障害者に対するさまざまなディスアビリティとそれを再生産してゆく社会的抑圧を障害者問題の本質として把握するものであるが、UPIAS 側はこの基本原理における障害者問題の認識から、必然的に障害者運動の組織化・構造化およびその活動において、一つの原則が演繹されると主張する (同上)。その原則とはすなわち、日々、抑圧に晒され、さまざまな生活場面で多様なディスアビリティを被り続けている身体障害者こそが、障害者問題の解決に向かう活動主体であるべきだ、と

いう当事者性をめぐる原則である。この原則を確認したうえで、UPIAS側は、少数の健常者である専門家たちを組織リーダーに位置づけ、彼らによって組織が主導されているDAにおいて、基本原理に同意することが「いかにして可能なのか」と問うのである。

3）の指摘は「DIGの失敗」に係るDAの認識を問うものである。既述の通り、UPIASは「DIGの失敗」を、第一に、所得イシューへの傾斜・閉塞という失敗として、第二に、この所得イシューへの焦点化によって、少数の専門家への依存と多数の一般障害者メンバーの受動的位置づけをもたらすことになったという失敗として捉えていた（同上）。そして、彼らはこの「DIGの失敗」から学ぶことを通して、ディスアビリティの真の原因と対峙しつつ、さまざまなディスアビリティに包括的に取り組むという活動原則と、身体障害者自身が主導し、すべての障害者メンバーたちの積極的な参画を求める、障害者運動の組織化・構造化の原則を獲得したのだ（同上）、と主張する。

このように述べたうえでUPIASは、彼らと同じように「DIGの失敗」を契機として結成されたはずのDAが、細かな点を除けばDIGに極めて類似しており、むしろ、民主的な組織運営という観点からすると、DAはDIGよりも後退しているのではないか、という疑問を投げかけるのである（同上）。

この「DIGの失敗」に係る両組織の対照的な認識については、*FPD*巻末におけるUPIAS側のコメントにおいても再度強調されている。

> DAは、DIGや他の組織による10年にわたるキャンペーンの失敗に対して、大きなフラストレーションと怒りをもって反応したものの、この失敗がなぜ生起したのか、という根本的な問いについてはネグレクトしたのだ（UPIAS and DA, 1997:17）。

UPIASは、DAが「DIGの失敗」を、1）政府に十分な圧力を与えなかったこと、2）包括的な所得保障政策に関して大衆を十分に教育できなかったこと、3）彼らの政策を政府に受け容れさせるために必要な権威をもち得なかったこと、の3点において捉えたことの皮相性を批判しつつ、本来、そこに見る

べきであったのは、所得保障アプローチそのものが孕む「根本的な弱点」であったはずだと指摘する（同上）。そして、このような「DIGの失敗」に係るDAの皮相的理解とは対照的に、UPIASの基本原理こそが、DIGが内包していた根本的弱点から脱し、ディスアビリティの本質的認識によって導出されたものである、と主張するのである（前掲資料:18）。

さて、このようなUPIAS側から指摘された三つの「DAの矛盾」をめぐって、その後の議論は、DA側の反論・弁明・譲歩などの応答と、UPIAS側の再反論・批判・評価などの対応が繰り返されつつ展開してゆくことになるのだが、UPIAS側が、その際用いた、一つのレトリカルな戦略は「対照化」である。それは自らと他者の形態・思考・活動方法と内容、およびこれらを規定してゆく原理を対置しつつ、その差異を際立たせ、自らの正しさと相手の誤りを説得的に明示しようとする戦略である。以下、それを幾つか例示しよう。

ポールは会議の冒頭、上述のように、「DAの矛盾」を指摘した後、直ちに基本原理に即したディスアビリティに関する「われわれ」の立場の明確性、すなわち、孤立化や社会参加からの排除によって負わされている「われわれ」のディスアビリティと対峙する立場の明確性と、DAのそれとを対照化し、DAが「極めて矛盾に満ちている」ことを指摘する（UPIAS, 1975e:2）。

また、DA側の代表者であるタウンゼントが（自らのアカデミック・コミュニティの）「社会学者たちの声」として、原因と症状が複雑に絡まっているという事実に言及した際、ヴィックは「複雑さがあなた方を迷わせていることは明らかだが」と、やや皮肉を含ませながら、UPIASがその複雑な問題について時間をかけて吟味し、根本的なイシューを見出してきたこととは対照的に、（DIGやDAを含めて）所得問題に専心してきた多くの組織の失敗は、この根本的なイシューを掴み損ね、それらと対峙できなかったことにある、と指摘している（前掲資料:12）。

UPIASが*FPD*のコメントにおいて、最初の項目タイトルとして置いたのは「素人vs専門家」というまさに対照化を象徴するタイトルであった。おそらく*FPD*の読者の多くは、このタイトルから、社会学者や政策通の専門家たちの主導によって活動するDAの専門家性と、身体障害者のみを正会員とする素

人集団であるUPIASとの対照化を予測しつつ、この項を読み進めるものと思えるが、しかし、その期待は裏切られることになる。

UPIASは彼らの原理的アプローチと対置する形で、DAの「問題の原因とその症状の区別の困難さ」を指摘する社会学者の言明や、専門家の配置によって自らの主張に権威をもたせ、政治的パワーを保持しようとするやり方が、いかに原理なき素人っぽいアプローチであるかを強調する（UPIAS and DA, 1997: 15-16）。すなわち、UPIAS側は基本原理をもたずに症状の発現に右往左往する素人集団のDAが、自らを専門家集団であると自己規定することの滑稽さと危険性を指摘し、そこにおいて「素人／専門家」の意味を転換させたのである（前掲資料:16）。例えばUPIASは、自らが社会学者であることを強調し、その主張の正しさを裏付けようとしたタウンゼントへの皮肉とも取れる喩えを持ち出している。

　　大学で社会学の講義をするために教室に入ってきた教授が、「社会学の基本原理について考えていなかった」と言いながら、授業を始めようとする様を想像してほしい。教室のまじめな学生たちは、教授からからかわれており、教授が彼らの教育ニーズに対して傲慢な態度をとっていると思うだろう（前掲資料:17）。

このように、UPIASは*FPD*において、DAが基本原理へ同意しつつも、基本原理を基盤とした組織構造や組織活動に向かおうとはしてこなかった点を「DAの矛盾」という符牒において繰り返し指摘しつつ、この矛盾を孕んだDAとの対照化において、自らの立場の明確性を強調したのである。付言すれば、この対照化というUPIASのレトリカル・ワークは、当時の既存の障害者組織とそれまでの障害者運動に対するラディカルな批判であったとともに、それらの組織とUPIASとの明確な差異を際立たせる作業であったとも言えるだろう。

4　貧困問題に関する認識をめぐって

　FPD における二つ目のテーマは、DA が焦点化した身体障害者の貧困問題に係る認識をめぐるものである。最初に UPIAS 側の認識から見てゆこう。

　既述の通り、UPIAS は彼らの（DA も同意した）基本原理を基盤に置くと、障害者の貧困は「われわれが被っているディスアビリティの一つの症状に過ぎない」ことを指摘し、それがディスアビリティの原因ではないことを強調する（UPIAS, 1975e:2）。

　繰り返しになるが、ここで彼らが指摘する症状とはディスアビリティの一つの発現形態を意味するものであり、UPIAS はこのような単一の症状を問うことよりも、これら一つ一つの症状を生み出し続ける根源にある原因をストレートに問うことの重要性を主張する（同上）。なぜなら、このような原因との対峙によってこそ、障害者運動が社会変革に向かうその闘いにおいて、自らのエネルギーを傾注する真の敵手を見出すことができるからである（同上）。ゆえに UPIAS は、「DIG の失敗」からの学びを通して、貧困問題を「われわれ」の社会への完全参加を求めるより広い闘いの文脈に位置づけ、貧困を含めた「われわれ」が被っている抑圧のすべての側面を包括的に捉えるべきである、と主張したのである（同上）。

　前節でも触れたが、この原因と症状に関する議論において、社会学者であるタウンゼントは、この両者を区別することの困難さを指摘する社会学者の声を UPIAS も「謙虚に聞くべきだ」と、社会学者の権威を纏いつつ主張したが（同上）、これに対して、ヴィックは怒りの感情を露わにしつつ、安全な場所から「原因と症状の区別が難しい」などと泰然と腕を組む社会学者たちと違って、ディスアビリティを被り続けている障害者たちにとって、原因と症状を明確に区別することがいかに切実な問題であるかを強調する（同上）。

　また、UPIAS 側は、そもそも既に DIG という貧困を焦点化する組織が存在しながら、なぜ、同様に貧困問題という単一イシューに取り組む DA が必要なのか、という問いを投げかける（同上）。後でも触れるが、この問いに対して DA 側は「DIG と DA との差異」を主張したが、UPIAS は直ちにそれに反

論し、UPIAS が「DIG の失敗」からの学びによって回避した既存の障害者組織がもつ弱点、すなわち、1）所得イシューへの限定的取り組み、2）少数の専門家たちへの依存、3）議会活動への集中、などの点において、DA は DIG と同様の弱点をもっている、と指摘する（同上）。

このように DIG との同質性を批判した後、さらに UPIAS は、DA が「身体障害者の貧困」という社会問題に関して専門家を装ってはいるものの、実は彼らは、DIG など既存の運動組織と同様に、この貧困問題の本質を把捉できずにいることを指摘する。

　DA の分析は、貧困の原因が「通常の雇用からの排除」であるという基本的な問題を看過し、貧困を全く経験的に説明される必要のない現象であるかのように見做しているようだ。しかし、身体障害者が貧困に晒されないようにするためには、「通常の雇用への統合」を求める努力が必要であり、それは現在の社会制度を変革してゆくための最も重要な闘いの一つである。そして、この「通常の雇用からの排除」という問題は、他のさまざまなディスアビリティと分かち難く結びついているのだ（UPIAS and DA, 1997:22）。

このように主張しつつ、ゆえに身体障害者の貧困という社会問題は、その解決において、より科学的に、知的な厳密さをもって取り組まれる必要があることを、UPIAS は強調するのである（同上）。このような UPIAS 側の、なぜ一つの症状に過ぎない貧困問題のみに焦点を当てるのか、という問いに対して、DA 側は貧困問題に焦点を当てることは「間違っていると思わない」と反論し、なぜなら、「所得保障ということが障害者の生にとって極めて重要な事柄だからだ」と主張する（UPIAS, 1975e:4）。

この点については、*FPD* 巻末に掲載されている DA のコメント部分において詳細に言及されている。そこでは、DA が UPIAS の「ディスアビリティは社会的条件によって起因する社会的状況である」という主張に同意したが、同時に、経済的問題が身体障害者の抑圧において極めて重要な問題であり、それ

が身体障害者の隔離と孤立化の主要な要因であると述べている。具体的には所得の欠如が、障害者の社会的状況に係る他の側面よりも、彼らの生活にはるかに大きな影響を与えていること、そして、事実として、障害者の生活における被抑圧的なすべての個別的側面は、彼らの経済的地位に密接に関連づけられていることを主張する。そこでDAは「金は力である」ということわざを引きつつ、障害者たちの貧困状態が、障害者の地位を扶養家族の地位に留め置いていること、そのことはまた、障害者たちの「自由な選択に係る権利」に深刻な影響を与えていることを指摘している。

 「ゆえに」とDAは続け、自らの組織目的は、障害者への合理的かつ継続的な所得保障政策の未整備がいかに障害者の生活に深刻な影響を与えているかということに関して大衆の注意をひきつけ、同時に、近年の所得保障に係る国の法律とその運用実態が、どのように障害者の隔離を招来してしまっているのか、また、それがいかに二級市民として障害者を扱うことになってしまっているのか、などの事実を大衆に知らしめることにある、と述べている。さらに、DAが提案する包括的な所得保障政策の導入が、障害者を取り巻くこれらの抑圧的な社会的状況に対して実質的な改善をもたらし、社会における障害者たちの地位に根本的な変化をもたらすだろう、と彼らは主張している。

 このように述べたうえでDAは、貧困問題が障害者の抑圧と隔離に係る一つの症状以上のものであることの証左として、女性解放運動の歴史を取りあげている。その中で彼らは、女性解放運動が女性たちの社会的地位と所得の関係がいかに密接に関連しているかということを明らかにしつつ、生の自己統制を最も効果的に獲得できる方法が所得の獲得であることを認識したがゆえに、その活動のエネルギーを主に所得保障と雇用機会のアリーナに集中させてきた、という歴史的事実に言及している（UPIAS and DA, 1997:32）。

 次にDAはUPIAS側の「DAとDIGの同質性」という指摘に対して、DIGと自らとの差異を強調しつつ、返す刀でDAの反動性を指摘したUPIASをも批判する。すなわち彼らは、DIGがその組織方針において、自らのキャンペーンによって障害者たちが具体的に何を獲得できるのかを明示できていなかったという点、そして、その革新性を打ち出すUPIASでさえも、その活動によっ

て障害者たちにどのような具体的な利益がもたらされるのかを明言できていない点などを指摘し、それに比してDAは具体的な獲得目標や数値データを提示することができたこと、そのことによって、政府と交渉しうる政治力を確保し得たことを誇示するのである（前掲資料:9）。

このようなDAの反論に対して、UPIAS側はDAの貧困問題に関する誤った認識による障害者問題の個人化、および専門家支配の強化をめぐる批判にその論を移してゆく。ヴィックは、DAが障害者の所得保障政策に係る運用方法として提起した「障害程度のアセスメント」という方法に内包される固有のロジックが、いかに障害者問題を個人化し、障害者の生における専門家支配を強化する方法であるかを次のように批判する。

> DAは専門家たちの委員会が関与する、「巻尺のようなもの」による「障害程度」のアセスメントを通した問題の解決を提起するが、われわれ身体障害者たちは既にミーンズテストの対象にされている。そして、このことが何を意味するのかを、われわれは既に体験的に熟知しているのだ。すなわちそれは、専門家たちによる障害者の完全支配を恒久化する方法に他ならないのだ。(UPIAS, 1975e:12)

この「巻尺」という比喩は、*FPD* 巻末のUPIAS側のコメントの中で、「ディスアビリティを巻尺で測ること」というタイトルにも用いられているが、そのコメントにおいてもUPIASは、所得保障政策から「障害者を装う人」を排除するために、「障害の程度」を厳格に、かつ客観的に測定することを求めるDAの主張を次のように批判する。

すなわち、第一に、DAのようなアプローチは、本来、ディスアビリティの社会的原因を直視し、障害者のインテグレーションを実現するための社会変革に向かうべき闘いを、「障害程度と金銭的問題に係る狭小な交渉事」に置換させてしまう、と同時に、障害者たちが自分たちの家族にできる最大限の貢献を「より障害の程度が重く、依存的であるかのように装うこと」にしてしまう、という批判である（UPIAS and DA, 1997:25）。

第二に、DAのアプローチは、身体障害者たちの多くが共有している、ある「おぞましい体験」を再現するものである、という批判だ。すなわち、検査用具で武装した専門家たちの前に無防備な裸体を晒し、そのプライバシーを赤裸々に暴かれる身体障害者たちという、彼らが幼少時より体験してきた「おぞましい光景」をDAのアプローチは再現するのだ、という批判である。

　　専門家たちがその「巻き尺」を用いることで、われわれの人間としてのプライバシーと尊厳の最後の痕跡が冒されるのだ。（中略）それはぞっとするような光景だ。（同上）

　この「巻尺で測ること」という比喩によって、障害者問題の個人化と医療化、そしてそこで行使される専門家支配に対する批判を展開してゆくUPIAS側のロジックは、その後の障害者運動や障害学において、個人欠損モデルや医学モデルに対抗する批判のロジックとして継承され、定型化されてゆくことになる。
　さて、このようなヴィックの批判に対して、タウンゼントはディスアビリティの程度[5]をアセスメントしないで、どのように所得保障政策の対象者を規定するのだ、と反論し、UPIASは障害者の所得保障について何ら具体的な提案をしていない、と指摘したが（UPIAS, 1975e:13）、ヴィックはこれに対して「問題の本質は『障害の程度』にあるのではない」と応じ、問題の本質は「身体障害者が社会によって『無力にされている』ことだ」と再び強調する（前掲書:14）。
　しかし、タウンゼントも引かず、UPIASは「障害の程度」に軽重があることに同意しないのか、そもそもUPIASは身体的インペアメントをどのように定義づけているのか、と畳みかけてゆく（同上）。このタウンゼントの追及に対して、ヴィックは「確かに定義の問題はわれわれにとっても重要だ」と応じるが、その後をポールが引き取り、もし、DAがインペアメントの定義に関する議論をしたいのなら、あらためて別の会議をアレンジしよう、と提案し、「われわれはこの合同会議において、互いに合意した目的をもっていたはずだ」とこの会議の目的に即した議論に戻ることを提案する（UPIAS, 1975e:14）。
　タウンゼントは、このポールの嗜めを受けつつも、さらにDAの所得保障

政策の提案を批判する UPIAS 側が、どのようなオルタナティブをもっているのか、と追及し、そのうえで「貧困問題に取り組むための、建設的で『もう一つのアプローチ』を互いに提供し合えないのであれば、これ以上、議論を続けることは難しい」と、あたかも UPIAS 側の「オルタナティブの欠如」ゆえに、会議の継続が困難であるかのようなレトリックを用いている（同上）。タウンゼントのこの主張に対して、ポールは UPIAS 側のオルタナティブはすべて PS に明確に提示されていること、そして、やや皮肉を交えて「あなた方は注意深くそれを読んでこなかったようだが」と前置きしつつ[6]、「貧困問題は、他のすべてのディスアビリティに係るイシューと統合的に扱われるべきだ」という UPIAS 側の主張を再び繰り返している（同上）。

　このように、タウンゼントが発した「貧困問題をめぐる UPIAS のオルタナティブとはいかなる提案なのか」という問いに対する合同会議におけるポールの応答は、些かそっけないものであったが、FPD のコメントでは UPIAS 側のオルタナティブがより詳細に示されている。それを少し辿ってみよう。

　UPIAS は、身体障害者たちのインペアメントと関連した「固有の貧困形態」が、「労働が制度化される方法」によって、健常者と同等の収入を得る機会から「われわれ」が排除されているという事実に起因するものである、と主張する。そして、この労働機会からの排除は、通常の仕事に就くための条件からの排除と連動していること、例えば、身体障害児が就労以前の教育の段階で、通常教育から排除され、身体障害者たちが交通手段の柔軟な利用のできない状態に置かれ、また、通勤に便利で適切な住居を見つけることからも排除されていること、などと連動しているのだ、と述べる。そして、ゆえに、ディスアビリティと貧困の本質を捉えるためには、「社会の制度化」について分析してゆくことが喫緊の課題であるのだ、とまとめている。

　このように整理したうえで、さらに UPIAS は、「障害者であることを装う」フリーライダーを所得保障政策から排除するために提起された「障害程度」を「巻尺」で測るという DA のアセスメントを批判しつつ、これに代わる UPIAS のオルタナティブを提示している。

まるでわれわれが「物」であるかのように、DAが身体障害者（彼らが言うところの〈障害の程度〉）をアセスメントしようとするのに対して、ユニオンは身体障害者を取り巻いている「物」（われわれが〈社会の制度・組織〉というところの「物」）をアセスメントすることを提起する。われわれが労働から十分な収入を得て自らのニーズを満たすことを阻害している「物」が社会制度であるゆえに、身体障害者とその支援者たちによってアセスメントされる必要があるのは、「社会制度」の方なのだ。(UPIAS and DA, 1997:27)

　UPIAS はこのように述べたうえで、日々、ディスアビリティを被っている障害者たちが、そのディスアビリティを創出・再生産してゆく「物」（社会制度）をアセスメントする権利をもち、多くの有能な専門家たちがこの社会制度をアセスメントする委員会に貢献できるのは、「障害者の本当の利益」という観点から社会制度を検証することに専心する限りにおいてである、と主張し、最後に、このような提案こそが、「身体障害者を巻尺で縛って、干渉して、詮索して、支配しようとする DA のやり方」に対する現実的なオルタナティブなのだ、と述べている（同上）。
　このように UPIAS はそのコメントにおいて、合同会議における「オルタナティブとは何か」という DA 側の問いに丁寧に応じたうえで、再び DA の狭小なアプローチが内包する問題点を指摘してゆく。すなわちそれは、DA が求める包括的な所得保障政策というものは、チャリティへの依存を余儀なくされてきた身体障害者たちの歴史を再び繰り返すことにもなりかねない、という指摘である。なぜなら、DA が提案する所得保障政策は「われわれ」の自立とメインストリーミング（主流化）を促進する代わりに、国家的なチャリティに対する「われわれ」の依存性を固定するものであるからであり、それは「物乞いのための新しい皿」を用意することに他ならないからだ、という（前掲資料:22）。
　このように見ると、UPIAS における DA の貧困問題へのアプローチに対する批判は、やはり、ひとり DA に対する批判にとどまらず、障害者問題をめぐる伝統的で支配的な、そして強固な固有のロジック、すなわち、障害者問題

を個人化し、医療化しつつ、その問題を障害者個人の悲劇・不運と意味づけ、障害者たちが被っている社会的不正（ディスアビリティ）を隠蔽し、さらにこの障害者たちの悲劇・不運の源泉にあるインペアメントを治療・慰撫することによって、彼らを恒久的に支配しようとする、伝統的かつ支配的な「障害の政治」にまで達する批判であり、ゆえにこそ、それは当時のマスターフレームであった反管理の思潮と共振し得たのだと言えるだろう。

5 「障害者の包摂」をめぐって

　FPD の三つ目のテーマは、基本原理から導出される「障害者の包摂」という組織構造化・組織活動の原則をめぐるものである。

　UPIAS は基本原理に同意するのであれば、必然的に、障害者たちがディスアビリティとの闘いにおいてより主体的な役割を担いうる組織構造を追求すべきであり、その活動においても、すべての障害者メンバーが主体的役割を担うべきである、と主張する。すなわち、障害者たちを専門家の教育や指導の客体から、或いはチャリティの受動的対象から解放し、ディスアビリティを再生産してゆく社会を変革する主体として位置づけ直すこと、これが基本原理から必然的に要請される原則であることを UPIAS は主張するのである。そのうえで UPIAS は、基本原理に同意したはずの DA がこの原則を自らに課すことをせず、DIG のような既存の組織と何ら変わることなく、専門家による主導と一般障害者のネグレクトを繰り返していることの矛盾を指摘する。

　DA が一般障害者メンバーをその組織活動に参画させていないことの一つの証拠として、DA の組織綱領が一般障害者たちの参画を排除して、30 名程度の専門家たちのみによって作成されたこと、また、この UPIAS との合同会議開催について一般障害者メンバーへの告知がされていなかったこと、などを指摘している（前掲資料:9）。

　以下、このような「組織構造・活動における障害者の包摂」に係る UPIAS 側の問いに対する DA 側の応答のロジックと UPIAS 側の反論のロジックを辿ってゆこう。DA の応答のロジックはおよそ以下の六つに分類できる。

1　自然発生的であること。
　　　2　協議体であること。
　　　3　教育体であること。
　　　4　組織に権威をもたせる必要があったこと。
　　　5　組織運営・活動の方法は多様であること。
　　　6　UPIAS の指摘を一定程度受け容れ、改善を図ること。

　1から5はUPIAS側の指摘に対する反論或いは弁明であり、6は譲歩である。
　第一のロジックは、DAという組織が当時の「特殊な事情」において、切迫感をもった複数の障害者組織によって「自然発生的に」結成された連合組織であり、ゆえに基本原理が求める「障害者の包摂」の実現には未だ至っていない、という弁明のロジックである。
　このDA側が持ち出した当時の「特殊な事情」とは、1974年3月に返り咲いた労働党の第二次ウィルソン内閣が障害者の所得保障政策の改正についてネグレクトし、ゆえにその時の障害者たちの置かれた貧困状況が絶望的であったという事情である（前掲資料:4）。そして、このような新政権における障害者の所得保障に関するネグレクトを招いた主要因として、DAはDIGをはじめとする既存の障害者団体が政治的パワーをもち得なかった点を取りあげ、このような政治的影響力を発揮し得ないDIGなどに代わって、政権に対抗しうる新たな協議体の結成が「自然発生的に」、すなわち、当時の特殊な事情への即時対応として提案されたのだ、と主張する。そして、彼らはこのような障害者を取り巻く政治の特殊な事情を見ない限り、DAの存在意義を人々は理解し得ないだろうと述べている（前掲資料:6）。

　　多くの人々と相談した後、1974年の9月か10月頃だったと思うが、われわれは全く自然的に、下院において一つの会議をもった。その会議には多くの組織の代表が参加した。そしてその会議において、政権に対抗する新たな動きをもたらすために、多数の異なった組織の協議体の結成が提案

されたのだ（同上）。

　DA側はこのように、当時の「特殊な事情」が障害者の所得保障という危急の課題に、障害者運動を集中させる必要を生起させ、その結果「自然発生的に」協議体としてのDAが組織されたことを強調しながら、ゆえに一般障害者メンバーを十分に組織活動に包摂しうる組織構造の構築や活動原則の明文化にまでは至らなかった、と弁明するのである。
　彼らの用いるこの「自然発生的に」という符牒には、二つの含意がある。一つは当時の特殊な事情において危急の課題へ取り組むべく「自然発生的」に結成されたDAであるがゆえに、それは未だ暫定的な組織構造のままであること、すなわち、DAの組織構造は変わりうる可能性を内包していること、したがって、UPIASのように性急にDAの組織構造や活動方針を批判する姿勢は「寛容さに欠ける」ものである、という含意である。実際に、会議の後半において、タウンゼントは次のように、UPIAS側に寛容さを求めている。

　　われわれは昨年の末に、ある意味、不完全な状態でスタートして、この時点で未だ暫定的な綱領さえもち得ていない。（中略）現段階で、われわれはメンバー組織の完全な参加と討議の実現を図ることは困難である。（中略）あなた方は、われわれがあなた方が求めるところの「障害者の組織」たらんとする努力が足りていないということについて、少々、不寛容ではないか（UPIAS, 1975e:17）。

「自然発生的に」という符牒のもう一つの含意は、「自然発生的に」集結しなければならない「特殊な事情」における、いわば小異を捨てて大同につくことの意義の強調であり、UPIASが求めるような基本原理への合致を「自然発生的」協議体であるDAに求めることの不自然さを強調する、という含意である。例えば、DA側の参加者であるベリット・モーアは特殊な事情において求められるのは、「一致団結してこの難局を切り抜けよ（*all hands to the pumps*）」という姿勢である、と述べている（前掲資料:4）。

第6章　『障害の基本原理』の検証：社会モデル生成の議論へ　239

このような DA 側の「自然発生的に」というレトリックにおけるこの二つの含意、すなわち、「未だ暫定的な組織構造であることへの寛容を」および「小異を捨てよ」という二つの含意に対して、UPIAS 側は「障害者たちの組織への包摂」は本質的な問題であり、それは専門家たちによって組織が構造化された後に、漸次進められるようなものではない、と反論する（前掲資料:17）。「障害者の包摂」が本質的問題であることの謂いは、ディスアビリティとの組織的な闘争において、障害者組織は「障害者自身の経験」から自らの闘いの動因と資源を得る必要があるからだ。
　このように UPIAS は、暫定的な組織構造であることが「障害者の包摂」のネグレクトを許容する根拠とはならず、また、「障害者の包摂」は障害者組織において、決して小異と言いうるものではなく、むしろ、それは障害者運動に取り組む組織の本質的要素である、と反論する。
　FPD 巻末の UPIAS 側のコメントは、DA の「自然発生的に」という弁明に対して、さらに辛辣な批判を加えている。そのコメントの該当項目には「『自然発生的に』はすべての言い訳となる」というタイトルが付けられている。このコメントにおいて、UPIAS 側はまず、DA による「自然発生的に」という言葉が、自らの素朴さ純粋さを表象するレトリックとして用いられていることを指摘する。すなわち、DA は障害者の所得保障に係る政府の無策と、それに十分な組織的対応ができないでいた権威なき既存の障害者団体に対する素朴で純粋な怒りのもとに団結したことを表象するためのレトリックとして、彼らの結成が「自然発生的」であったと言い募るのだ、という指摘である。
　しかし、と UPIAS 側は続ける。「怒りによって結束する」という行動は、DA の専売特許ではなく、「真の意味で苦闘している」すべての障害者組織もまた怒りをもって結集したのだ、と彼らは主張する。したがって、「怒りをもって自然発生的に結束した」ことをもって、問題の本質を見誤ったこと、問題の本質に対して無知であったことを弁明することなどできない、と UPIAS 側は指摘するのである。
　このように、DA の「自然発生的に」というレトリックによる弁明を退けた後で UPIAS 側は、DA が問題の本質を見誤った証拠として、彼らの「DIG の

失敗」に係る分析を取りあげる。DA が「DIG の失敗」において見出したのは、先述のように、政府に十分な圧力をかけられなかったことや、包括的な所得保障政策に関して大衆を十分に教育できなかったことなどであったが、このような分析こそが怒りの感情に寄りかかったものに他ならず、この表層的な分析によって、DA は根本的な問いを問うことができなかったのだ、と UPIAS は指摘する。続けて UPIAS は、怒りの共有を免罪符にしつつ根本的な問いを問うことができなかった DA は「ただ皮相的な対抗運動の可能性だけを見ていたのだろう」と述べている（UPIAS and DA, 1997:17）。

　このように述べたうえで、UPIAS は自らのアプローチを DA のそれと対照化するレトリックをここでも用いている。すなわち、DA が集結の契機とした怒りは「われわれ」の *PS* の中にも明瞭に表現されているが、しかし、「われわれ」はディスアビリティと闘うために、身体障害者たちが社会によって抑圧されていることを明確に認識することで、その怒りを昇華させたのだ、と。そして、ディスアビリティを捉える基本原理の提示によって、「われわれ」は DA のような、そして、これまでの障害者組織においても伝統的な、素人っぽい「自然発生的」集結という方法からの訣別を果たしたのだ、と彼らは主張するである。

　二つ目の DA の応答のロジックは、DA が「協議体であること」を主張するロジックである。

　まず、DA は自らが「協議体であること」の意義を誇示する。彼らは先述した障害者の所得保障をめぐる特殊な事情において、「障害者のため (*for the disabled*)」結成された組織と、「障害者自身による (*of the disabled*)」組織とを結び付ける協議体を結成し得たことの意義は「過小に評価されるべきではない」と主張する。

　　それぞれが自らの組織の党派性と組織への忠誠心を抑制しつつ、共通の目的のために連帯しようとする意志は、従来の障害者組織とは大きく異なり、それは、ある意味、革命とも言えるものだった。（中略）このことの意義は決して過小に評価されるべきではないだろう。ますます多くのセルフ・ヘルプ・グループが DA に加入してきており、また、多くの組織が、われ

われの活動に関心をもち始めているのだ（同上）。

　このように「協議体であること」をアピールしたうえで、DA は個人会員をもたない組織であること[7]、ゆえに、「障害者の包摂」という課題は、DA の個々の傘下組織の組織構造や運営方法の問題であり、協議体としての DA はこれら傘下組織のあり方に対して口を出せないのだ、と言う。例えばタウンゼントは、DA が 35 の組織の代表者から構成されていること、そして、幾つかの組織では確かに、障害者に代わって専門家や保護者たちが活動しているが、DA がそのような活動に口を挟むことはできないと述べ、その理由として、35 の組織の中には知的障害者や精神障害者の組織も含まれていることに言及している（前掲資料:8）。おそらく、彼がこのように知的障害者や精神障害者の組織に言及したのは、知的障害者や精神障害者には代弁者が必要であることを暗示しつつ、UPIAS 側の「当事者による組織統制のみに固執すること」の非現実性を示そうとしたのだろう。

　DA はこのように自らが、多様な組織による「協議体であること」、その中には、視覚障害者全国連盟（National Federation of the Blind：NFB）のような「障害者自身による」組織もあれば、知的障害者や精神障害者の団体のように、代弁が必要な「障害者のための」組織もあり、DA に加入している幾つかの組織が、障害者を代表に置いていないということに対する UPIAS 側の執拗な追及自体が「些か尊大ではないか」と批判する（同上）。

　この「協議体であること」という DA 側の弁明に対する UPIAS 側の批判は、巻末コメントにおいて激しい論調となっている。まず、UPIAS は「協議体であること」という DA の弁明が狡猾なレトリックであることを指摘する。すなわち、「協議体であること」というレトリックを用いることによって、DA の専門家たちは直接障害者たちと向き合うことから逃れることができ、と同時に、「障害者たちの名において」自らの発言を正当化することが可能であること、すなわち、障害者の声を代弁する権限を手中に収めていることの狡猾さを指摘するのである。

DAの専門家たちは、直接障害者と向き合う労苦から解放され、同時に、構成組織のメンバーシップを通して、権限を主張することを彼らは承認されるのだ。(中略)傘下組織の構造によって、専門家たちは直接、身体障害者たちと接触することから守られつつ、国家的慈善を求めることへの批判からも守られ、同時に、「障害者のために」と発言することができるのだ(前掲資料 :24)。

　三つ目のDAの応答のロジックは「教育体であること」である。
　DAは自らが政治組織ではなく「教育体であること」を強調しつつ、障害者の貧困問題に関して誤った認識をもつ大衆に対して、貧困問題の本質に関する正しい知識を伝えることがDAの主要な目的であり、この目的を遂行するために、パンフレットや書籍の刊行に取り組んでいるのだ、と主張する(前掲資料 :6)。そのうえで、その組織構造や活動において障害者を十分に包摂し得ていないことを次のように弁明する。

　DAがもし障害者たちの政治組織を目指すなら、われわれが議長の役割を担うことは全くの誤りであろう。しかし、この組織は教育のための組織である。われわれは障害者たちの生活水準と、生活手段に関する情報をメンバーたちに提供する。われわれは広く大衆に訴える活動を通して、障害者と健常者の気づきを促す教育のプロセスを展開してゆく。これがわれわれの主たる目的だ(UPIAS, 1975e:11)。

すなわち、もし、DAが政治組織であったのなら、障害をもたない専門家たちが、その組織を統制することは傲慢であろうが、「われわれ」は教育組織であり、その目的は大衆教育にあるので、障害者の包摂は大きな問題にはならないのだ、というのが、この弁明のロジックである。
　この弁明に対して、UPIAS側は直ちに欺瞞である、と切り捨てる。なぜなら、もしDAが障害者の貧困問題の本質を大衆に伝えることを目的とする教育組織であるのなら、彼らは「障害者自身の経験」をそのリソースとすべきであり、

それをせずして、障害者が抱える貧困の本質を「教育できる」と考えていること自体が極めて傲慢であるから、だ（同上）。さらにUPIASは、障害者を十分に包摂せず、「障害者自身の経験」から学ぼうとしないDAの「大衆を教育する能力」を信頼できない、と切り捨てたうえで、そのような教育はディスアビリティの本質に取り組もうとしている障害者たちにとって、極めて有害なものになりうる、と主張する（UPIAS and DA, 1997:17）。

　四つ目のDAの応答のロジックは「組織に権威をもたせる必要があったこと」である。すなわち、DAは先述した、障害者の所得保障が政権によってネグレクトされたという特殊な事情下において、彼らの求める「包括的な所得保障政策」を政権に認めさせるため、権威のある協議体が必要であったと説明し、そのために著名な専門家たちを結集させる必要があり、その結果として、障害者の包摂にまで手が回らなかった、と弁明したのである（前掲資料:9）。

　　DAはその結成初期に、傘下組織間において、嘆願書を首相に送付することに関する同意が得られていた。（中略）そして、嘆願書の作成・送付において、その内容に権威をもたせるために、〈障害〉に関わる著名な関係者たちの署名が求められたのだ（前掲資料:33）。

　DAのこのような主張には、自分たちはその活動において専門家の権威を借りただけであり、専門家によって支配されているわけではない、という含意もあるように見える。しかし、このようなDA側の弁明に対してUPIAS側は、そのような組織化の方法がまさに最も弱点を孕んだ方法に他ならない、と追及する。なぜなら、障害者たちの貧困の本質を見誤った専門家たちの見解には、言葉の真の意味での権威など存在しないからだ、という（前掲資料:16）。

　さて、五つ目のDAの応答のロジックは、「組織運営・活動の方法は多様であること」だ。

　例えばタウンゼントは「障害者の包摂」をめぐる議論の中で、基本原理に同意しながら、なぜ、組織構造や組織活動において「障害者の包摂」に取り組まないのか、というUPIAS側からの繰り返される問いに対して、「なぜ、そ

のように大げさに何度も言い募るのか」と少し茶化すように応答しつつ、そもそも組織運営においては多様な方法がありうるのだ、と反論する（UPIAS, 1975e:11）。

このタウンゼントの反論に対してポールは「では、あなた方は（障害者を包摂しない—筆者注）DAの組織運営の方法が最良の方法だと考えているのか」と問いかけるが、タウンゼントは「何が最良かは簡単には言えない」とかわし（同上）、さらに「社会運動の歴史の中には多くの組織のサンプルがある。どのような組織運営の方法が効果的であるか、という点については議論の余地が大いにある」と応えている。このタウンゼントの応答に対してポールは、「あなた方にとってこの問題は幾分、アカデミックな問題に見えるらしいが」と前置きしつつ、しかし、「われわれ障害者」にとっては、大衆的行動を選ぶか否かという問題は、極めて切実かつ本質的な問題なのだ、と再度反論している（同上）。

六つ目の応答のロジックは「UPIASの指摘を一定程度受け容れ、改善を図ること」である。このロジックは会議終了間近に、DAに対するUPIASの指摘への謝意とともに、DAの傘下組織であるNFBの代表者から表明された、いわば譲歩のロジックである。

このメンバーは、UPIASがDAのために問題提起をしてくれたことに感謝の意を表しつつ、UPIASの指摘が、今後、DAの組織構造や活動方法を再検討するための「極めて有益な指摘」であったと述べ（前掲資料:10）、そして彼は、現在、DAはその組織綱領を作成する段階にあり、今後1年以内を目処にそれが作成される予定であること、そして、その組織綱領において、運営委員の少なくとも半数を障害者メンバーが占めるように規定したいこと、さらに、「障害者の包摂」に係る規定を綱領に盛り込むこと、などを提示する（前掲資料:16）。続けて彼は、もし「障害者の包摂」に係るこのような規定がDAの綱領に盛り込まれなければ、「NFBはDAを脱会する」とまで宣言している（同上）。

このNFB代表者の意見はNFBの見解であり、DA自体の見解ではないがゆえに、ポールは「考える価値がある」と評価しつつも、やはり、「DAとして」障害者を包摂しようとする言行一致した努力が見えないことを再度指摘している（UPIAS and DA, 1997:13）。

このNFBの代表者とポールとの対話の後、(やや冷静さを取り戻した?)タウンゼントもまた、DAが「障害者の包摂」について精力的に取り組んでこなかったことを認める発言をするが、その発言の後に続けて彼は「DAが障害者たちへの情報伝達の役割を果たしてきたこと」が、「障害者の包摂」と言うべき取り組みであったこと、そして、それが十分ではないと批判されるのであれば、それは(頻繁な冊子の発行に費やすための)「金と時間の問題だ」とズレた弁明を重ねる(同上)。しかし、この弁明はUPIAS側の「金と時間の問題を抱えているのはDAだけではない」という反論によって一蹴されている(同上)。

　以上、見てきたように、基本原理から演繹される組織の構造化および組織活動における「障害者の包摂」という原則の未履行をUPIASから強く批判されたDAは、「自然発生的であること」、「協議体であること」、「教育体であること」、「組織に権威をもたせる必要があったこと」、「組織運営・活動の方法は多様であること」、「UPIASの指摘を一定程度受け入れ、改善を図ること」などのロジックによる弁明を試みたが、最後の譲歩のロジックを除けば、彼らの弁明のロジックをUPIAS側が受け入れることはなかった。

6　両組織による合同会議の評価

　合同会議の終了間際、両組織からそれぞれ会議の総括に係る発言が見られる。
　まずDAのタウンゼントは「結論として」と前置きをし、「われわれ」は多くの意見を交換し、得るものがあった、と述べ、UPIASに対して、「あなた方」はDAに「多くの考える素材」を提供してくれた、と感謝の言葉をかけている(前掲資料:14)。
　しかし、それに応じたポールは、タウンゼントのこの社交的言辞を受け容れることを拒み、タウンゼントと同じく「結論として」と前置きしつつ、「このことだけは指摘しておきたい」と語気を強め次のように述べる。

　　われわれの見る限りにおいて、あなた方はその組織の起点においてわれ

われが指摘した矛盾を解消し得ていない。あなた方はDIGの過ちから、異なった組織を設立しなければならないことの必然性について何も述べず、DIGと同じようなイシューに専心し、そして、自らの活動を展開するために、同意されるべきどのような原理が導出されるのか、ということについても全く明らかにされなかった。今日の議論の結論は、ここにあると私は考えている（同上）。

このようにポールは、会議に何らかの成果があったとは認めず、「DAの矛盾」が何ら解消し得なかったことが会議の結論である、と総括した。もう少し詳しく両組織の会議総括を *FPD* 巻末のコメントから確認しておこう。

DA側の総括コメントでは、会議逐語録と同様に社交的言辞から始まっている。すなわち、「われわれ」の組織目的の文言に明瞭さが欠けていたことを指摘してくれたUPIASに「とても感謝している」という謝意からDAはその総括を始めているのだが、やはりそこにはUPIASがその批判に込めた意味について十分に理解し得ていない様子がうかがえる。例えばUPIASが求めた「障害者の包摂」という問題について、会議総括においてもDAは、自らの組織本体の問題としてではなく、個々の傘下組織の問題に置換している。

> DAは選任された委員による運営会議と、すべての加入組織の代表者への郵送による意見聴取によって、スーパーバイズされてきたのだ。運営委員会の選挙は、12月に、われわれの最初の全体会議において行われる。そして、可能であれば、われわれはメンバーである加盟組織に対して、障害者を代表として候補者に指名することを奨励している（前掲資料:33）。

UPIAS側の会議総括は、一つの象徴的な言葉をその項目タイトルに掲げるところから始まっている。その言葉とは「傘を閉じ、そして、雨の中へ出てゆく」というものである（前掲資料:28）。これは、DAという協議体の傘の下には加わらず（傘を閉じ）、ディスアビリティが支配する「雨の中」へ歩みだすということ、すなわち、DAに加わることを拒絶し、DAとの訣別を宣言する

言葉である。これが、UPIAS が合同会議を通して得た結論であり、DA に対して下した組織的判断であったと言える。

UPIAS は、DA という組織の有りようを基本原理との許容し難い背離として捉え、訣別を宣言したのである。しかし、同時に、UPIAS はそのコメントにおいて再び、会議の終了間際に NFB が基本原理を保持し、可能な限り早急に DA がこの基本原理を自らの綱領に盛り込まなければ、「われわれ」は DA を退会すると述べたことを評価し、それに「期待する」とも述べている（同上）。

しかし、会議総括コメントにおける UPIAS の DA 本体に対する批判は、逐語録におけるそれよりも激しさを増している。UPIAS はディスアビリティの本質を見誤っている DA の伝統的な所得保障アプローチへの固執は、障害者の前に立ち現れる根本的な問題を曖昧にさせてしまうがゆえに、DA が大衆を教育したり、身体障害者たちの本当の利益を代弁することなど決してできない、と断じる。そして、このような信頼の置けない素人組織が提唱する所得保障アプローチから、身体障害者たちは「立ち去る」（雨の中に出てゆく）べきだと主張する（前掲資料:29）。

さらに、UPIAS は「傘を閉じ、雨の中へ出てゆく」にとどまらず、DA との対決をも宣言する。すなわち、「われわれ」は DA のディスアビリティに関する誤った理解について、また、障害者運動における専門家支配に対して「反対するキャンペーンを展開してゆく」と宣言するのである（同上）。

彼ら UPIAS にとって、基本原理と背離した DA の活動は「勝手にどうぞ」と放置できるものではなく、むしろ、UPIAS の基本原理的アプローチにとって最大の阻害要因となるがゆえに、対決を宣言したのである。そして、このような訣別と対決の宣言の後に、UPIAS は「われわれ」身体障害者自身の集合的経験を基にその専門性を高めてゆくこと、大衆的・民主的組織を構築し、身体障害者を無力化している社会に向けた基本原理的アプローチを展開してゆくことを再度確認してそのコメントを締めくくっている（同上）。

7　小括

　以上、*FPD* における１）基本原理への同意と「DA の矛盾」、２）身体障害者の貧困問題に関する認識、３）障害者の包摂、という三つのテーマとそれぞれのテーマに内在する論点をめぐる UPIAS 側の問題提起を検証してきた。

　１）のテーマにおいて、UPIAS 側はまず、社会的状況としてのディスアビリティを障害者問題の本質として捉える基本原理の含意を確認したうえで、DA が合同会議開催に係る前提として、この基本原理に同意しつつも、そこから必然的に演繹される組織原則・活動原則から乖離していることの矛盾を指摘した。

　さらに、UPIAS 側はこの「DA の矛盾」という符牒を用いながら、二つの具体的なテーマへ討議を集中させてゆく。すなわち「貧困問題に関する認識」と「障害者の包摂」である。

　「貧困問題に関する認識」には、二つの論点が内包されていた。一つは貧困問題という一つの症状への焦点化がもたらすディスアビリティの原因の看過をめぐるものであり、もう一つは、所得保障政策の運用における「障害程度のアセスメント」（巻尺で測る）による障害者問題の個人化・医療化をめぐる論点である。

　前者の論点において、UPIAS 側は、身体障害者の貧困が「労働が制度化される方法」、すなわち、健常者と同等の収入を得る機会から「われわれ」が排除されているという事実に起因するものであり、さらにこの排除が通常の仕事に就くための条件や準備からの排除（通常教育からの排除や交通手段の利用・住宅確保などからの排除）と連動していることを指摘した。このように貧困問題の本質を「社会の制度化」に求めた UPIAS にとって、DA の所得保障に焦点を当てるアプローチは、原因の本質を見ようとしない、素人っぽい取り組みに過ぎず、それは、障害者をして国家的チャリティへの依存を助長し、彼らに「物乞いのための新しい皿」を用意するものである、と厳しく批判した。

　このような批判の厳しさは、UPIAS にとって DA の素人っぽいアプローチが、無知がゆえの行為として放置できるものでは決してなく、むしろ、障害者

たちのディスアビリティとの闘いを阻害する行為として映ったがゆえである。UPIAS 側は DA の所得保障アプローチの問題性として、第一にそれが障害者たちの貧困を再生産し続ける社会的不正を正すことではなく、「ただ金を要求するための交渉事」に終始し、その帰結として障害者問題を矮小化しつつ、障害者たちの国家や家族への依存性を助長するからであり、第二に、DA が提案する所得保障政策の運用に係る「障害程度のアセスメント」によって、障害者問題が個人化され、そのような「おぞましい」アセスメントによって、障害者たちが物象化されてしまうからである、と批判する。

このように批判した後、UPIAS は彼らのオルタナティブを再度明示する。そのオルタナティブとは、身体障害者の貧困を再生産してゆく「社会の制度」をアセスメントしつつ、身体障害者を含むすべての人々の雇用と完全な社会参加へのアクセスを確保するための取り組みであり、換言すればそれは、DA のように障害程度と貧困とを因果律において把捉しようとしてきた障害者の貧困問題に係る伝統的な認識からの脱却を求める発議であったと言えるだろう。さらに言えば、これらの論点における UPIAS 側の主張は、ひとり DA に対する批判にとどまらず、1980 年代以降に国際的なディスアビリティ・フィールドにおいて活性化する、個人欠損モデル・医学モデルに対するラディカルな批判の原型とも言いうる、一連のまとまった論考であったとも言える。

次に UPIAS は、「DA の矛盾」という符牒を用いつつ「障害者の包摂」というもう一つのテーマに移行するが、彼らはそこで、障害者たちを教育や指導の客体から、或いはチャリティの受動的対象から解放し、ディスアビリティを再生産してゆく社会を変革する主体として位置づけ直すことが基本原理から必然的に要請される原則である、と主張した。その上で、専門家による主導、一般障害者のネグレクトを繰り返している「DA の矛盾」を批判したのである。この UPIAS 側の批判に対して DA 側は六つのロジックを用いつつ弁明したが、上に見てきたように、それらの弁明は、最後の譲歩のロジックを除いて、UPIAS 側の見解と噛み合うことはなかった。

障害者問題が障害者個々のインペアメントに帰属するものと捉える、後年、英国障害学において個人欠損モデルと称されることになる認識モデルを基にす

ると、インペアメントの軽減・解消、或いはインペアメントのアセスメントを基にした所得保障などが、障害者問題の軽減・解消に向かう唯一の方途となる。ゆえに、そのフィールドを占有するのは、インペアメントへの治療的介入やアセスメントに係る専門性を有するとされる専門家たちである。他方で、この認識モデルにおいては、障害者たちは自らの不運の源泉であるインペアメントの軽減やアセスメントへ協力する病者役割（sick roll）（Persons=1974）を演じ続けなければならない。

このような伝統的・支配的な認識モデルへの抵抗から導出されたUPIASの基本原理は、障害者問題の本質を障害者に対する社会的抑圧に起因するディスアビリティとして再定義すると同時に、ディスアビリティの解消において主体となるべきは、日々、ディスアビリティを被り、その辛さ、理不尽さ、不合理さを経験している障害者たち自身であるべきだ、という当事者性の原則を演繹したのである。ゆえにUPIASにとって、「障害者の包摂」は組織運営や活動方法の一つのオプションなどではなく、障害者問題の本質把握に係る根本的な命題であったと言える。UPIASが執拗とも言える姿勢で、DAの専門家主導の組織運営・活動を批判した理由はここにある。

しかし、上に見てきたように、この基本原理から演繹される「障害者の包摂」という原則の本質的な意味を、「組織運営の方法は多様にある」と弁明したDA側が最後まで理解することはなかった。

この絶望的とさえ形容しうるほどの両者のロジックのズレに、われわれは当時のディスアビリティ・フィールドにおける支配的言説の堅牢さと同時に、UPIASによって開示された「異世界」の革新性を見ることができるのではないだろうか。

第 7 章　危機と再生

「障害者自身の経験」を基にディスアビリティをめぐる思考を『UPIAS の方針』（*PS*）および『障害の基本原理』（*FPD*）において結晶化させ、そこを起点に障害者運動が向かうべき明確な方向性を見出したかに見えた UPIAS だったが、その具体的な組織活動に取り組み始める 1970 年代半ば以降においても、ディスアビリティとの対峙をめぐる組織内の議論は継続されてゆく。そして、その激しい議論は組織の両頭であったポールとヴィックの対立までも招来し、「UPIAS の危機」に発展する。しかし、1979 年 7 月のポールの突然の死によって、組織は再生への道を歩み始め、組織改革への取り組み、国内外の障害者運動との共闘の模索、潜在的メンバーの動員や他のマイノリティ運動との連帯に向けた活動など、ディスアビリティをめぐる思考の普及と、ディスアビリティ解消に向けた具体的実践に取り組み始めることになる。

　ジュディは次のように当時を振り返る。

　　1978 年はユニオンが組織的な危機を迎えた年でした。（中略）*FPD* 発行後、組織外部の多くの人々や団体からコンタクトがあり、組織内外でさまざまな議論が活発になったのですが、ユニオンのメンバーたちには「ユニオンは前に進んでいない」という焦燥感が広がり始めました。いろいろなアイデアはあるし、いろいろな組織との議論は活発になったのですが、実際に特定課題部会をつくろうとか、何かを出版しようとか、そうした実践的なエリアが前に動いていないという感覚が、特にコアメンバーの間には漂っていました（Hunt Judy, 27/ 9/2011）。

　本章では、このようにジュディが「組織的な危機を迎えた年だった」と回想する 1977 年頃から 1980 年代半ばにかけて *IC* 誌上[1]で展開された UPIAS の

内部批判と、UPIASの解散をめぐって交わされた議論を辿りながら、障害者問題のパラダイム・シフトとも評しうる社会モデルの原型的アイデアが、現実的・具体的なディスアビリティとの対峙において直面した固有の困難さについて検証してゆこう。

1 「UPIASの危機」の諸相

まずここでは、UPIASメンバーらが自らの組織的な危機をどのように把捉しようとしていたのか、そして、その危機的状況においてUPIASの解散が提起された文脈とはどのようなものであったのか、さらに、この解散をめぐって組織の両頭であったポールとヴィックが激しく対立した論点とはいかなるものであったのか、などの点に焦点を当てて、「UPIASの危機」の諸相を捉えておきたい。

（1）「異質な世界」への抵抗

1974年12月に発表され、1976年9月に一部改正された*PS*、そして1976年11月に公表された*FPD*には、後年、社会モデルと呼ばれることになるディスアビリティをめぐる基本原理が提示されたが、しかし、この基本原理の構築をめぐる議論にすべてのUPIASメンバーが十分に参加し得たわけではない。

ある現象のパラダイム・シフトをもたらすラディカルなアイデアは、その現象に関わる当事者たちに対して異質な世界を開示するがゆえに、当事者たちの多くは当初、その世界を前にして戸惑いと混乱を覚えるものであろう。また、そのアイデアは単に異質な世界を開示するにとどまらず、当事者たちに対して、それまでの馴染んだ世界から、この異質な世界への移行を促すものであるがゆえに、抵抗や拒絶などのリアクションを伴うことも少なからずある。

> *PS*や*FPD*はとてもラディカルな内容でした。私は当時、メンバーの多くがこれらの内容を理解できていなかったのではないかと思います。(中略) おそらく、字面では分かっていたとしても、なぜこれらの方針や基本原理が

社会変革を求めるのか、その意味するところは分からなかったと思います。（中略）当時、多くの障害者たちは、常に既存の社会にいかに受け容れてもらうかという考え方から脱することができずにいました。そんな彼らにとっては、(*PS*や*FPD*が指し示すように―筆者注) 社会の価値観をどうやって変えるか、などという問いは思いもよらなかったことでしょう（同上）。

　ジュディはこのように述べたうえで、さらに*PS*や*FPD*に結実されることになる、数人の「知的レベルの高いコアメンバーたち」（同上）の抽象的な議論に、その他のメンバーたちはついていくことができず、結果として、「多くのメンバーたちがもはや自分たちがユニオンのメンバーの一員であるという認識をもてなくなっていたのではないかと思います」と述懐する（同上）。このような事態は、「障害者たちが自らに課せられたディスアビリティを解決する主体者となること」を組織目標に置いたポールらコアメンバーたちにとって、極めて憂慮すべき、もどかしい事態であったと言えるだろう。
　特に、コアメンバーたちは、メンバーたちの気づきを促すためにも、*PS*や*FPD*において提示された基本原理の具体的かつ実用的な適用方法を検討する必要性を強く感じていたという（同上）。
　このように、ジュディが「組織的な危機を迎えた年だった」と振り返ったのは1978年であったが、既にその予兆は前年の*IC*に垣間見ることができる。例えば、1977年5月に発行されたC21では、あるメンバーが、入所施設をめぐるUPIASとチェシャー財団理事長との激しい討論に対して、「私は対立を煽るようなやり方には賛成できない」と批判した。また彼は、UPIASがDAのピーター・タウンゼントの賛助会員への申し込みに対して、厳格な審問を繰り返したことや、DAとの合同会議においてDAとの連携を拒絶したことに対しても、「もっとノーマルな（会員認定の）手続きを取ることができなかったのか」、「われわれのエネルギーを潜在的な仲間との口論に費やすよりも、他にすることがあるはずだ」などと批判した（UPIAS, 1977a:3）。また、同号では別のメンバーからの「狂信的なポールと彼の仲間たちはもう必要ない」という、ポールおよびコアメンバーらに対する辛辣な批判も掲載されている（前掲資料:6）。

（2）組織的危機を招来した要因

コアメンバーたちは切迫した危機感とともに、このような組織的危機を招来した幾つかの要因について分析を始める。IC 誌上で危機の招来要因として言及されたのは、1）外部的条件の問題、2）観念的議論への拘泥と焦点化された活動の不在、3）リーダーシップの欠如、4）活動へのメンバー動員の失敗、5）基本原理の深化・活用の欠如、などの点である。

1）の「外部的条件の問題」について、例えばポールは C24 において、メンバーらの地理的隔絶とモビリティの困難さ、組織の資金不足などを取りあげつつ、メンバーが日常的に集まることができたり、電話をもっと使えたり、或いはより頻繁に IC を発行・回覧できれば、「われわれ」の抱える問題は確かに軽減できたはずであり、組織内において特定のイシューに係る特定課題部会も設置できたはずだ、と述べている（UPIAS, 1978b:7）。

2）の「観念的議論への拘泥と焦点化された活動の不在」については、「議論より活動を」という警句とともに、IC 誌上で頻繁に指摘されている。上述のジュディの回想にもあったが、筆者がインタビューをしたもう一人の元 UPIAS コアメンバーであるマギーもまた、UPIAS の初期の議論が「少数の知的な理論家たち」によって主導され、一般メンバーがそれに参加することが難しく、と同時に、「議論が実践に結び付いていない」という不満が組織内において少しずつ広がっていったと言う（Davis Maggie, 21/10/2011）。

また、ヴィックもこの点については C24 で言及している。彼は 1978 年の夏の時点において、UPIAS のバランスシート（賃借対照表）における明らかなマイナス項目として、数人の退会者を出したこと、組織外の潜在的メンバーらを UPIAS のアイデアに惹きつけることが十分にできなかったことなどに加えて、「焦点化された活動による効果」が殆ど見出せなかったことを率直に認めている。彼がここで指摘した「焦点化された活動による効果」とは、フォーカス・タイプの住宅プロジェクトや外部組織との連帯・同盟、組織内特定課題部会の設置、そして、オープン・ニュースレターの発行など、それまで幾度となく提案されながらも実現を果たせず、具体的な成果をあげることのできなかった事

柄を指している（UPIAS, 1978b:5）。

　この「議論より活動を」という内部批判の声は、他のメンバーからもあげられている。例えばC25では、あるメンバーがUPIASの現状と「われわれが求めていること」との間にある「受け容れ難い巨大なギャップ」として、アクションの不在を指摘する（UPIAS, 1978c:5）。また、別のメンバーは1979年5月発行のC30において、UPIASが衰退の歴史を辿りつつあることを指摘し（UPIAS, 1979d：1）、さらに、その翌年8月発行のC36においても、あるメンバーからの「理論を実践に適用させていくことが喫緊の課題」であり、「今や活動を開始する時だ」という指摘が見られる（UPIAS, 1980f:12）。

　このように、一つの症状にではなく、あらゆるディスアビリティに係るイシューに対して包括的に取り組むことを自らに課した、小さな組織体であるUPIASの活動は、ややもすれば、個々のメンバーたちの関心に基づく散発的な活動となりがちであり、焦点化され組織化された闘争に必要な、メンバーたちの深いレベルでのコミットメントを欠いていたと言わざるを得ない。

　組織的危機の要因として三つ目に挙げられたのは、「リーダーシップの欠如」である。C25において、あるメンバーから「われわれの組織は空っぽの貝殻」のようになってしまっている、という指摘があった。具体的には、底辺民主主義を掲げ、メンバー全員の積極的な組織活動への参画を掲げた *PS* は、確かに1人のリーダーや少数のエリートたちによる組織支配を回避し得たが、そのことは同時に、リーダーシップの欠如とともに、当初の「われわれ」の意図と相反して、組織的空洞をもたらしたのだ、という指摘である（UPIAS, 1978c:5）。

　四つ目の要因として挙げられたのは「活動へのメンバー動員の失敗」である。既にこの要因への指摘は、1978年8月発行のC24時点で、ポールより発せられている。彼は *PS* の改訂版が公表されてから後、メンバーたちの *IC* への投稿が減少し、その自律的活動が低下していること、未だ特定課題部会が結成されず、オープン・ニュースレターの発行へ向けたメンバーからの貢献も殆ど見られないこと、そして、少なくないメンバーが組織活動から離れつつあることを指摘している（UPIAS, 1978b:6）。さらにその7年後に発行されたC58においても、メンバーたちの消極性を厳しく批判する声が再掲されていることか

ら、この組織活動へのメンバーたちの動員の困難さがUPIASにおいて常に課題として認識されていたことが推測できる。このC58では、あるコアメンバーが次のような苦言を呈している。

> 私は何人かのメンバーとユニオンの会議で会ったことがない。彼らはテレビの参加番組や海外旅行には出かけるものの、ユニオンの会議に来ることはない。確かに、「会議への出席」が週末の時間を楽しく過ごす活動でないことは理解できる。しかし、彼らは彼らの優先順位とUPIASへのコミットメントについてもっと考えるべきだろう。UPIASの活動への参加はメンバーであるわれわれにとって最優先であるべきだ（UPIAS, 1985a:11）。

このように、組織活動に参加しないメンバーを批判したうえで、彼は「10人の消極的なメンバーやトラブルメーカーよりも、1人の活動的なメンバーが必要だ」と述べ、会員資格の限定について、ある提案をしている。その提案とは、UPIASの会員資格に「暫定会員」という新たなカテゴリーを設けることである。彼によると、暫定会員はUPIASに適したメンバーであることが承認されるまで、1年間、暫定的な会員資格に留め置かれるものである（前掲資料:12）。

五つ目に取りあげられた組織的危機の要因は「基本原理の深化・活用の欠如」である。そこでは、既存の障害者団体がなし得てこなかった、徹底的な民主的討議によって導出された *PS・FPD* における基本原理の意義が確認されつつも、メンバーたちによるこの基本原理の十全な理解やその応用・発展において困難を抱えてきたことが言及されている。

例えば、C24においてポールは、1972年の組織的議論の起点から現在（1978年8月）までを振り返り、UPIASの議論は「この国」のどのようなディスアビリティ・フィールドにおける議論よりも、「疑う余地もなく、極めて重要なものであった」と述べ、「われわれ」と対立する人々の中で、「われわれ」のこの基本原理に基づくアプローチが誤っているということを論証できたものは一人もいないことを強調する（UPIAS, 1978b:5）。しかし、そのうえで彼はこの基本原理の本質を殆どのメンバーが十分に理解し得てこなかったこと、メンバー

の多くはこの原理の彫琢と深化に携わることなく、ただ受動的な沈黙の中に佇んできたことを指摘する（前掲資料:6）。

同様に、ヴィックもまた、これまでメンバーたちがPSを積極的に理解し、それを発展させ、さらに、その原則に基づいて行動することができてこなかったことを指摘し、基本原理が「われわれ」にとって「生き生きとした行動指針」として活用されてこなかったがゆえに、UPIASの組織的危機が生じたのだ、と述べている（同上）（この両者の基本原理に係る見解の微妙なズレ――ポールは基本原理の彫琢・深化を、ヴィックは基本原理に基づく実践をそれぞれ主張している――は、後述するように、やがて両者の激しい対立に発展することになる）。

さらにポールは、現時点における重要な課題とは、ディスアビリティに係る包括的なパースペクティブを障害者たちが共有し理解することであると述べ、それがなされなければ、障害者たちは混乱と分裂の状態から脱し得ず、従来通り、専門家たちの誤った理論とリーダーシップの支配下に置かれ続けるだろう、と結んでいる（同上）。

一体、ポールが言う基本原理の十全な理解とは何を指していたのだろうか。もう少し彼の議論を追いかけみよう。

ポールは、UPIASにおける基本原理の認識をめぐって、常に二つの異なった立場が組織内に存在してきたことを認めている。その一つはインテグレーションをマクロの社会的・政治的問題から区別して取り扱うことができる、或いはそうすべきである、と考える多数派の立場であり、もう一つは身体障害者たちのインテグレーションの実現を目指すために、眼前の微温的な改良のみならず、社会構造全体のラディカルな変革を求める少数派の立場である（前掲資料:8）。そして、前者の人々は常に〈いま／ここ〉での現実的な改良を求めつつ、UPIASの運動を推し進めようとする立場であり、彼らにしてみれば、ラディカルな変革などという大言壮語を掲げる後者の少数派は観念的な議論を繰り返し、また、潜在的な「われわれ」の支援者たちを「われわれ」の敵手であるかのように取り扱っているように見えるらしい、とポールは言う（同上）。

「しかし」と彼は続けて、本来、UPIASにおける基本原理は、もし「われわ

れ」がインテグレーションを真に具現化しようとするなら、ラディカルな社会変革へ向けた取り組みを回避することはできないという認識を基盤にしつつ生成・練成されてきたものではなかったか、と述べ、ゆえにこそ、PS は、例えば、すべての隔離的な施設・学校・作業所などの廃止、すべての身体障害者の完全なる社会参加を求めてきたのだ、と主張する（同上）。

ポールは、上述の基本原理をめぐる「異なった二つの立場」の存在、換言すればそれは、組織内における基本的なイデオロギー的統一性の欠如に他ならない状況であったと言えるが、このような状況を明確に認識することが、UPIAS の再生に向かうための起点となるだろう、と述べている（同上）。

（3）UPIAS の解散をめぐる対立

このような組織的危機に直面した UPIAS において、UPIAS そのものの存続よりも、基本原理に即した現実的な取り組みを優先し、そのためには UPIAS の解散も辞さない、という意見が初めて浮上するのは、1978 年 8 月に発行された C24 の誌上においてである。その直接的なきっかけとなったのは、新役員の選挙において、役員ポストへ立候補したメンバーが僅か 4 人しかいなかったことだった。C24 において、運営委員会よりその事実が報告されるとともに、以下の議題が運営委員会において検討され、結果、現行の運営委員が委員を継続するという結論に至ったことが報告されている。その議題とは、1）現状と同じ役員ポストを維持するか否か、2）運営委員会の規模を小さくするか否か、3）運営委員会制を廃止し、それぞれの仕事をメンバー個々に依頼するか否か、そして、4）選挙を実施せずにこのまま UPIAS を解散するか否か、というものである（前掲資料:1）。

同号のこの運営委員会からの報告の後に、ケンの意見が記載されているが、ケンはその中で「現時点において、UPIAS の解散は見たくない」と述べながらも、この「現時点」において、UPIAS が薄氷の上に立っている、という事実を認め、メンバーたちに PS の再確認を求めている（前掲資料:3）。

しかし、同号に同じく自らの意見を執筆したポールは、ケンとは逆に、「現在の英国社会」において、障害者のインテグレーションのための新しいアイデ

アの提起とそれに基づく新しい取り組みが必要であるという観点に立てば、現在のUPIASがこのような活動に取り組めるような組織構造を有していない、と断じている（前掲資料:9）。この解散を匂わせるポールの意見に対して、翌号のC25において1人のコアメンバーが同意する意見を述べている。彼もまた、UPIASがもはや「われわれ」の目的を達成するための大衆闘争に対して「適切な手段を提供できるとは思えない」と述べ、その証拠として、未だに多くのUPIASメンバーたちが「実際に何をどうしていいのか分からない戸惑いと混乱」の中に佇んでおり、ポールやヴィックに対して「何をすればいいのか」を指示してほしい、という受動的姿勢から脱却し得ていないことを指摘する。その上でこのコアメンバーは、「したがって私は、UPIASの解散を求めるポールの意見を支持したい」と述べている（UPIAS, 1978c:5）。

　ポールはUPIASの解散とともに、新しいジャーナルの発刊を提案した。彼は解散に言及したC24において、「多様な研究・討論・活動を志向し実践するさまざまなグループや個人が参加できる新しいジャーナルを発刊することで、われわれは必ず前進することができるだろう」と述べている（UPIAS, 1978b:9）。そして、彼は翌号のC25で、1978年の秋に予定されていた会議において、以下の事項に係る議決を求めている。その事項とはすなわち、1）UPIASは解散すべきか否か、2）インテグレーションを求める新しいジャーナルの発刊を主たる目的とする新たな民主的組織を立ち上げるために、暫定的な委員会を結成すべきか否か、3）すべてのUPIASの現メンバーをこの新組織結成に係る暫定委員会の委員として認めるか否か、4）UPIASの現有資産を暫定委員会に委譲するか否か、5）暫定委員会はUPIASの解散に関する簡潔な声明を関係者・団体に発し、新しいジャーナルの企画に係るUPIASの意向を伝えるか否か、などである（UPIAS, 1978c:4）。

　ポールはさらに同号において、前号のC24において「現時点において、UPIASの解散を見たくない」と主張したケンへの返信という形で、新しいジャーナルの発刊において、新たに多くの身体障害者とその同志を可能な限り仲間に入れること、そして、UPIASの基本原理にコミットし、障害者のインテグレーションを支援しようとする多くの人々が参加できるよう、現在の

UPIAS よりも緩やかな組織構造を構築すること、などを提案している（前掲資料:4）。

　このように、1978年夏から秋にかけて、ポールはメンバーたちに対して新たな障害者運動の青写真を、UPIAS の解散、新しいジャーナルの発刊という形で提示したのだが、これに対して明確な反対の意を表明したのが、他ならぬポールとともに UPIAS を牽引してきたヴィックであった。この後、C25 から C29 まで、その間に定例会議を挟みながら、ポールとヴィックとの間で激しい議論が交わされることになる。以下、その議論を辿ってゆこう。

　C24 におけるポールの解散への言及、そして、翌号 C25 におけるポールへの同調意見に対して、C26 においてヴィックは、現時点における UPIAS の解散は「著しい後退となる」（UPIAS, 1978d:1）と断じたうえで、ポールの見解が孕む問題点を指摘してゆく。

　ヴィックが指摘した問題点とは、ポールが「UPIAS の失敗」を教育の欠如や、基本原理の彫琢と深化の不充分さに求めているという点である。ヴィックは、ポールが現在採ろうとしている動きは、「DIG の失敗」から誤った道を歩き始めた DA の動きと類似している、と言う。DA は「DIG の失敗」を教育の欠如に求め、その改善策として緩やかな協議体を結成したうえで、大衆教育のためのパンフレットを作成したが、ポールもまた、緩やかな組織の結成と新しいジャーナルの発刊を呼びかけている、とヴィックは述べる（前掲資料:3）。

　続けてヴィックは、ポールが UPIAS の主要な課題を基本原理の彫琢・深化であるかのように捉えていることの問題性を指摘する。彼は、本来、基本原理は障害者たちのディスアビリティに関する問題意識を喚起し、ディスアビリティが障害者たちの個人的感覚の問題ではなく、社会的事実であるという認識の獲得を促し、彼らをしてこのディスアビリティに立ち向かわせることを目的としていたはずだ、と言う（前掲資料:4）。このようなディスアビリティとの対峙によってこそ、メンバーたちは自らの思考を変えてゆくことができるのだ、とヴィックは述べ、したがって基本原理は実践のための手段に過ぎないと主張する（前掲資料:5）。

　このように、ヴィックは、障害者たちに「本当の世界」を開示し、その実践

を促すことが UPIAS の存在理由であるという認識を前提に置きつつ、UPIAS がなすべきことは、障害者たちが社会に存在する具体的なディスアビリティの現実と対峙できるよう支援することであり、したがって、現在、UPIAS にとって必要なことは、小さな核となる理論とメンバーたちの実践を促す取り組みであり、決して観念的な議論ではない、と主張するのである（同上）。

　このヴィックの意見に対して、ポールは翌号の C27 において反論を掲載している。ポールはヴィックの「議論より実践を」という主張は、*PS* に明記された「活動のためのガイドライン」と題した 19 番目の項目に反していると指摘する。以下がその項目である。

　19　活動のためのガイドライン
　　ユニオンの一つの本質的な作業は、将来の活動に向けたより明確なガイドラインを発展させることである。われわれはこの作業を、われわれや他の障害者たちの活動、およびその活動においてわれわれが直面する問題の本質に関する慎重な議論によって進めていこう（UPIAS, 1974h:6）。

　この *PS* 第 19 頁に明記されているように、UPIAS の重要な役割の一つが、障害者たちの「将来の活動に向けての明確なガイドラインを発展させること」にあるという点をヴィックは軽視している、とポールは批判し（UPIAS, 1979a:4）、そして、このガイドラインを軽視した闇雲な実践は、やがて「われわれ」に害をもたらすことになるだろうと主張する（同上）。続けてポールは、もし「われわれ」が、例えばフォーカス・タイプの住宅計画を実現できたとして、それが果たして UPIAS の闘いが成功したことになるのだろうか、と問いかけたうえで、この問いに対して次のように自答する。「われわれ」の闘いがいかなる具体的成果をあげようとも、短期的な成果によって、抑圧からの解放のための社会変革を求める組織を評価することは決してできないのだ、と（前掲資料:5）。

　このようにヴィックに反論したうえでポールは、*PS* はディスアビリティの原因に関する言及が不明瞭であり、この曖昧さは *FPD* においても同様である、と述べる（前掲資料:6）。そして、彼は UPIAS においてディスアビリティの原

因に関する議論がこのように不明瞭でありながら、いかにして多くの障害者の「思考の変革」を支援することができるのか、と再度ヴィックに問いかけ、優先すべきことはディスアビリティに関する包括的な理論の発展であり、そのためにも新しいジャーナルを発刊し、そのジャーナル誌上での大衆的討議を促し、そして、その討議を通してディスアビリティをめぐる問題を普遍化してゆくことが必要である、と結論づけている（前掲資料:7）。

このポールの反論に対するヴィックの再反論が1979年2月発行のC28に掲載されている。まずヴィックは、前号C27のポールの反論は「私の意見」を歪曲して捉えている、と指摘する。ヴィックはC27におけるポールの「UPIASは基本的な前提に立ち戻るべきだ」という主張については理解できる、と同意を示すが、「しかし」と続けて、ポールが常に障害者運動の具体的な取り組みを支える理論の構築を求めてきたはずなのに、この時点において、彼が極めて内省的かつ主観的なアプローチに舵を切りつつあることを批判する（UPIAS, 1979b:1）。

そして、ヴィックは、ポールがUPIASの解散という大事を提起するのであれば、「われわれ」のディスアビリティに対する闘いにおいて、UPIASがもはや適切な組織構造・形態を有していないという証拠をメンバーたちに具体的に明示する義務があったはずだ、と述べる（同上）。さらに続けて彼は、昨年の秋（1978年10月頃——即ち、C26とC27の発行を挟んだ時期）に開催された会議において、ポールの解散の提案を却下することに成功したことを報告しつつ、会議参加者がポールの提案を拒絶した理由として、ポールの主張に内包されていた弱点とポール自身の確信の欠如にメンバーたちが気づいたからだ、と述べている（同上）。そのうえでヴィックは、ポールの主張の弱点を次のように指摘する。

　　ポールは、われわれの組織が衰退しつつある理由として、個々のメンバーが PS を受け容れることに抵抗したことを挙げている。すなわち、彼は外の世界（具体的なリアル・ワールド）を見ないで、メンバーの「心の中」に組織衰退の主たる理由を見出そうとしているのだ（同上）。

このように、ポールの主張を「内省的である」と批判したヴィックは、現時点でUPIASが取り組むべき「本当の世界」に向けた具体的課題として、1）社会的抑圧としてのディスアビリティというUPIASの基本原理を若者たちに伝えるための、学校で使用できる教材（学校教育パック）の作成・供給と、2）UPIASのアイデアを広く市民に伝えるためのオープン・ニュースレターの発行を提案している（前掲資料:2）。

　このヴィックの再反論が掲載されたC28の4カ月後に回覧されたC29には、再びポールの意見が掲載されている。そこでもポールはヴィックの再反論における主張を退け、「われわれ」の現在抱えている問題は、外的世界における実践的な失敗というより、理論レベルから生じた失敗なのだ、と繰り返している（UPIAS, 1979c:1）。すなわち、個々のメンバーがUPIASの提起した基本原理の本質的理解に向かわず、この原理を自らのディスアビリティとの闘争に適用させ得なかったことに「われわれ」の問題の本質があり、それはとりもなおさず、UPIASがディスアビリティに関する包括的な理論を発展させることに失敗したことを意味するのだ（同上）、と。

　そして、ポールは、根本的に問われなければならない問いとは、既に身体障害者の完全なインテグレーションのための基礎的な技術や手段・資源が豊富に存在するこの現代社会において、何が「われわれ」のインテグレーションを阻んでいるのか、という問いであることを改めてメンバーたちに提示する。そして彼は、UPIASにおいて基本原理の彫琢・深化がなされないことの一つの主たる要因として、この根本的な問いが、*PS*において、そのまま問われないままに放置されてきた、という事実を指摘したうえで（前掲資料:2）、続けて、実は*PS*の中に、既にこの問いに対する解答のヒントが暗示されていたのだ、と述べ、以下の*PS*における四つ目の項目中の文章を取りあげる。

　　現代社会において、人々は生計を立ててゆくために、労働市場において競争を強いられているが、通常、雇用者たちにとって身体障害者は健常者ほど良い労働商品ではない。ゆえにわれわれ身体障害者の多くは、被抑圧者集

団として、この社会の底辺に置かれ続けているのである（UPIAS, 1974h:2）。

ポールは言う。「この文脈において、*PS* はやや曖昧さは残るにせよ、反資本主義・競争的労働市場の廃止という方向性を暗示していたのだ」と（UPIAS, 1979c:2）。このように、*PS* を引用した後、彼は続けて、ディスアビリティの原因は社会制度の中核に横たわっており、したがって、インテグレーションを求める「われわれ」の要求は、(DA が求めるように) 国家によって分配されるケーキを大きく切り分けてもらうことなどではなく、「制度化されたこの社会全体の変革への要求」、すなわち、障害者を排除してゆく資本主義体制の構造そのものの変革へ向けた要求であり、この要求は必然的に現代社会から多くの利益を得ている人々の抵抗と向き合うことになるだろう、と述べている（同上）。

しかし、ヴィックが前号において述べた通り、ポールの UPIAS の解散と新たなジャーナルの発刊という提案は、1978 年秋の会議において却下された。ヴィックは「却下することに成功した」と述べていたが、C29 においてポールは、自らがこの提案を取り下げたのだ、と訂正している（前掲資料:1）。その取り下げの理由として彼は、上述した基本原理をめぐる作業として、*PS* の改訂ではなく、一足飛びに UPIAS の解散、新しいジャーナルの発刊を提案したことの誤りを自らが認めたからだ、と述べている（同上）。

では、ここで、ポールが自らの提案を取り下げたという 1978 年秋にクレッシーフィールドで開催された会議における議論を少し辿ってみよう。この会議の議事録は C29 において、運営委員会のあるメンバーから報告されている（同上）。この議事録によると、「何が UPIAS を前進させるためのベストの方法なのか」という共有された問題意識の下に、1) UPIAS の解散、2) 新しいジャーナルの発刊、という二つの議題をめぐって議論が交わされている。その中で、ポールは上述したような、*PS* における基本原理の本来的かつラディカルな含意について次のように主張したと記されている。

ポールは、「なぜ、われわれは一体化できないのか」という問題提起をした。そして彼は、*PS* が本来的に有していたラディカルな含意として、すべての

隔離的施設の廃止と競争的労働市場の廃止を指摘しつつ、この点についてわれわれの間で不同意がある、と述べた。（同上）

議事録によると、このポールの発言の後、ケンがこれまでの UPIAS における緻密な議論が基本原理を導出し得たことを認めつつも、その議論の過程において UPIAS 内に知的階層の序列が形成されてしまったことを指摘し、「われわれは実践によって学ぶことも必要だったのではないか」と述べている（同上）。このケンの発言にヴィックは同意したものの、ポールは「支持できない」と述べた。その理由として彼は C27 におけるヴィックへの反論を再度繰り返している。すなわち、もし「われわれ」がフォーカス・タイプの住宅計画などを実現できていたとしても、*PS* のラディカルな含意において、メンバーたちの考えを統一できるか否かという、現在、組織が投げ込まれている同じような議論を回避することはできなかったはずだからだ、と（前掲資料:2）。

会議の流れの中で、さまざまなテクノロジーの発展によって障害者の完全なるインテグレーションの可能性が拓かれている現在において、「UPIAS はまだ必要だ」というヴィックの意見を支持する声が多数派を占めるようになり、議論はオープン・ニュースレターの早期発行を求める方向に展開し、ポールもこの議論の過程において、自らの提案の取り下げに言及したのである（同上）。

この会議の報告とポールの見解が掲載された C29 の発行の翌月、1979 年 7 月にポールは急逝する。その直後に発行された C31 では、彼の死を告示する記事が掲載され、UPIAS の名前で小さな花束をジュディに送ることが伝えられている（UPIAS, 1980a:1）。さらにその翌年 2 月発行の C33 では、ポールの追悼文が紹介され、（「ポールの死」を重大事だと認識するであろう）50 程度の外部の組織にもこの追悼文が送付される予定であることが報告されている。追悼文では、「ポールの死」が、彼の家族や UPIAS のメンバー、多くの友人たちの個人的な喪失であるにとどまらず、障害者のインテグレーションを希求し、自らの置かれた状況を改善しようと闘ってきたすべての身体障害者にとって大きな喪失であること、ポールが揺るぎなき確信をもって身体障害者の完全なインテグレーションの実現を目指していたこと、などが記されている（UPIAS,

1980c:1)。

　言うまでもなく、ポールの死はUPIASメンバーらに大きな衝撃を与えたが、彼の死を契機として、UPIASの再生に向けた議論がさらに活性化され、再生のための具体的な取り組みが進められてゆくことになる。ジュディはこの時期の組織再生へ向かう取り組みについて、次のように述べている。

　　ポールが亡くなったことで、この議論（UPIASの危機と再生をめぐる議論—筆者注）がさらにフォーカスされ、何とかして組織を再生させようという意欲がメンバーたちの間に広がってゆきました。そして、その再生へ向けた取り組みの中で、ロンドン、マンチェスター、ダービー州の三都市におけるローカル・グループの結成や、*PS*の実践的な活用についての議論などが活発になってゆきました（Hunt Judy, 27/ 9/2011）。

2　組織の再生に向けて

　上に見てきたように、「本当の世界」におけるディスアビリティとの闘いへ向かおうとする志向と、基本原理の真の理解をメンバーらに促しつつ、ディスアビリティを把握するための包括的な解釈枠組として、この原理の更なる彫琢・深化に取り組もうとする志向との対立は、組織結成以来、UPIASの両頭として組織を牽引してきたポールとヴィックの対立にまで発展したが、突然のポールの死によって、メンバーたちはUPIASの再生に向かう強い動因を得ることになる。

　ここでは、このUPIASの再生に向けて彼らが取り組んだ主な課題を取りあげながら、1）再生へ向けた組織改革の取り組み、2）連帯とネットワークの創出、3）「フレーム架橋」へ向けた取り組み、という三つの道程を辿ってゆこう。

（1）再生へ向けた組織改革の取り組み

　組織再生に向かう議論において、ほぼ毎号の*IC*において取りあげられた組織改革という課題をめぐっては、組織の役員体制、*IC*の編集・発行、*PS*の改訂、

会員資格、運営における民主主義の徹底、潜在的メンバーの動員、新規加入者への教育資料のパッケージ化、会員数・会員の住所などの会員状況、退会の取り扱い、会議の告知、組織内の「細胞（cell）」の設置、10年間の総括、今後の運営方針、などについて議論が交わされている。

　組織結成直後から、UPIASではその組織運営において、運営委員会による代表制が採られていたが、その初期段階から、組織運営における底辺民主主義、および会員の組織活動への積極的参加という観点から、この委員会方式による組織運営への疑義が提起されてきた。この疑義をめぐっては、その後のUPIASの危機をめぐる議論の中でしばらくは埋没することになるのだが、ポールの死を経て組織再生に向かう1980年代初頭から、再浮上する。

　1981年3月に発行されたC43では、あるコアメンバーの1人から、すべてのメンバーがUPIASの活動に積極的に参画すべきであり、そのためにも特定の少数のメンバーが組織をコントロールし、他のメンバーが受動的になってしまうような、組織内エリート集団の創出を回避すべきである、という意見が提起される（UPIAS, 1981b:2）。さらにこのメンバーは、現行の運営委員会の権限をすべてのメンバーに平等に移譲すべきであること、そして、全メンバーが組織運営に関与しうるために、UPIAS内に「細胞」を設置することを提案している（前掲資料:4）。

　社会運動組織における「細胞」とは、18世紀後半のフランス革命において革命組織の最小単位として初めて用いられて後、社会主義や無政府主義の多くの組織において取り入れられたものである。「細胞」には自律的な活動と、自己増殖や他の「細胞」との融合を繰り返し、やがて組織を再生・活性化させる最小単位としての役割期待が含意されているものだが、「ポールの死」から組織再生に向かわんとするUPIASにおける「細胞」もまたこの含意において提案されたものである。具体的な提案内容としては、2人以上の正会員から構成される単位として、すべての「細胞」は組織運営に係る責任を分かちもち、また、必要に応じて、それぞれの地域においてミーティングをもち、その多様な活動と提案をUPIAS全体の活動に反映させていく、というものだった（前掲書:5）。

　特に地方のメンバーたちの組織運営への包摂は、UPIASにとってその結成

当初からの課題であったが、「細胞」の提案はこの積年の課題に対する一つの解決策の提起でもあった。すなわち、ロンドンおよびその近郊に居住するコアメンバーたちによって構成された運営委員会による中央集権体制では果たし得なかった地方メンバーの包摂に向けて、ロンドンで開催される会議への参加が物理的に困難なメンバーたちもそれぞれの地域で身近な他のメンバーとのつながりを構築し、そのことによって、すべてのメンバーがUPIASの活動のすべての局面に積極的に参画できるようにする、「細胞」はそのために必要な組織構造として提案されたのである（UPIAS, 1982a:7）。

　しかし、実際にその後、この「細胞」がUPIASに導入されたか否か、また、導入されたとして、それが組織活動へのメンバーたちの動員において一定の効果をもち得たか否かについては、1981年以降の*IC*から確認することができない。むしろ既述のように、1985年に発行されたC58において、再び組織強化のための議論を、という提案がもち出されていることから推測すれば（UPIAS, 1985a:10）、「細胞」による全員参加の組織運営は実現されなかったか、或いは試みられたものの上手く機能しなかったのではないかと思われる。

（2）連帯とネットワークの創出

　再生への道を模索し始めたUPIASにおいて、その方向を指し示す明確な道標の一つが「連帯」であった。それはディスアビリティの解消という志を同じくする国内の外部組織との交流に始まり、やがてそれらの組織との全国連合組織結成へ向けた取り組みへ、さらには、国際障害者年を契機とした国際障害者連合組織への参画へと展開してゆくことになる。

　UPIASは結成後、18カ月間の組織内議論を経て、自らのディスアビリティに係る基本的立場を明確に打ち出す*PS*を成文化するまで、あえて外部組織との関わりを禁欲した。彼らが外部組織との関係を模索し始めるのは、結成から2年あまりを経て、*FPD*を公表した頃からである。*FPD*が冊子として公表されると、さまざまな障害者組織からのアプローチが活発になり、UPIASもそれらの組織との交流に積極的な姿勢を見せる。例えば、1977年9月発行のC22では、ShareやGLADという名称の組織からの合同会議開催の呼びかけや、

第7章　危機と再生　269

UPIAS への賛助会員としての参加申し込みがあったことが報告されている（UPIAS, 1977b:2）。また、翌年 1 月に発行された C23 においては、UPIAS と同様に、組織内の重要事項について正会員である身体障害者のみが議決権をもつというオーストラリアの障害者団体から、海外会員としての申し込みがあったことも報告されている（UPIAS, 1978a:6）。

　さて、筆者は以前、拙著において（田中、2005a）、少なくとも 1980 年代以前には、日本と英国の障害者運動の交流は見られなかった、と書いたが、それが誤りであったことを示す記録が存在した。ここでその誤りを訂正しておきたい。

　1978 年（月日は不明）に UPIAS 内で回覧された *Interview with Mr. M. Kabe of ZENSHOREN* という文書に、来日した UPIAS のあるメンバーが、日本の全障連（全国障害者解放運動連絡会議）の加辺氏にインタビューをした記録が残されている（UPIAS, 1978e:1-3）。その中で加辺氏は、日本の障害者政策が大規模施設への障害者の隔離政策であること、これらの大規模施設は障害者の要求に基づいて建設されたものでは決してないこと、また、障害者たちは、このような障害者政策に関して意見を求められたことが一度もないこと、などをその UPIAS メンバーに訴えている。さらに、加辺氏は、このような施設隔離に対して抵抗を始めた障害者運動のスローガンが、Tori wa Sora ni, Sakana wa Umi ni, Ningen wa Shakai ni!（All the birds are in the air, all the fish are in the sea, all human beings are in society.）であることを伝えている（前掲資料 :1）。

　本題に戻ろう。1980 年を前後して、外部組織とのコミュニケーションはさらに活性化し、例えば女性解放団体の機関紙（*Spare Rib*）や共産党系の保健師たちの雑誌（誌名は不明）、また、BBC の番組においても、UPIAS を紹介する記事やプログラムが組まれるようになる（UPIAS, 1980a:1, 1980e:3）。

　1980 年代に入ると、国内の全国連合組織の結成と国際的な障害者連合組織への参画を求める動きが英国内で活性化するが、UPIAS は常にその中心に位置し、主導的役割の一翼を担うようになる。まず、英国内の全国連合組織結成へ向けた動きから見てゆこう。

　1980 年 3 月発行の C34 において、UPIAS 運営委員会より、英国内の他組織と協働するために新しい独立した中央組織 Central Council of Independent

Disability Organisation の設立が提案される (UPIAS, 1980d:5)。そして、C41ではUPIASが作成した英国内の全国連合組織立ち上げの趣旨文が紹介され、この趣旨文を送付する障害者団体のリストの提示とともに、知的障害者団体への呼びかけについては更なる議論が必要であること、などが付されている (UPIAS, 1981a:9)。

また、C44ではUPIASの全体会議における議題の一つとして、全国連合組織結成に関する議題が提案され (UPIAS, 1981d:1)、さらに次号のC45①では、より具体的な動きとして、全国連合組織結成に向けたインフォーマルな会議へUPIASを代表してケンとヴィックが参加したこと、ヴィックがこの会議に向けてレポートを準備していたことが報告されるとともに、その会議の議事録が公開されている。この議事録には、出席した組織の一覧が掲載され、ケンが議長役を担ったこと、特定の政党に与しないという合意がなされたこと、カナダやアメリカの事例が紹介されたこと、連合組織は障害種別横断的な共通の課題（例えば交通アクセスなど）へ取り組む緩やかな連合組織を目指すこと、政府にチャリティ団体として承認されている王立障害者リハビリテーション協会 (Royal Association for Disability and Rihabilitation：RADAR) のような組織を目指さないこと、「障害者自身がコントロールしている組織」に加盟組織を限定し、会員資格のチェックを厳格化すること、1981年11月に開催予定の国際会議（障害者インターナショナル = Disabled Peoples' International：DPI）へ国内連合組織の代表者を派遣すること、そして、精神障害者の当事者団体結成を支援してゆくこと、などが記載されている (UPIAS, 1981e:1-3)。また、ケンが作成した国内連合組織の綱領の草稿も紹介され、そこでは連合組織の名称として、National Council of Organisation of Disabled People が提案されるとともに、組織目標、会員資格、運営組織の構成、会議のもち方、DPIへの代表者派遣方法、などが記載されている（同上）。

続くC45②では、全国連合組織の名称がBritish Council of Organisations of Disabled People (BCODP) と決定されたことが伝えられ、その結成準備委員会の議事録が掲載されている。そこでは、BCODPの結成に向けて財務委員会と広報委員会が設置されたこと、結成会議においてUPIASがコーディネーター

第7章　危機と再生　271

役を担うこと、今後、DPI 世界会議への英国代表者を選出すること、BCODP において取りあげる議題と分科会が決定されたこと、などについて報告されている。また、同号では、ケンが作成した BCODP 綱領の草稿が UPIAS の *FPD* をベースにしていることや、特にそこではインペアメントとディスアビリティとの概念区分が強調されたこと、そして、BCODP の初代会長をヴィックに依頼すること、なども併せて報告されている（UPIAS, 1981f:1）。

さらにその 2 カ月後の 1981 年 10 月に発行された C46 では、9 月 12 日に脊髄損傷者協会（Spinal Injuries Association：SIA）のロンドン事務所において、UPIAS、障害運転手協会（Disabled Driver's Association：DDA）、LN、SIA、Gemma などの組織の代表者 15 名の出席を得て、BCODP 設立に係る最初の会議が開催されたことが報告されている（UPIAS, 1981g:2）。同号に掲載されている議事録では、BCODP の二つの組織目標と方針、当事者性主張の理由、結成準備委員会委員名簿、運営委員会の設置と DPI への英国代表者派遣に関すること、BCODP 初代会長にヴィックが就任したこと、組織綱領の改定案（UPIAS よりインペアメントとディスアビリティの概念区分の提案）、組織目的、会員資格、退会規定、会費、全国会議、などの事項に係る検討結果について記されている（前掲資料:3）。

このような英国内の障害者組織による全国連合組織結成へ向けた取り組みよりやや先んじて、国際的な障害者運動において、連合組織結成へ向けた動きが活性化していた。その重要な契機となったのは、1980 年 6 月にカナダのウィニペグで開催されたリハビリテーション・インターナショナル（Rihabilitation International：RI）の第 14 回世界会議である。C37 では、その時の状況として、RI 国際会議において、「RI の運営委員の 50% 以上を障害者で構成すること」を提案した障害者たちの主張が否決されたこと、そして、この出来事を契機に、RI に反旗を翻した障害者たちによる「障害者自身による国際連合組織」結成に向けた動きが始まったこと、この新しい国際連合組織結成のための委員会が各国から選出された 14 名の障害者委員によって構成されていること、などが報告されている（UPIAS, 1980g:13）。

1981 年 12 月のシンガポールで開催された第 1 回障害世界会議における「シ

ンガポール宣言」をもって DPI は結成されたが、その直後に発行された C49 では、この DPI 結成会議への BCODP からの参加報告が掲載されている。そこでは、DPI 結成会議に 51 カ国 300 名の障害者が参加し、BCODP からは UPIAS のヴィックと SIA のあるメンバーが参加し、本会議において、ヴィックが〈障害〉の定義において UPIAS のディスアビリティ概念を用いることを主張して、それが了承されたことが報告されている (UPIAS, 1982b:2)。さらに少し期間を置いた 1983 年 2 月発行の C53 では BCODP の役員名簿が公開されるとともに、シンガポールにおける DPI 第 1 回会議において、BCODP が「障害者のために (for Disabled)」組織された団体の参加や医学モデル的な〈障害〉認識を批判し、DPI の民主的組織運営と手続について要求したこと、このような BCODP の働きかけの結果として、WHO の〈障害〉概念が否決されたこと、そして、BCODP が DPI における英国代表組織として承認されたこと、さらに、DPI におけるヨーロッパ 5 カ国の代表者の中に英国代表のヴィックも選出されたこと、などが報告されている (UPIAS, 1983a:2)。

　この DPI 結成会議における〈障害〉概念をめぐる議論について、筆者のインタビューに応えてくれたジュディは、次のように当時を振り返っている。少し長くなるが、重要な歴史的証言であると思われるので、以下に引用する。

　　まず、国内の連合組織 BCODP で、UPIAS は *FPD* で定義づけたディスアビリティの概念を受け容れさせ、そして、DPI 結成会議で BCODP の代表として派遣されたヴィックがシンガポールで、〈障害〉の定義として UPIAS の定義を主張しました。当初、スカンジナビア諸国の代表者たちを除いて、このヴィックの提案に対する賛同は得られませんでした。北欧の人たちはその当時、既に、「すべての住居を障害者が住めるものにすべきである」というフォーカス・プロジェクトに取り組んでいたため、ヴィックの主張に共感・賛同してくれました。そして、スカンジナビアの国の人たちが他の国の団体にも一生懸命働きかけてくれたので、ヴィックが提起した UPIAS の〈障害〉の定義が採用されることになりました。(中略) この DPI 結成大会における〈障害〉定義の議論はとても大変なバトルだったよ

うです。そして、「障害者」を People with disability と呼ぶのか、それともDisabled people と呼ぶのか、という議論もまた大きな論点となりました。BCODP が UPIAS の〈障害〉概念を受け容れていなければ、そして、この BCODP が DPI に参加していなければ、DPI は WHO の〈障害〉定義をそのまま用いることになったでしょう。そして、もしそうなっていれば、DPI の活動もリハビリや医療などにフォーカスしたものになっていたかもしれません (Hunt Judy, 27/ 9/2011)。

1983 年 5 月に発行されている C54 では、BCODP の最初の年次総会開催の予定が報告されるとともに、そのテーマが DPI のスローガンである *A Voice of Our Own*（われら自身の声）であることも併せて報告されている (UPIAS, 1983b:2)。さらにその 2 年後に発行された C58 では、BCODP の継続的テーマである教育、住居、パーソナル・サポート、CIL の設立などに関して、UPIAS が主導的役割を担ってきたことが確認されるとともに、BCODP の活動における他の組織の取り組みが UPIAS に比して失望するような状況にあり、多くの加盟組織は未だに「フェンスの向こう側」から眺めている状態にあることが批判されている (UPIAS, 1985a:2)。また、同年に発行された C59 では、1985 年 6 月にスウェーデンにおいて開催された DPI ヨーロッパ会議の議事録が掲載され、今後、定期的なヨーロッパ会議において、ケンが議長補佐に就くことが報告され、さらに併せて、このヨーロッパ会議参加者の中で英国が最も組織化されていたこと、他国からの参加者は健常者が多く、DPI はその理念を見失いつつあることが批判されている (UPIAS, 1985b:7)。

このように、UPIAS はその組織再生へ向けた取り組みにおいて、国内外の障害者運動との連帯とネットワークの構築を模索してゆくが、社会運動の展開における連帯の構築が集合行為の持続や集合的アイデンティティの確認・強化において重要な意義をもつことは、社会運動サイクルに係る先行研究においても指摘されてきたところである (Tarrow, 1996=2006:23)。UPIAS もまた、それまでの閉塞感さえ漂う基本原理に係る組織内部の議論を外に開放し、自らの思考を共有しうる他者との連帯によって、その思考の「正しさ」を確認し、さら

に、その「正しさ」の普遍化を図るための地歩を固めながら、自らの組織の再生を図ろうとしていたのだと言えるだろう。

(3)「フレーム架橋」へ向けた取り組み

スノーらは、社会運動組織が自らの思考／志向を、組織外部の個人や団体の思考／志向につなげ、自らの運動目標や方針・イデオロギーを組織外部の個人・団体の価値や信念・怒りや衝動などと合致させ、両者の相補的関係の形成を促す作業を「フレーム架橋（frame bridging）」(Snow, et al, 1986:468-469) と呼んだが、組織再生に踏み出したUPIASが取り組んだ幾つかの活動もまた、この「フレーム架橋」と言いうる作業であった。

彼らの「フレーム架橋」は、まず、自らのディスアビリティをめぐる思考を、広く組織外部に開示するためのオープン・ニュースレターの発行へ向けた作業として始まった。UPIASでは結成初期の18カ月間に及ぶ組織内議論においても既に、オープン・ニュースレターの発行に関する提案が取りあげられていたが、それが具体的な作業課題として再浮上するのは、1979年の半ば頃、すなわち、ポールの急逝の直前である。

既述のように、ヴィックはポールとの激しい議論の応酬の中で、あくまでも基本原理の彫琢・深化を求めるポールを「内省的である」と批判しつつ、「本当の世界」に向けた実践を強調し、その一つの具体的な実践課題としてオープン・ニュースレターの早期発行を再度、求めたのである。

ポールは、その急逝の1カ月前に発行されたC29において、ヴィックからの依頼で、当時、ディスアビリティ・フィールドで耳目を集めていた*A Life Apart* (Miller & Gwynne, 1972=1997) に関する書評を書くことになった、とメンバーたちに伝えている (UPIAS, 1979c:1)。また、その3カ月後の9月に発行されたC30では、初めてのオープン・ニュースレターの編集担当者が紹介され、同年11月半ばの発行を目指して作業が進められていることが報告されている。同号の発行時には、既にポールはこの世を去っていたが、ジュディがポールの遺稿となった*A Life Apart*の書評の下書きを校正してくれたこと、ケンがピアス・ハウスとグローブロード住宅計画（Grove Road Housing Scheme）(第3章参

照)について「選択」というキーワードを軸に記事を書く予定であることなども併せて同号において記されている (UPIAS, 1979d:2)。

その後、C34ではオープン・ニュースレターの記事候補とその執筆予定者の一覧が公開されるとともに、あるメンバーから、このニュースレターに「われわれが隔離に反対していることを象徴したタイトルを付けよう」という提案があったことが報告され (UPIAS, 1980d:3)、さらにその2カ月後のC37では、巻頭言をケンとヴィックが執筆中であること、この巻頭言の下書きは予め全メンバーに回覧されることが報告されるとともに、この最初のオープン・ニュースレターのタイトルとして *Disability Challenge* が提案されている (UPIAS, 1980g:20)。

1980年の年末に発行されたC39では、前々号で約束されたとおり、巻頭言の下書きが全文紹介されているが、その概略は、1) DAとの対照化によってUPIAS結成の意義を再確認すること、2) 18カ月間の議論を経て *PS* が策定された経緯について、3) ディスアビリティ概念によって障害者問題がどのように読み替えられていくのかということ、4) このオープン・ニュースレターが健常者の創出したディスアビリティをめぐる嘘や社会通念、歪曲に対する批判のチャンネルになること、5) 特にUPIASにおいて施設問題がディスアビリティの象徴的問題であり、したがって、この問題を優先的に取り扱うこと、などであった (UPIAS, 1980h:2-5)。

翌1981年の5月に、このUPIASの最初のオープン・ニュースレターである *Disability Challenge, No.1* がようやく発行される (UPIAS, 1981c)。そしてその翌月のC44では、この *Disability Challenge, No.1* が250部印刷されたこと、運営委員会のメンバーが各関係団体・機関への配布を分担したこと、などが報告されている。(UPIAS, 1981d:2)。

さらに、この *Disability Challenge, No.1* が発行されてからちょうど1年後のC48では、*Disability Challenge, No.2* の編集について提案があり、そこで取りあげる予定のイシューとして、脱施設の国内外の動き、ドイツのケア付住宅、女性とケアの問題などが提案されている (UPIAS, 1982a:3)。しかし、その後、編集作業は遅々として進まず、実際に *Disability Challenge, No.2* の発行を見た

のは、さらにこの1年数カ月後の1983年12月であった（UPIAS, 1983d）。

さて、上述のスノウらによる「フレーム架橋」の概念は、特定のイシューに係る運動組織の思考／志向を外部世界へ架橋することを意味していたが、筆者はこの架橋にもう一つの意味を付加しうるのではないかと考えている。それは、その時代・文化におけるマスター・フレームとの架橋である。

社会運動（組織）は、その時代・文化のマスター・フレームとの架橋によって、このフレームを共有しうる多様な社会運動との連帯・共振を通して、自らの運動とその思考／志向を、より広い政治的文脈に位置づけ直すとともに、時代の革新的な大きな潮流に合流することによって、自らの存在理由を時代的視野において再確認することが可能となる。

UPIASがその再生に向けて動き出したこの時期、いわゆる「社会運動の時代」における一つのマスターフレームは反差別をめぐるそれである。このマスターフレームを共有した世界の社会運動は、自らの属性に向けられる差別の不当性と闘いながらも、他の異なった属性に基づく差別と闘うさまざまな社会運動との連帯・共闘の可能性に開かれていた。UPIASもまたディスアビリティとの闘いにのみ閉塞することなく、反差別のマスターフレームを共有する人種差別や女性差別に対する抵抗運動を支援し、それらの運動とともに闘いながら、反差別共闘の途を模索していた。

周知の通り、ボーア戦争以後、南アフリカ共和国における白人保護政策は、1948年にアパルトヘイト法制として確立され、1994年の全人種による初の総選挙に至るまで、国内外の厳しい批判に晒されながらも継続されてきた。1980年代初頭、UPIASもまた、ある事件を契機として、このアパルトヘイトとの闘いを宣言することになる。その事件とは、南アフリカのある黒人障害女性が卓球選手としての国際試合への参加を拒まれた事件であった。1980年7月に発行されたC35において、この事件が報告され、UPIASが作成した国際スポーツ大会を主催する団体に対する抗議文が掲載されるとともに、この事件に取り組む反アパルトヘイト運動保健会議（Anti-Apartheid Movement Health Committee：AAMHC）からUPIASに支援要請があったこと、そして、4名のUPIASメンバーがこのAAMHCのキャンペーンに参加したことが報告された

(UPIAS, 1980e:9)。

1年後の1981年6月発行のC44では、「アパルトヘイトの一方の当事者であるわれわれ英国人は障害の有無に関係なく、南アフリカの黒人たちに対して何をなすべきか」というタイトル記事が掲載され（UPIAS, 1981d:3）、また、C47では、1年前にUPIASが支援した卓球選手の黒人女性障害者がUPIASの賛助会員（海外会員）として入会したことが報告された（UPIAS, 1981h:17）。さらにC49ではロンドンで開催されるアパルトヘイト反対デモが告知され（UPIAS, 1982b:12）、次号C50では、障害者反アパルトヘイト（Disabled People Against Apartheid）のキャンペーンの成果として、数カ国から国際スポーツ大会への参加拒否の表明があったことが報告されている（UPIAS, 1982c:7）。

さて、1980年代に入ると、もう一つの反差別をめぐる議論がUPIAS内部において活性化する。その発端となったのは1980年7月発行のC35において、マギーがUPIASにおける女性障害者の立場に関する記事を投稿したことに始まる（UPIAS, 1980e:15）。同号で、マギーの主張に共感したリズから「二重のディスアビリティ」に晒されている女性障害者の問題を検討する特定課題部会の結成と、この問題に特化したオープン・ニュースレターの発行、そして、女性障害者の経験を収集し分析している女性社会学者への協力、などが呼びかけられ、また、次号のC36ではジュディからも同様に、女性の抑圧問題への取り組みが提案される（UPIAS, 1980f:18）。

同年の10月に発行されたC37では、リズから特定課題部会における検討課題として、1）われわれの立場に関する議論と女性障害者の経験の収集、2）社会における女性の立場の検証、3）女性問題がディスアビリティの社会的定義に対してどのような捉え直しを求めるか、4）女性障害者のディスアビリティの固有性とは何か、などが具体的に提案される（UPIAS, 1980g:10）。このリズの提案に対してマギーが賛意を表明したが、女性障害者の経験を収集している女性研究者への協力の提案には反対している。その理由としてマギーは、その女性研究者が自分のキャリアのためだけに、「われわれ」を研究素材として用いようとしていることを指摘している[2]。さらに、マギーはリズの提案したポイントについて、UPIASの女性会員だけでインフォーマルな話し合いをもつ

ことを提案している（前掲資料:11）。同年12月に発行されたC39では、あるメンバーから、このリズやマギーによる女性会員だけによる特定課題部会結成の提案に対する懸念が表明されている。このメンバーは女性会員だけによる女性問題の検討では、その成果は限定的であろうと指摘し、UPIASの方針はSegregationへの反対であること、ゆえに、UPIASでは女性と男性が協力し合って女性問題に取り組むべきだと述べている（UPIAS, 1980h:14）。

その後、1年半の間、*IC*誌上において、この女性問題をめぐる議論を見ることはなかったが、1982年7月発行のC49におけるジュディの報告を機に、再度、議論は活性化することになる。同号においてジュディは、BCODPがその事務所として間借りすることになったビルの一角を、アウトサイダーズ・クラブ（Outsiders Club）という性差別主義者グループが占めていることを報告し、このグループが出版した*Tuby Owens*という書籍の概要を紹介するとともに、このビルにBCODPが間借りすることについては、ひとりの女性として到底容認することができない、と主張した（UPIAS, 1982b:13）。さらにジュディは、このアウトサイダーズ・クラブが「男性による女性支配」を提唱していること、彼らが「女性たちは男性にそのように扱われることを楽しんでいる」と主張していることを批判している（前掲資料:13-14）。同号において、このジュディの主張に対して、アウトサイダーズ・クラブのメンバーでもあったUPIASのある男性会員が「ある種の女性たちは男性からの支配を望んでいる側面もあるだろう」と反論し（前掲資料:14）、ここから、UPIAS内において、特に女性会員を中心として激しい議論が交わされてゆくようになる。

次号のC50では、ある女性会員から、前号の「男性から支配されることをある種の女性たちは好む」という男性会員の主張は大きな誤りであり、一般的に、搾取されている人々は、さらにより弱い人々に対して怒りを発散させるものであることを指摘している（UPIAS, 1982c:5）。また、別の女性会員からも、アウトサイダーズ・クラブが出版した*Tuby Owens*は間違いなく、女性を性の対象としてのみ見ることを男性に奨励するものであり、それは女性に対する著しい侮辱であること、ゆえに*Tuby Owens*の内容を支持することは女性に対する抑圧に与する行為であること、さらに、あらゆる抑圧への反対を掲げる

第7章　危機と再生　279

UPIASが女性の解放に反対する立場に立つことはあり得ないこと、などが主張される（同上）。そのうえで、この女性会員は、アウトサイダーズ・クラブに加入しているUPIASの男性会員が、この団体の擁護を続けるのならば、彼をUPIASから退会させるべきだ、と主張している（前掲資料:4）。

この1カ月後に発行されたC51では、UPIASのロンドン会議の報告が掲載されているが、この会議において、マギーとリズが女性問題をUPIASの優先課題に掲げるよう、*PS*の改訂を要求したこと、この彼女らの改訂要求に対して、ある男性会員が「女性が抑圧されているとは言えない」という理由で反対したことが報告されている（UPIAS, 1982d:2）。また、これに対してヴィックが、女性障害者問題に関するUPIASの立場が*PS*において不鮮明であること、「われわれ」は常に「われわれ」の思想をクリアにしておく必要があること、そして、UPIASとして女性たちの闘いを支援すべきであること、などを主張し、そのうえで、マギーが作成しリズが支持した女性障害者問題に関する*PS*改訂案に関する投票を呼びかけたこと、そして、投票の結果、賛成が9名、反対は1名であったことが報告されている（前掲資料:3）。

3　危機と再生の検証

社会運動組織の変化に関する古典的研究には、ウェーバーの官僚制化論やミヘルスの寡頭制化論などがあるが（那須、1991:150）、両者が明示した運動組織の変化モデルとは、端的に言うと、運動組織の社会的・経済的・政治的基盤の確立とともに、組織内に官僚制的構造と寡頭制的傾向が浸透することによって、当初の社会変革という目標が保守化してゆく、という、いわば組織の保守化・衰退モデルというべきものであった（前掲書:150-151）。しかし、その後の社会運動研究においては、このような単線的な保守化・衰退モデルへの疑義が提起され、社会運動組織の総過程のリアリティに迫る、より緻密な検証が求められるようになってきている（曽良中、1996; 那須、1991; McAdam, 1982; Gamson, 1992b; Tarrow, 1996=2006）。

例えば、長谷川は社会運動の総合的な説明図式を必要とする根拠として、運

動の生起以後の高揚と停滞のダイナミズムにおける戦略的ジレンマ、すなわち、利害志向性と価値志向性、手段性と表出性、社会変革志向性と自己変革志向性、日常性と非日常性、シングルイシュー志向と包括イシュー志向、エリート性と大衆動員、組織性とネットワーク性などのジレンマを提示している（長谷川、1990:25）。

社会的抑圧に起因するディスアビリティを焦点化するUPIASの基本原理は、英国の障害者運動史においてまさにビッグ・アイデアであったと言えるが、小論で見てきたように、このアイデアを公表した後のUPIASがその危機において抱え込んだ戦略的ジレンマもまた、ディスアビリティを再生産し続ける「本当の世界」において具体的・現実的な勝利を求める利害志向性と、基本原理の彫琢・深化を求める価値志向性との葛藤、そして、現実的勝利の集積による社会変革志向性と、基本原理の本質的理解を通したメンバー個々の自己変革性との葛藤、さらには、知的水準の高いコアメンバーらによる組織牽引の必要性と、そのことが他のメンバーらの依存性を助長してしまうことに対する焦燥感などによって招来されたものと考えられる。

新たな障害者運動のあり方を模索し続けたUPIASの運動は、かつて曽良中が指摘した「原型的」社会運動[3]に位置づけられるものであり、その組織形態は、社会的不利益を被る集団による利害擁護のために惹起した、いわば「中間的形態の社会運動組織」（北川、1986:51）の一つであったと言えるだろう。

北川によると、このような社会運動組織は、大衆運動に比べれば集団的凝集度は高く、運動目標についても明確ではあるものの、その反面、運動の社会的現実的基礎が直接的な体制－反体制といった階級的利害をもつものではなく、また、多様な関心が入り組んでいるために、運動の目標が容易に分裂し、運動自体が分解し、さらにはメンバーが拡散していく、などのリスクを内包することがしばしばあると言う（前掲書:51-52）。

結成以来、UPIASの両頭であったポールとヴィックの対立をも招来したUPIASの解散をめぐる議論の背景には、長谷川の指摘する戦略的ジレンマ、さらには北川が提示したリスク群に直面した両者それぞれの焦燥があったと言えるだろう。

ポールは基本原理における本来のラディカルな含意、すなわち、「資本主義体制とそのイデオロギーの変革」という含意をUPIASメンバーたちが理解し得ないところに「UPIASの危機」を認め、その焦燥感を強めていた。他方で、ヴィックは「本当の世界」におけるディスアビリティ解消に向けた現実的かつ具体的な実践の欠如にUPIASの危機の本質を見出し、「動かないメンバーたち」に焦りを覚えていた。

　ポールが求めたUPIASの解散と新しいジャーナルの発刊は、基本原理の彫琢・深化を企図した新たな展開への希求であった言えるが、ポールにとっては、UPIASという組織の存続自体に意味はなく、むしろ、基本原理の彫琢・深化においてそれが足枷となるのであれば、「解散」は必然的な選択であった。ポールにとっての真の目的とは、新しいジャーナルにおける議論を通して、新しい障害者運動の原型を形作ること、すなわち、ディスアビリティの本質を包括的に把捉でき、実践に応用可能な基本原理を構築すること、さらに言えば、この基本原理へのコミットメントを促すことを通して、メンバーたちの運動主体としての覚醒と自律性を構築することに他ならなかったのである。

　他方で、ヴィックは、実践を経ない基本原理の脆弱さを危惧しつつ、具体的なディスアビリティとの対峙、すなわち、実践を通したメンバーたちの主体化を目指していた。そのため、彼にとって、その実践に組織的に取り組んでいくためにも、UPIASという組織の存続が必要だったのである。

　このような両者の対立を解消し、再生へ向かわせた契機は、皮肉なことに「ポールの死」という出来事だった。ゾールド＝アッシュは、未だ官僚制化されていない運動組織において、初代カリスマの死去がもたらす影響について、１）カリスマ本人にコミットしていた人たちが組織から離れることによってメンバーが減少する、２）カリスマの残した言葉が内部論争のイデオロギー的基盤となり、派閥化が表面化する、３）経営構造が合理化され、執行核（executive core）が専門職化されると同時に、誘因構造も変化する、という組織変化の三様相において捉えている（那須、1991:158）。

　しかし、UPIASにおいて「ポールの死」は（もっともポール自身は自らが「カリスマ」として位置づけられることを強く拒絶したと思えるが）、ゾールド＝

アッシュの指摘した組織変化の三様相のいずれも招来することはなかった。上に見てきたように、UPIAS は「ポールの死」という衝撃を、組織運営の見直しの議論、国内の連合組織（BCODP）の結成、国際的な障害者運動（DPI）への参画、南アフリカ問題や女性問題への取り組みなど、具体的な実践を通して乗り越え、その組織的凝集性と求心力を回復しようとしたのである。

このように対立の一方の極にいたポールの死去によって、ヴィックが主張した実践へ大きく舵を切った UPIAS だったが、しかし、ポールの求めた基本原理の彫琢・深化というテーマが忘却されたわけでは決してない。このテーマをめぐる議論は 1980 年代初頭に開講されたオープン・ユニバーシティの講座において、さらには 1986 年に創刊号の発刊を見た英国障害学の学術誌、*Disability, Handicap & Society*（現 *Disability & Society*）において継承され、やがてそれは英国障害学の確立を促してゆくことになるのである。

4　小括

本章では UPIAS における思想的土壌とその成熟過程を確認する地歩を固めるための作業として、ディスアビリティをめぐる思考を「障害者自身の経験」の基に結晶化させた後の UPIAS における組織的危機と再生をめぐる集中的議論について検証してきた。

1970 年代半ばから後半にかけて UPIAS は、*PS* や *FPD* の公表によって、英国内外の多くの障害者や障害者団体から注目を集めるようになる。しかし、いわゆる医学モデル的処遇が席巻する当時の英国の障害者政策下において、彼らのディスアビリティに対する活動は苦闘を強いられ、障害者大衆を動員することも、目に見える何らかの具体的勝利を得ることもできずにいた。

本章で見てきたように、その思想的先駆性と組織活動の停滞とのギャップにおいて、UPIAS 内部ではさまざまな視角からの問題提起がなされることになり、やがてそれは UPIAS を理論的・実践的に牽引してきた 2 人のリーダーの対立にまで発展することになった。われわれはそこに、かつて長谷川が指摘した、運動の生起以後の高揚と停滞のダイナミズムにおける社会運動組織が抱え

る幾つかの戦略的ジレンマと、北川が導出した中間的形態の社会運動組織における幾つかのリスクを確認することができた。

　1979年7月、組織活動の路線をめぐる内部論争が激化する中でポールは急逝するが、皮肉なことに、この突然のリーダーの死によって、対立は解消され、UPIASは一時、その求心力を回復させ、ディスアビリティをめぐるさまざまなイシューへ取り組む実践の活性化によって、その再生の道を歩みだすことになる。しかし、1980年代半ば以降、BCODPやDPIなど、国内外の連合組織におけるUPIASコアメンバーの活躍や、ダービー州におけるCILの活動などに見られるように、徐々に、活性化する実践はUPIASの〈外〉で展開されるようになり、UPIASは再び自らの存在理由を問い直す必要に迫られることになるのだが、この「UPIASの存在理由への問い」から「UPIASの解散」に至る経緯については次章において検証しよう。

第8章　UPIASの解散：
'UPIAS is DEAD' の意味をめぐって

　1970年代末から生起した活動路線をめぐる組織内の深刻な対立から、ポール・ハントの死を経て、組織再生への道を歩み始めたUPIASは、1980年代初頭から半ばにかけて、英国内における「障害者自身による」障害者運動の連合組織である英国障害者団体協議会（BCODP）の結成とその初期的展開を主導するとともに、障害者インターナショナル（DPI）における国際的な障害者運動においてディスアビリティ概念の普及に努めるなど、英国内外の障害者運動において多大な影響を及ぼした。また他方で、障害者情報相談センター（DIAL）の開設やグローブ・ロード住宅計画（GRHS）への取り組み、そして、英国で初めてとなる自立生活センター（CIL）の創設など、UPIASコアメンバーによる英国各地における活動は、障害者のインテグレーションを支える新たな資源の創出をもたらした。

　しかし、皮肉なことに、このようなUPIASの〈外〉における活動が活性化し、その成果が国内外の耳目を集めるようになるにつれ、UPIASとしての焦点化された組織活動や具体的成果の不在をめぐって、再びメンバーたちの不全感が強められてゆくことになる。そして、やがてそれはUPIASの解散への道行きを招来することになってしまう。

　本章では、この1980年代半ば以降におけるUPIAS組織内外の活動とUPIASの解散に至る経緯を辿りながら、彼らが自らの障害者運動をどのように総括し、後発の障害者運動に何を託そうとしたのか、そして、彼らはUPIASの解散をどのように意味づけようとしたのか、などの点を検証してゆきたい。

1　1980年代のUPIAS内外における障害者運動

　まず、1980年代半ば以降におけるUPIASメンバーの組織内外における活動実態と組織内における議論を辿り、UPIASがその組織的役割の終焉を自覚するに至る経緯を確認しておこう。

（1）コアメンバーの組織外活動の活性化

　1981年に、英国内の全国組織であるBCODPの結成において主導的役割を果たしたUPIASは、その後もこの障害者連合組織の運営の中核を担う。しかし、1980年代半ばに差しかかると、徐々に、UPIAS内においてBCODPの組織運営・活動に対する批判が提起されるようになる。

　例えば、NC2[1]において、ヴィックはこの1、2年のBCODPの衰退を指摘し、今やBCODPは英国障害者運動においてその存在意義を持ち得ていないことを指摘している（UPIAS, 1986b:7）。また、1987年1月に組織内において公開されたUPIAS会議録では、UPIASを代表してBCODPの運営に参加していたある女性メンバーから「BCODPの劣化」が指摘され（UPIAS, 1987a:4）、さらに同年9月発行のNC5においても「BCODPの重大な危機」が取りあげられている（UPIAS, 1987c:2）。

　当時、BCODPは年1回の全国会議を開催し、その際には幾つかのワークショップにおいて、国内障害者運動の全国方針と運動戦略、およびBCODPが英国代表として参加しているDPIにおける国際方針と運動戦略などが議論されており（例えば、1987年9月19日に開催されたBCODP第5回全国会議では、*Our Movement : The Way Forward*というテーマにおいて活発な議論が行われている）、BCODPそのものの活動が不活発であったというわけではない。

　UPIASメンバーが「劣化」・「重大な危機」と批判していたのは、BCODPの組織運営における非民主的・専制的手法であった。その批判は、BCODP結成後、ヴィックの後任として就任した新しいBCODP議長に向けられていた。例えば、あるメンバーはNC5において、現在のBCODPにおける議長のリーダーシップに対して、多くのBCODP参加団体が幻滅と疎外感を感じていることを

指摘している（同上）。もっともこのメンバーは、このように議長のリーダーシップへの不信を表しつつも、そのすぐ後に、議長の見解や方針に問題があるわけではなく、あくまでもその「非民主的で専制的な組織運営に問題があるだけだ」と若干のフォローをしている（前掲資料:3）。

しかし、UPIAS内における（非民主的な）BCODP議長に対する批判は、やがて、「UPIASとして」当該議長の再任に反対し、BCODPの新たな役員体制に関する提案をしてはどうか、という意見の提起にまで至り（同上）、UPIASメンバーとしてBCODP運営に参加しているコアメンバーや、BCODPとの調整役を担っていたメンバーたちは両組織の板ばさみ状態に苦慮しつつ、フラストレーションを高めてゆくことになる。そして、そのフラストレーションはやがてBCODPとの関わりを一部のコアメンバーに丸投げしている他のUPIASメンバーたちの消極的姿勢に対する批判や、BCODP会議に参加した個人メンバーの態度に対する批判などを招来し、BCODPをめぐるこの議論は、UPIASメンバー間の対立にまで発展してゆくことになる（UPIAS, 1987d:8）。

このように、全国組織をめぐるUPIAS内の対立が顕在化する中、他方で、地方におけるUPIASコアメンバーの活動が活性化してゆく。例えばそれは、マンチェスターに居住する数人のメンバーたちによる「平等機会委員会」への参画などである。1985年、マンチェスター自治体は障害者などマイノリティの権利擁護と社会的地位の向上を図るため、平等機会委員会を設置したが、この委員にマンチェスター地域のUPIASメンバーたち数人が就任した。そして、このUPIASメンバーらは障害者のインテグレーションへ向けたプロジェクトを独自に企画・運営し、その成果を *Internal Circular(IC)* から改題された内部回覧文書 *New Circular(NC)* に報告していた（UPIAS, 1987b:2-3）。

また、同時期、UPIASコアメンバーであるデイビス夫妻を中心に、ダービー州において幾つかの先駆的なプロジェクトが進められている。このダービー州におけるデイビス夫妻の活動については既に第3章において詳述したので、ここでは、彼らが主導したプロジェクトを列挙するにとどめるが、一つは英国初となるケア付住宅計画（GRHS）の企画・実行であり、二つ目は障害者情報相談センター（DIAL）の開設、そして、三つ目がダービー州障害者連合（Derbyshire

Coalition of Disabled People:DCDP）の結成であり、さらに四つ目は、これも英国で初めてとなる CIL の設立である。これらの活動の詳細については、*NC* においてUPIAS メンバーに逐次紹介されている（UPIAS, 1987d:2）。

　しかし、このような地方での新たな運動の立ち上げと、障害者の自立生活を支える社会資源の創出、そして、権利擁護システムの構築などに取り組む UPIAS コアメンバーからの報告に対する他のメンバーからの反応は薄く、そこでは、以前見られた障害者のインテグレーションや抑圧への抵抗をめぐる活発な議論は殆ど見られることはなく、UPIAS における組織的議論や活動の喚起にはつながらなかった。

　むしろ、後述するように、BCODP の非民主的運営と UPIAS としての組織活動の不活発さへ向けられた UPIAS メンバーらのフラストレーションは、特定の個人メンバーに対する批判や攻撃を招来することになってしまい、このような「問題の個人化」は、組織内に拭い難い遺恨をもたらすことになってしまった。

（2）組織内のイシューと組織の空洞化

　このように、UPIAS コアメンバーらによる組織外活動の活性化とは対照的に、UPIAS としての組織活動は停滞しつつあったが、組織内におけるメンバー間の議論が全くなかったわけではない。そこでは、散発的なものではあったものの、1）潜在的メンバーの動員・参画、2）女性障害者問題、3）健常者メンバーや専門家たちとの関係性と共闘可能性、などのテーマをめぐって議論が交わされていた。

　これらのテーマをめぐる議論は確かに、UPIAS が解散を決するに至る過程の後景にあり、活発な組織活動を再生させるには至らなかったものの、後発の障害者運動や障害学において一部継承されてゆく議論でもあったので、ここで少し紹介しておこう。

　まず、「潜在的メンバーの動員・参画」についてだが、1985 年 9 月頃に発行された C59 によると、この時期のメンバーは賛助会員（健常者会員）および海外会員を合わせて 38 名であり（UPIAS, 1985b:2）、そして、その約 1 年後の

1986年7月に発行されたNC2では39名となっている（UPIAS, 1986b:1）。

　1972年の組織結成時の25名から会員数は増やしたものの、当時、英国における在宅の成人身体障害者が300万人を超えていることから考えると（Harris, 1971:3）、UPIASが極小の障害者集団であったことは間違いない。ゆえに、いかに潜在的メンバーの動員・参画を促すかという課題は、UPIASにおいて常に焦眉の課題であった。

　しかし、1985年以降、このテーマをめぐる議論は、NC2とNC4において散見されただけである。まず、NC2において、UPIASメンバー、特に新規メンバーの組織的議論への参画の阻害要因はNCにおける議論の難解さにある、という問題提起がなされた。あるメンバーは、多くの場合、身体障害者が貧しい教育しか受けてこなかったという事実と、今後、UPIASとして知的障害者たちとの連携を模索していこうとする方向性において、NCの難解さが、多くのUPIASメンバーたちと一部の知的水準の高いメンバーたちとの断絶を生み出してしまっていることを指摘している（UPIAS, 1986b:3）。

　また、同号では、別のメンバーからも、新しいメンバーが、UPIASの議論に参画するためには、UPIASの歴史と思想を学ぶ必要があるが、そのための教材パックの準備が、この4年間、滞ってきたことを憂慮する声があがっている（前掲資料:4）。

　この両者の指摘を受ける形で、翌1987年3月に発行されたNC4において、あるメンバーから、UPIASの歴史と思想を簡潔に紹介するためのリーフレットの原案が示されている。このリーフレットのポイントは、1）UPIASが提起したディスアビリティ概念の意味、2）障害者自身によって運営されている障害者組織へのUPIASの支援について、3）UPIASが参画しているBCODPとDPIの意義について、などである（UPIAS, 1987b:1）。

　しかし、その後のNCを見る限り、この提案されたリーフレットが実際に作成され、新しいメンバーの教材パックとして使用されたという形跡は見当たらない。

　二つ目の「女性障害者問題」は、1980年7月発行のC35におけるマギーの問題提起に端を発した議論であり（前章を参照）、1980年代初頭からUPIASに

おいて、おそらく最も活発な組織内議論を喚起した議論であった。前章に見たように、やがてこの議論は、女性を蔑視する他団体と、その団体に同調するUPIAS内の一部男性メンバーに対する女性メンバーからの激しい反発と抵抗を経て、女性障害者問題に係る取り組み方針を盛り込んだ『UPIASの方針』(*PS*)の改訂へと発展してゆくことになった（UPIAS, 1982d:3）。

1980年代の半ば以降、UPIAS内における議論が沈滞してゆく中で、この女性障害者問題をめぐっては、散発的ではあったものの議論が継続してゆくことになる。例えば、1987年の夏頃に開催されたブリッチフィールドにおけるUPIAS会議において、ある女性メンバーから、UPIASにおける男性支配の構造が批判された（UPIAS, 1987a:6）。

また、同年12月に発行されたNC7では、ジュディから、女性のリプロダクティブ・ライツの主張と障害者たちの「産まれること、生存することの権利」に係る問題が提起される（UPIAS, 1987e:8）。ジュディは女性に対して子どものケアラーとしての役割を負わせつつも、彼女らのこのケア労働を低価値化する社会において、女性が自らのセクシュアリティとリプロダクションの自己統制権を主張せざるを得ない状況について説明しつつ、同時に、この女性たちの自己の身体とリプロダクティブ・ライツの主張が、障害者たちにおいては「ナチの障害者抹殺」に対する嫌悪と同質の感情を喚起させるものであることを指摘し、UPIASにおいて、この女性の身体およびリプロダクションをめぐる権利と、障害者の生存権との関係について議論をしよう、と呼びかけている（前掲資料:9）。しかし、少なくともその後の*NC*を見る限り、ジュディのこの呼びかけに対するメンバーからの応答は皆無だった。

三つ目の「健常者メンバーや専門家たちとの関係性と共闘可能性」をめぐる議論は、この時期のUPIASにおいて、比較的に継続した議論となっている。第4章に述べたように、UPIASはその*PS*において、健常者メンバーを賛助会員として位置づけ、正会員がもつ議決権とUPIAS運営委員会への参画を制限していた（UPIAS, 1974h）。それは、既存の障害者組織が健常者によって植民地化されてきたこと、また、健常者が提起する障害者問題への介入が、障害者たちの真のニーズから乖離し、微温的な問題解決（例えば入所施設の増設など）

を生み出してきたこと、さらに専門家支配が障害者の生の自己統制を阻害してきたことなどを批判し、障害者自身による発議と活動を求めてきたUPIASにとって、その基本原理から必然的に演繹された原則であったと言える。

　しかし、この健常者の組織活動の制限に係るPSの規約は、1980年代半ば頃より、主にロンドンのメンバーたちによって、その問題性が議論されてきた。その問題性とはすなわち、1）健常者メンバーが主体意識を持ち得ない位置に留め置かれていること、2）健常者メンバーの役割の不明確さ、3）組織内外の健常者たちと障害者との共闘を阻む障壁の創出、などである。

　1）は、健常者メンバーがUPIAS内において末梢的な位置に置かれ、自律的に活動する機会を奪われていることの問題性の指摘であり（UPIAS, 1987b:15,1988d:2,1986c:12）、2）は、PSに規定された賛助会員（健常者）の役割が、「障害者の主体的活動への支援」に限定されており、障害者運動における健常者の役割が不鮮明であることの問題性の指摘である。そして、3）は、1）と2）の帰結として、組織内外でUPIASの思想にコミットする健常者たち、障害者の被るディスアビリティと対峙しようとしている健常者たち、例えばそれは、障害者サイドに立つことで孤立している施設職員たちや、わが子に向けられる偏見と闘う障害児の保護者たち、そして、ディスアビリティをめぐる問題を学び研究する学生や研究者たちであるが、UPIASの賛助会員資格の規定が、このような人々と障害者たちとの共闘可能性を阻害する障壁となっているのではないか、という指摘である（UPIAS, 1987d:13）。

　ロンドンのUPIASメンバーたちは、上記の問題の解決を図るべく、定期的な会合の中で、この健常者メンバーをめぐる問題について議論を重ねていたが（UPIAS, 1986c:10,1988d:3）、おそらく、その議論にはジュディの存在が少なからず影響を与えていたと思われる。ポール・ハントの死去後もジュディはUPIASの活動に専心し、上述のように女性障害者問題などのイシューの提起と議論の深まりに貢献していたが、彼女は健常者であり、賛助会員であるジュディにはUPIASの正会員としての資格と権限は付与されていなかった。NC3にはこのジュディのUPIASへの貢献と、それとは釣り合わない賛助会員としての位置づけに違和感を表明する、あるメンバーからの意見が掲載されている

(UPIAS, 1986c:8)。

　もっともジュディ自身がこの組織内の地位に不満をもっていたというわけではない。彼女はUPIASの正会員資格の制限的な規定の意味を十分に理解しており、ポールが存命中、自らがUPIASの正会員になることはない、という明確な意思表示を行っている（同上）。そして、それは、他の健常者である賛助会員も同様であった。彼女／彼らは、その殆どが正会員である障害者の配偶者やパートナーであったが、その誰もが、正会員になることを求めてはいなかったという（前掲資料:10）。

　しかし、ジュディも含めたこれら賛助会員の健常者たちが、ある種のジレンマを抱えていたことは事実である。ある賛助会員はNC3において、賛助会員の役割が「正会員である障害者メンバーたちへの支援」に限定されていることについて、「支援は一方向的なものではない。つまり、それは常に健常者から障害者に向けられるものではないはずだ」（前掲資料:11）と述べている。また、他の賛助会員からも、メンバーの自律的活動を本是とするUPIASにおいて、「賛助会員であることの葛藤」が指摘されている（前掲資料:12）。

　ジュディをはじめとした健常者メンバーのこれまでの組織活動への貢献を熟知していた障害者メンバーの幾人かは、健常者メンバーらのジレンマに対して共感的に応答している。例えば、あるメンバーは健常者を潜在的抑圧者と前提的に捉えることの問題性を指摘しつつ、さまざまに異なった動機と目的によって障害者に関わる健常者は、抑圧者にも支援者にもなりうるはずだ、と述べたうえで、UPIASにおいて、障害者メンバーのエンパワメントが達成されつつあるいま、万一、正会員となった健常者が「われわれ」を支配しようとしても、「われわれ」はもはやその支配に隷属させられることはないだろうと述べ、健常者メンバーを正会員として受け入れようと、提案している（前掲資料:6-7）。

　上述の通り、このような健常者をUPIASの正会員へ迎え入れようという提案は、既に賛助会員としてUPIASの組織活動に献身してきたジュディらの貢献に対する、障害者メンバーたちの評価に端を発していたのだが、他方で、そこには別の動因もあった。それは上記の３）組織内外の健常者たちと障害者との共闘をめぐるものである。例えば、あるメンバーはNC4において、これまで、

入所者サイドに立つことによって施設内で孤立している施設職員、わが子に向けられるディスアビリティと対峙している障害児の父親、ディスアビリティに深い関心を寄せる大学生などから、UPIAS を支援したいとの申し出があったことについて言及しつつ、障害者と健常者はディスアビリティに対して共闘しうるし、そうすべきだ、と主張する（UPIAS, 1987b:13）。また、その後、少し時間が経過するが、この NC4 におけるメンバーの意見に対して、NC10 で別のメンバーが賛意を表しつつ、「入所施設において、施設の隔離的構造と闘っているソーシャルワーカーやケアワーカーたちの存在」に触れ、UPIAS として彼らを包摂すべきだ、と主張している（UPIAS, 1988d:4）。また、同号ではジュディが、「新しい世代の専門家たち」が生まれつつあることに触れ、この新しい専門家たちは、旧来の専門家たちとは異なり、「障害者たちの経験」を尊重し、そこから学ぼうとする姿勢をもっていることを指摘している（前掲資料:1）。

このように健常者の会員資格の見直しに係る協議には、健常者たちとの新たな関係構築を求める障害者メンバーたちの志向性を見ることができ、同時にそこには、障害者が主体的かつ自律的に UPIAS を統制してゆくことと、健常者メンバーや専門家たちが UPIAS において積極的に活動することの両立可能性を提起しうる、障害者メンバーたちの自信の一端を見ることもできるだろう。

NC4 においてあるメンバーは健常者メンバーを正会員として受け容れることによって、UPIAS の組織名称も *Union of the Physically Impaired and Able Bodies People against Segregation* と変更することを提案している（UPIAS, 1987b:15）。

この組織名称、すなわち彼らの集合的アイデンティティの表象の変更提案にまで発展した議論は、UPIAS の解散によって時間切れとなってしまうが、障害者運動（組織）における健常者の役割と存在意味はどこにあるのかという、この彼らの問いは、ディスアビリティとの対峙において回避することのできない、障害者と健常者の関係性をめぐる本質的かつ普遍的な問いとして、後発の障害者運動・障害学において継承されてゆくこととなった[2]。この問いをめぐる論点については、終章において若干の考察を加えたい。

以上見てきた、「潜在的メンバーの動員・参画」、「女性障害者問題」、「健

常者メンバー・専門家たちとの関係構築と共闘可能性」という、この時期の UPIAS 組織内において浮上した三つのテーマは、後発の障害者運動や障害学においても継承される枢要なテーマとなるのだが、しかし、繰り返すが、この時期における組織内の議論は散発的なものにとどまっており、これらのテーマは NC においてそれぞれ僅か数号にわたってしか継続されず、組織全体としての活発な議論や何らかの具体的なアクションを生起させるものとはならなかった。

おそらく、これまで組織内の議論を牽引してきた能動的なメンバーが、既述の通り、いずれも、UPIAS の外部において、それぞれの地域で新たな障害者運動の形成・展開に専心しており、UPIAS 組織内においては、議論を活性化させ、それを主導する役割を担うリーダーが不在であったことが、その主な理由として考えられる。主要なコアメンバーがそれぞれの地域で、或いは全国的・国際的舞台で新たな障害者運動の可能性を模索し始めたこの時期、UPIAS はまさに「空っぽの貝殻」(UPIAS, 1978c:12) のような状態になりつつあったと言える。やがて、この「空っぽの貝殻」への危機感は必然的に、これまでの組織活動の総括と、新たな方向性に係る発議へとつながってゆくことになる。

2　UPIAS の総括と方向性の確認

ここでは、UPIAS 内における組織活動の総括や、新たな方向性の模索、組織状況の批判的分析などをめぐって交わされた議論を辿りながら、ポールの死の前後の組織的危機を乗り越えた UPIAS において再び解散が提起されるに至る一連の経緯を確認しておきたい。

（1）組織活動の総括

組織活動の停滞と組織存続の危機を認識した UPIAS において、その状況を打破し、新たな方向性を見出してゆくための作業として最初に取り組まれたのは、それまでの組織活動の総括である。具体的に言えば、「UPIAS は何をなし得たか」に関する評価から、活動の停滞と危機に至る要因の分析である。まず、

到達点の確認作業において取りあげられたのは、彼らの活動の金字塔とも言える「ディスアビリティ概念の再定義」であった。

1986年6月からの内部回覧文書における *New Circular* というタイトルには、UPIASの組織再生へ向けた覚悟と意志が込められていたものと推測できるのだが、このNC1の冒頭記事は、UPIASが提起したディスアビリティ概念の意義を再確認しようとするケンの記事であった。そこでケンはまず、社会が徹頭徹尾、健常者の身体や慣習を基準にデザインされた制度的集合体であることを指摘したうえで（UPIAS, 1986a:1）、この基準から逸脱した身体をもつ障害者たちが抱える問題が専門家たちによって個人化・医療化されてきたこと、すなわち、問題が障害者たちの身体的状況に起因するものとして捉えられてきたことを批判する（同上）。因みにこのNC1において、ケンはUPIASのディスアビリティ概念が炙り出した医療化のパースペクティブを表象する言葉として「医学モデル（the medical model）」という言葉を用いているが（前掲資料:5）、筆者が *IC* から *NC* のすべての号を通読した限りにおいて、医学モデルという言葉の初出はこのNC1におけるケンの記事であったことを付言しておこう。

さて、ケンは続けて、UPIASのディスアビリティ概念が障害者問題の社会構築性を可視化させ、障害者の身体的状況から制約的環境への視点の転換をもたらした、と述べている（前掲資料:2）。このディスアビリティ概念の再確認の作業は、1988年6月にヴィックによって書かれた『*Circular*に関する提案』というUPIASメンバーに向けたドキュメントにおいて継続され、ヴィックはそこで、「われわれ」が形成した概念が意味する要点を次のように整理している。

1　身体障害者は社会における被抑圧者集団であること。
2　この身体障害者への抑圧は、障害者の孤立や隔離として表現されること。
3　ディスアビリティは社会的原因による現象であり、同時に、それは社会構造の変革によってのみ解消可能であること（UPIAS, 1988e:2）。

このようなディスアビリティ概念の意義を再確認しようとする作業において、組織結成初期のフレーミングにおいて発せられたある警句が再度提起されてい

る。その警句とは、「内省の罠」から脱し、「社会的事実」を見よ、というヴィックらコアメンバーたちが発した警句である（UPIAS, 1974d:9-10）。生前、ポールもまた、抑圧を個人の感覚で捉える議論を「内省的主観的アプローチ（*inward-looking subjective approach*）」と呼び、このようなアプローチが「ディスアビリティの普遍化」を阻害するのだと指摘したうえで、「われわれを取り巻く社会を見る方法（*outward-looking method*）」の必要性を主張したが（UPIAS, 1975b:15）、このような抑圧に係る個人の感覚の探索ではなく、社会的事実としてのディスアビリティを直視することを求めたUPIASのディスアビリティ概念の意義が、この組織活動の総括の時期に再び確認されたのである。

　例えばあるコアメンバーは「われわれは常にわれわれ自身の被抑圧に係る感覚を内部世界に探ることから離れ、われわれの外にあるディスアビリティを創出する社会に目を向ける必要があることを訴えてきたのだ」（UPIAS, 1986c:13）と述べ、また、ヴィックも「われわれのアプローチは *outward looking* であり、ゆえにわれわれはディスアビリティを個人の悲劇ではなく、社会的な関係として把捉できたのだ」と述べている（UPIAS, 1988e:2）。

　NC1においてケンは、ディスアビリティ概念は、社会よりも個人にディスアビリティを帰属させる *People with disabilities* という医学モデル的な呼称を拒絶することを強調しているが（UPIAS, 1986a:5）、この議論は、1987年夏にブリッチフィールドで開催された会議において再度提起され、議事録にまとめられている。そのアジェンダのタイトルは 'Disabled People vs People with a Disability' であり、そこでは *People with a Disability* という呼称が、（ディスアビリティが社会に起因する問題であるという―筆者注）真実を隠蔽する言葉であると批判されている（UPIAS, 1987a:9）。

　このような、UPIASがディスアビリティ概念を提起したことの意味と意義を再確認しようとするケンの記事を契機として、後年、社会モデルと称されることになるUPIASの思想的核をめぐる総括がその後の *NC* においても散発的ではあるものの継続してゆくことになる。そこでは、このUPIASによるディスアビリティ概念が、国内外の障害者運動において浸透しつつあるのか否か（前掲書:2）、換言すれば、それは障害者問題をめぐる旧来の思考枠組に代わるオ

ルタナティブとして定着しつつあるのか否か（UPIAS, 1988a:18）、また、このディスアビリティ概念は障害者問題の多様性・個別性を把捉するうえで、十分な妥当性をもち得ているのか否か（前掲書:16）、さらには、UPIAS はディスアビリティ概念によって把捉したディスアビリティを解消するための方法論を明確に提示し得たのか否か（同上）、などの論点をめぐる議論が展開されてゆく。

そして、このディスアビリティ概念をめぐる議論を締めくくる形で、ヴィックは前述の『Circular に関する提案』において、以下の総括的なコメントを記している。

> ユニオンが提起したディスアビリティ概念は、この14年の間、われわれの活動の確固たる基盤となってきた。またそれは、この国の障害者運動へ多大な影響を及ぼしてきたと言える。しかし、障害者を取り巻く物質的な環境は今や大きく変わりつつある。われわれはわれわれが構築したディスアビリティ概念をこの新しい状況に適用しうるか否かを再検討すべき時期に来ているのではないか。(中略)例えば、現在のUPIASのディスアビリティ概念では誰が障害者（disabled people）であるかが明確に定義づけられておらず、またそこでは、身体障害者、知的障害者、精神障害者の位置づけが不明瞭である。（中略）われわれはディスアビリティ概念の更なる精緻化に取り組むべきである（UPIAS, 1988e:8）。

以上のように、この時期における UPIAS の組織活動の総括は、UPIAS が英国障害者運動の先導者の役割を担い、その思想的基盤をもたらしたことへの自負を再確認する作業から始まった。おそらくこの作業は、組織活動の停滞に危惧と不安を抱えていた UPIAS メンバーらがその自信を取り戻し、組織再生へ向けて歩き出すための新たな動因を得るうえで不可欠な作業であったと言えるだろう。彼らはこの作業を通して、UPIAS こそが英国障害者運動の歴史において、初めてディスアビリティについて討議・分析し、障害者運動が対峙すべき敵手を明確にしてきた、ということへの自負、すなわち、「ユニオンが現れるまで、英国において障害者運動は存在しなかった」（UPIAS, 1988f:2）という

自負を、組織再生の起点に据えようとしたのである。

　このような起点に立ちつつ、彼らの総括の作業はその後、UPIASの組織活動の総体を振り返りつつ、「われわれ」の来し方行く末を模索しようとする議論へと発展してゆくことになる。この議論は、1987年末に発行された『UPIASの未来の再考』と題されたドキュメントから始まった。そこでは、近頃の *NC* における議論が、UPIASの金字塔であるディスアビリティ概念の意義をめぐる自画自賛に終始し、「ユニオンの未来」をどう描くかという喫緊の課題について一切言及されていないこと、そもそもUPIASが大衆的な障害者運動において現在、どのような地位を占めるのか、ということに関する真摯な議論が欠如していることへの批判が提起されている（UPIAS, 1987f:2）。この内部批判を契機として始まった組織活動の総括は、およそ次の三つの論点において展開されてゆくことになる。

　　1）障害者を取り巻く環境変化へのUPIASの不適応
　　2）現状打破のための方策の提案
　　3）ヴィックに対する批判

　すなわち、組織活動の総括をめぐる議論はUPIASの到達点である *PS* およびディスアビリティ概念の意義の再確認を起点としつつも、1980年代以降の障害者を取り巻く環境変化におけるUPIASの不適応がさまざまな角度から自己批判され、さらに、その現状打破のための幾つかの方策が提案されるものの組織的議論には発展せず、やがて、当時、組織の実質的リーダーであったヴィックに対する個人批判を招来することになるのである。以下、この議論を辿ってみよう。

　まず、一つ目の論点である「障害者を取り巻く環境変化へのUPIASの不適応」についてだが、そこでは、組織活動の停滞への危機感とともに、UPIAS結成後十数年の間の障害者を取り巻く社会環境および政治的思潮の変化が確認され、これらの変化に不適応を来してきたUPIASの抱える幾つかの問題点が自己批判的に議論されている。

例えば1988年1月に回覧されたNC8において、コアメンバーの1人は、UPIASが再度、障害者運動において主導的役割を求めるのであるなら、「われわれのアイデア」のさらなる練成を真剣に考えるべきであろうと述べ、「にもかかわらず」と続けて、UPIASはこの5年間もの長い間、実質的に組織としての体をなしてこなかったことを指摘している（UPIAS, 1988a:4）。そしてこのメンバーは、「もうあまり時間が残されていない」とその焦燥感を表出している（前掲資料:18）。

このコアメンバーからの指摘を受ける形で、その5カ月後に発行された『Circularに関する提案』においてヴィックは、社会システムの大きな変化に対応すべくPSの改訂の必要性について言及している。彼はUPIASのPSがこの14年間のUPIASの活動の確固たる基盤となってきたこと、また、それは「この国」の障害者運動に多大な影響を与えてきたことを確認しつつも、今や「われわれ」は自らが構築したこのPSが新しい状況に適用しうるか否か、何を優先し、どのように限られた資源を活用すべきであるか、などについて再検討すべきではないか、と提案する（UPIAS, 1988e:8）。そして、彼はその再検討すべきPSの具体的な課題として、誰が障害者（*disabled people*）であるかを明確に定義づけること、身体障害者と知的障害者・精神障害者との関係を明確にし、すべての障害者を包摂する原則を構築すること、障害者と専門職および専門職組織との関係を分析すること、人種的・性的抑圧状況とディスアビリティとの関係を明確にすること、などを提起している（同上）。

このような環境変化への不適応に関するコアメンバーによる問題提起を受ける形で、その後の議論は、不適応の要因分析をめぐる論点、すなわち、UPIASの構造的問題、PSの旧さとその応用的活用（実践）の不在、そして、NCにおける実質的な議論の不在、などの論点において展開されてゆくことになる。

組織の構造的問題に不適応の原因を見出そうとするこれらの議論においては、まず、UPIASが家父長的構造をもった組織となってしまい、多くのメンバーが一部のコアメンバーからの指示をただ待っているだけの状態にあることが批判された（UPIAS, 1988b:1）。しかし、他方では、「リーダーの不在」に不適応の要因を見出そうとする議論もあり（UPIAS, 1988f:5）、構造的問題をめぐるメ

ンバー間の認識のズレがそこには見られる。ただ、家父長的構造、或いはリーダーの不在のいずれに不適応の要因を求めるにしても、そこで提起された組織構造的な問題は、一般メンバーの消極性や役割の欠如（前掲資料:9）、新旧メンバーの組織活動に関する温度差、地域間の活動格差（UPIAS, 1988b:1）などの議論に収斂されてゆくことになった。

　次に *PS* の旧さとその応用的活用（実践）の不在をめぐっては、まず、*PS* の基盤にあるマルキシズムの旧さが指摘されている（UPIAS, 1988g:4）。そこでは、国内外の障害者運動の展開と拡大、国内のサッチャリズムによる福祉国家政策の縮減と政治の右傾化など、「われわれ」の運動が直面している新しい環境において、社会変革を求める旧来のステレオタイプの方法、すなわち、マルキシズムによる強固な社会主義的原則に基づく運動戦略がもはや旧くなってしまい、障害者運動の現実的な新しいアプローチを導出し得ないことが問題として提起されている（UPIAS, 1988g:4, 1988h:5; Finkelstein, 1988:2）。

　この旧い *PS* にしがみついていることに対する自己批判は、その後、UPIAS はもはや国内外の障害者運動における自らの役割を見失い（Finkelstein, 1988:2; UPIAS, 1988h:5）、潜在的メンバーの動員にも失敗し（UPIAS, 1988e:6）、さらには、将来に向けた具体的なプランではなく、観念的でただレトリカルな議論を繰り返すことによって、ディスアビリティをめぐる時間（*disability clock*）を巻き戻してしまった、などという厳しい自己批判へと連動してゆくことになる（UPIAS, 1988g:4）。

　殊に環境変化への不適応を示す具体例として、最も多くの誌面を割かれて議論されたのは、*NC* における実質的議論の不在に関するものだった。序章に述べたように、UPIAS における *NC* は、長期入所型施設の入所者や、非アクセシブルな地方に住むメンバーらにとって、殆ど唯一のコミュニケーション手段であった。ゆえに、*NC* の衰退は組織内コミュニケーションの衰退に他ならず、それは UPIAS としての活動の衰退そのものを意味していたと言える。

　1988年6月に発行されたNC11において、あるメンバーは「この5年間」にわたる UPIAS の衰退を示す明白な証拠として、*NC* におけるこの「議論の不在」に言及しつつ、真剣な討議なくして、われわれは一体何を共有できると

言うのか、と述べている（UPIAS, 1988f:8）。その約2年後に発行されたNC15においては、議論の不在どころか、「この2年間」にわたる「NCそのものの欠落」という深刻な事態を憂慮する記事が掲載されているところから（UPIAS, 1990a:1）、少なくとも、1983年あたりからの6年間、UPIASにおいて焦点化されたイシューをめぐる組織的な議論は希薄であり、殊に最後の2年間はNCの発行そのものが滞っていたことが分かる。

このようなNCにおける「議論の不在」、「NCそのものの欠落」の原因に関する議論が1988年2月のロンドン会議議事録や、その7カ月後に発行されたNC14においても散見されるが、それらは、組織内における議論の不活性化の原因を、NCで用いられている言葉の難解さ（UPIAS, 1988h:6）や非アクセシブルな文章（UPIAS, 1988b:1）に求めるにとどまり、環境変化へのUPIASの不適応にまで踏み込んだ問題提起には至っていない。

また、この時期（1988年の春から秋）、NCの継続そのものに関する疑義も提起された。それは、ディスアビリティに係る本質的議論が希薄であり、焦点化されたイシューに関する組織的議論も不在となり、さらには定期発行さえ滞りがちなNCを継続することに対する疑義の提起であった。例えばNC8においてヴィックが、「われわれはNCを発行し続けるエネルギーを失いつつある」と述べ、今後は「われわれ」の限られたエネルギーを組織外部へ向けたオープン・ニュースレターの発行に集中させるべきではないか、と提案している（UPIAS, 1988a:1）。また、その約半年後に発行された『Circularに関する提案』においても彼は、最近のNCは過去の記事の焼き直しが多く、メンバー間の討議が殆ど見られない状況にあることに言及し、このような状況においてNCを継続する意義を見出せないことを指摘している（UPIAS, 1988e:1）。さらにその3カ月後のNC14では、前号で運営委員会が呼びかけていたNCの発行責任者への立候補に、メンバーの誰もが応答しなかったことが報告されている（UPIAS, 1988h:2）。

結成当初より、UPIASにおける組織内議論の主たるコミュニケーション媒体であり、ディスアビリティをめぐる討議の主要なアリーナでもあったIC/NCの停止の提案に対しては、当然のことながら、反対の声も浮上した。なぜ

なら、繰り返すが、彼らにとって、*NC* の「停止」とはメンバー間のコミュニケーションの停止であり、それは UPIAS の活動の停止に他ならないものであったからだ。例えば、*NC* の継続に意義を見出せないという意見が少しずつ広がりつつある中、NC10 においてあるメンバーは、*NC* の停止は「ユニオンの『終わりの始まり』のような不吉なものを感じる」（UPIAS, 1988d:5）と述べている。同様に、「*NC* は何があっても継続すべきである」という意見や「発行の間隔を空けてでも継続しよう」（UPIAS, 1988h:12）などの意見も見られた。

　この *NC* の停止か（この場合、オープン・ニュースレターへの移行）、それとも継続かという議論は、1988 年 6 月に回覧された『*Circular* に関する提案』におけるヴィックの提案によって一応の収束を見る。上述のようにヴィックは、そこでの冒頭において、「*NC* を継続してゆく意義を見出せない」と述べたのだが、最終的には、*NC* が「われわれ自身」のアイデアや活動を伝達する唯一の媒体であること、ゆえに、定期的な *NC* の発行は UPIAS の存続にとって不可欠であることを再確認するとともに、自らが「向こう 1 年間」の *NC* の発行に責任を負うことを宣言したのである（UPIAS, 1988e:1）。

　さて、組織活動の総括における二つ目の論点、すなわち、「現状打破のための方策の提案」は、活発な議論に発展するものではなく、散発的な提案にとどまっていた。一つの提案は新しいメンバーが組織活動に容易に参加できるような仕組みを構築しよう（UPIAS, 1988d:3）というものであったが、それは後に続く議論を喚起することはなかった。もう一つの提案は、「われわれ」の今後の 5 年間に向けての計画立案のために「緊急会議を招集しよう」という提案であった。この提案は受け容れられ、実際に会議の開催にこぎつけることに成功している。その会議ではアジェンダとして、1）組織名称の再検討、2）組織内分派の弊害について、3）UPIAS と BCODP との関係について、などが挙げられている（UPIAS, 1988f:9）。特に 1）については、提案の文脈を見ると、マンチェスター・グループと呼ばれた地方グループにおいて、身体障害者という単一のインペアメントをその名称に掲げる組織名称に係る問題提起があったことに端を発していたようだ。

　このように、現状打破に関する議論の進展がないままに、組織総括の論点は

やがて「ヴィックに対する批判」という非生産的な個人攻撃に傾斜していくことになる。それは主としてロンドンのメンバー数人によるヴィック批判であったが、その意図は、UPIASにおける組織活動の不活性化と求心力の喪失を、これまでポールとともにUPIASを牽引してきたリーダーの1人であるヴィックの責に帰しつつ、ヴィックの強力なリーダーシップの再起を促そうとするものであったと見ることができる。

ある女性メンバーは1988年8月に発行されたNC13において、2年ぶりのロンドン・メンバーによる会議にヴィックが出席しなかったこと、UPIASの衰退という事態に対して、ヴィックが何ら責任のある態度を示し得ていないこと、前年に開催されたBCODPの会議において彼が全く発言しなかったこと、などを取りあげ、UPIASの再生に係るヴィックの「不熱心な態度」を批判したのである（UPIAS, 1988g:1-3）。

この批判に対して、ヴィックと彼を擁護するメンバーたちは直ちに反論する。まず、ヴィックは自分を批判した女性メンバーがここ数年、UPIASが政治的に後退してゆくことを憂慮し、それを食い止めるためにさまざまな側面から貢献してきたことを評価しつつも、その彼女の「私に対する個人攻撃に応じる必要がある」と述べるところから始める（Finkelstein, 1988:2）。そして彼は、結成当初のフレーミングにおいても、また、1970年代末のポールとの討論においても用いた「社会的／個人的」という対立概念を軸に反論を試みる。彼はそこで、「われわれ」の*PS*において明示されているように、ディスアビリティ・フィールドにおけるUPIASの最も大きな成果は、障害者に対する社会的抑圧、すなわち、ディスアビリティに対する社会的アプローチであり、「われわれ」は常に不正かつ不当なディスアビリティを再生産し続ける〈外の世界〉へ目を向けてきたことを強調する（前掲資料:1）。

「しかし」と彼は続けて、ここ数か月、*NC*誌上で繰り返された「私」に対する個人攻撃は、UPIASの活動原則である社会的アプローチではなく、それとは対極にある個人的アプローチと言うべきものであった、と述べ、この個人的アプローチは、「われわれの個人的態度」に焦点を当てる内向的・内省的拘りに終始するのだ、と指摘する（同上）。さらに、このような個人的アプロー

チは、障害者運動の本来的な目的やニーズとは全く無関係であり、むしろそれは、この本来的目的から障害者運動を遠ざけてしまう結果を招来してしまうことを警告する（前掲資料:2）。すなわち、個人的アプローチは、UPIAS内部の「個人的不和」を見ることや、個人間の悪口合戦を奨励することによって、「われわれ」の間に過剰な防衛的反応を生起させ、その結果、「われわれ」の眼を現実世界から逸らせてしまい、「われわれ」が本来取り組むべきディスアビリティに対する批判とディスアビリティの解消を求める活動を忘却させてしまうのだ、とヴィックは主張するのである（UPIAS, 1988h:4）。

　ヴィックを擁護するメンバーらも、ヴィック批判を厳しく弾劾する。例えばあるメンバーは、「ヴィックを批判している連中」はヴィックが他のメンバーたちに対して、ディスアビリティを単純で分かりやすい言葉で説明するためのハードな作業に取り組んでいるときに、「ただその後ろで、（まるで餌を待つ雛鳥のように）口を開けて待っていただけではないか」と断じる（前掲資料:1）。また、別のメンバーも、ヴィックがここ数年、UPIAS内外における最もアクティブなメンバーの1人であり、過去18年間に遡っても、彼が自らの時間とエネルギーを障害者たちのディスアビリティからの解放のために費やしてきたこと、UPIASはもとより、BCODPやDPIの立ち上げとそれらの初期的展開においても主要な役割を担ってきたことなどを強調し、ヴィックに対する「過剰に批判的で、マルキスト的で、観念的である」という批判は「とても馬鹿げている」と切り捨てている（UPIAS, 1988h:9）。そして、このメンバーは続けて、UPIASの現在直面している問題は、個人の責に帰すべき問題では決してなく、多くの要因が複雑に絡まって生起したものであり、それらの問題が長年、放置されてきたがゆえに生じた構造的問題なのだ、と結論づけている（前掲資料:12）。

　このようなヴィック本人とその擁護者たちからの反論を受けて、ヴィックを批判した女性メンバーはNC14において、「私」の批判はヴィックに対する「直接的な攻撃」のように受け取られ、ヴィックをして「現在のユニオンの衰退に係る元凶」であるかのように主張したと受け止められているが、「私」には「そのような意図はまるでなかった」と弁明したのだが（UPIAS, 1988h:2）、このNCにおけるヴィックをめぐる感情的な応酬によって、「ロンドン・メンバー

たちは互いの信頼を喪失してしまった」(UPIAS, 1988h:1) と嘆かざるを得ない状況に陥ってしまうことになった。

(2) 新たな方向性の模索と解散への言及

しかし、このような個人攻撃や感情的応酬という非生産的な議論と同時に、他方で、停滞する組織活動を憂慮し、何とかして組織の新しい方向性を見出そうとする議論も僅かではあったが存在していた。それは1985年の秋頃からのNCや会議において散見された「UPIASの今後の展開について」や「現在の『われわれ』にとって何が必要か」などの議論である。

特に1988年に入ると、メンバーが一堂に会する数度の会議が開催され、ディスアビリティをめぐる政治状況とUPIASの役割、新しいジャーナルの発刊の提案 (UPIAS, 1988b:1)、さらに、「今後5年間のユニオンの達成課題」(UPIAS, 1988f:9) などをめぐって幾つかの課題が提案されている。これらの議論で主流を占めた意見は、組織の原点回帰ではなく、新たな展開をめぐるそれである。例えば、あるメンバーは1988年2月発行のNC9において、ディスアビリティを取り巻く新たな政治状況において、「施設＝隔離」へ焦点化した闘いから、さらにより広い視野に立った組織活動の必要性について課題提起をしている (UPIAS, 1988c:2)。また、翌号のNC10においても別のメンバーから、UPIASのメンバーたちがこの組織の存続を望むのであれば、どのような形態において存続すべきか、また、それを誰が主導するのか、などの点について検討しようという提案が出されている (UPIAS, 1988d:1)。

このように、組織の新たな方向性を見出そうとする議論においては、既にBCODPやCILが活発な活動を展開する中でのUPIASとしての固有の役割や新たなフレームワークの構築の必要性などが集中的に取りあげられたが (UPIAS, 1988f:9)、上述のように、それは僅かな議論にとどまり、課題は提起されるものの、それらの課題をめぐる継続的かつ集中的な議論とはならず、明確な一つの方向性を見出しうる組織的合意を得るには至らなかった。むしろ、議論はUPIASの解散へと少しずつ傾いてゆく。それは、上述のBCODPやCILの活動の活性化を「UPIASの『実践』の継承」と捉え、「UPIASの役割

は終わりつつあること」など（UPIAS, 1987f:2）、間接的に解散へ言及する意見や、「われわれ」にとって「痛みの伴う課題」について「もっと時間をかけて検討すべき」という意見に象徴されている（前掲資料:3）。

　さらに、1988年8月に発行されたNC13においては、メンバーへのアンケート用紙が同封され、その中で、1）UPIASを解散させたいか、2）もしそれを望まないなら、誰が*NC*の発行に責任をもつべきか、という質問が記載されている（UPIAS, 1988g:2）。このアンケート調査の結果は翌号のNC14において発表され、そこでは、回答した10名のメンバーすべてが「解散を望まない」と答えたと報告されている（UPIAS, 1988h:2）。

3　UPIASの解散

（1）ヴィックの退会

　上述のように、1988年の春頃から始まった一部メンバーによるヴィックへの批判は、ヴィック本人や彼の擁護者らによって悉く論破されたが、結果としてそれはメンバー間に大きな亀裂をもたらすことになった。これら一連の批判と反論の応酬が直接的な契機となったのか否かは、当時の*NC*の文脈から推し量ることは難しいが、1988年9月発行のNC14において、突然、ヴィックは自らのUPIAS退会を報告する。

　このNC14においてヴィックは、UPIASがこれまで、ディスアビリティ概念によって障害者に対する社会的抑圧を可視化させ、その解消に向けて社会変革の必要性を広く訴えかけてきたが、そこでUPIASが強調してきたのは、ディスアビリティを再生産し続ける社会の不当性を捉えようとする社会的アプローチと言いうるものであったこと、そして、「私」はこのUPIASの原点とも言える社会的アプローチを再生させるべく、この1年間、*NC*の編集・発行の責任を担い、これを蘇らせようと試みてきたこと、しかし、残念ながら、最近のUPIASにおいては、個人間の悪口合戦を奨励するかのような個人的かつ主観的なアプローチが広がりつつあること、などに言及している（UPIAS, 1988h:3）。

　そのうえで、ヴィックは「自分自身にとっても、大変悲しいことだが」と前

置きしながら、UPIASを退会することを決意したこと、UPIASのメーリング・リストから自分の名前を削除してほしいことを、運営委員会へ依頼している（前掲資料:4）。

同号では、ヴィックを名指しで批判した女性メンバーが、彼の退会届を受け取ったことについて「とても悲しむべきことだ」と述べ、「私」は「ヴィックがこの決定を思い直してくれることを望んでいる」とヴィックの翻意を求めている（前掲資料:1）。彼女は続けて、自らのヴィックに対する批判は、彼がやはり、尊敬すべきUPIASのリーダーであり、UPIASの存続において責任をもってもらいたい、という思いから発せられたものであり、ヴィックが指摘している個人的・主観的アプローチと言うものでは決してなかったのだと弁明している（同上）。

（2）'UPIAS is DEAD'

ヴィックが自らの退会をメンバーたちに報告した1988年秋のNC14の発行から約2年間、*NC*は発行されておらず、また、UPIASとしての組織活動についても、筆者が収集した一次資料には記録として残されていない。おそらく、ポール亡き後、リーダーとしてUPIASを牽引したヴィックが退会したことによって、UPIASは急速にその求心力を喪い、その組織活動は休止状態になっていたのではないかと推測できる。

しかし、このUPIASが休止状態に陥っていた期間に、英国における社会福祉政策や障害者政策は大きな転換期を迎え、国内の障害者運動もまた、この政策転換の動向に即して活発な取り組みを開始する。そして、UPIASのコアメンバーたちはこれらUPIASの〈外〉で展開された障害者運動に自らのエネルギーと時間を傾注してゆくことになる。例えば、既に1985年にダービー州において英国で最初のCILを立ち上げたケンやマギーらは、地域における自立生活を希求する障害者たちの七つのニーズ（第3章）に対応すべく、ダービー州の関係機関や専門職らと連携を図りつつ、自立生活支援サービスの創出と供給に専心していた。

また、障害者差別禁止法制の成立を目指す米国の障害者運動の動向に刺激を

受けつつ、障害者差別禁止法の制定を求める動きが英国内においても一気に加速し、1985 年には障害者に係る反差別法制（Anti-Discrimination Legislation）の早期制定を目指す有志団体として「反差別法規のための有志団体（Voluntary Organisations for Anti-Discrimination Legislation :VOADL）」[3] が結成されたが、そこには UPIAS のメンバーや BCODP の加盟団体の多くも参加していた（田中、2005a:74）。

　社会福祉政策においては、1988 年 2 月にサッチャー政権下において、コミュニティケアに係る諮問を受けたロイ・グリフィス（Roy Griffiths）による、いわゆる『グリフィス報告（*Community Care : Agenda for Action*）』が発表される。そこでは、サッチャー政権の基本方針である「民営化の促進」に即しつつ、コミュニティケアに関して地方自治体が責任をもつことや、サービスの購入者と提供者を分離し、地方自治体は個人のニーズのアセスメントに基づいて必要なサービスを営利・非営利を含む多元的な供給主体から購入することなどが提案され、効率的な資源供給のためのケアマネジメントの重要性が提言された。そして、これらの提言の多くが、翌 1989 年 11 月の白書『人々のケア：次の 10 年およびそれ以降におけるコミュニティケア（*Caring for People : Community Care in the Next Decade and Beyond*）』および 1990 年 6 月制定の「国民保健サービスおよびコミュニティケア法（National Health Service and Community Care Act = NHS コミュニティケア法）」へ盛り込まれることになった。

　また、このコミュニティケア改革と並行して、給付対象の厳格な制限などの課題を含みつつも、後年のダイレクト・ペイメント政策に連動することになる、自立生活基金（Independent Living Fund）が 1988 年に設立される。

　これらのコミュニティケア改革は、上述の通り、サッチャー政権による民営化政策のコミュニティケア分野への適用であり、当時、欧州諸国に拡大しつつあった福祉多元主義（welfare pluralism）、或いはケアの混合経済（mixed economy of care）という原理に基づく福祉サービス再編成を、「最も徹底して体系的に追求するものだった」（平岡、2003:83）と言える。そして、このコミュニティケア改革はサッチャー政権からメジャー政権へと継承され、徐々にサービスの重点化（targeting）の名目とともに、地域生活をおくる障害者や高齢者

など、一部のサービス利用者に対する福祉サービス供給の打ち切りなどの事態を招来することにもなった。

　当時の障害者運動は概して、これらコミュニティケア改革の効果に対して批判的なスタンスを取っていた。その批判の要点は、1）この改革が財政問題の文脈において生起したこと、2）地方自治体の権限強化によって、CILのような障害者自身によるサービス供給組織が地方自治体の権限下に位置づけられたこと、3）消費者参加というレトリックとは裏腹に、サービス利用者は相変わらず受動的位置に置かれていたこと、などである（Sainsbury, 1995:25）。

　例えば、筆者が2000年9月20日に、ケンとマギーらが立ち上げたDerbyshire Coalition for Integrated Living（DCIL）にて、当該組織のディレクターであるギブス氏（David Gibbs）にインタビューした際、ギブス氏は「1990年という年は、われわれにとって大きな危機でした」と述べたうえで、新たなNHSコミュニティケア法による権限移譲に伴う国から地方自治体への補助金の大幅削減は、地方自治体からCILなどへの補助金カットに連動し、その結果、DCILでは、当時のスタッフ35名を24名まで削減しなければならなかった、と話してくれた（田中、2005a:76）。

　このような危機的状況の下、障害者運動は1980年代後半から1990年代にかけて、先のADL実現を求めるキャンペーンと併せて、障害者の地域生活を守るためのキャンペーンを繰り返している。例えば、『グリフィス報告』が発表された1988年から1990年代初頭にかけて、「慈善ではなく権利を（*Rights not Charity*）」をスローガンに掲げたキャンペーンや、交通アクセスを求めるデモ行進が何度も繰り返され、このような障害者運動による直接行動の連合組織として、「障害者直接行動連合（Direct Action Network:DAN）」が設立されるに至る（同上）。

　しかし、上述したように、1988年から1990年に係る障害者を取り巻く環境の大きな変化と障害者運動の即時的な活性化とは対照的に、UPIASの組織活動は休止状態となり、1990年9月に発行されたNC15において唐突に、解散の予告記事が掲載される。そして、その2カ月後に発行されたNC16において「UPIASは死んだ（*'UPIAS is DEAD'*）」と題する記事とともに、UPIASの解

散が告げられることになる。果たしてUPIASメンバーはこの解散をどのように意味づけ、受け止めようとしたのだろうか。

メンバーらによる解散の意味づけを辿る前に、解散に至る手続き的な経緯を確認しておこう。1990年9月に発行されたNC15において、同年10月12日にUPIASの解散に係る投票を行うことが告知され、「もし、メンバーらが解散を支持するなら、われわれの財産の処分について検討を始めよう」という提案が出されている（UPIAS, 1990a:2）。この投票結果は、同年11月に発行された翌号のNC16において公表されたが、それを見ると、投票人数は15名であり、14名が解散に賛成票を投じ、1名が白票を投じている（UPIAS, 1990b:1）。賛成票を投じたメンバーの氏名も併せて公表されているが、その中にはジュディの名前が入っている。当然のことながら、この時には既に退会しているヴィックの名前は見当たらず、また、ケンとマギーも投票には加わらなかったようだ（同上）。

NC15では、UPIASの財産について、あるメンバーから「すべてをBCODPに寄贈しよう」という提案が出され、NC16ではこの提案通り、「BCODPへの寄贈」が確定され、UPIASの銀行口座の閉鎖と、残金をBCODPの口座へ移すことが報告されている（前掲資料:2）。

NC16の表紙には、上述したように、'UPIAS is DEAD' というタイトルが掲げられ、当時の全メンバー35名に対して、10月12日の投票結果をもってUPIASが解散したことが告げられた。さらにUPIASからBCODPへ宛てた最後の手紙がそこで公表されている（前掲資料:1）。その中には、BCODPの会員名簿からUPIASを削除してほしいこと、また、UPIASの財産をBCODPに寄贈したい旨などが記されている（前掲資料:3）。

NC15およびNC16における記事では、解散を肯定的・発展的に意味づけようとする意見が大勢を占めている。そこではまず、「UPIASの成果」を確認しようという呼びかけがなされる。例えばあるメンバーはNC15において、「私はわれわれが達成したことを確認しつつ、ユニオンの終結をポジティブに捉えたい」と述べ（UPIAS, 1990a:2）、また、NC16において別のメンバーも「UPIASの闘いは多くの成果をもたらした。神はこの闘いがいかに苛酷であったかを

知っているはずだ」(UPIAS, 1990b:2) と述べている。

　そして、このような「UPIAS の成果」の確認とともに、彼らは解散を再生の契機として意味づけようとする。すなわち、彼らはこの解散を「UPIAS の死」と表現しつつも、この「死」を新たな障害者運動の再生を約束するものとして捉えようとしたのである。NC15 においてあるメンバーは「解散は障害者運動からのわれわれの離脱を意味するのではなく、新たな前進のために、何らかの新しい障害者運動を展開してゆくための契機となるだろう」(UPIAS, 1990a:2) と述べ、さらに別のメンバーも同号で「個々の UPIAS メンバーはおそらく、次なる障害者運動の展開に対して、重要な役割を担っていくことだろう」(UPIAS, 1990b:1) と述べている。

　筆者のインタビューに応えてくれたマギーも、UPIAS の解散は「自然消滅」と言いうるものであったと回想している。彼女が言う「自然消滅」の謂いは、当時、BCODP および DPI において UPIAS のディスアビリティ概念を核とした基本原理が継承されたことによって、社会モデルの考え方が英国はもとより海外の障害者運動にも浸透しつつあり、また英国各地に CIL や新たな障害者組織連合が簇生し、障害者主体のディスアビリティとの闘いが全国に拡大しつつあったことで、「ユニオンは自然にやることがなくなったのだと思う」(Hunt Maggie, 21/10/2011) という意味においてである。

　　ユニオンのポリシーをきちんと実践に移すことのできる組織ができてきたので、ユニオンとしてはそれらの組織に役割をバトンタッチしたのです。（同上）

　さらに、この解散をめぐる議論があった当時を振り返りながら、マギーは「障害者が分離・隔離（segregate）されているというユニオンの主張を、多くの人が理解してくれたという実感を私たちは確かにもっていました」と言う（同上）。

(3)「解散」をめぐって

　すべての社会運動はいずれ「死」を迎える運命にある。それが疲弊の過程の

中での衰弱としてなのか、或いは成熟の過程の末のより大きな連合への統合としてなのかは別として、いずれにしても「すべての運動は生まれ、かつ死ぬ」(Touraine, 1978=1983:145) のである。一般に、社会運動組織の衰退に関する最も簡単な理由として挙げられるのは、組織活動の疲弊であるが（前掲書:249）、しかし、UPIAS の解散がメンバーらの疲弊によって、或いは惰性や幻滅によってのみもたらされたと解するのは単純に過ぎる。そこには幾つかの要因の重なりがあったと筆者は考えている。ここでは、1）内省的・内向的議論への傾斜、2）リーダーの喪失、3）組織活動の包括性と多様性、4）継承による役割の終結、という四つの要因を取りあげながら、UPIAS の解散の諸相をあらためて検証したい[4]。

一つ目の「内省的・内向的議論への傾斜」については、1970 年代末、ヴィックがポールとの対立において問題提起し（第7章）、また、上に見たように、1980 年代末に自らへの個人批判に対する反論においても提示した問題である。そこでヴィックは、ディスアビリティの社会構築性を直視すべきことを基本原理に掲げる UPIAS において、社会的事実としてのディスアビリティではなく、個人の意識や感覚に焦点を当てる内省的・内向的議論は忌避すべきである、と幾度も繰り返し主張した。

しかし、他方で、PS においては、ディスアビリティ・フィールドにおける専門家支配や健常者による植民地化への抵抗として、組織活動の基盤に「障害者自身の経験」を置くべきことを強調している。例えば、その 15 項および 21 頁にはそれぞれ以下のように述べられている。

15
（前略）われわれは既に、貧困であること、孤立化させられること、隔離されること、じろじろと見られること、見下げたように話しかけられること、などの扱いを受けることがどのような感覚をもたらすのか、ということについて、どんな健常者である専門家たちよりもよく知っているのだ。

21

　賛助会員はまた、障害者であるわれわれが日々、ディスアビリティを経験している以上、われわれの抑圧の本質や、その克服のためのラディカルな変革の必要性を見誤る可能性を健常者ほどにはもたないであろうことを理解するだろう（UPIAS, 1974h）。

　このような当事者性を掲げるUPIASであったからこそ、その正会員資格を身体障害者に制限したのである。したがって、UPIASにおいては、自らのディスアビリティ経験を語ることが禁忌とされていたわけでは決してない。むしろ、その「個人の経験」を語りつつ、それを社会的・政治的文脈において位置づけ、身体障害者としての自己把握、そして、自らに課せられたディスアビリティという不正が席巻する社会の状況把握に努め、そこに集合的かつ正当な怒りを喚起しようとしてきたのである。
　しかし、社会運動組織においては、江原も指摘するように、個人の経験の重視と運動としての行動計画との接合は容易なことではない（江原、1986:289）。個人的な経験の語り合いは確かにカタルシスや自己変革の可能性を開示するものではあるものの、他方で、そこには運動がある個人の個別課題の闘争に矮小化されるリスクが常に付随している。また、そこで「個人生活＝政治的・社会的状況」という短絡的論理に陥ってしまうと、個人的な経験の政治化という論理が逆に読みかえられて、自己や他者の私生活の教条的な批判や裁断、個人攻撃を招来することにもなりかねない（同上）。すなわち、ヴィックに対する個人批判がそうであったように、である。ヴィックが「内省的になるな」と繰り返し警告した理由は、自らに対する個人批判への抵抗というよりも、その内省的・内向的議論の中に、このような組織的危機の胚胎を見たからではなかっただろうか。
　二つ目の要因である「リーダーの喪失」とは、すなわち、直接的にはヴィックの退会を意味するのだが、それ以前のリーダー的役割から距離を取りつつあったヴィックに対する個人批判もこの要因の中には含まれるだろう。70年代末にポールというカリスマ性をもったリーダーを失くしたUPIASメンバー

らにとって、*PS* や *FPD* をはじめとして、*IC* におけるディスアビリティをめぐる議論をポールとともに牽引し、組織活動を主導してきたヴィックは、まぎれもなく UPIAS の実質的リーダーに他ならなかったはずである。

このUPIAS における理論的・実践的リーダーであったヴィックは、80年代以降、BCODP や DPI の全国・国際組織の初動期において重責を担い、また、オープン・ユニバーシティのコース・チームのリーダーに就任するなど[5]、徐々に UPIAS の〈外〉での役割と責任を担ってゆくことになる。上述したように、このようなヴィックの組織外活動への傾斜を幾人かの UPIAS メンバーたちは「UPIAS のリーダー」からヴィックが「降りた」と受け取ったようだ。彼に対する個人批判は、このように「降りた」ヴィックに対する、リーダーへの復帰を懇願する声であったとも言えるだろう。しかし、ヴィックはそれを内省的議論として退け、結果として、自らの退会を選択したのである。いずれにしても、ヴィックの退会が UPIAS の解散へ向かう速度を早める結果となったことは間違いないだろう。

三つ目の要因は「組織活動の包括性と多様性」である。第6章において述べたように、*FPD* の基となった DA との合同会議において、DA の活動が所得保障という単一イシューに焦点化されていることを UPIAS は批判しつつ、所得や教育、介助、アクセスなどの個々のイシューはそれぞれ一つの症状に過ぎず、それらは決してディスアビリティの原因ではない、と主張した。そのうえで彼らは、障害者に対する不正・不当な社会的抑圧こそがディスアビリティの原因であり、ゆえに、UPIAS は単一の症状に特化せず、原因そのものを常に意識しつつ、包括的かつ多様なイシューに取り組むことを宣言したのである。例えば彼らは *PS* の第17項において次のように述べる。

17　ユニオンの必要性
（前略）われわれは一つの物理的なディスアビリティの側面（例えば移動や所得）や、また、特定の医学的な診断に基づく障害者問題に焦点を限定したり、さらに一つの地域に限局した問題に焦点を限定することはしない。ユニオンはわれわれを抑圧する生活条件の改善に取り組もうとするすべて

の障害者を支援するために、また、われわれ自身の人間的な潜在力を開花させるために存在しているのだ（UPIAS, 1974h）。

　1970年代末の「UPIASの危機と再生」の時期、活動路線をめぐるポールとの議論においてヴィックは、運動の目標を思想的側面の成熟、すなわち、ディスアビリティをめぐる思想的錬成に置くことよりもむしろ、現実的・日常的・生活的諸要求と結びつく実践に置くことを主張した。彼はこのように運動の目標をメンバーらの具体的要求と固く結びつけることによって、組織活動への求心力を高め、その持続性を維持していこうとしたのである。
　しかし、北川が指摘したように、不当・不正な社会的差別に抗するマイノリティ・グループの運動において、その現実的基礎は直接的な「体制／反体制」といった階級的利害をもつものではなく、多様な関心が入り組んでいるために、運動の目標が容易に分裂し、その結果、運動自体が分解したり、メンバーの拡散が起こることもしばしばある（北川、1986:15）。
　UPIASもまた、その危機から終結期において、女性障害者問題や黒人障害者問題、ケア付き住宅問題など、多様なイシューに取り組んだが、いずれの取り組みもそれぞれの問題を発議した特定メンバーらによる散発的なものにとどまり、「UPIASとしての」組織的な活動に発展することはなかった。筆者はこのようなUPIASにおけるディスアビリティの原因認識を基盤にしたイシューの包括性と多様性もまた、極小の障害者組織であった彼らの組織的求心力・凝集性の喪失の一因となったのではないかと考えている。
　最後の要因として挙げられるのは「継承による役割の終結」である。前節において見たように、多くのUPIASメンバーは自らの組織の解散を肯定的・発展的に意味づけようとしていた。例えばそれはマギーが「バトンタッチ」と表したような意味においてである。当時、BCODPおよびDPIにおいてUPIASのディスアビリティ概念が継承されたことによって、社会モデルの考え方が英国内はもとより海外の障害者運動にも浸透しつつあり、また英国各地にCILや新たな障害者組織連合も結成され、ディスアビリティ解消に向けた新たな動きを生み出していた。マギーが言うように、その新たな動きの族生に積極的に

参画したり、それを間近で見ていた UPIAS メンバーたちは、「ユニオンの主張」が継承されてゆく実感を確かにもっていたのであろう。

　社会運動の成果あるいは運動の役割をどのように評価するかという問いは、時間的・空間的範囲をどのように設定するかによって大きく異なっているため、解答困難な問いであると言える（帯刀、2004:43）。UPIAS の運動目標を「あらゆるディスアビリティの解消」に置くとしたなら、UPIAS は道半ばにして解散したと言わざるを得ないが、彼らの運動目標を「新しい思想の生成とその共有化」や「障害者たちのディスアビリティ（の不正性）に係る気づきの喚起」、そして「ディスアビリティ解消へ向けた新たな主体的行動の喚起」などに置くとしたなら、彼らは英国障害者運動の現代史において大きな成果をもたらし、自らの思想を後発の運動に継承しつつその役割を終えた、と評することができるだろう。

　社会運動が掲げる顕在的機能が、公的状況の変革である以上、多くの運動はその目標を達成できずに挫折する運命にあると言える。しかし、社会運動は常にもう一つの機能、すなわち潜在的機能をもっている。例えば、片桐はこの潜在的機能の例として「運動の価値観の一部の普及」や「他の運動の源になること」などを挙げている（片桐、1994:22）。また、社会運動における「闘いのサイクル」に注目するズルバーグも、運動の進展経路の変化をもたらす要因として、新しい思想と新たな関係のネットワークを取りあげているが、彼によると、新しい思想は当初仲間内や党派などでの集中的な学習経験を含めた「言葉の奔流」を通じて生み出され、その後、それは多くの公衆が広く共有する信念へと進展しつつ新たな関係のネットワークを生成する、と指摘している（Zolberg, 1972:206）。

　このように、社会運動の潜在的機能や闘いのサイクルにおいてその成果を広く捉えようとする視点に立つと、UPIAS は後発の障害者運動に対してその羅針盤となるディスアビリティをめぐる新しい思想を伝承しつつ、政治機会の大いなる可能性を開示したと言えるだろう。それゆえにこそ、彼らの遺した社会モデルというビッグ・アイデアは現在においても、英国内はもとより、国際的な障害者運動の思想的核であり続けているのである。その意味において、

UPIAS は「死んだ」のはなく、「形を変えて今なお生き続けている」と言えるだろう。

4 小括

1980年代半ば以降における UPIAS 組織内外の活動と UPIAS の解散に至る組織内議論を辿りながら、彼らが、自らの障害者運動をどのように総括し、後発の障害者運動に何を託そうとしていたのか、そして、その解散が彼ら自身によってどのように意味づけられた経験であったのか、という点をめぐって検証してきた。

見てきたように、解散に至る組織内の議論においては、確かに解散を招来するに至る幾つかの負の要因（内省的・内向的議論への傾斜、リーダーの喪失、組織活動の包括性と多様性など）が取りあげられてきたが、'UPIAS is DEAD'という彼らの宣言には、自らの解散が単なる「死」ではなく、そのディスアビリティをめぐる思想と実践の浸透・拡大に関する確かな自負とともに、継承が約束された「役割の消失」という意味が込められていたと言える。

彼らの議論において取りあげられた負の要因は、UPIAS としての顕在的機能が十分な成果としての形姿を取り得なかったことへの焦燥の表れであったと言えるが、しかし、UPIAS の闘いのサイクルとその成果を、時空間の広がりにおいて、その潜在的機能も含めて見るとき、英国障害者運動の現代史においてはもとより、世界的なディスアビリティ・フィールドにおいて彼らが遺した新しい思想のインパクトと重要性は否定し得ない史実であると言えるだろう。

終章　UPIASとその思想

　ここまで社会モデルの原型となるアイデアの生成と、その練成に係る「起源の物語」を検証しながら、同時に、この物語を紡ぎ出したUPIASという組織そのものの変容過程を辿ってきた。
　最後に、UPIASが提起したディスアビリティをめぐる思想と、彼らが組織結成から解散に至るまで堅持した当事者性という原則の意味と意義を再度確認しつつ、彼らが後発の障害者運動や障害学に継承した論点について若干の考察を加えておきたい。

1 〈障害〉の定義

　社会問題の構築主義的研究では、社会問題の構築を政治的行為として把捉する。「政治的」であることの謂いは、社会問題の構築という作業が、ある現象を、ある価値意識をもって捉え、その問題性をアピールし、そこに人や金を動員し、その問題解決を図るというプロセスであるからだ。障害者問題という社会問題の構築においても同様であり、ある価値観や立場から構築された障害者問題をめぐるある定義が権威を纏うとき、障害者に対する社会的処遇がそこに規定されてゆくことになる。
　また、このような障害者問題をどのように構築し、それをどのように定義づけるのかという作業の前提には必ず、〈障害〉を意味づける作業が先行している。言い換えれば、〈障害〉をどのように意味づけるかによって、障害者問題の構築のされ方が方向づけられてゆくことになるのである。したがって、障害者たちにとって、〈障害〉や障害者問題がどのように定義づけられるかということは、単なる観念的な言葉の遊戯ではなく、自分たちが社会的にどのように取り扱われることになるのか、ということに直接的に関わる極めて切実な問題なのであ

る。この意味において、「現代の障害者運動とは《障害》の定義をめぐる闘争であった」（杉野、1990:455）という杉野の指摘は正鵠を射ている。

UPIASにおけるこの闘争と、それを土壌として開花した英国障害学の卓越した点を一つ挙げるとするなら、〈障害〉をめぐる堅牢で支配的なコードを名付けた点にあると言えるだろう。それは、自分たちの闘う敵手を可視化させるとともに、その敵手を概念化し、その不正性をロジカルに明示することとなった。

前章までに見てきたように、UPIASにおける初期フレーミングや *PS* 及び *FPD* における議論の内容は、フーコーの生権力やゾラの医療化の概念、イリイチ、レイン、クーパーらによる反専門家主義の議論と通底する、当時の反管理の思想との共振があった。

彼らは、医療専門家が〈障害〉を定義し、障害者問題を病理のコードによって医療化しつつ、その解決策を提案してきたこと、そして、そのことを通して、障害者を医療専門家への依存状態に縛りつけてきたことを批判したうえで、自らの敵手として、医療専門家たちとその匿名化された権力の基盤にある認知枠組を議論の俎上に載せたのである。そして、このUPIASにおいて明示された敵手のコードは、後年の英国障害学において個人（欠損）モデルや医学モデル、個人悲劇理論（Finkelstein, 1997）などの言葉で名付けられることになった。

第5章および第6章に見たように、彼らは組織内外において緻密な議論を積み重ねつつ、障害者問題を医療的問題から政治的問題へと転換させてゆくのだが、それはまさに〈障害〉・〈障害者〉をめぐる根源的（*fundamental*）な問題提起であったと言える。彼らは *Fundamental* という言葉を冠した *FPD* において、初めて自らのディスアビリティ概念を提示するのだが、それは、DIGやDAなど、既存の障害者団体における障害者の所得保障へ固着するアプローチでは把捉できない、さまざまなディスアビリティの原因を問うた、まさに *Fundamental* な問題提起であったと言えるだろう。

FPD の発表から5年を経た1980年に発行されたC40においてケンは、この彼らのディスアビリティ概念には二つの主要なポイントがあったと振り返っている。すなわち、第一に、ディスアビリティはインペアメントをもつ人々の生活現実に適切に対応しない社会によって、個人に負わされるものであること、

第二に、これらのディスアビリティは克服可能な社会的現象であること、である（UPIAS, 1980i :5-6）。
　このように、UPIAS は身体的状態としてのインペアメントと社会的状況としてのディスアビリティを明確に区別したうえで、「われわれ」の苦境・不遇の原因を「われわれ」の〈外〉にある社会的状況に見出そうとした。結成初期のフレーミングにおいて、障害者たちに対する抑圧の原因を、「われわれ」の感覚や思考に求める主観的・内省的アプローチを批判し、それを「われわれ」の〈外〉にある客観的で物質的、かつ社会的な状況に見出すことを何度も繰り返し主張したヴィックの真意もここにあったと言えるだろう。
　社会モデルを初めて定式化したオリバーもまた、社会モデルの核心について次のように述べている。

　　「われわれ」は社会が考える「われわれ」のあるべき姿ではなく、「われわれ」のあるがままを受け容れる社会を要求し続けてきた。変わるべきは社会であり、個人ではないのだ（Oliver, 1996 :10）。

　UPIAS の問題提起が *Fundamental* であったことの謂いは、そのディスアビリティ概念によって焦点化される社会、すなわち、オリバーが「変わるべき」だと主張した社会が、当時の反管理の思潮においてそうであったように、個々の障害者が直面している個別的な社会的場面だけを意味するものではなく、その背後にあり、社会のあり方を規定・操作してゆく福祉国家システムや市場経済システムまでも含むものであったという意味においてでもある。換言すればそれは、個別的な社会的場面に宿る社会システムを見よ（ミクロに宿るマクロを見よ）という要請であったがゆえに、UPIAS の問題提起が *Fundamental* であり得たと言えるだろう。
　このように、彼らが提起したディスアビリティ概念はまさに障害者問題の脱構築の契機となり、障害者問題のパラダイムシフト（転換）の招来を予感させるものであったと言える。このパラダイムシフトは、1）原因帰属の転換、2）責任帰属の転換、3）現象認識の転換、という三つの側面で捉えることができ

るだろう（星加、2007:47-56）。

　UPIASにおけるディスアビリティ概念は、まず、原因帰属の転換によって、障害者たちの苦境・不遇の原因を個人のインペアメントから社会へ転換させる見方をもたらした。すなわち、「インペアメントをもつ人々は、彼らの『身体』によってではなく、『社会』によって、『障害』されている（*Peoples with impairment are disabled by society, not by their bodies*）」のである。

　この原因帰属の転換は、必然的に二つ目の転換である責任帰属の転換へと接続する。責任帰属の転換とは、障害者たちの苦境・不遇を解決する責任を障害者個々人の努力から社会の変革へとシフトさせてゆくことを意味する。この原因帰属と責任帰属の転換の接続は、論理としては極めて単純な因果律に基づく論理である。すなわち、障害者たちの苦境・不遇の原因が社会にある以上、その解決において、第一義的な有責性をもつのは社会である、という論理である。

　この論理はディスアビリティに係る社会的責任を明示するものであるが、逆に見ればそれは、障害者たちの権利性を正当化する主張でもある。つまり、上述のオリバーの言葉に見るように、ディスアビリティ概念による「責任帰属の転換」によって、障害者たちは、社会に対して、自分たちの苦境・不遇の解消を求める権利を正当化したのである。

　三つ目の現象認識の転換は、上の二つの転換の帰結であると言えるが、これは、従来の障害者問題の把捉において、「障害者＝できない人」へ焦点化されてきた〈眼差し〉を「できなくさせている社会（disabling society）」へ転換せよ、という要請である。例えばそれは、本書第6章において見たように、所得保障施策の対象規定において（巻尺のようなものを用いた）「障害程度のアセスメント」が必要だというDAの主張に対するUPIASの反論に端的に表現されている。

　　（前略）われわれが労働から十分な収入を得て自らのニーズを満たすことを阻害している「物」が社会制度であるゆえに、身体障害者とその支援者たちによってアセスメントされる必要があるのは、「社会制度」の方なのだ（UPIAS and DA, 1997:27）。

このような三つの転換の契機を胚胎したUPIASのディスアビリティ概念は、その後、オリバーによって社会モデルとして定式化され、後発の英国内外の障害者運動に対して新たな闘いのフレームを提供するとともに、1980年代半ば以降、国際的な進展と深化に向かう障害学に対して、〈障害〉をめぐる新たな研究視角を提起することになった。

　さらに、UPIASによって、社会批判の言葉として脱構築されたこのディスアビリティ概念は、障害者たちに対して、新たな自己解釈のフレームをもたらすことにもなる。すなわち、彼らのディスアビリティ概念は、〈障害〉・〈障害者〉を病理的コードにおいて把捉しようとしてきた伝統的で支配的な言説群において〈病者役割（sick roll）〉の受容・内面化を強いられてきた障害者たちを、その軛（くびき）から解放し、彼らに社会的不正を被る集合的被害者としての集合的アイデンティティと、その不正と闘う主体としての当事者性の認識をもたらすことになったのである。障害者たちにとって、社会モデルによって転換されたこの認識は、「われわれ」の真の理解や（Campbell & Oliver, 1996:55）、「恥の意識」や「心の混乱」からの解放（UPIAS, 1981c:6）への起点となった。

　そして、このような解放を通して、障害者たちは「自らの言葉の獲得」（Campbell & Oliver, 1996:56）に向かうことになる。すなわち、それまで他者（医療専門家たちや慈善事業家たち）が語る「権威ある言葉」で勝手に解釈され、インペアメントの病理性という縦糸と、慰撫されるべき悲劇性という横糸によって編まれたドミナント・ストーリーの上を転がされ続けてきた障害者たちは、ディスアビリティ概念のもたらす〈気づき〉によって、自らが被ってきた差別と偏見の被害経験を語る言葉の獲得に向かうことになったのである。

2　抵抗と反発：内在する二つの志向性

　しかし、UPIASのディスアビリティ概念によるファンダメンタルな問題提起は、その根源性ゆえに、当時の障害者や関係者たちからの強い抵抗と反発を生起させることになった。そして、このディスアビリティ概念から錬成された

社会モデルもまた、その還元主義的、かつ本質主義的性質、および原因／責任の単純な因果律ゆえに、後発の障害学においても、障害者問題のリアリティ分析に係るその〈性能〉に関して少なからぬ批判を生起させてゆくことになる[1]。

UPIASのディスアビリティ概念とそこから錬成された社会モデルが、ビッグ・アイデアと称されるほどのインパクトを持ち得たのは、それが障害者や関係者たちに、一つの異世界を開示したからに他ならない。例えば、第5章における施設問題をめぐる彼らのフレーミングに対する組織内外の抵抗と反発に見たように、UPIASのファンダメンタルな問題提起は、施設問題をめぐる既存の意味世界を破壊し、そこに新たな異世界を開示したのだ。それだけではない。さらに、UPIASは障害者やその関係者らに対して、ディスアビリティ概念によって開示されたこの異世界への移行を要請したのである。

先述のように意味の破壊、開示された異世界、そして、要請される異世界への移行は、おそらく当時の障害者や関係者らにとって大きな衝撃であったであろうし、そこには住み慣れた意味世界から身を引き剥がされる〈痛み〉も少なからずあったはずだ。

> 認識の転換は通常、宗教的な転換に似た浄化によってもたらされるのではない。世界の見方とその世界に自身が存在しているという現実、この両者の転換をめぐる ゆっくりとした、そして痛みを伴う闘いの過程である。(Campbell & Oliver, 1966:54)

この〈痛み〉が強い抵抗と反発をもたらしたのである。実際、少なからぬ障害者や関係者らは、UPIASの問題提起をラディカルな問題提起としてよりも、独りよがりで偏屈な意見として、不快感をもって受け止めることになった。例えば、ポール・ハントとともにレ・コートで入所者の自治権擁護のために闘ったフィリップ・メーソンは次のように述べている。

> 一部の人々にとって、それ(社会モデルの主張―筆者注)はラディカルではなく、自己中心的な行為であり、すべてを否定することだと感じていた。

ポール・ハントや UPIAS が主張したことは、すべての障害者にとって快適なことではなかった。当時、多くの障害者たちはチャリティの受給者として感謝すべきだと感じていたのだ。私は彼らのそのような考え方を否定しないし、そのように考える人を私の下位に置くこともしない。なぜなら、当時、私自身もそのように感じていたからだ（同上）。

さらに上述のように、UPIAS のディスアビリティ概念を基に定式化された社会モデルもまた、後発の障害学において、多角的な視点からの批判を受けることになる。ここでは、その概念論争の詳細に立ち入ることはしないが[2]、社会モデルに対する批判と反論が、当初、必ずしも建設的な議論とはなり得なかった理由について少し触れておきたい。

社会モデルに対するまとまった批判の嚆矢は、モリス（Morris, 1991, 1996）やクロー（Crow, 1996）、トーマス（Thomas, 2002）らによる、フェミニズムの立場からインペアメントやジェンダー、セクシュアリティなど、個々の障害者たちの多様で複合的な抑圧経験の重視を訴えたものだったが、これに対する社会モデル擁護派からの当初の応答は、必ずしもこれらの批判に正面から向き合ったものであったとは言い難く、むしろ、それは苛立ちや怒りとも取れる情緒的反応を呈していたと言える（Finkelstein, 2001b; Barnes, 1996, 1998, 2003）。

本来、あるべき「アカデミックな議論」の理念型は、ある理論や概念に対する建設的批判とそれへの真摯な応答を通して、その理論・概念が練成され、精緻化され、リアリティ分析の視角としての〈性能〉が高められてゆく、という過程を想定するものだが、社会モデルをめぐる批判と応答は当初、このような学問的協働を通した社会モデルの練成や精緻化に向かう作業にはなり得ず、むしろ批判に対する感情的反発が前面に出ることによって、ロジカルな面では〈すれ違い〉を見せていたのである（田中、2007）。

筆者は、この〈すれ違い〉の理由を、社会モデルの議論に内在する二つの異なった志向性から捉えることができるのではないかと考えている。第Ⅱ部において詳述してきたように、UPIAS が提起したディスアビリティ概念は、従来の障害者問題に係る堅牢な認知枠組と支配的言説に対する抵抗の概念であり、そこ

には、障害者をして、自らの被っている苦境・不遇を不正として捉え直す認知転換と、その不正に対する正当な怒りを喚起してゆこうとする志向性があった。それはいわば、障害者たちをディスアビリティとの闘いに向かわせんとする運動戦略としての志向性であった言える。オリバーによって定式化された初期の社会モデルにおいてもこの志向性は継承された。すなわち、UPIASのディスアビリティ概念を源流とする社会モデルには、本来、人々（障害者に限定されない）に対して、ディスアビリティに係る新たなフレームの獲得と、ディスアビリティの不正性に対する怒りの喚起を促し、その怒りをディスアビリティと闘う政治的行動へと水路づけようとする志向性が内在していたのである。

　他方で、障害者問題をめぐる新しい研究アリーナとなった障害学においては、旺盛な研究意欲をもった学問的出自の異なる研究者たちが集い、この新しい「学」の（言い換えれば、後進の「学」の）発展と深化に専心してきた。おそらく、この「学」的発展・深化を求める強い志向性の動因の一つには、「学」としての後進性ゆえの焦燥感もあったのではないかと思える。そして、この志向性は、必然的に障害学の核となる社会モデルの精緻化を求める動きを生み出してゆくことになる。

　このように、社会モデルをめぐる議論においては、認知転換と正当な怒りの喚起を求める志向性と、後進の「学」としての障害学の発展・深化を求める志向性という二つの志向性が内在していたのである。

　前者の運動戦略的な志向性においては、社会モデルに対して、人々の〈気づき〉と〈怒り〉を喚起するインパクトが求められ、そのためには学問的厳密性よりもむしろ、ディスアビリティの原因と、障害者たちの敵手を可視化させるための単純な因果律に基づくフレームが必要とされた。それは、個人欠損モデルにおけるインペアメントとディスアビリティとの因果律の虚構性を暴くとともに、この両者を相互独立的なものとして位置づけたうえで、さらに、ディスアビリティと障害者に抑圧的な社会とを新たに因果律において把捉しようとするフレームであった。このような運動戦略的な志向性によってこそ、社会モデルは障害者問題の原因帰属と責任帰属を個人から社会へ転換させるインパクトをもち得たのである。

他方、社会モデルにおける研究的志向性は、「学」としての厳密性と普遍性への志向性であり、それは、障害者の生活現実や彼らの経験、ディスアビリティの本質、そして、ディスアビリティの解消可能性などに係る分析視角としての精緻な〈性能〉を社会モデルに求めることになる。

　この二つの志向性は最初から予定調和的な相補性に向かう可能性を胚胎したものではなく、上述のように、〈気づき〉や〈怒り〉の喚起を求める運動戦略的な志向性においては、「学」としての厳密性よりも、人々の新たな認知と感情を喚起することが優先されたのである。

　このように考えると、社会モデルの評価においては、そもそも運動戦略的な意義と、研究的な意義の二つを区別して論じる必要があったのではないかと思える。

　運動戦略的な観点から見ると、UPIASのディスアビリティ概念とオリバーによる社会モデルは、一つの運動イデオロギーとしての意義があったと言えるだろう。例えば、オバーシャルは、運動イデオロギーの内容について、1）現在の望ましからぬ事態へ導いた過程について解釈する部分、2）望ましい事態についての青写真を与える部分、3）運動の社会哲学とでも言うべき一組の道徳的観念、4）歴史の過程に関して新しい解釈を与える部分、を指摘している（Oberschall, 1973:181）。

　このようなオバーシャルの指摘に依拠するなら、ディスアビリティ概念や社会モデルもまた、現状解釈・診断、運動目的や運動の展開によって開示される予後や未来、そして、運動そのものの正当化理由や存在理由を導出する一組の道徳的観念を包括する一つの運動イデオロギーであったと言えるだろう。ゆえにこそ、それは、UPIASや後発の障害者運動、そして、障害学においても、ディスアビリティの解消へ向けて人々を動員し得たのだと言える。

3　UPIASにおける当事者性原則をめぐる論点

　第2章に見たように、ポールがUPIASの結成を呼びかけた動機は、「障害者自身による組織結成の必要性」の認識にあった。この当事者性の認識は、

UPIASの結成から解散に至るまで、一貫して彼らの活動原則として堅持された。しかし、第Ⅱ部において見てきたように、そこに議論がなかったわけではない。むしろ、彼らは当事者性が内包するさまざまな葛藤をめぐって議論を重ね、そこに多くの論点を提起してきた。筆者は彼らの提起したこれらの論点に、障害者問題に係る当事者性のプリミティブな思考の発露があったと考えている。以下、彼らの議論を辿りながら、その論点の幾つかについて考えてみたい。

まず、UPIASにおける当事者性の議論の錯綜を腑分けし、整理して捉えてゆくために、当事者性を、①「被害者としての当事者性」と②「加害者としての当事者性」の二つに大きく分け、さらに、それぞれの下位区分を以下のように設定しておこう。

①「被害者としての当事者性」
　①-1「集合的被害者としての当事者性」
　①-2「個別的被害者としての当事者性」

②「加害者としての当事者性」
　②-1「加害の再生産への意識的／無意識的関与による当事者性」
　②-2「加害者としての有責性を自覚した当事者性」
　②-3「職責或いは善意による加害者としての当事者性」

「被害」や「加害」という言葉を用いる理由は、UPIASにおける「当事者性」をめぐる議論が、障害者に対する社会的抑圧を軸として展開されたものであるため、そこには抑圧するという加害、抑圧されるという被害の関係性において当事者性の問題が取りあげられたからである。

UPIASがその結成当初から解散に至るまで一貫して、組織活動の基軸に置き続けてきたのは、①-1「集合的被害者としての当事者性」である。この①-1においてUPIASは、組織の内部と外部それぞれに対して、強いメッセージを発し続けるのだが、重要な点は、そのメッセージがやがて、ある種の規範性を帯びるようになった、という点である。

まず、組織内部に対して、①-1「集合的被害者としての当事者性」の強調は、「われわれは固有の被害経験を共有している」というメッセージを発する。例えば結成初期の IC における以下のような発言がそれである。

1）健常者がわれわれの闘う理由をどのように知ると言うのか。ディスアビリティの経験をもつ者のみが、それを知ることができるのだ（UPIAS, 1974a:4）。
2）「障害者のために」を考える健常者である彼らは、ディスアビリティによる日々のフラストレーションも、その現実も知らない（UPIAS, 1974e:1）
3）ディスアビリティを解決できるのは「障害者の近くにいる人々」ではなく、日常的に社会的な分離と孤立に直面している身体障害者自身であるのだから（UPIAS,1974c:7）。

　UPIAS はこのような「ディスアビリティによる被害経験の共有」を強調しつつ、①-1「集合的被害者としての当事者性」を核として、組織の凝集性を高めるとともに、潜在的メンバーの動員を図り、さらには、組織メンバーの「身体障害者としての」集合的アイデンティティの構築に向かおうとするのだが、しかし、①-1「集合的被害者としての当事者性」の強調は単に被害経験の共有を求めるところにとどまるものではなかった。
　第Ⅱ部第 5 章において述べたが、UPIAS は、メンバーらの「われわれの経験」を不運から不当へと意味づけ直すことを求めた。共通の被害経験をただ嘆き合うところに、社会運動は立ち上がらない。その体験を不運から不正へと意味づけ直すところに、あらゆる社会運動の起点があるのだ。
　UPIAS のメンバーらはこの①-1「集合的被害者としての当事者」という役割を取り込むことで、自己に対する新たな感覚を生み出し、「世界をその集団の『視点』から経験する」（Crossley, 2002=2009）ようになったのである。
　①-1「集合的被害者としての当事者性」における、このような新たな感覚と視点は、組織内部に対して、ある種の規範を求めてゆくことになる。具体的に

は、①-1「集合的被害者としての当事者性」は、身体障害者たちに対して、自らが不正に抑圧され、不当なディスアビリティを被っていることに気づき、その不正・不当と闘う主体となることを求めてゆくのである。例えば、正会員資格の条件として、ポールが提示した義務規定がそれを端的に表している。

　　正会員資格である身体障害者は、ユニオンの組織活動に積極的に参画する義務を負うべきである（UPIAS, 1973a:2）。

　このように①-1「集合的被害者としての当事者性」は、メンバーに対し、集合行為内での「あるべき行為」の基準を設定することによって、その方向づけを行う。この①-1における内部規範をめぐる指摘は、例えば、近年の日本で当事者性論の口火を切ったと評される中西と上野による『当事者主権』（中西・上野、2003）における当事者概念をめぐる議論とも重なっている。中西と上野は、当事者を以下のように規定する。

　　当事者とは「問題をかかえた人々」と同義ではない。問題を生み出す社会に適応してしまっては、ニーズは発生しない。ニーズ（必要）とは、欠乏や不足という意味から来ている。私の現在の状態を、こうあってほしい状態に対する不足をとらえて、そうではない新しい現実をつくりだそうとする構想力を持ったときに、はじめて自分のニーズとは何かが分かり、人は当事者になる。（前掲書:3）

　このように中西と上野は、当事者を何らかの個人的属性に帰属するものとしてではなく、自らのニーズを顕在化させてゆく主体的過程として捉えている。ここにもUPIASにおける議論と同様に、①-1「集合的被害者としての当事者性」を保有することの内部規範の提起を見ることができる。
　さらに、①-1「集合的被害者としての当事者性」は、その外部に対してもある種の規範を提起する。その規範とは上に見た内部規範の「すべきである」という指示的命題ではなく、「すべきではない」という禁止的命題としての規範

である。例えば、以下のような主張にそれを見ることができる。

1）ディスアビリティを社会的問題として正確に把握し、その問題性を提起できるのは、ディスアビリティがもたらす残酷さを直接経験してきた身体障害者自身であり、このような経験をもたない健常者である「同情者たち」は、障害者たちの「要求の本質」を見誤る危険性と、さらには「間違った形で障害者問題に取り組む」危険性を常にもっている。なぜなら、健常者である「同情者」たちは、「われわれ」とは全く異なる経験をしており、したがって、「われわれ」の切迫感をリアルに感じ取ることができず、彼らは「ラディカルな変革」よりも、「穏やかな改善」を求めることになるからだ（UPIAS, 1973c:12-13）。
2）「われわれにとってのベスト」はわれわれの上から与えられるものでは決してないのだ（UPIAS, 1973d:14）。

このように、ディスアビリティを経験していない専門家たちはディスアビリティの不正性に気づかない。むしろ、ディスアビリティの原因を個々の障害者たちのインペアメントに還元し（問題の個人化）、彼らを不運な存在（問題の悲劇化）、或いは治療・指導・保護すべき存在として位置づけることによって（問題の医療化）、障害者たちが被っているディスアビリティの不正性を隠蔽することに加担している、とポールらは主張したのである。この主張は、①-1「集合的被害者としての当事者性」の外部にある者たちの、当該問題に係る〈無知〉と、当該問題を発議することへの〈無権利〉を指摘し、「われらを抜きにして語るな」という禁止的命題を導出することになる。この①-1「集合的被害者としての当事者性」が求める禁止的命題としての規範は、先ほどの内部規範と同様に、中西・上野の『当事者主権』においても以下のように言及されている。

当事者主権とは、私が私の主権者である、私以外のだれも——国家も、家族も、専門家も——私がだれであるか、私のニーズが何であるかを代わって決めることを許さない、という立場の表明である（中西・上野、2003:3）。

ドイヨルらがその『必要の理論』において指摘したように、権力の地位にある者たちが、その権力の恣意的な行使を正当化する際、彼らは権力をもたない人々の「最善の利益」が何であるかを自分たちが知っている、と主張する可能性を常にもっている（Doyal & Gough, 1991=2014 : 15）。ここから、ドイヨルらは「人間解放とは、抑圧された諸集団がどの選好を必要と呼ぶかを自分たちで決める権利を取り戻すことと同一視される」という命題を導き出したのであるが（前掲書 :16）、①-1「集合的被害者としての当事者性」が発した内部に対する指示的命題と外部に対する禁止的命題はまさに、問題の発議やニーズの査定に係る権限の奪還を求めた規範的要求であったと言えるだろう。

　さて、①「被害者としての当事者性」にはもう一つの下位区分があった。それは①-2「個別的被害者としての当事者性」である。前節の社会モデル批判とも関連するのだが、本来、被害経験とその経験によって生じる感情は、突き詰めてゆけば常に個別的なものであろう（野崎、2004 : 79）。例えば、同じようなインペアメントをもち、一見同じようなディスアビリティを被っているように見える障害者たちであっても、それぞれの経験は個々に固有のものであり、その経験の受け止め方やその経験に起因する感情には個別性がある。社会モデル批判の一つの要点とは、社会モデルがこの被害経験の個別性を捨象したという点にあった。

　しかし、UPIASのディスアビリティ概念とそこから錬成された社会モデルにおける被害経験の個別性の捨象は、極めて意識的かつ戦略的になされたものであった。それは障害者たちの個別的なディスアビリティ経験を軽視したという意味においてではない。彼らは個別的なディスアビリティ経験を「集合的な物語」として編み直しつつ、障害者を政治的な集合行為に動員しようとしたのである。

　さて、UPIASにおける当事者性をめぐる議論には加害者としての論点も存在していた。先述のように、この「加害者としての当事者性」を三つの下位区分に分類してそれぞれに含まれる論点を整理しておこう。

　まずは②-1「加害の再生産への意識的／無意識的関与による当事者性」をめ

ぐる議論である。どのような社会問題であっても、その問題を生み出した社会に生きているすべての人々は、意識的／無意識的に関わらず、全員が当事者である、と言えなくはない。②-1「加害の再生産への意識的／無意識的関与による当事者性」とは、このような最も広義の意味での当事者性を指している。

　障害者が被るディスアビリティという被害が、マジョリティである健常者の心身機能を基準としてデザインされた健常者社会によって創出・再生産されてゆくものである以上、この社会に生きる健常者の誰もがこのディスアビリティ問題の当事者であると言える。豊田が指摘するように、この当事者性は当事者自身の自覚の有無に影響されない。その無自覚・無関心という姿勢も含めて、マジョリティである当事者はディスアビリティ問題に確実に影響を与えるのである（豊田、1998:100）。

　UPIAS はこの最広義の当事者性に対して、直接的・積極的に言及することは殆どなかったが（そこまで手がまわらなかったと言うべきか）、*FPD* やオープン・ニューズレターを通して、②-1 の当事者性を生きる大衆へメッセージを発し続け、大衆の意識喚起を促していたと言える。

　「加害者としての当事者性」のもう一つの下位区分は、②-2「加害者としての有責性を自覚した当事者性」である。この有責性を自覚した当事者性は、②-1 の「加害の再生産への意識的／無意識的関与による当事者性」から脱却し、自らがディスアビリティの創出に加担する側にいることを自覚し、ディスアビリティ問題の解消に向けて、何らかの関わりを求める当事者性であると言える。この当事者性の動因は、それが「加害者としての有責性の自覚」に立つ以上、障害者の置かれた不正に対する義憤にあるわけではあるまい。むしろそれは、時に加害の後ろめたさにあり、或いは時に、否応なく加害の側に立たされてしまうことへの主体的な怒りにあるのではないだろうか。

　いずれにしても、UPIAS に限らず、障害者運動の歴史を振り返ると、障害者運動の思想にコミットした思想的同調者・共感者として障害者運動に参画・協力し、その活動を支援した健常者たちの多くが、この当事者性を有していたと言える。

　第4章の正会員資格をめぐる議論に見たように、UPIAS が賛助会員として

受け容れようとした健常者とは、このような②-2「加害者としての有責性を自覚した当事者性」を有する健常者たちであり、彼らはまさに「問題に関わる人々 (*the person concerned*)」であったと言えるが、そこにはその問題に自らの意思で関与しようとする主体性が見える。

　②-2の当事者性を有する人々の有責性の自覚のきっかけとはおそらく、障害者たちのディスアビリティが具体的に身近に見えることであろう。障害者との関わりを通して、その障害者との人称的関係が形成されていく中で、障害者がどのようなディスアビリティ状況に置かれているかを知り、ディスアビリティを再生産し続ける社会関係の中に存在する自己を認識すること、つまり、〈健常者社会〉において、自己もマジョリティである健常者として存在している、という認識を深めてゆくことによって、ディスアビリティの問題に対して責任をもつべきだと考えるようになってゆくのだろう。ゆえに、ジュディのように、この②-2の当事者性をもち、UPIASの賛助会員となった健常者の多くが、UPIASの正会員である障害者の家族、介助者、職場の同僚、友人、そして、彼らに関わる専門職など、障害者の身近で彼らと人称的関係を築いた人々だったのである。

　さて、「加害者としての当事者性」の最後の下位区分は、②-3「職責或いは善意による加害者としての当事者性」であるが、これはUPIASにおいて、明確に敵手として位置づけられることになる当事者性である。

　繰り返すことになるが、UPIASが活動したいわゆる「社会運動の時代」において、そのマスター・フレームの一つは反管理であった。マイノリティ運動、セルフヘルプ運動、消費者運動、脱医療運動など、多くの社会運動がこのマスター・フレームを共有したが、そこには、自らのキャリアの獲得、社会的地位の向上、知識の集積、宗教的信条の達成などのために、「社会的マイノリティ」を「合法的な資産」（UPIAS, 1987e:7）としてきた専門家や慈善家たちへの明確な拒絶の意志を読み取ることができる。

　既述のように、UPIASの思考を受け継いだ英国障害学の優れた成果は、この②-3「職責或いは善意による加害者としての当事者性」を有する者たちの認知枠組を、個人（欠損）モデルや医学モデル、個人悲劇理論として名づけ、そ

れを可視化したことにある。つまり、彼らは敵手の思考と論理を明確な言葉で把捉したのである。

この②-3「職責或いは善意による加害者としての当事者性」は、加害に関しては無自覚であるが、別の意味では、上記②-2「加害者としての有責性を自覚した当事者性」と同様に、極めて自覚的な当事者性である。なぜなら、この当事者性はその職業上の使命感やある種の正義の感覚に基づいて、自覚的に障害者に関わっている専門家や慈善家たちが共有する当事者性だからである。

UPIASが、これら②-3「職責或いは善意による加害者としての当事者性」をもちつつ障害者の生に介入する専門家や慈善家たちを自らの敵手であると繰り返し言明し続けた理由は、この当事者性を有する者たちの認知枠組が、ディスアビリティ・フィールドにおいて堅牢な砦を守りつつ、障害者をして欠損体、無能力、逸脱者、症例（ケース）、悲劇的存在などと意味づけながら、障害者の生に対して管理的に介入し続けてきたからに他ならない。おそらく、何よりもこの当事者性を有する者たちが、UPIASにとって許し難い存在であったのは、使命や善意、正義の感覚にひたる抑圧者ほど、その抑圧を受けている人々にとってたちの悪い者はないからであろう。

最後に、UPIASにおいて第一義的な当事者性であった①-1「集合的被害者としての当事者」をめぐる組織内外の議論から、この当事者性論に内在する論点を幾つか取りあげ、若干の考察を加えておきたい。

本書に見てきたように、UPIASは社会的抑圧の結果としてもたらされる障害者たちの苦境・不遇をディスアビリティという概念で把捉し、その問題性を明確に可視化させたのだが、その定義と発議の基盤には①-1「集合的被害者としての当事者性」があった。障害者たちの被害経験の共通性と固有性に焦点を当てつつ、彼らは障害者問題の定義・発議を遂行したのである。彼らは*PS*の策定に向かう初期フレーミングにおいて、また、DAとの合同会議における議論において、ディスアビリティ・フィールドに君臨し、障害者問題を占有し支配してきた専門家たちを厳しく批判し、「われわれ」自身の経験からの（障害、或いは抑圧の）理論の構築とディスアビリティ概念の錬成を求めてきたのである。

このように、UPIASが求めた障害者解放の起点には、①-1「集合的被害者

としての当事者性」の強い自覚があったのだが、第4章に見たように、その集合的被害の共通性の純度を高めようとした彼らは、正会員資格を身体障害者に限定し、「われわれ」の範囲を厳しく制限した。このような正会員資格の限定は、ひとりUPIASに限ったことではない。社会運動組織の多くはメンバーの被害経験の共通性の純度を高めることで、その組織の凝集性や求心力の維持を図るとともに、「被害の語り」の純度を高めてゆくものであろう。そして、そのために運動組織が採りうる一つの方策がメンバーシップの指標の厳格化であり、この厳格化によって、集合的アイデンティティの供給は制限されることになる（川北、2004：62）。

このように、UPIASの①-1「集合的被害者としての当事者性」を基盤とした活動において、メンバーシップの指標の厳格化は必然的な選択であったが、それは排外主義と表しうる陥穽と表裏をなしていたと言えるだろう。そして、この排外主義もまたUPIASだけに限らず、他の多くの社会運動において①-1の当事者性を追求する限り、宿命的に附帯する陥穽なのだと言える。

確かに、松本が指摘したように、この排外主義（松本では「排他性」）には、1）極めて特殊な状況に置かれている（きた）「当事者」の権利を擁護する、2）専門職に対して一定の距離をとる、などのメリットもある（松本、2002：95）。しかし、このような戦略的な排外主義の志向は、UPIASにおいて幾つかの問題を生起させてゆくことになる。

その一つは、先述したUPIASにおける①-2「個別的被害者としての当事者性」の軽視、さらには社会モデルにおける「個々の障害者のインペアメント経験」の軽視という問題である。固有の被害経験の共通性の純度を高めようとする志向は、必然的に被害の個別性や、インペアメントの経験の個別性への言及を回避することを要請する。なぜなら、これも先述のように、たとえ身体障害者にメンバーシップを限定したとしても、本来、それぞれのメンバーの被害とインペアメントの経験は、（その固有性に着目すればするほど）個々において極めて個別性の高いものとなるからだ。

例えば、ポールのような先天性の障害を有する身体障害者と、ヴィックやマギー、ケンのような後天性の中途障害を有する身体障害者のインペアメントの

経験とその経験への意味づけは異なるものであろうし、肢体不自由や視覚障害、聴覚障害など、それぞれが有する障害の種別や障害程度の軽重による被害経験やインペアメント経験もまたそれぞれに異なってくるだろう。さらに言えば、世代や性別、居住地域や福祉・医療資源へのアクセシビリティ状況、家族を含めた他者との関係性などによってもその経験は個別的かつ多様である（豊田、1998）。ゆえに本来、被害経験の固有性を追求しつつ、その共通性の純度を高めようとすればするほど、被害者集団は細分化への道を歩み出す他はない。UPIASが①-2「個別的被害者としての当事者性」の語りを警戒し、社会モデルが「個々の障害者のインペアメント経験」への言及を用心深く回避しようとした主たる理由はここにあると考える。

　排外主義がもたらす二つ目の問題は、「集合的被害」の語りの制度化・規範化という問題である。集合的被害としてのディスアビリティ経験の共通性を強調する戦略は、このディスアビリティ経験に基づく共通言説を制度化・規範化してゆくことになる。そして、このような制度化・規範化によって、上述のように、障害者たちが個別的被害の経験を語ることに対して圧力が加えられてゆくことになる。例えば豊田は次のように述べる。

　　群としての当事者見解を考えるとき、個としてのそれがしばしば置き去りにされてしまうことの危険を集合はあらかじめ知っておくべきである（中略）集合としての見解と個としての見解が対立することは、その限りで問題ではない。むしろその逆で対立が当事者幻想によってかき消されてしまうこと、個別の当事者性が集合の前に奪い去られてしまうことが問題なのである（豊田、1998:16）。

このように、「個別的被害」の語りが圧迫されることによってもたらされる弊害として、例えば、被害の語りの拡充・深化の制約、個々の障害者たちの自己貧困化、被害当事者内における切り分け、などを挙げることができるだろう。
　すなわち、第一に、個別的被害者の「当事者性」が、集合的被害者としての「当事者性」の前に沈黙を強いられてゆくことによって、本来、もっと広がりと深

まりの可能性をもつ「被害の語り」とその議論が制約されてしまうという弊害である。

　第二に、個別的被害の経験に内包される豊饒な意味が軽視されることによって、障害者たちにおいて「集合的被害者としての当事者」でしかないという、自己貧困化が招来するという弊害である。

　そして、第三に挙げられるのは、「集合的被害」の語りにおける規範的指示、すなわち、不正を被っている当事者としてその不正に気づき、その不正と闘う主体者たれという規範的指示が、「未だ目覚めぬ当事者」や「闘えぬ当事者」を切り分けてゆくという弊害である。例えば、この規範的指示は、UPIASにおける正会員資格のもう一つの条件、すなわち、「組織活動に積極的に参画する義務を負う」という条件において明示されていたが、このような積極的参画を選び取るまでのプロセスの過酷さにおいて、それを果たせないメンバーたちは、「次々と退会していった」(Maggie, 21/10/2011)のである。

　排外主義が産出する三つ目の問題として挙げられるのは、排外主義によって、もともとUPIASのディスアビリティ概念が発議しようとした加害者の有責性が希釈されてしまうという問題である。すなわち、当事者性における排外主義は、ディスアビリティをめぐる問題の発議権を①-1「集合的被害者としての当事者性」に限定してしまうことによって、加害者としての有責性を曖昧にしてしまうリスクを内包してしまったのである。豊田はこのリスクについて次のように述べている。

　　障害者問題の当事者を障害者に限定することを前提とした場合には、障害者問題の論議が「障害者の障害者による障害者のための」論議に封じ込められ、社会全体のものへとなることなく自己完結してしまうのである（豊田、1998:9）。

このリスクをより具体的に言うと、第一に、排外主義によって、本来、②-1「加害の再生産への意識的／無意識的関与による当事者性」が責任を負うべきディスアビリティをめぐる問題が、狭義の①-1「集合的被害者としての当事者

性」の問題に置換されてしまうというリスクであり、第二に、②-2「加害者としての有責性を自覚した当事者性」をもつ人々（UPIAS においてはジュディら賛助会員たち）が、組織内において二義的な位置に置かれ（前掲書:16）、ディスアビリティをめぐる問題への取り組みにおいて、正会員に従属してしまうというリスクである。

　以上、①-1「集合的被害者としての当事者性」における排外主義が胚胎することになった幾つかの問題を取りあげてきたが、〈障害〉をめぐる堅牢な支配的言説の転覆を企図した UPIAS が、そのディスアビリティ概念を核とした対抗言説の純度を希求し、そのために①-1「集合的被害者としての当事者性」の排外主義を自覚的かつ戦略的に選択したこと、そして、その結果として、当事者性をめぐる幾つかのリスクや陥穽を胚胎したことは、当時の UPIAS において、ある種、必然的な帰結であったと言えるだろう。

　しかし、第 7 章に見たように、賛助会員の議決権などの制限に係るイシューが、初期フレーミングにおいても、また、組織的議論が停滞しつつあった終結期においても継続的に議論されていたことが示すように、①-1「集合的被害者としての当事者性」におけるこの排外主義は、結成初期から解散に至る UPIAS の展開過程において、常に論争に開かれたイシューであり続けたことも事実である。

　また、UPIAS が主導した BCODP や DPI においても、精神障害者や知的障害者の包摂をめぐる議論が交わされ、さらに、英国障害学や DPI の「違いを祝福せよ」というスローガンにおいて、「違い」を指す言葉が difference（二者間の違い、すなわち健常者と障害者との違い）から、diversity（多様な違い）へと転換されたことに見るように（田中、2005a:264）、UPIAS における排外主義への反省的議論は、後発の障害者運動や障害学における議論と実践へと継承されてゆくことになる。そして、そこでは、①-1「集合的被害者としての当事者性」が、他の当事者性（特に①-2、②-1、②-2）との関係の切断を回避しつつ、当事者性間のコミュニケーション回路を保ち続けるための知恵が蓄積されつつあると言えるだろう。

【注】

はじめに

1）本稿では、ディスアビリティをUPIASの定義にしたがって用いる。すなわち、ディスアビリティとは「機能障害（impairment）をもつ人を、全く、或いは殆ど考慮せずに、社会活動の主流から排除している、現代の社会組織によって生み出された活動の制限や不利益」である（UPIAS & DA 1976:3-4）。

2）筆者は2011年度、リーズ大学障害学センターにて研修中に、コリン・バーンズ教授よりこの回覧文書の全編をお借りすることができた。組織が解散して既に25年以上が経過するとはいえ、*IC/NC*はコンフィデンシャルを原則とした内部資料であった。また、元メンバーの方たちの何名かは現在も入所施設で暮らしておられ、*IC/NC*の実名記事の公表によって、不利益を被るリスクも皆無ではない。「これはプライベートで行われた議論であって、公表されたものではありません。ユニオンの元メンバーの中には、亡くなった方もたくさんいますが、生きている方もいます。どうかリスペクトをもって*Circular*を取り扱って欲しいのです。それは、UPIASの元メンバー一人ひとりをリスペクトすることですから」とおっしゃったジュディさんの言葉（Judy, 7/7/2011）を肝に銘じながら、この資料データの取り扱いについては今後も特別の配慮をしていきたい。

　したがって本書では、*IC/NC*からの記事の引用に際して、障害者運動のリーダーとして、また、障害学の研究者として既に公人となったポール・ハント、ジュディ・ハント、ヴィック・フィンケルシュタイン、リズ・フィンケルシュタイン、ケン・デイビス、マギー・デイビスを除いて、すべて匿名の扱いとする。

序章　研究の枠組み

1）西城戸によると、運動文化とは、あらゆる境界内（それが運動組織という比較的境界が明確なものから、インフォーマルなネットワークといった緩やかなものまで）における成員の相互作用の所産である。それは、ある問題（争点）に対して、何が前提にされ、何が疑問とされたのかといった点についての活動家間や運動組織内で「半ば定式化された」言説や、ある集合行為に関与する複数の人々それぞれの解釈枠組み（集合行為フレーム）と思われる言説を聴き取り、そこから判断されるものである（西城戸、2008:56）。

2）Vic Finkelstein（1938～2011）。UPIASのリーダーの1人。BCODP（注3）を参照）の初代議長となり、DPI結成会議へイギリス代表として出席する。後にオープン

・ユニバーシティの最初の障害研究コース担当教員として就任し、その後、リーズ大学障害学センターの上級研究員として勤務する。
3）その後、1995 年に個人会員の受け入れとともに、British Council of Disabled People と改称し、さらに、2006 年に United Kingdom's Disabled People's Council（UKDPC）と組織名称を変えている。
4）以下、IC からの引用・参照については、C の後にその号数を付けて記載する。
5）IC の数カ月に一度の編集・発行作業には多くの困難があったようだ。初期の IC では、再三にわたって、この作業への協力と支援が呼びかけられている。その求められた支援・協力の具体的内容は、印刷機の貸与、原稿の複写作業、タイプライターの寄贈、タイピング作業、当時の場所を取る大きな印刷機の置き場所の提供、郵送作業、視覚障害者のための IC 記事の録音作業、などである（UPIAS, 1973c:1, 1973d:5, 1973 or 1974:1, 1975:1）。例えば C6 では、IC の編集・発行作業への協力をメンバーに呼びかけた結果、印刷機の置き場所の提供については 13 名のメンバーが協力不可と回答し、1 名が協力可としたこと、また、郵送作業については 6 名が協力可、10 名が協力不可、タイピング作業については 5 名が協力可、11 名が協力不可という回答があったことが報告されている（1973 or 1974:1）。
6）ブルーマーによると、（包括的な）社会運動において印刷物は、その運動の基礎となるさまざまな観念を伝達し、より幅広い観客に多様な仕方で刺激を与え、彼らの行動を何らかの変化へと引き込み、「印刷物に載っている出来事は、提案を植え付け、希望に目覚めさせ、不満を呼び起こす（中略）そうして感受性を発達させ、希望を喚起し、抵抗を打ち砕くための助けとなる」（Blumer, 1969:101）のである。

第 2 章　ポール・ハントのライフヒストリーとそのディスアビリティ経験

1）BBC のホームページのアーカイブを探したが、これらのプログラムを確認することはできなかった。したがって、ここでの記述はあくまでもジュディの記憶に基づいたものである。
2）財団の活動については http://www.lcdisability.org/ を参照。
3）この Patients（患者）から Residents（入居者）への改称は 1963 年頃だが、それは入所者たちの長年の闘いによって勝ち取られた、施設における彼らの地位の変更を意味していた。これに関連して言えば、例えば、ポールは当時レ・コートで用いられていた入所者や職員を呼称する Patient や Resident、Marton や Warden などの言葉に関して、*Cheshire Smile* において次のように述べている。「私の哲学では、言葉と行動は切り離せない（略）新しい言葉は新しい洞察をもたらすがゆ

えに、実践において極めて重要である」(Hunt Paul, 1967:1)。彼が後に結成するUPIAS において、Union や Against Segregation などの言葉にこだわった所以はここにある。
4) 当時のレ・コートの入所者であり、後にプロジェクト 81(レ・コートで取り組まれた消費者管理型の住居・介助計画) にも参加することになるフィリップ・メーソン (Philip Mason) という入所者が記録した議事録要約であり、かつてジュディはレ・コートで見つけたこの議事録を自分のノートに書き写していた。筆者とのインタビュー後、ジュディはフィリップの了承を得て、筆者にこの議事録のコピーとご自身の作成による解説文を送付してくれた (Mason, 1955-1964, Hunt Judy, 7/7/2011)。
5) レ・コートの運営管理に係る事項を審議する会議体であり、弁護士、医師、ソーシャルワーカー、銀行家、ビジネスマン、会計士、貴族、研究者など、地域の有力者によって構成されていた。
6) 現在、リーズ大学障害学センターのホームページ「障害学アーカイブス」(http://www.disability-archive.leeds.ac.uk/) からダウンロードできる。但し書籍タイトルでの検索ではなく、各章の執筆者毎に検索するようになっているため、*Stigma* 全編を読むためには、まず編者である Paul Hunt 名から *Contents, Stigma* をダウンロードしたうえで、そこに記載されている 12 名の執筆者の氏名、または目次に記されているエッセイ毎に検索するという手順になる。
7) フォーカス計画は、1960 年代半ばより展開され始めた公的ケアサービスが付設している車いす住宅であり、自立生活をより可能にする電動リフターや、環境制御装置をもつ住居性能が規定されている高度な建築条件をもつケア付き住居タイプの原型である。
8) 大学進学前の 1 年間、旅行・アルバイト・ボランティア活動などの人生経験を積むことで正規の教育だけでは得られないものを補う期間。
9) 例えば、ポールはノーフォーク・ノリッジ (東イングランド) における障害者施設建設に関するコンサルタントとして自治体から招聘され、障害者が生活しやすい環境にするための助言を求められたこともある。
10) その中にはもちろんヴィックとリズ、そして、後にポールらとともに UPIAS の理論的リーダーとなり、イギリスにおける初期の自立生活運動を牽引することになるデイヴィス夫妻 (Ken/Maggie Davis)、そしてレ・コートで共に闘った数人の仲間たちがいた。

第3章　デイビス夫妻のディスアビリティ経験とインテグレーションを求める活動

1）消費者管理型住居と介助（Consumer-directed housing and Care）をめぐるプロジェクトであり、具体的には、自治体から入所施設に支給されていた予算の一部を、入所している障害者自身に直接支給し、障害者がその予算を使って、住居を選択し、個人介助者を雇用するという形態をとるもので、イギリスにおけるダイレクト・ペイメントの嚆矢となったプロジェクトである（田中、2005a:65 を参照）。
2）UPIAS のコアメンバーだった人々の中には既に鬼籍に入られた方も少なくない。筆者がイギリス滞在中にも、ポールやケン、マギーらとともに UPIAS を牽引し、後に BCODP の初代議長を務め、また、イギリス障害学にも大きな足跡を遺したヴィック・フィンケルシュタイン氏が亡くなっている（2011 年 11 月 30 日）。今後、元 UPIAS のコアメンバーとして活動された方々への聴き取り調査を急ぎたいと考えている。

第4章　組織形態の構造化

1）丸山によると、底辺民主主義とは分権的で直接的な民主主義を強力に実現していくことであり、底辺（下部）から遊離しないように、議員や党の役員に選ばれた人々を底辺が常にコントロールすることを意味する（丸山、2004:203）。
2）フレーム分析において、ある社会運動によって生み出された集合行為フレームが、汎用的な形式として、他の運動にとっても着用可能なものとなったとき、そのような成功をおさめた集合行為フレームを「マスターフレーム」と呼ぶ（Tarrow, 1998=2006:206）。
3）ポールが入所していたレ・コートもこのミラーらの研究フィールドになっていた。
4）C2 の記事はポールの編集によるものであり、その多くは C1 のポールの提案に対するメンバーからの手紙による応答をポール自身が引用しつつ紹介したものであるが、ポールはこれらの手紙を引用する際、匿名を厳守している。
5）脳性麻痺者を支援するチャリティ団体で、当時、英国内において 15 カ所の入所施設、10 カ所のホステル、12 カ所の学校、9 カ所のワークショップなどを運営していた。

第5章　結成初期フレーミングの検証

1）第2章注釈7）を参照。
2）その後の *IC* を読む限り、このポールの提案がチェシャー財団側に受け容れられた形跡はない。

3）Aが特定されるのを避けるため、この組織名称は伏せるが、「障害者のための（for disabled people）」施設を長く運営してきた保護者・専門職らによる組織の一つである。
4）この項目の作成者はケン・デイビスと記されている。また、ケンは以下の26項目のうち、特に1〜9が「われわれの活動原則」を決する上で重要な項目である、と記している（UPIAS, 1974b:3）。
5）米国の自立生活センターが、イギリスにおいて適切なアプローチとは思えなかった理由について、後年ヴィックは次のように述べている。「米国のCILと英国のそれが置かれている状況は大きく異なる。英国では既に高度に発達した福祉国家としての社会サービスが供給されており、障害者へのサービスを多く包含しているアメリカンタイプのCILを移植することはできない」（UPIAS, 1987d:20）。

第6章 『障害の基本原理』の検証：社会モデル生成の議論へ

1）Peter Brereton Townsend（1928-2009）。DAのリーダーの一人であった社会学者。ロンドン・スクール・オブ・エコノミクス教授（国際社会政策）、ブリストル大学名誉教授（社会政策）を歴任。邦訳されている著書に『居宅老人の生活と親族網――戦後東ロンドンにおける実証的研究』（*The Family Life of Old People : An Inquiry in East London,* Routledge & K. Paul, 1957 ＝山室周平監訳、垣内出版、1974年）がある。
2）DIG以外の当時の参加団体は次の通りである。Age Concern, British Association of Social Workers, British Rheumatism and Arthritis Association, Campaign for the Mentally Handicapped, Central Council for the Disabled, Child Poverty Action Group, Family Service Units, Family Welfare Association, Greater London Association for the Disabled, Help the Aged, Invalid Children Aid Association, Jewish Blind Society, Mind, Multiple Sclerosis Action Group, Nat Assn for Deaf/Blind and Rubella Children, Nat Assn for Maternal and Child Welfare, Nat Assn for Welfare of Children in Hospital, Nat Educational Development Trust, Nat Fed of Blind of the UK, Nat Fund for Research into Crippling Diseases, Nat League of the Blind and Disabled of the GB, Parkinsons Disease Society, Psychiatric Rehabilitation Association, Scottish Paraplegic Association, Scottish Society for the Mentally Handicapped, Scottish Spina Bifida Association, SW Essex Branch, Disablement Income Group, Spastics Society.
3）この書簡の日付は記されていないが、C16が1975年6月の発行なので、タウン

ゼントとポールとのやりとりは、1975年の4月から5月頃だと推測できる。
4）Berit Moore、別名は Thornberry Stueland. DIG の創設者の一人であったが、徐々に DIG の活動方針に対して懐疑的となり、DA メンバーとなった女性障害者。
5）この文脈でタウンゼントが用いる「ディスアビリティ」とは「インペアメント」を意味している。おそらく彼においてはこの二つの概念の区別は重要ではなかったようだ。
6）つまり、あなた方は UPIAS の *PS* をきちんと読みもせずに基本原理に同意したのだ、という意味だろう。
7）しかし、本章1／（1）で見たように、DA には小児科医、老人医、地域医療や地域福祉・社会保障などに携わる研究者などの個人会員が所属していた。

第7章　危機と再生

1）*IC* 発行年の幾つかの誤りについて確認しておきたい。C30 の発行月日は 1979 年 5 月 29 日と記載されているが、前号 C29 の発行月が 1979 年 6 月と記載されているところから、C30 の号数、もしくは発行月日の誤り、或いは C29 の発行月の誤りであろう。また、1981 年 6 月と 8 月、1982 年 4 月と 10 月、及び 1984 年 3 月と 9 月発行の *IC* に、それぞれ C45、C47、C57 と号数の重複が見られる。したがって、本来であれば、それぞれ以後の *IC* の号数は一つずつずれることになるはずである（但し、本書では同じ号数の *IC* については C45 ①、C45 ②のように表記する）。おそらく、前号・前々号の号数重複に気づいたのだろうが、1985 年（発行月は不記載だが、前後の *IC* の発行月から 9 − 10 月と推測される）の *IC* では、「C58?」と疑問符が打たれている。また、C59 の *IC* には発行月日が記載されていないが、前々号の 9 月から 10 月 18 日に開催された会議までの間に発行されたものと推測することができる。
2）筆者のインタビューの際、マギーはこの当時のことを次のように振り返っている。「UPIAS の時代、私たちは、自分のキャリアのためだけに仕事をしている研究者には何も話をしませんでした。私たちが対話をしようとしたのは、障害者のために何かポジティブなことに取り組もうとしている研究者だけでした」(Maggie, 21/10/2011)。
3）既存の確立された組織が中核団体となって展開されるタイプのものではなく、既存の組織とは無関係に自らの活動体を創り出していく型の運動（曽良中、1996:91）。

第8章　UPIAS の解散：'UPIAS is DEAD' の意味をめぐって

1）*IC* は 1985 年の 9 月・10 月頃に発行された C59 から約 8 カ月の空白を経て、

1986 年 6 月に *New Circular, No.1* が発行され、その後、*IC* のタイトルは *New Circular* で継続されることになる。*New Circular* の表記については、NC の後に号数を付けて表示する。

2) 例えば、障害者運動に健常者が参画することの意味をめぐる英国障害学におけるまとまった議論として、Drake, 1997; Branfield, 1998; Duckett, 1998 などを参照。

3) VOADL はその後、組織名称を Rights Now に変えて、障害者の権利擁護のためのさまざまな活動に取り組む連合組織に発展した。

4) 筆者は英国での調査において、「UPIAS の解散」直前の 2 年間にわたる「空白」を埋める資料を見つけることができなかった。また、筆者のインタビューに応じてくれたジュディとマギーもこの「空白の 2 年間」に関する記憶が薄かった。この資料的制約がここでの検証の妥当性に影響を与える可能性を否定することはできないが、筆者はおそらくこの空白の期間、UPIAS の組織活動と組織内のコミュニケーションはほぼ休止状態にあったのではないかと推測している。しかし、解散直前の 2 年前までの *NC* における彼らの議論から、「解散」を検証しうることはある程度可能ではないかと考えている。

5) ヴィックは 1994 年までオープン・ユニバーシティの障害研究コースのリーダーを務め、その後、リーズ大学障害学センターにおいて上級研究員として 2008 年まで勤務した。

終章　UPIAS とその思想

1) 例えばグリューは、この還元主義的で本質主義的、かつ単純な因果律的な初期の社会モデルを「社会モデル単純化バージョン（simplified version of the social model）」と呼んでいる（Grue, 2015:43）。

2) 筆者は田中（2007）において、この社会モデル批判とその応答について類型化して検討している。また、社会モデル批判に言及している英国障害学の研究としては、Varela, 1983; Morris, 1991, 1996; Crow, 1996; Hughes & Paterson, 1997; Barnes, 1996, 1998, 2003; Marks, 1999; Beresford & Holden, 2000; Swain & French, 2000; Finkelstein. 2001b; Thomas, 2002; Shakespeare, 2006; Grue, 2015 などを参照。

【文献・資料】

Abberley, Paul（1996）Work, Utopia and Impairment. in Len Barton,（ed.）, *Disability & Society.* Routledge.

Abbott Suzanne, & Mcconkey Roy,（2006）The barriers to social inclusion as perceived by people with intellectual disabilities. *Journal of Intellectual Disability Research*, Vol.10, Part.3.

足立重和（1994）「〈語り〉のなかの社会運動――説得技法としてのレトリック――」『現代社会理論研究』（4）。

青い芝の会神奈川県連合会（1989）『会報　あゆみ 創立30周年記念号（上）』。

荒井裕樹（2009）「文学で読む『青い芝』：文学研究と障害学の交点」『障害学研究』第5号。

荒井裕樹（2011）『障害と文学――「しののめ」から「青い芝の会」へ』現代書館。

荒井裕樹（2012a）「戦後障害者運動史再考（上）『青い芝の会』の『行動綱領』についてのノート」『福祉労働』（135）。

荒井裕樹（2012b）「戦後障害者運動史再考（下）『青い芝の会』の『行動綱領』についてのノート」『福祉労働』（136）。

荒井裕樹（2013）「『障害者思想史』のなかの『青い芝の会』」『リハビリテーション』（555）。

Barnes, Colin（1991）*Disabled People in Britain and Discrimination.* Hurst Calgary.

Barnes, Colin（1992）Institutional discrimination against disabled people and the campaign for anti- discrimination legislation. *Critical Social Policy.* June 1992.12.

Barnes, Colin（1996）The Social Model of Disability : Myth and Misconceptions. *Coalition.* August.

Barnes, Colin（1998）The Social Model of Disability. in Tom Shakespeare（ed.）, *The Disability Reader.* Continuum.

Barnes, Colin（2003）Disability Studies : What's the Point? Notes for a Verbal Presentation at the 'Disability Studies : Theory, Policy and Practice' Conference; University of Lancaster, September 4th. http://www.leeds.ac.uk/disability-studies/archiveuk/archframe.htm.

Barnes, Colin（2010）Disability, Policy and Practice　（立命館大学における集中講義資料）。

Barnes, Colin & Oliver, Mike（1995）Disability Rights. *Disability & Society* Vol.10, No.1.

Barnes, Colin & Mercer, Geof (eds.) (1997) *Doing Disability Research*. The Disability Press.

Barnes, Colin; Mercer, Geof & Shakespear, Tom (1999) *Exploring Disability : A Sociological Introduction*. Policy Press.

Barnes, Colin & Mercer, Geof (2003) *Disability : Key Concepts*. Polity Press.

Barton, Len & Oliver, Mike (eds.) (1997) *Disability Studies: Past, Present and Future*. The Disability Press.

Barton, Russell (1959) *Institutional Neurosis*. Butterworth-Heinemann＝正田亘監訳 (1985)『施設神経症』晃洋書房。

Battye, Louis (1966) The Chatterley Syndrome, in Paul Hunt (ed.),1966, *Stigma : The Experience of Disability*. London : Geoffrey Chapman.

Benford, Robert D&Snow, David A. (2000) Framing processes and social movements: An overview and assessment. *Annual Review of Sociology*.

Beresford, Peter & Holden, Chris (2000) We have Choice : globalization and welfare user Movements, *Disability & Society*, Vol. 15, No.7.

Berton, Pierre (1960) A Haunting report for the Toronto Daily Star. Jan/6/1960. http://www.thestar.com/news/insight/2013/09/20/huronia_pierre_berton_warned_us_50_years_ago.html.（閲覧日 2016 年 3 月 16 日）。

Blumer, Herbert George (1969) Collective behavior, in Alfred McClung Lee (ed.) *Principles of Sociology*. New York, NY: Barnes and Noble.

Branfield, Fran (1998) What Are You Doing Here? 'Non-disabled' people and the Disability Movement: a response to Robert F. Drake. *Disability & Society*, Vol.13, No.1.

Brechin, Ann et al (1981) *Handicap in a Social World*. Hodder & Stoughton.

Campbell, Jane & Oliver, Mike (1996) *Disability Politics*. Routledge.

Campbell, Jane (1997) Growing Pains' Disability Politics: The Journey Explained and Described. in Len Barton and Mike Oliver (eds.), *Disability Studies : Past, Present and Future*. The Disability Press.

Chalmers, Rosalind (1966) Victim Invicta, in Paul Hunt (ed.), *op.cit.*

Cheshire, Leonard (1998) *The Hidden World*. The Royal Air Force Benevolent Fund Enterprises.

Cheshire, Lord (1992) World War II Hero Who Founded Homes for Sick. *New York Times*. August .

Crossley, Nick (2002) *Making Sense of Social Movements*. Open University Press UK Limited ＝西原和久・郭基煥・阿部純一郎訳 (2009)『社会運動とは何か』新泉社。

Crow, Liz (1996) Including all of our lives : Renewing the Social Model of Disability. in Jenny Morris (ed.), *Encounters with Strangers : Feminism and Disability*. The Women's Press LTD.

Davis, Ken (1966) The Disabled People's Movement, *Paper for a seminar at Sheffield University Sociology Department*

Davis, Ken (1984) *NOTES OF THE DEVELOPMENT OF THE DERBYSHIRE CENTRE FOR INTEGRATED LIVING. DCDP.*

Davis, Ken (1997) On the movement, in John Swain (ed.) *Disabling Barriers-enabling Environments*. SAGE Publications Ltd.

Davis, Ken & Mullender, Audrey (1993) *TEN TURBULENT YEARS : A Review of the Work of the Derbyshire Coalition of Disabled People*. Centre for Social Action, School of Social Studies, University of Nottingham.

Davis, Maggie (2011) 筆者によるインタビュー・データ(10月21日、チェスターフィールド・クレイクロスのマギーさんの自宅にて実施)。

Doyal, Len & Gough, Ian (1991) *A Theory of Human Need*. Palgrave Macmillan.＝馬嶋裕・山森亮監訳、遠藤環・神島裕子訳 (2014)『必要の理論』勁草書房。

Drake, Robert F. (1997) What Am I Doing Here? 'Non-disabled'people and the Disability Movement. *Disability & Society*. Vol.12, No.4.

Drake, Robert F. (1999) *Understanding Disability Politics*. Macmillan Press LTD.

Driedger, Daine (1989) *The Last Civil Rights Movement*. Hurst & Company, London, ST. Martin's Press, New York.

Duckett, Paul S. (1998) What Are You Doing Here? 'Non-disabled' people and the Disability Movement: a response to Fran Branfield. *Disability & Society*, Vol.13, No.4.

江原由美子 (1986)「乱れた振り子：リブ運動の軌跡」似田貝香門・梶田孝道・福岡安則編『日本の社会学 10 社会運動』東京大学出版会。

Finkelstein, Vic (9/30/1972) a letter to Paul Hunt.

Finkelstein, Vic (1973) a private letter from Vic to Paul Hunt, 11th February, 1973.

Finkelstein, Vic (1981) Disability and the helper/helped relationship. An historical view. in Ann Brechin, Penny Liddiard, John Swain (eds). *Handicap in a social world*. Hodder and Stoughton.

Finkelstein, Vic (1988) Resignation from UPIAS. UPIAS.
Finkelstein, Vic (1991) Disability : An Administrative Challenge? in Michael Oliver (ed.), *Social Work : Disabled People and Disabling Environments*. Jessica Kingsley Publishers Ltd.
フィンケルシュタイン、ヴィック (1998)「コミュニティケア概説」ヒューマンケア協会編『障害当事者が提案する地域ケアシステム：英国コミュニティケアへの当事者の挑戦』ヒューマンケア協会。
Finkelstein, Vic (7/February/2001a) *A personal Journey into Disability Politics*. Leeds University Centre for Disability Studies.
Finkelstein, Vic (2001b) *The Social Model of Disability Repossessed*. Manchester Coalition of Disabled People.
Finkelstein, Vic (26-28/July/2004) Disability Studies: Putting theory into practise. Lancaster University, *Phase 3: Conceptualising New Services*. presented paper.
フリーマン、ジョー (1989)「フェミニズムの組織問題」塩原勉編『資源動因と組織戦略』新曜社。
Gamson, William A. (1988) Political Discourse and Collective Action. *International Social Movement Research*, Vol.1. JAI Press Inc.
Gamson, William A. (1992a) *Talking Politics*. Cambridge University.
Gamson, William (1992b) The Social Psychology of Collective Action, in Aldon D. Morris and Carol, *Frontiers in Social Movement Theory*. Yale University Press.
Goffman, Erving (1961) *Asylums: Essays on the Social Situation of Mental Patients and Other Inmates*. New York, Doubleday.= 石黒毅訳 (1984)『アサイラム――施設被収容者の日常世界』誠信書房。
Grue, Jan (2015) *Disability and Discourse Analysis*. ASHAGATE.
Hahn, Harlan (1988) The Politics of Physical Differences : Disability and Discrimination. *Journal of Social Issue,* Vol.44, No.1.
濱西栄司 (2006)「社会運動の方法論的レパートリーの拡充」『京都社会学年報』第14号。
Harris, Amelia I. (1971) *Handicapped and Impaired in Great Britain*. HMSO.
長谷川啓介 (2000)「社会運動概念の再構築――アルベルト・メルッチのパラダイム革新作業」『年報社会学論集』(13)。
長谷川公一 (1990)「資源動員論と『新しい社会運動』論」社会運動論研究会編『社会運動論の統合をめざして』成文堂。
平岡公一 (2003)『イギリスの社会福祉と政策研究：イギリスモデルの持続と変化』

ミネルヴァ書房.

廣野俊輔（2007）「『青い芝の会』の発足と初期の活動に関する検討：特に背景との関連に注目して」『同志社社会福祉学』（21），37-48.

廣野俊輔（2009a）「1960年代後半における『青い芝の会』の活動：実態と意義をめぐって」『社会福祉学』49（4）.

廣野俊輔（2009b）「『青い芝の会』における知的障害者観の変容：もう1つの転換点として」『社会福祉学』50（3）.

星加良司（2007）『障害とは何か』生活書院.

星加良司（2013）「社会モデルの分岐点」川越敏司他編著『障害学のリハビリテーション』生活書院.

星野潔（2004）「現代の社会運動の組織形態」帯刀治・北川隆吉編著『社会運動研究入門』文化書房博文社.

Hughes, Bill & Paterson, Kevin (1997) Disappearing Body : towards a sociology of Impairment. *Disability, Handicap & Society,* Vol.12.No.3.

Hunt, Judy (2001) A revolutionary group with a revolutionary message, *Coalition*.

Hunt, Judy (2007) Classic Review. *Disability & Society,* Vol.22, No.7.

Hunt, Judy (2011) Explanatory notes (unpublished).

Hunt, Judy (2011) 筆者によるインタビュー・データ（7月7日及び9月27日、ノースロンドン・ブッシュヒルパークのジュディさんの自宅にて実施）.

Hunt, Paul (1960) Institutional Blues. *Cheshire Smile*. Autumn, 1960.

Hunt, Paul (1964) The next ten years. *Cheshire Smile*.

Hunt, Paul (1966a) Forward, in Paul Hunt (ed.), *op.cit*.

Hunt, Paul (1966b) A Critical Condition, in Paul Hunt (ed.), *Stigma : The Experience of Disability*. London : Geoffrey Chapman.

Hunt, Paul (1967) Comment. *Cheshire Smile*. Cheshire foundation.

Hunt, Paul (1972a) Letter to the Guardian (Origins of UPIAS). *The Guardian*. Wednesday September 20.

Hunt, Paul (1972b) Letter to Vic Finkelstein.

Hunt, Paul (1972c) Evening of 14th, July 1972.

Hunt, Paul (1981) Setting accounts with the parasite people : a critique of 'A Life Apart' by Eric John Miller and Geraldine V. Gwynne. *Disability Challenge* 1, UPIAS.

石川准・長瀬修編（1999）『障害学への招待』明石書店.

片桐新自（1994）「社会運動の総合的把握のための分析枠組」社会運動研究会編『社会運動の現代的位相』成文堂。

川越敏司・川島聡・星加良司編（2013）『障害学のリハビリテーション』生活書院。

川越敏司（2013）「障害の社会モデルと集団的責任論」川越敏司他編著、前掲書。

川北稔（2004）「社会運動と集合的アイデンティティ：動員過程におけるアイデンティティの諸相」曽良中清司他編著『社会運動という公共空間：理論と方法のフロンティア』成文堂。

川島聡（2013）「権利条約時代の障害学」川越敏司他編著、前掲書。

北川隆吉（1986）「社会運動の類型と組織」似田貝香門・梶田孝道・福岡安則編『日本の社会学 10 社会運動』東京大学出版会。

小出享一（2005）「脱施設化への営み：『青い芝の会』の運動を中心にして」『桃山学院大学社会学論集』39（1）。

是澤克哉（2012）「正義を語るディベート教育についての批判的考察：『青い芝の会』と横塚晃一の言説を中心に」『日本コミュニケーション研究』(25)。

Liberation Network of People with Disabilities (1981) *In From the Cold*. LN London.

Marks, Deborah (1999) Dimensions of Oppression: Theorising the embodied subject. *Disability & Society,* Vol.14, No.5.

丸山仁（2004）「社会運動から政党へ？：ドイツ緑の党の成果とジレンマ」大畑裕嗣他編『社会運動の社会学』有斐閣選書。

Mason, Peter (1955-1964) Summary notes on the Le Court residents meeting (unpublished).

松井奈帆子（2007）「障害をもつ人たちのある社会活動：〈青い芝の会〉と『悪人正機説』をめぐって」『皇學館大学社会福祉論集』(10)。

松本学（2002）「当事者による当事者研究の意義」『教育方法の探求』5, 93-98（京都大学大学院教育学研究科・教育方法学講座）。

松繁卓哉（2010）『患者中心の医療という言説』立教大学出版会。

McAdam, Doug (1982) *Political Process and the Development of Black Insurgency*. Chicago, IL : University of Chicago Press.

McClung Mueller (ed.), *Frontiers in Social Movement Theory. New Haven*: Yale University Press.

Melucci, Albert (1995) 矢澤修次郎・高橋準訳「〈インタビュー〉新しい社会運動と個人の変容（聞き手 山之内靖・矢澤修次郎）」『思想』849。

Miller, Eric John & Gwynne, Geraldine V. (1972) *A Life Apart : A Pilot Study of*

Residential Institutions for the Physically Handicapped and the Young Chronic Sick. Tavistock Publications ＝高瀬安貞監修（1997）『施設と生活：重度障害者の依存と自立を支えるシステム』千書房。

森岡次郎（2006）「『内なる優生思想』という問題：『青い芝の会』の思想を中心に」『大阪大学教育学年報』（11）。

Morris, Jenny（1991）*Pride Against Prejudice*. The Women's Press.

Morris, Jenny（1993）*Independent Lives : Community care and Disabled People*. Macmillan Press.

Morris, Jenny（1996）Introduction. in Jenny Morris（ed.）, *Encounters with Strangers : Feminism and Disability*. The Women's Press.

中西正司・上野千鶴子（2003）『当事者主権』岩波新書。

中野敏子（2002）「知的障害者福祉と障害定義の課題：社会モデルの接点からの考察」『明治学院論叢』（673）。

那須壽（1991）「社会運動組織の新たな概念化をめざして：『現実構成パラダイム』構築の試み」社会運動論研究会編『社会運動論の統合をめざして：理論と分析』成文堂。

二階堂祐子（2011）「1970年代の障害者運動における女性障害者の意識変容：青い芝の会神奈川県連合会『婦人部』をめぐって」『女性学』（19）。

西城戸誠（2008）『抗いの条件』人文書院。

野崎泰伸（2004）「当事者性の再検討」『人間文化学研究集録』（14）75-90.（大阪府立大学大学院人間文化学研究科）。

野崎泰伸（2006）「青い芝の会と分配的正義：誰のための、何のための正義か」『医療・生命と倫理・社会』5（1-2）。

野嶋スマ子（2002）「障害者の人間宣言：青い芝の会『行動綱領』」『ヒューマンライツ』（168）。

Oberschall, Anthony（1973）*Social Conflict and Social Movements*. Englewood Cliffs, New Jarsey; Prentice-Hall, INC.

小川喜道（1998）『障害者のエンパワーメント：イギリスの障害者福祉』明石書店。

大畑裕嗣（2009）「臨床社会学と社会運動論」『明治大学心理社会学研究』第4号。

大石裕（1994）「社会運動とコミュニケーション」社会運動研究会編『社会運動の現代的位相』成文堂。

Oliver, Michael（1990）*Understanding Disability : From Theory to Practice*. Macmillan Press.

Oliver, Michael（1996）*Understanding Disability : From Theory to Practice*.

MACMILLAN PRESS.

Oliver, Michael & Sapey, Bob (1999) *Social Work with Disabled People*. Macmillan.

Oliver, Mike & Zarb, Gerry (1989) The Politics of Disability : a new approach. *Disability, Handicap and Society*, Vol.4, No.3.

Oliver, Mike (1990) *The Politics of Disablement*. Macmillan Press.

Oliver, Mike (1992) Changing the Social Relations of Research and Production. *Disability, Handicap & Society*, Vol.7, No.2.

Oliver, Mike & Barnes, Colin (1997) Discrimination, disability and welfare : from needs to rights. in John Swain (ed.), *Disabling Barriers-enabling Environments*. SAGE Publications.

Parsons, Talcott (1951) *The social system*. New York: Free Press. =佐藤勉訳 (1974)『社会体系論』青木書店。

Priestley, Mark (1999) *Disability Politics and Community Care*. Jessica Kingsley Publishers.

Sainsbury, Sally (1995) Disabled People and personal social services, in David Gladstone (ed.), British Social Welfare, *The Journal of Sociology & Social Welfare*, Vol.23, Issue 3 September.

佐藤久夫 (2013)「障害者権利条約実行のツール」川越敏司他編著、前掲書。

Shakespeare, Tom (1993) Disabled People's Self-Organisation : a new social movement?, *Disability, Handicap and Society*, Vol.8, No.3.

Shakespeare, Tom (2000) *Help*. London : Venture Press.

Shakespeare, Tom (2001) The Social Model of disability. *Research in Social Science and Disability,* 2, 9-28.

Shakespeare, Tom (2006a) Looking back, moving forward. BBC Ouch!, http://www.bbc.co.uk/ouch/opinion/looking_back_moving_forward.shtml.

Shakespeare, Tom (2006b) *Disability Rights and Wrongs*. London : Routledge.

Shakespeare, Tom & Watson, Nicholas (1997) Defending the Social Model. *Disability & Society*, 12 (2), 293-300.

新川敏光 (2007)「脱福祉国家時代の社会権」『現代思想』vol.35-11。

塩原勉 (1976)『組織と運動の理論』新曜社。

Smelser, Neil J. (1963) *Theory of Collective Behaviour.* The Macmillan Company=会田彰・木原孝訳 (1974)『集合行動の理論』誠信書房。

Snow, David A.et al. (1986) Frame Alignment Process, Micromobilization, and

Movement Participation. *American Sociological Review,* 51 : 464-481.

Snow, David A. & Benford, Robert D.（1988）Ideology, frame resonance, and participant mobilization. *International social movement research,* 1.1:197-217.

成元哲（2004）「なぜ人は社会運動に関わるのか：運動参加の承認論的展開」大畑裕嗣・成元哲・道場親信・樋口直人『社会運動の社会学』有斐閣選書。

曽良中清司（1996）『社会運動の基礎理論的研究』成文堂。

曽良中清司（2004）「社会運動論の回顧と展望」曽良中清司他編著『社会運動という公共空間』成文堂。

Spector Malcolm, and Kituse, John I.（1977）Constructing Social Problems. Menlo Park, CA : Cummings ＝村上直之・中河伸俊・鮎川潤・森俊太訳（1990）『社会問題の構築 - ラベリング理論をこえて』マルジュ社。

杉野昭博（1990）「障害の文化分析：日本文化における『盲目のパラドクス』」『民族學研究』54（4）、日本文化人類学会。

杉野昭博（2007）『障害学』東京大学出版会。

鈴木雅子（2003）「高度経済成長期における脳性マヒ者運動の展開：日本脳性マヒ者協会『青い芝の会』をめぐって」『歴史学研究』（778）。

鈴木雅子（2012）「『青い芝の会』初期の運動と人々」『ノーマライゼーション』32（8）。

Sutherland, Allan（2006）The Other Tradition : From personal politics to disability arts. Conference Archive, Lancaster University,

http://www.lancaster.ac.uk/fass/events/disabilityconference_archive/2006/abstracts/sutherland.htm（閲覧日 2014 年 10 月 19 日）

Swain, John, et.al（2005）Controversial Issues in a Disabling Society. Open University Press.

Swain, John & French, Sally（2000）Towards an Affirmation Model of Disability. *Disability & Society,* Vol.15, No.4

田中耕一郎(2000)「障害者運動研究の動向と課題」『北方圏生活福祉研究所年報』第 5 号。

田中耕一郎（2001）「イギリスにおける障害者運動の軌跡」『人間福祉研究』第 4 号。

田中耕一郎（2003）「英国障害者運動と消費者主義」『人間福祉研究』第 6 号。

田中耕一郎（2005a）『障害者運動と価値形成』現代書館。

田中耕一郎（2005b）「障害者運動と『新しい社会運動』論」『障害学研究』第 1 号。

田中耕一郎（2007）「社会モデルは〈知的障害〉を包摂し得たか」『障害学研究』第 3 号。

田中耕一郎(2009)「連帯の規範と〈重度知的障害者〉：正義の射程から放逐された人々」『社会福祉学』50（1）。

田中耕一郎（2010）「〈重度知的障害者〉の承認をめぐって：vulnerability による承認は可能か」『社会福祉学』51（2）。

田中耕一郎（2012）「〈重度知的障害者〉とケアの分配について：「何の平等か」に関する一考察」『社会福祉学部北星論集』（北星学園大学）第 49 号。

田中耕一郎（2013a）「ケアが分配されるとき」『社会福祉学部北星論集開学 50 周年記念号』（北星学園大学）第 50 号。

田中耕一郎（2013b）「個人的な経験と障害の社会モデル：問題提起」『障害学研究』第 9 号。

帯刀治（2004）「社会運動研究の理論と技法」帯刀治・北川隆吉編著『社会運動研究入門』文化書房博文社。

Tarrow, Sidney G.（1998）*Power in Movement : Social Movement and Contentious Politics*（second edition）. Cambridge University Press= 大畑裕嗣（2006）『社会運動の力』彩流社。

Taylor, Verta（1989）Social Movement Continuity : The Women's Movement in abeyance. *American Sociological Review* 54.

Taylor, Verta（1994）Watching for Vibes: Bringing Emotions into the Study of Feminist Organizations. Myra Marx Ferree and Particia Yancey Martin（eds）, *Feminist Organization : Harvest of the New Womesn's Movwement*. Philadelphia: Temple University Press.

Thomas, Carol（1999）*Female Forms*. Buckingham : Open University Press.

Thomas, Carol（2002）Disability Theory : Key Ideas, Issues and Thinkers. in Colin Barnes, Mike Oliver, Len Barton（ed.）, *Disability Studies Today*, Polity Press.

Thomas, Carol（2007）*Sociologies of Disability, 'Impairment' and Chronic Illness*. London : Palgrave.

Topliss, Eda（1999） *Social Responses to HANDICAP*. Longman London and New York.

Touraine, Alain（1978）*La voix et le regard : Sociologie permanente1*. Seuil.= 梶田孝道訳（1983）『声とまなざし』新泉社。

豊田正弘（1998）「当事者幻想論：あるいはマイノリティの運動における共同幻想の論理」『現代思想』26（2）。

津田英二（2010）「障害の問題についての当事者性は多様な社会問題への認識とどう関わるか」『日本福祉教育・ボランティア学習学会研究紀要』15。

Union of the Physically Impaired Against Segregation（1973a）*Internal Circular, 1*.

UPIAS London.
Union of the Physically Impaired Against Segregation (1973b) *Internal Circular, 2*. UPIAS London.
Union of the Physically Impaired Against Segregation (1973c) *Internal Circular, 3*. UPIAS London.
Union of the Physically Impaired Against Segregation (1973d) *Internal Circular, 4*. UPIAS London.
Union of the Physically Impaired Against Segregation (1973e) *Internal Circular, 5*. UPIAS London.
Union of the Physically Impaired Against Segregation (1973 or 1974) *Internal Circular,6*. UPIAS London.
Union of the Physically Impaired Against Segregation (1974a) *Internal Circular,7*. UPIAS London.
Union of the Physically Impaired Against Segregation (1974b) *Internal Circular, 8*. UPIAS London.
Union of the Physically Impaired Against Segregation (1974c) *Internal Circular, 9*. UPIAS London.
Union of the Physically Impaired Against Segregation (1974d) *Internal Circular, 10*. UPIAS London.
Union of the Physically Impaired Against Segregation (1974e) *Internal Circular, 11*. UPIAS London.
Union of the Physically Impaired Against Segregation (1974f) *Internal Circular, 12*. UPIAS London.
Union of the Physically Impaired Against Segregation (1974g) *Internal Circular, 13*. UPIAS London.
Union of the Physically Impaired Against Segregation (1974h) *Policy Statement*. UPIAS London.
Union of the Physically Impaired Against Segregation (1975a) *Internal Circular, 14*. UPIAS London.
Union of the Physically Impaired Against Segregation (1975b) *Internal Circular, 15*. UPIAS London.
Union of the Physically Impaired Against Segregation (1975c) *Internal Circular, 16*. UPIAS London.

Union of the Physically Impaired Against Segregation (1975d) *Internal Circular, 17.* UPIAS London.

Union of the Physically Impaired Against Segregation (1975e) *Summary and Transcript of taped discussion between the Disability.* UPIAS London.

Union of the Physically Impaired Against Segregation (1976a) *Internal Circular, 18.* UPIAS London.

Union of the Physically Impaired Against Segregation (1976b) *Internal Circular, 19.* UPIAS London.

Union of the Physically Impaired Against Segregation (1977a) *Internal Circular, 21.* UPIAS London.

Union of the Physically Impaired Against Segregation (1977b) *Internal Circular, 22.* UPIAS London.

Union of the Physically Impaired Against Segregation (1978a) *Internal Circular, 23.* UPIAS London.

Union of the Physically Impaired Against Segregation (1978b) *Internal Circular, 24.* UPIAS London.

Union of the Physically Impaired Against Segregation (1978c) *Internal Circular, 25.* UPIAS London.

Union of the Physically Impaired Against Segregation (1978d) *Internal Circular, 26.* UPIAS London.

Union of the Physically Impaired Against Segregation (1978e) *Interview with Mr. M. Kabe of ZENSHOREN.* UPIAS London.

Union of the Physically Impaired Against Segregation (1979a) *Internal Circular, 27.* UPIAS London.

Union of the Physically Impaired Against Segregation (1979b) *Internal Circular, 28.* UPIAS London.

Union of the Physically Impaired Against Segregation (1979c) *Internal Circular, 29.* UPIAS London.

Union of the Physically Impaired Against Segregation (1979d) *Internal Circular, 30.* UPIAS London.

Union of the Physically Impaired Against Segregation (1980a) *Internal Circular, 31.* UPIAS London.

Union of the Physically Impaired Against Segregation (1980b) *Internal Circular, 32.*

UPIAS London.
Union of the Physically Impaired Against Segregation (1980c) *Internal Circular, 33.* UPIAS London.
Union of the Physically Impaired Against Segregation (1980d) *Internal Circular, 34.* UPIAS London.
Union of the Physically Impaired Against Segregation (1980e) *Internal Circular, 35.* UPIAS London.
Union of the Physically Impaired Against Segregation (1980f) *Internal Circular, 36.* UPIAS London.
Union of the Physically Impaired Against Segregation (1980g) *Internal Circular, 37.* UPIAS London.
Union of the Physically Impaired Against Segregation (1980h) *Internal Circular, 39.* UPIAS London.
Union of the Physically Impaired Against Segregation (1980i) *Internal Circular, 40.* UPIAS London.
Union of the Physically Impaired Against Segregation (1981a) *Internal Circular, 41.* UPIAS London.
Union of the Physically Impaired Against Segregation (1981b) *Internal Circular, 43.* UPIAS London.
Union of the Physically Impaired Against Segregation (1981c) *Disability Challenge, No.1,* UPIAS London.
Union of the Physically Impaired Against Segregation (1981d) *Internal Circular, 44.* UPIAS London.
Union of the Physically Impaired Against Segregation (1981e) *Internal Circular, 45*①. UPIAS London.
Union of the Physically Impaired Against Segregation (1981f) *Internal Circular, 45*②. UPIAS London.
Union of the Physically Impaired Against Segregation (1981g) *Internal Circular, 46.* UPIAS London.
Union of the Physically Impaired Against Segregation (1981h) *Internal Circular, 47.* UPIAS London.
Union of the Physically Impaired Against Segregation (1982a) *Internal Circular, 48.* UPIAS London.

Union of the Physically Impaired Against Segregation (1982b) *Internal Circular, 49.* UPIAS London.

Union of the Physically Impaired Against Segregation (1982c) *Internal Circular, 50.* UPIAS London.

Union of the Physically Impaired Against Segregation (1982d) *Internal Circular, 51.* UPIAS London.

Union of the Physically Impaired Against Segregation (1983a) *Internal Circular, 53.* UPIAS London.

Union of the Physically Impaired Against Segregation (1983b) *Internal Circular, 54.* UPIAS London.

Union of the Physically Impaired Against Segregation (1983c) *Internal Circular, 56.* UPIAS London.

Union of the Physically Impaired Against Segregation (1983d) *Disability Challenge, No.2.* UPIAS.

Union of the Physically Impaired Against Segregation (1985a) *Internal Circular, 58.* UPIAS London.

Union of the Physically Impaired Against Segregation (1985b) *Internal Circular, 59.* UPIAS London.

Union of the Physically Impaired Against Segregation (1986a) *New Circular, 1.* UPIAS London.

Union of the Physically Impaired Against Segregation (1986b) *New Circular, 2.* UPIAS London.

Union of the Physically Impaired Against Segregation (1986c) *New Circular, 3.* UPIAS London.

Union of the Physically Impaired Against Segregation (1987a) *Report back to UPIAS following the general meeting at Birchfield Lodge, Sheffield.*

Union of the Physically Impaired Against Segregation (1987b) *New Circular, 4.* UPIAS London.

Union of the Physically Impaired Against Segregation (1987c) *New Circular, 5.* UPIAS London.

Union of the Physically Impaired Against Segregation (1987d) *New Circular, 6.* UPIAS London.

Union of the Physically Impaired Against Segregation (1987e) *New Circular, 7.*

UPIAS London.
Union of the Physically Impaired Against Segregation (1987f) *A reconsideration of UPIAS Future.* UPIAS London.
Union of the Physically Impaired Against Segregation (1988a) *New Circular, 8.* UPIAS London.
Union of the Physically Impaired Against Segregation (1988b) *Summary of meeting of London.* UPIAS London.
Union of the Physically Impaired Against Segregation (1988c) *New Circular, 9.* UPIAS London.
Union of the Physically Impaired Against Segregation (1988d) *New Circular, 10.* UPIAS London.
Union of the Physically Impaired Against Segregation (1988e) *Proposal for UPIAS Internal Circular.* UPIAS London.
Union of the Physically Impaired Against Segregation (1988f) *New Circular, 11.* UPIAS London.
Union of the Physically Impaired Against Segregation (1988g) *New Circular, 13.* UPIAS London.
Union of the Physically Impaired Against Segregation (1988h) *New Circular, 14.* UPIAS London.
Union of the Physically Impaired Against Segregation (1990a) *New Circular, 15.* UPIAS London.
Union of the Physically Impaired Against Segregation (1990b) *New Circular, 16.* UPIAS London.
Union of the Physically Impaired Against Segregation and Disability Alliance (1997) *Fundamental Principles of Disability.* UPIAS & DA London.
臼井正樹（2013）「青い芝の会へのレクイエム 遅れてきた人たちへ：青い芝の会と横田弘（その1）」『ヒューマンサービス研究』3　神奈川県立保健福祉大学ヒューマンサービス研究会．
Vaizey, John (1959) *Scenes from Institutional Life and Other writings.* Littlehampton Book Services.
Varela, Rita A. (1983) Organizing Disabled People for Political Action in Nancy M, Crewe & Ivring Kenneth Zola (ed.). *Independent Living for Physically disabled people : Developing Implementing, and Evaluating Self-Help rehabilitation programs.* UMI.

Woodward, James Elder (2008) Tributes to Ken Davis. http://www.leeds.ac.uk/disability-studies/archiveuk/Barnes/tribute%20Ken%20Davis.pdf.

山崎亮 (2010)「横塚晃一の思想と『宗教』：1970年代『青い芝の会』の運動をめぐって」『島根大学社会福祉論集』（3）。

横田弘・立岩真也・臼井正樹著 (2016)『われらは愛と正義を否定する：脳性マヒ者横田弘と「青い芝」』生活書院。

Younghusband, Dame Eileen (1966) Experience of Disability. in *Cheshire Smile*, Winter/1966.

Younghusband, Eileen (1980) *Social Work in Britain, 1950-75.* ＝本出祐之監訳（1986）『英国ソーシャルワーク史』誠信書房。

Zolberg, Aristide (1972) Moments of Madness. *Politics and Society* Vol.2.

Zola, Irving Kenneth (1972) Medicine as an institution of social control. *Sociological Review* 20.

おわりに

　他者たちの語りを、或いはその沈黙を検討の対象とすることには常に逡巡が付きまとう。しかし、それでもなお、止み難い衝動に突き動かされながら、筆者はUPIASの軌跡を辿ってきた。最後に、筆者自身にとって、この作業がどのような意味をもったのか、という〈私事〉を記すことをお許し願いたい。
　筆者が英国の社会モデルに初めて出会ったのは、今から18年ほど前、日英障害者運動の価値形成を主題とした研究に取り組み始めた頃である。その当時、日本の障害者領域において、社会モデルは殆ど認知されていなかったと思う。
　この社会モデルとの出会いは筆者にとって大きな衝撃だった。知的障害者施設の生活指導員や自立生活を送る重度障害者の介助、障害者団体の専従職員などの職を転々としていた20代の頃から考えあぐね、なかなか答えを見出せなかった多くの疑問や混乱が、社会モデルとの出会いによって氷解したように感じたからである。
　しかし、日英障害者運動の比較研究に一応の区切りがついた頃、筆者は社会モデルに対してある疑問をもつようになった。それは、筆者が施設職員時代に出会い、日々関わっていた、当事者性を自ら発し難い重度知的障害者や重症心身障害者たちの権利擁護において、社会モデルは未だ十分な根拠となり得ていないのではないか、という疑問である。そこで、筆者は〈重度知的障害〉を視座に置いて、社会モデルを批判的に検討する作業に取り組み始め（田中、2007, 2013b）、〈重度知的障害者〉を包摂しうるであろう、より根源的な連帯規範として、「ケアの倫理」を取りあげ論じてきた（田中、2009, 2010, 2012, 2013a）。
　このような作業を深い森の中を手さぐりでさまようように続けてゆくうちに、再び、ある自問が去来するようになる。それは、社会モデルを批判し、その批判を立脚的に規範的研究に取り組んできた筆者が、果たして社会モデルを「分かっているのか」という自問である。それは単に知的な概念的理解としての「分かっている」という意味ではなく、腑に落ちるような、と言おうか、共感的・

納得的な意味においてである。言い換えればそれは、果たして社会モデルというアイデアの底流に流れる障害者たちの怒りに筆者は触れることができていたのだろうか、という自問だったと思う。

　一体、社会モデルの起源にある、社会的抑圧やディスアビリティをめぐるアイデアが、UPIAS メンバーたちのどのようなディスアビリティ経験とそれへの怒りから紡ぎ出されてきたのか、彼らはどのようにして「帰属の誤り」を脱する契機を得たのか、そして彼らの問題提起が当時の英国社会においてどのような新たなコミュニケーションを喚起したのか。筆者はこれらをトータルに辿ることで、社会モデルを「腑に落ちて分かる」ことへ近づくことができるのではないかと考え始めた。

　しかし、冒頭で述べたように、UPIAS に関する一次資料の制約によって、この社会モデルの「起源の物語」を辿る作業は遅々として進まなかった。そろそろ日本にいながらの文献・資料調査に限界を感じ始めていた頃、タイミングよく、勤務校から国外研修の機会をもらうことができた。早速、リーズ大学障害学センター〔Centre for Disability Studies（CDS）〕に受け入れを打診したところ、国外研究者受入担当者であったシモン（Simon Prideaux）教授とセンター長（当時）のバーンズ（Colin Barnes）教授より了承の返信をいただき、2011 年 4 月から 2012 年 3 月までの 1 年間、CDS の客員研究員として研究活動に専念できることになった。

　リーズ大学に到着してすぐにバーンズ教授にお会いし、滞在期間中の主な研究テーマが UPIAS の展開と思想形成であること、UPIAS の一次資料の収集と元 UPIAS メンバーへのインタビュー調査を計画していることなどをお話しした。バーンズ教授は筆者の研究計画に熱心に耳を傾け、「それはとても重要で、そして、面白い研究テーマだ」と励ましてくれ、UPIAS の創設を呼びかけたポール・ハントの元配偶者、ジュディ・ハントさんへのお声がけを約束してくれた。

　その数日後、バーンズ教授が口笛を吹きながら、段ボール箱を 2 箱乗せた台車を押して筆者の研究室を訪れた。彼はニコニコしながら、「この箱は、コーイチローにとっては宝箱だろうね」とウィンクをして、「中を見てごらん」と

言われた。箱の中には、UPIASの内部回覧文書である *UPIAS Internal Circular*（1986年より *New Circular*）の全編（結成直後から解散までのIC/NCのすべて）と、ポールやヴィックの書簡、そして、UPIASが作成したデモンストレーションのためのチラシやパンフレットなど、まさにUPIASの一次資料のほとんどが収められていた。バーンズ教授は「たまたま私の研究室の奥のほうから出てきたんだよ」と笑っておられたが、おそらく筆者のために、手を尽くして探してくれたのだろう。これらの一次資料をお借りして、1週間ほど時間をかけてコピーを取らせてもらった。初期のガリ版刷りの *IC* は黄ばんでおり、文字も不鮮明なものが多く、ところどころページがひっついているものもあったが、紙を傷めないように一枚一枚慎重にはがしながら作業を行った。

　ジュディ・ハントさんとは2011年の7月と9月の2回、そして、ジュディさんからご紹介いただいたマギー・デイビスさんとは10月にインタビューをさせていただいた。いずれのインタビューも1回につき4時間以上にも及ぶロングインタビューとなった。

　ジュディさんの自宅は、北ロンドンのブッシュヒルパークにある、かつてポールとともに暮らした陽当たりのよい庭付きの小さなバンガローだった。筆者の訪問に合わせて、ポールの写真や私信、レ・コート入所者自治会の議事録、そしてUPIAS内部の資料などをご用意いただき、ポールの生い立ちから、お二人の出会い、レ・コートでの暮らし、ヴィックとの出会い、UPIAS内部における一つひとつの議論の詳細などについて、記憶を呼び起こしながら、丁寧にお応えいただいた。長時間のインタビューの間に、ご自宅の庭でとれたレモンのお手製クッキーと紅茶を振る舞っていただいた。また、後日、インタビューで聴き取ることのできなかったことを何度もメールで問い合わせる筆者に根気強くお付き合いくださり、「いっそのこと、もう一回、いらっしゃい」とお誘いいただいた。厚かましくもそのお誘いに甘え再訪した際には、初回以上に入念にご準備をされ、再び長時間のインタビューにお応えいただいた。

　マギーさんはロンドンから汽車で3時間ほど北へ向かったダービー州チェスターフィールドのバンガローで、パーソナル・アシスタント（PA）によるケ

アを受けながら、一人で暮らしておられた。玄関から廊下、そして、部屋の至るところに油彩画や水彩画が飾られていた（第3章でも触れたが、彼女は少女時代から思春期まで、画家になる夢をもっていた）。10畳ほどの広さの暖炉のあるリビングでインタビューに応えていただいた。ご自身の生い立ち、受障経験、ピアスハウスでの闘い、ケンとの出会い、ダービーで組織した障害者運動とさまざまな活動など、マギーさんへのこのインタビューも、時折、休憩を挟みつつも、やはり優に5時間を超えてしまった。帰りのバスの時間を待つ少しの間に、マギーさんはご自身の疲れよりも、筆者を気遣っていただき、「お腹が空いたでしょう」と、ご自分のPAの方にサンドイッチを作らせ、持たせてくれた。

　ご協力をいただいた皆様に深く感謝の意を表して、この長い旅を終えたい。
　UPIAS関係者のご紹介や *IC/NC* の閲覧・複写にご協力いただいたリーズ大学障害学センターのコリン・バーンズ元教授、長時間にわたるインタビューにお応えいただいたジュディさんとマギーさん、滞在中いろいろと便宜を図っていただいたシモン教授とアリソンさん、研究室を共同で使わせていただいたうえに、いつも温かなお気遣いをいただいたヘミングウェイ（Dr. Laura Hemingway）さん、そして、レ・コート時代にポールが書いたエッセーの複写にご協力をいただいたチェシャー財団のジル・ロバーツ（Jill Roberts）さん、皆様に心から感謝申しあげます。
　また、前著『障害者運動と価値形成』（2005年、現代書館）に続いて、現代書館の小林律子さんには今回も大変お世話になりました。ありがとうございました。
　最後に、いつも支えてくれる美穂に。ありがとう。

　本研究は日本学術振興会平成24年度科学研究費助成事業基盤研究(C)（課題番号24530719）研究代表者田中耕一郎「イギリス障害者運動における社会モデルの源流を求めて」の成果である。
　また、本書の出版にあたっては、北星学園大学後援会学術出版補助をいただ

いた。ここに記して感謝の印としたい。

 2017年2月

田中耕一郎

❖田中耕一郎（たなか・こういちろう）

北星学園大学社会福祉学部教授。
1961年、大阪府生まれ。
大阪府立大学大学院社会福祉学研究科博士後期課程修了。
博士（社会福祉学）。
知的障害者入所施設職員、障害者労働センター職員、専門学校講師などを経て、2003年4月より北星学園大学社会福祉学部助教授。2007年4月より同教授、現在に至る。
著書『障害者運動と価値形成——日英の比較から』（現代書館、2005年。2006年度日本社会福祉学会賞受賞）他。

英国「隔離に反対する身体障害者連盟（UPIAS）」の軌跡
——〈障害〉の社会モデルをめぐる「起源の物語」

2017年3月25日　第1版第1刷発行

著者	田中　耕一郎
発行者	菊地　泰博
組版	プロ・アート
印刷所	平河工業社（本文）
	東光印刷所（カバー）
製本所	積　信　堂
装丁	中　山　銀　士

発行所　株式会社　現代書館　〒102-0072　東京都千代田区飯田橋3-2-5
電話 03(3221)1321　FAX03(3262)5906
振替 00120-3-83725　http://www.gendaishokan.co.jp/

校正協力・渡邊　潤子
© 2017 TANAKA Kohichiroh Printed in Japan ISBN978-4-7684-3553-3
定価はカバーに表示してあります。乱丁・落丁本はおとりかえいたします。

本書の一部あるいは全部を無断で利用（コピー等）することは、著作権法上の例外を除き禁じられています。但し、視覚障害その他の理由で活字のままこの本を利用できない人のために、営利を目的とする場合を除き、「録音図書」「点字図書」「拡大写本」の製作を認めます。その際は事前に当社までご連絡ください。
また、活字で利用できない方でテキストデータをご希望の方はご住所・お名前・お電話番号をご記入の上、右下の請求券を当社までお送りください。

活字で利用できない方のためのテキストデータ請求券
『英国「隔離に反対する身体障害者連盟」の軌跡』の

田中耕一郎 著
障害者運動と価値形成
――日英の比較から

障害者運動は健常者文化に何をもたらしたのか。戦後から現在までの日英の当事者運動の変遷をたどり、運動の課題・スタイル、障害概念の再構築、障害のアイデンティティ、障害文化、統合と異化の問題等に焦点を当て、日英の共通性と共時性を解明。二〇〇六年度日本社会福祉学会賞受賞。 3200円+税

横田 弘 著／立岩真也 解説
【増補新装版】障害者殺しの思想

一九七〇年代の障害者運動を牽引し、「否定されるいのち」の立場から健全者社会に鮮烈な批判を繰り広げた日本脳性マヒ者協会青い芝の会の「行動綱領」を起草、思想的支柱であった故・横田弘の原点的書の復刊。障害児殺し事件、優生保護法反対、川崎バス闘争等に繋がる横田の思索。 2200円+税

荒井裕樹 著
差別されてる自覚はあるか
――横田弘と青い芝の会「行動綱領」

一九七〇年代の障害者運動を牽引し、社会に鮮烈な批判を繰り広げた日本脳性マヒ者協会青い芝の会の「行動綱領」を起草、思想的支柱であった故・横田弘の思想を、仏教思想や時代、関係者への取材から探究し、今日的な意義を考える。 2200円+税

荒井裕樹 著
障害と文学
――「しののめ」から「青い芝の会」へ

障害文芸誌『しののめ』の主宰者である花田春兆（俳人、当時八五歳）、「青い芝の会」の行動綱領を起草し、健全者社会に対し鮮烈な批判を展開した横田弘（詩人、当時七七歳）を中心に、障害者が展開した文学活動、「綴る文化」の歴史を掘り起こし、「障害」とは何かを問い直す。 2200円+税

中西正司 著
自立生活運動史
――社会変革の戦略と戦術

「当事者運動なきところにサービスなし」をモットーに、日本の自立生活運動、障害者施策をけん引してきた著者による、一九八〇〜二〇一〇年代の障害者運動の総括。官僚や学者との駆け引きを交え、二十一世紀最後の人権闘争と言われた「障害者運動」が社会にもたらしたものを明らかにする。 1700円+税

杉本 章 著
【増補改訂版】障害者はどう生きてきたか
――戦前・戦後障害者運動史

従来の障害者福祉史の中で抜け落ちていた、障害当事者の生活実態や差別・排除に対する闘いに焦点を当て、膨大な資料を基に障害者運動、障害者福祉政策・法制度を綴る。障害者政策を無から築き上げてきたのは障害者自身であることを明らかにした、障害者福祉史の基本文献。詳細な年表付き。 3300円+税

全国自立生活センター協議会 編
自立生活運動と障害文化
――当事者からの福祉論

親許や施設でしか生きられない、保護と哀れみの対象とされてきた障害者が、地域生活の中で差別を告発し、社会の障害者観、福祉制度のあり方を変えてきた。一九六〇〜九〇年代の障害者解放運動、自立生活運動を担ってきた一六団体、三〇個人の軌跡を綴る。障害学の基本文献。 3500円+税

（定価は二〇一七年三月一日現在のものです。）